KB190846

교회론 강설

교회란 무엇인가?

What is the Church?

〈교회론 강설〉

교회란 무엇인가?

출판일 · 초판 · 1996 |개정판 2010. 11. 30. | 2쇄 · 2012. 10. 15. | 3쇄 · 2014. 7. 24. |
　　　 4쇄 · 2016. 5. 15. | 재개정판 2020. 6. 30.

지은이 · 이승구

펴낸이 · 김현숙

편집인 · 윤효배

펴낸곳 · 도서출판 **말씀**과 **언약**

　　　　서울시 서초구 동산로 6길 19, 302호

　　　　T_010-8883-0516

인쇄 · 선아종합인쇄

디자인 · Yoon&Lee Design

ISBN : 979-11-970601-1-3　93230

가격 : 15,000원

교회론 강설 (재개정판)

교회란 무엇인가?

하나님 나라 증시를 위한
종말론적 공동체와 그 백성들의 자태

이승구 지음

도서
출판 **말씀과언약**
2020

What is the Church?

The Eschatological Community for the Manifestation of the
Kingdom of God and Its People's Kingdom Life-style

The Rev. Dr. Seung-Goo Lee

Verbum Dei Minister
Professor of Systematic Theology
Hapdong Theological Seminary

2020

The Word & the Covenant Pub. House.
Seoul, Korea

What is the Church?

The Eschatological Community for the Manifestation
of the Kingdom of God and Its People's Kingdom Life-style

차 례

들어가는 말_8

재개정판에 붙이는 서문_11

제 1 부 교회에 대한 표상적 표현들_13

　제 1 강　그리스도의 몸 _15
　제 2 강　몸의 머리이신 그리스도 _33
　제 3 강　성전인 교회 공동체 _47
　제 4 강　성전의 자라남 _63
　제 5 강　하늘의 예루살렘 _79

제 2 부 교회의 속성들_93

　제 6 강　하나인 교회 _95
　제 7 강　교회의 보편성 _109
　제 8 강　교회의 거룩성 _125

제 3 부 교회의 표지들_141

　제 9 강　교회의 표지 (1): 바른 복음의 선포_143
　제 10 강　교회의 표지 (2): 성례전의 신실한 시행 (i) 세례의 시행 _161
　제 11 강　교회의 표지 (2): 성례전의 신실한 시행 (ii) 유아세례의 의미 _171
　제 12 강　교회의 표지 (2): 성례전의 신실한 시행 (iii) 성찬의 바른 시행 _189
　제 13 강　교회의 표지 (3): 거룩성을 유지하는 권징의 신실한 시행 _207

제 4 부 교회의 직원들 _223

제 14 강 교회의 직원들 (1): 장로들 _225
제 15 강 교회의 직원들 (2): 집사들 _245
제 16 강 교회의 직원 (3): 목사 _263
제 17 강 하나님의 부르심과 응답 _281

제 5 부 교회의 사명과 사명 수행 _285

제 18 강 교회의 사명 _287
제 19 강 교회의 사명 수행 (1): 예배하는 공동체 _305
제 20 강 교회의 사명 수행 (2): 섬김과 교제의 공동체 _321
제 21 강 교회의 사명 수행 (3): 선교하는 공동체 _335
제 22 강 증거를 상실한 교회 _349
제 23 강 교회의 힘: 하나님의 일을 하는 태도 _353
제 24 강 이상적 교회의 모습 _363

〈부록〉 예배에 대하여 _379

예배의 요소 (1): 말씀의 선포와 듣는 자 _381
예배의 요소 (2): 주악, 성시낭독, 기도, 신앙고백 _385
예배의 요소 (3): 교제 _389
예배의 요소 (4): 생활 _393

개정판에 붙이는 말 _397

저자 소개 _400

들어가는 말

교회는 우리 주 예수 그리스도께서 이 땅 위에 이루시고, 그의 재림으로 극치에 이르게 하실 하나님의 나라를 이 땅 위에서 가장 강력하게 증시(證示)하는 하나님 나라의 공동체요 종말론적 공동체입니다. 이 영광스러운 교회의 일원으로 이 땅 위에서 살아갈 수 있다는 것은 우리들에게 그 무엇과도 비교할 수 없는 특권과 영광이 아닐 수 없습니다. 주께서 세우신 이 거룩한 교회의 바르고 풍성한 모습을 이 시대에 우리들이 속해 있는 구체적인 교회가 잘 드러내고 있는가 하는 것은 모든 시대의 교회가 자신들에게 되물어야 할 가장 중요한 질문의 하나일 것입니다.

이 책에 실린 모든 글들(설교문, 강설들)은 바로 이 질문들을 하나하나 체계적으로 물어가려고 노력했던 흔적들입니다. 다시 말해서, 이 글들은 필자가 한동안 섬기던 서울 답십리에 있는 호산교회에서 1993년 중 거의 7개월간 주일 아침 예배 때에 설교했던 강설들을 그대로 옮겨 놓은 글입니다. 당시에 교회를 교회답게 하는 일이 절실한 필요라고 여겨서, 성경과 역사적 개혁신학이 교회에 대해서 말하던 바에 근거해서 성도들에게 교회의 참된 모습을 제시하고, 성도들과 함께 묻고 대답하고 했던 것입니다.

그러나 교회가 교회답게 되는 일은 호산교회만이 아니고, 오늘의 한국 교회 전체가 심각하게 생각해야 할 문제라고 여겨서 이 설교들을 내어놓는 어리석은 일을 감행합니다. 그러므로 일차적으로 이 강설들을 녹음하시고, 보관하는 일을 하셨던 권오윤 목사님의 노력과 이 강설들을 풀어서 책자로 만드는 일이 필요하다는 권 목사님의 권유와 유혹(?)이 이 책의 탄생 동기가 되었습니다. 그리고 이를 일일이 풀어 주신 전주에서 목회하시는 대한예수교 장로회 합동측에 속한 〈목자의 음성 교회〉의 이남수 목사님의 노력이 아니었으면 이 일은 이루어 질 수 없는 일이었을 것입니다. 그리고 중간에서 이 일이 이루어 질 수 있도록 산파역을 담당하신 정규환 목사님의 귀한 노력을 잊을 수 없습니다. 미국 유학을 위해 호산 교회를 떠나 계시는 동안에 제가 호산교회에서 성도들과 함께 신앙생활을 하며, 이 말씀을 나누도록 하신 이광길 목사님과 호산(好産)교회의 성도들이 이 일을 이룸에 있어서 큰 역할을 하였습니다. 또 당시에 교회를 같이 섬겨 주신 권오윤 목사님(지금은 ACTS의 구약 교수님)과 염성준 전도사님(지금은 일본 선교 사역을 하시는 목사님)께도 감사를 드립니다.

그러나 이렇게 강설한 것을 그대로 풀어놓은 원고를 보면서 여러 가지 부족한 점을 많이 보게 됩니다. 그래서 이를 책으로 내는 것에 대해 많이 주저하게 됩니다. 특별히 각 본문에 대한 성경 주해가 더 깊이 있게 이루어진 근거 위에서 강설이 진행되었어야 한다는 아쉬움이 아주 큽니다. 목사로서 하나님 말씀을 섬기는 일이 얼마나 중요하고, 얼마나 부담이 되며, 어려운 것인가를 더욱 더 생각하게 됩니다.

이 모든 부족함에도 불구하고, 이 책의 내용이 전달하고자 하는 그 중심 사상은 오늘 우리네 교회에서 아주 심각하게 전달되고, 되물어져야 한다는 의식 속에서 감히 이 설교들을 그대로 펴내는 일을 감행합니다. 이 책을 통해서 조직신학과 설교를 연결시키는 일의 한 방향을 제시할 수 있었으면 하는 마음이 있습니다(신학생들과 목사님의

'조직신학은 설교나 목회와는 직접적 연관이 될 수 없는 것'이라고 하는 오해를 불식시킬 수 있는 어떤 기연을 제시하고 싶은 것입니다). 단지 저 자신을 비롯해서 목사님과 설교자들이 좀 더 깊이 있는 성경 주해에 근거해서 하나님의 말씀을 이 시대에 전할 수 있었으면 하는 아쉬움을 가지면서 말입니다.

부디 이 부족한 작업이라도 주께서 우리네 교회를 참 교회답게 하는데 사용하여 주시기를 간절히 기원합니다.

1995년 1월 9일

재개정판에 붙이는 서문

그 동안 교회론 강설을 열심히 읽어주셔서 많은 독자들이 찾는 책이 되게 해 주셔서 감사드립니다. 따져보면 25년 이상이 되는 이 책의 재개정판을 이제 새로운 출판사인 〈도서출판 말씀과 언약〉을 통해서 출간합니다. 이 책이 소망하는 바와 이 새로운 출판사가 소망하는 바는 정확히 같은 것이니, 그것은 이 땅의 교회들이 성경이 말하는 교회의 모습을 제대로 드러내는 것입니다. 이 책의 내용이 설교될 때인 1993년에 말씀을 들었던 호산교회처럼 지난 20여 년 동안 저와 함께 말씀을 들으면서 그것을 구현하고자 애쓰는 언약교회에서 이를 잘 의식하면서 한국개혁주의연구소를 통해 이 책의 출간을 지원해 주시는 것에 대해서도 깊은 감사를 표합니다. 동시에 한국개혁주의연구소를 지원하시는 여러 교회들과 목사님들께도 감사드립니다. 그 후원이 의미를 가지도록 더 많은 분들이 이 책을 읽고서 성경이 말하는 하나님 나라를 잘 드러내는 교회 공동체를 이루는 일에 같이 헌신할 수 있기를 기원합니다.

2020년 코로나19의 한 복판에서
주께서 우리를 불쌍히 여겨서
주님께 드리는 예배를 회복해 주시기를 기도하면서

What is the Church?

The Eschatological Community for the Manifestation
of the Kingdom of God and Its People's Kingdom Life-style

제 1 부 교회에 대한 표상적 표현들

제 2 부 교회의 속성들

제 3 부 교회의 표지들

제 4 부 교회의 직원들

제 5 부 교회의 사명과 사명 수행

〈부록〉 예배에 대하여

제 1 부

교회에 대한
표상적 표현들

1. 그리스도의 몸

2. 몸의 머리이신 그리스도

3. 성전인 교회 공동체

4. 성전의 자라남

5. 하늘의 예루살렘

제 1 강

"그리스도의 몸"

고린도전서 12장 12-27절

[12]몸은 하나인데 많은 지체가 있고 몸의 지체가 많으나 한 몸임과 같이 그리스도 그러하니라 [13]우리가 유대인이나 헬라인이나 종이나 자유자나 다 한 성령으로 세례를 받아 한 몸이 되었고 또 다 한 성령을 마시게 하셨느니라 [14]몸은 한 지체뿐 아니요 여럿이니 [15]만일 발이 이르되 나는 손이 아니니 몸에 붙지 아니하였다 할지라도 이로 인하여 몸에 붙지 아니한 것이 아니요 [16]또 귀가 이르되 나는 눈이 아니니 몸에 붙지 아니하였다 할지라도 이로 인하여 몸에 붙지 아니한 것이 아니니 [17]만일 온 몸이 눈이면 듣는 곳은 어디며 온 몸이 듣는 곳이면 냄새 맡는 곳은 어디뇨 [18]그러나 이제 하나님이 그 원하시는 대로 지체를 각각 몸에 두셨으니 [19]만일 다 한 지체 뿐이면 몸은 어디뇨 [20]이제 지체는 많으나 몸은 하나라 [21]눈이 손더러 내가 너를 쓸데 없다 하거나 또한 머리가 발더러 내가 너를 쓸데 없다 하거나 하지 못하리라 [22]이뿐 아니라 몸의 더 약하게 보이는 지체가 도리어 요긴하고 [23]우리가 몸의 덜 귀히 여기는 그것들을 더욱 귀한 것들로 입혀 주며 우리의 아름답지 못한 지체는 더욱 아름다운 것을 얻고 [24]우리의 아름다운 지체는 요구할 것이 없으니 오직 하나님이 몸을 고르게 하여 부족한 지체에게 존귀를 더하사 [25]몸 가운데서 분쟁이 없고 오직 여러 지체가 서로 같이하여 돌아 보게 하셨으니 [26]만일 한 지체가 고통을 받으면 모든 지체도 함께 고통을 받고 한 지체가 영광을 얻으면 모든 지체도 함께 즐거워하나니 [27]너희는 그리스도의 몸이요 지체의 각 부분이라.

오늘부터 우리들은 몇 주간이 될지는 모르지만 교회에 관해서 생각해 보려고 합니다. 주님께서는 우리들이 교회에 대해서 잘 모를까봐, 마치 초등학교 선생님들께서 아이들의 이해를 돕기 위해 그림을 그려 주면서 잘 설명하는 것과 같이, 교회에 대해서도 일종의 그림을 그려 주셨습니다. 그림을 그려주면 어린 아이들에게도 그 그림을 통해서 무엇이든지 잘 설명할 수 있습니다. 그와 비슷하게 우리 주님께서는 성경에 교회를 묘사하기 위해서 몇 가지 그림들을 우리에게 그려 주고 있습니다. 그래서 처음 몇 주간 동안은 주님께서 교회를 묘사하기 위해서 그려 주신 그림들을 살펴보면서 그 그림들을 통해서 교회가 어떤 것인가를 배우려고 합니다.

이것은 아주 중요합니다. 왜냐하면 이런 작업을 하지 않으면 우리는 교회라는 매우 중요한 주제에 대해서도 그저 어깨 너머로 배우기 쉽습니다. 우리가 맨 처음에 예배에 대해서 찬송, 기도 등을 하나하나 점검을 했듯이,[1] 교회에 대해서도 우리가 하나하나 점검하지 않으면 그저 교회 공동체에 속하여 어깨 너머로 보면서 "아! 교회란 이런 것이구나"하면서 정확한 이해 없이 안다고 하기 쉽습니다. 그리고 경험적으로 우리가 교회 생활을 하고, 또 세상에 교회라고 이름하는 데가 많이 있으니까 그런 것을 보면서 '아! 교회는 이런 것이고, 이 공동체 안에서는 이렇게 하는 것이구나'라고 생각하기 쉽습니다. 그것이 옳은 경우가 많이 있겠지마는 우리가 교회에 관해서 생각할 때 그렇게 우리가 경험한 것이 기준이 되어서는 안 됩니다. 다시 말하자면, 이 세상에서 우리가 경험해 오던 바 그것이 우리로 하여금 교회는 이런 것이라고 판단하는 기준이 되어서는 안 되는 것입니다.

기독교와 관련된 모든 것이 그러하듯이 우리는 가장 기본적인 개

---

[1] 그 내용은 이 책의 〈부록〉에 제시되어 있으니 참조하여 주십시오.

넘이라도 **성경에서 그것에 대하여 무엇이라고 말해 주는가** 하는 것을 배워야 할 것이고, 그 모습이 우리 공동체 가운데서 구현될 수 있도록 힘써 나가야 합니다. 이것이 가장 정상적인 것입니다. 그런데 이런 것이 무시되기 쉽습니다. 왜냐하면 우리는 우리가 늘 경험해 온 것에 아주 익숙해져서 그것과 맞지 않는 것은 이상한 것으로 생각하기 쉽기 때문입니다. 그래서 우리가 정신을 차리고 우리가 현재 속해 있는 교회의 모습이 과연 성경이 말해 주는 교회의 모습과 일치하는 것인가 아닌가를 생각하면서, 우리는 어떠한 모습을 향해서 나가야 하는 가를 생각해 보아야 합니다.

교회는 '그리스도의 몸' 이라는 표상(表象)

성경 가운데서 예수님을 믿는 사람들, 즉 교회를 지칭하는 가장 멋있고 포괄적인 그림은 '교회는 그리스도의 몸' 이라는 그림입니다. "그리스도의 몸"이라고 하는 '그림' 이라고 표현한 것에 주목해 주십시오. 이것은 일종의 비유입니다. 왜냐하면 예수님께서 이 세상에 계셨을 때 그 때의 예수 그리스도의 몸은 우리와 똑같은 몸이었기 때문입니다. 그것을 가르쳐서 교회라고 하지 않습니다. 예수님께서 부활하시고 승천하셔서 '하늘'에 올라가셨을 때 그의 이 물리적인 몸은 '하늘'에 있습니다.

그런데 예수님의 물리적인 몸(physical body)은 하늘에 있으면서 예수님께서는 그의 "신령한 몸"(spiritual body)을 이 지상에 가지십니다. 그것이 바로 교회 공동체입니다. 그렇게 따지면 예수님의 몸이 "둘 있구나"라고 잘못 생각할 수 있습니다. 그러나 정확히 말하면 예수님의 몸은 하나뿐입니다. 저 하늘에 계신 몸이지요. 그러므로 교회를 가르쳐서 그리스도의 몸이라고 하는 것은 비유적으로 하는 말입니다. 그래서 흔히 우리는 그것을 그리스도의 영적인 몸(the spiritual body of Christ)이라고 말합니다.

예수님의 그 물리적인 몸이 승천 이후에는 하나님께서 계신 '하늘'(heaven)에 계십니다. 그 몸은 이 땅위에 계셨던 바로 그 몸인데 단지 부활과 승천 과정을 통해 온전히 영화된 영적인 몸입니다. 그는 영원토록 그 영화된 몸(glorified body)을 가지실 것입니다. 나중에 하나님의 나라가 극치에 이르러 예수님께서 이 땅에 오셔서 그 앞에 우리가 서게 되면 우리들도 변화된 몸을 가지고 영화된 몸을 가지신 예수님을 만나 보게 될 것입니다. 그때 우리가 어떻게 할는지요? 그의 발밑에 엎드려서 무릎을 꿇고 경배하며, 또 예수님의 손을 잡고 악수를 할 수도 있겠지요. 이와 같이 예수님의 영화된 그 몸은 계속해서 존재하는 것입니다.

그런데 흥미로운 것은 그가 그의 영적인 몸을 이 지상 가운데 가지신다는 것입니다. 바로 이것이 예수님의 신비한 몸인 **교회 공동체**입니다. 예수님께서 하늘에 올라가신 이후에 신약의 교회 공동체를 그리스도의 "신령한 몸"이라고 말합니다. 그러므로 우리가 교회에 대해 생각할 때 우리는 가장 먼저 "구속함을 받은 우리들이 그리스도의 몸"이라는 것을 생각해야 합니다. "교회"라는 말을 들을 때 이 외의 다른 것을 생각하면 안 됩니다.

이제부터는 "교회"라고 할 때에 우리가 모이는 교회의 건물을 생각하시면 안 되고, 바로 구속받은 우리들을 생각해야 합니다. 우리들의 공동체를 주님께서 교회로 세우셨다는 것을 생각해야 합니다. 그러므로 구속된 우리들이 바로 교회입니다. 그리스도 안에 있는 공동체가

교회입니다. 이 공동체를 가리켜서 주님께서는 "그리스도의 몸"이라고
말씀하십니다.

"그리스도의 몸" 표상이 가르치는 바(1)

이 "그리스도의 몸"이라고 하는 표상, 이 그림으로부터 우리는 두 가
지 생각을 해야 합니다. 그것이 오늘의 본문 가운데서 잘 나타나 있습
니다. "몸은 하나인데 많은 지체가 있고 몸의 지체가 많으나 한 몸인
것같이 그리스도도 그러하니라." 이 본문에서 그리스도라고 하는 말은
그리스도의 몸된 교회를 말하는 것이지요. 유대인이나 헬라인이나 종
이나 자유자나 교회를 구성하는 여러 종류의 사람이 있을 수 있습니
다. 이 본문은 일차적으로 고린도 교회를 가리켜서 말하는 것이니까
그 공동체에는 유대인들, 즉 과거에 하나님의 백성이었던 사람들과 과
거에는 하나님의 백성이 아니었던 사람들인 헬라인들이 다 들어와 있
었습니다. 어떤 의미에서 이것은 온 세상 사람들을 대표하고 있는 사
람들입니다.

우리는 대개 이 세상의 사상을 두 가지로 나누어서 이야기하곤 합
니다. 그것은 구약 성경과 유대인들로부터 시작되어 온 헤브라이즘
(Hebraism)과 희랍 사람들, 즉 헬라 사람들이 대표하는 헬레니즘
(Hellenism)이라는 것입니다. 이것으로 이 세상 전체를 대표하는 것으
로 말하는데 그것을 대표하는 사람들이 언급된 것이므로, 이 말씀은
결국 너희가 어떤 종류의 사람이든 상관없이 다 교회 공동체 안에 함
께 있다는 것입니다. 또 고대 사회에서는 종, 자유자 등이 엄격하게
나뉘어져 있었습니다. 이것을 우리식으로 말하면 너희들은 전라도 사

람이나 경상도 사람이나 그런 것과는 상관없이, 또는 한국 사람이나 일본 사람이나 미국 사람이나 영국 사람이나 그런 것 상관없이 모두 다 "한 성령으로 세례를 받아서 우리가 한 몸이 되었다."는 것입니다.

우리가 어떻게 그리스도의 몸이 되었습니까? 어떻게 그리스도의 교회가 되었습니까? 우리 안에 한 성령님의 세례가 있다는 말을 참으로 믿는 우리가 모두 "성령에로의 세례"를 받은 사람들이라는 말입니다. 우리가 참으로 주님을 믿는다면 우리가 모두 성령 세례를 받은 사람들입니다. 중생 이외의 다른 어떤 것을 성령 세례라고 말할 수 없습니다.

또 여기에 보면 "다 한 성령을 마시게 하였느니라"고 말하고 있습니다. 우리 안에 성령님이 충만히 임하여 있다는 말입니다. 우리가 교회 공동체의 교우(敎友)라는 것은 우리가 바로 이런 일에 동참한 사람들이라는 뜻입니다. 우리가 교회의 한 부분이 된 것입니다. 우리 공동체가 그리스도의 몸이 된 것입니다. 그러므로 교회의 회원으로서 우리 각자는 우리의 주님 되시는 예수님과 신비한 연합을 가진 사람들입니다.

여러분! 이 말을 기억해 주십시오. 우리들은 예수님과 신비한 연합을 가지고 있는 것입니다. 여기에 속한 한사람 한사람이 그리스도와 신비한 연합을 가지고 있기 때문에 우리 공동체가 한 몸입니다. 그리스도와의 신비한 연합이 없이는 우리 각 사람이 그리스도의 몸에 속해 있을 수 없고, 그렇다면 우리들은 교회(공동체)가 아닙니다. 그러므로 내가 내 마음 가운데 정말 예수 그리스도와 하나라고 하는 의식이 있는가 하는 것을 제일 먼저 생각해야 합니다.

이렇게 교회에 대한 이야기는 우리 주 예수 그리스도에 대해서 내가 바르게 생각하고 있는가 하는 것부터 시작합니다. 예수 그리스도에 대한 생각이 바르지 않으면 우리가 교회가 될 수 없습니다. "예수 그리스도께서 정말 나의 구주이시다. 그가 나를 위하여 죽어 주셨다. 그가 2,000년 전 십자가에서 죽어 주셨을 때 나도 그리스도와 한 몸이 되어서 같이 죽었다. 내가 태어나기도 전인데도 그러하다. 왜냐하면 이것이 영적인 사건이니까 그것이 가능하다. 내게 그러한 일이 일어나서 나의 모든 죄의 문제가 해결되고 내가 하나님 앞에 설 수 있게 되었다. 예수님이 죽고 다시 살아나신 사건이 나와 같이 일어난 일이기 때문에 그 사건 속에서 나도 그리스도와 같이 죽고 살아났다"는 예수 그리스도와 신비한 하나 됨이라는 의식이 있어야 합니다. 바로 이런 의식이 우리 각 사람이 그리스도의 몸의 지체임을 말해 주고, 우리 공동체를 교회라고 분명히 선언하게 합니다.

어떤 사람에게 예수 그리스도와 함께 죽고 살아났다고 하는, 예수 그리스도와 하나라고 하는 의식이 없다면 그 사람은 아직 교회 공동체에 속한 사람이 아닙니다. 이것이 아주 중요합니다. 그러므로 **교회는 예수 그리스도와 신비하게 하나 된 사람들의 모임**입니다.

만일 우리 가운데 '나는 아직 그런 것이 잘 인식되지 않은데요'라고 한다면 (일단은 그런 상황으로부터 시작해 보십시다), 오늘이 그것을 인식할 수 있는 좋은 기회입니다. 예수 그리스도와 하나된 것을 통하여 '내가 예수 그리스도와 하나가 되어 예수 그리스도의 몸의 한 부분을 구성하게 되었다'는 것을 여러분 마음속에 새겨야 할 것입니다.

여기서 그리스도와 하나라고 말씀하신 그 부분을 기억하십시오. 예수 그리스도께서는 자신이 이루신 구속 사건 안에 우리들이 들어 있다는 이야기를 해 주십시다. "작은 무리여! 두려워 말라 내가 세상을 이기었노라." 그 이야기 들으면 여러분 마음이 좋지 않습니까? 그런데 그 이야기가 우리들의 이야기가 되기 위해서는 반드시 우리가 예수님과 하나여야만 합니다. 예수님을 멀찍이 떼어 놓아서는 아무것도 안 됩니다.

우리는 대개 예수님께서 이 세상에서 고난을 받고 어려움을 당할 때 예수님을 멀리서 따라가던 제자들과 같은 사람이 되기 쉽습니다. 그러면 그리스도와 하나가 아니지요. 예수님께서 그 십자가의 고통을 당하실 때 제자들은 "멀리서 예수를 바라보았더라." 그렇게 표현하고 있습니다. 그렇게 되면, 나와 예수님과 하나 됨이 없습니다. 물론 그 당시에 제자들은 그래도 큰 문제는 없습니다. 왜냐하면 예수님께서 그의 사역을 완성하시고 그의 사역을 그들에게 적용시켜 줄 것이니까 말입니다.

그런데 지금 우리들은 예수 그리스도의 사역이 이루어진 이후에 살기 때문에 각 사람은 '내가 예수 그리스도와 하나입니다'라는 의식을 반드시 가져야만 합니다. 그렇게 하지 않으면 "나와 예수 그리스도는 상관이 없습니다."라고 주장하는 것이 됩니다. 이 얼마나 무서운 이야기입니까?

여러분 베드로의 이야기를 기억하시지요? 예수님께서 제자들의 발을 씻어 주실 때 베드로는 "예수님! 절대로 제 발은 씻어 주지 못합니다. 어떻게 선생님께서 제 발을 씻어 주시겠습니까?"라고 주장하지 않았습니까? 이에 대해서 예수님께서 "내가 너를 씻어 주지 아니하면 너는 나와 상관이 없다." 그랬더니 베드로가 "그러면 안 되지요. 그럼 발뿐만 아니라 내 온 몸을 씻어 주십시오." 그렇게 말했던 것을 기억하지 않습니까? 그때 예수님께서는 "이미 깨끗함을 받은 자에게는 더 이상 씻을 것이 없다!"고 말씀하지 않았습니까? 그 이야기는 원칙적으로 베드로뿐만이 아니라 예수님을 참으로 믿는 사람들은 이제 예수 그리스도의 피로 말미암아 그 모든 죄를 씻음 받았다는 것을 선언해 주시는 말씀입니다.

물론 그 사건은 예수님께서 십자가에서 돌아가시기 전에 이루어진 사건입니다. 그로부터 얼마 뒤면 예수님께서 십자가 지심을 생각하시면서 다락방에서 그렇게 말씀하신 것입니다. 이 때 예수님께서는 당신님께서 죽으실 것을 아시고 그 죽음의 효과를 제자들에게 적용하시면서 말씀하시는 것입니다. 그와 같이 오늘 우리가 예수 그리스도와 관련되지 않으면 성경의 아름다운 것들이 우리에게 아무 쓸모 없는 것이 됩니다. 그런 사람들을 향해서 성경에서는 "너희가 온 천하를 얻고도 너희의 생명을(영혼을) 잃으면 무엇이 유익하리요…"라고 말합니다. 성경이 말하는 이야기가 구구절절이 옳은 이야기라도 이것이 우리 한 사람 한 사람에게 적용되지 아니하면 그것이 무슨 소용이겠습니까? 그래서 오늘 우리 모두는 내가 과연 예수 그리스도와 하나인가를 질문하고, 이것이 정말 내 속에서 이루어지도록 주님 앞에 있어야 합니다.

안타까운 현실은 만일 우리가 이 예수 그리스도와 하나 되는 현실 가운데 있지 않다면 성경이 묘사하고 있는 그 모든 아름다운 것에 우리가 참여하지 못할 뿐만 아니라 성경이 말하고 있는 그 모든 저주 가운데 우리가 계속 머물러 있다는 것입니다. 이 사실이 우리들을 매우 두려워하게 하고 무섭게 할 수도 있습니다. 그러나 어떤 때는 그런 두려운 마음과 무서운 마음을 우리 가운데 품는 것이 아주 중요한 일입니다. 그래야만 내가 정말 그리스도와 하나가 되는 것이 매우 중요한 일이로구나 하는 생각을 가질 수 있을 것입니다. 또한 나 자신은 그리스도와 하나가 되어서 그리스도의 몸의 지체가 되었지만 우리 주변에 있는 나의 사랑하는 형제들, 자매들은 아직 그러지 못하다는 사실에 대해서 우리가 심각하게 생각해야 되는 이유도 바로 여기에 있습니다.

그러므로 심각하게 질문해 보십시다. 우리들은 과연 예수 그리스도와 하나 되어 있습니까? 예수 그리스도께서 십자가에서 이루신 것이 우리를 위한 것이라고 하는 것이 분명합니까? 개혁 교회의 신조 중에 하나인 하이델베르크 요리문답에는 이런 질문이 있습니다. "생사간에 당신의 유일한 위로는 무엇입니까?"(제 1 문 질문) 여러분 한번 생각해 보십시오. 죽으나 사나 나에게 있는 유일한 위로가 무엇입니까? 내 아들 중에 하나가 잘 자라나고 공부도 잘 하는데 이 아들이 서울대학교에 들어가서 나중에 박사 되는 것이 유일한 소망입니까? 무엇이 유일한 소망입니까?

과거에 개혁 교회에 속한 성도들은 (그 문서가 1563년도에 발표되었는데) 그처럼 오래 전에 우리와 같은 신앙을 고백하던 그 그리스도인들은 다음과 같이 고백했었습니다: "나 자신이 나 자신에게 속한 것이 아니라 육체와 영혼의 전인(全人)으로서의 내가 사나 죽으나 나의 신실하신 구주 예수 그리스도에게 속한다는 것이 나의 유일한 소망입니다."[2] 이 얼마나 멋진 신앙입니까?

내가 나 자신에게 속한 것이 아니라 나는 사나 죽으나 예수님께 속해 있다는 것입니다. 그것이 나에게 유일한 소망이라는 것입니다. 우리들이 살면서 경험하는 많은 문제들이 있지요. 그러나 내가 예수 그리스도에게 속해 있다면 그것이 두렵겠습니까? 예수님은, 마틴 루터 (Martin Luther)가 말한 것처럼, 강한 성처럼 우리에게 다가옵니다. 그것이 내게 유일한 위로란 말입니다. 죽었을 때도 두렵지 않은 것은 내가 예수님께 속해 있으니까 예수님께서 승리하신 그 승리가 나의 것이니까 그것이 문제가 안 된다는 말입니다. 마음속에 생각하십시오. 여러분들이 "아! 나도 그렇게 고백할 수 있습니다. 나도 그렇게 고백하렵니다."라고 고백하셔야 합니다.

---

2 이에 대한 논의로 이승구, 『진정한 기독교적 위로: 하이델베르크 요리문답 강해 1』, 재개정판 (서울: 나눔과 섬김, 2015), 제 1 강을 보십시오.

(Fredeck III세가 살던 Heidelberg 성의 전경)

(선제후 프레데릭 III의 초상)

http://en.wikipedia.org/wiki/Frederick_III,_Elector_Palatine

그런데 마음속에서 이렇게 고백하려는 마음이 있지만 또한 우리 마음에는 '나는 아직 그렇지 않은데…' 하는 마음도 들지요? 그럴 때에 여러분이 할 수 있는 고백이 하나 있습니다. 그것은 예수님께 자기 아이를 데려왔던 어떤 아버지의 고백입니다. 이 아버지는 간질병으로 고통 받는 아이를 고쳐 주시기를 바라면서 예수님께 데려 왔습니다. 그런데 제자들이 못 고친단 말입니다. 예수님께서 변화산에서 내려 오시니까 "예수님, 이 아이를 좀 고쳐 주십시오."라고 부탁했지요. 우리의 기도와 같이 말한 것입니다. 그 때 예수님께서는 "이 아이를 내가 고칠 줄 네가 믿느냐?"고 물으셨습니다. 이 아버지는 믿는다고 할 수도 없고 안 믿는다고 할 수도 없는 상황에 있었습니다. 어쩌면 현대를 살아가는 많은 그리스도인들이 그 비슷한 마음을 가지고 있을 것입니다. 한편으로는 교회에 몇 번 나와 봤으니까, 또 오랫동안 신앙생활을 하였으니까 믿는 것 같기도 하고, 또 한편으로는 아직도 확신이 없기도 한 상황입니다. 이럴 때에 여러분들이 할 수 있는 말이 하나 있습니다. "내가 믿습니다. 나의 믿음 없는 것을 도와주십시오." 이것은 아주 멋있는 대답입니다. 한편으로는 믿는 부분도 있어요, 또 한편으로는 안 믿는 부분도 있다는 것인데 그 부분을 주님께서 도와주십시오. 그것은 적어도 신앙의 고백입니다.

이 이야기할 때 여러분들이 '아! 나는 아직 예수 그리스도와 하나라는 의식이 별로 없는데 그럼 나는 어떻게 되나, 나는 교회의 일부분이 아닌가?' 그럴까봐 저는 지금 이 이야기를 합니다. 그때 여러분들이 최소한 할 수 있는 것은 "내가 믿습니다, 그런데 내가 믿음 없는 것을 도와주십시오." 그렇게 하시면 됩니다.

그리고 그렇게 했으면 그렇게 고백한 사람답게 지속적으로 행하면 된다는 것이지요. 그저 몇 가지 기본적인 예수 믿는 그리스도인들이 최소한 하는 것만 하고 말 것이 아니라 정말 내가 그와 하나가 된다는 그 의식을 누리기 위해서 해야 할 일을 힘써 해보는 것입니다. 최소한 "우리가 올 해 공예배에 모두 참여한다"는 의식을 가지고 있는데 그 일을 우리가 힘써 해보는 것입니다. 그 일은 교회가 전체적으로 제대로 하나님의 말씀 가운데 성장하도록 하기 위해 같이 세운 목표입니다. 그랬으면 우리가 그렇게 같이 나가야 합니다. 그렇지 않으면 교회가 이렇게 모임을 가질 필요가 없을 것입니다. 그러면 우리도 이제 어떤 서양 그리스도인들처럼 주일 아침에 한 번만 모이면 될 것입니다. 그것이 성경의 가르침을 따라 제대로 교회가 나가는 방식이라면 그렇게 해 보시는 것도 좋을 것입니다. 그러나 그 누구도 다 인정하지만 그렇게 해서는 우리가 하나님의 말씀 가운데 풍성하게 거할 수 없습니다. 이것을 우리는 인정해야 합니다. 그러므로 우리들은 공예배에 항상 참여하는 노력을 해 나가야 할 것입니다.

기억하십시오. 우리가 그리스도와 하나가 되지 않고서는 아무 일도 되지 않습니다. "여러분은 그리스도와 하나이십니까? 그리스도와 신비한 일체를 이루고 있습니까?" 이것이 오늘 우리가 마땅히 물어야 할 첫째 질문입니다.

'그리스도의 몸' 표상이 가르치는 바(2)

우리가 그리스도의 몸이라고 하는 것은 우리들로 하여금 또 하나의 질문을 하도록 합니다. 우리 한 사람 한 사람의 그리스도인에 대해서 너희가 그리스도의 몸이라고 하지 아니하고 우리 모두를 향하여서 "너희가 그리스도의 몸이다"라고 말합니다.

그 이야기를 아주 구체적으로 이해하도록 하기 위해 바울은 우리의 몸을 예를 듭니다. "너의 몸 중에서 귀가 나는 몸 안에 속하지 아니하였다 할지라도, 몸에 속하지 아니한 것이 아니지 않느냐?" 발이 손처럼 몸에 가깝지 않는다 할지라도 그것이 말이 됩니까? 다 몸의 한 부분이 아닙니까? 우리가 모두 몸의 한 부분이란 말입니다. 그것은 우리가 예수와만 하나가 되는 것이 아니라 우리 모두가 정말 하나가 되어야 된다는 말입니다. 그리스도와의 신비한 일체라고 하는 것은 내가 그리스도와 하나 될 뿐만 아니라 주변에 있는 성도들과 하나라는 의식이 있어야 한다는 것을 뜻합니다. 공동체로서 우리가 그리스도의 몸입니다. 그래서 내 주위에 있는 성도들이 그렇게 고귀한 것입니다. 그분들이 나와 한 몸에 속한 지체들이란 말이지요. 그래서 그것을 한 몸이라고 표현했습니다.

성경 가운데서 한 몸이라고 표현된 것이 딱 두 가지입니다. 여러분이 혼인을 하시면 남편과 아내를 한 몸이라고 하지요. 그와 비슷한 것이 교회의 하나됨입니다. 에베소서에서는 이 둘을 서로 연결시키면서 이야기하기를 "신비하도다, 그 비밀이 크도다"고 하시면서 마치 부부가 하나 된 것처럼, 온 교회의 성도들은 그리스도 안에서 하나라고 이야기합니다.

그런데 이 이야기가 우리에게 그냥 선언으로만 그쳐지면 아무런 의미가 없습니다. 그저 '한 몸이다'라고 말하고 나서 우리가 예배 끝난 후에 다 나가 버리면 그것은 하나가 아닙니다. 우리가 진정 하나라면 우리가 애써 노력하는대로 서로 알아야 하지요. 하나인데 어떻게 모르고서 하나가 될 수 있습니까? 그래서 서로 알려고 노력해야 합니다.

예수 믿는 사람들은 어떤 사람들입니까? 미국의 어떤 치과 의사이신 집사님께서 저에게 "예수 믿는 사람들은 공범 의식을 가지고 살아가는 사람들입니다"라고 말씀하신 일이 있습니다. 우리가 다 하나님 앞에서 죄인이라고 하는 의식, 그런 공범 의식 – 최소한 그것을 가지고 살아가야 된다는 말이지요. "신앙생활을 이렇게 해야 되는데 살아 보니까 이것이 안 됩니다."라고 서로 이야기할 수 있고, 서로를 위해서 기도해야 합니다. 그것이 없으면 안 된단 말입니다. "머리가 발에게 너는 쓸데없다"– 그렇게 말한다면 그것이 몸이 아니란 말입니다. 그럴 수 없는 것입니다. 우리 모두가 다 중요합니다. 그리고 또 높은 것도 없고 낮은 것도 없습니다. 주님께서 모두를 위해서 모두를 필요하게 하셨습니다. 이런 이야기를 해 놓고 나서 우리가 그저 "아! 오늘 그런 설교를 들었다"라고 해 버리면 우리는 성경이 가르쳐 주는 교회와는 상관없는 모습을 하게 됩니다. 그러면 우리는 다시 우리가 알아 왔던 그런 모습으로 그냥 돌아가고 마는 것입니다.

만일 이 이야기가 우리로 하여금 뭔가를 도전한다면 "아, 그럼 내가 그리스도와 연합했을 뿐만 아니라 내가 성도들과 하나가 되기 위해서 어떻게 할 것인가"하면서 여러분들이 구체적으로 움직여 나가야만 합니다. 우리가 이렇게 이야기하고서 "아, 성경에는 구구절절 옳은 이야기가 있지요."그러고 말아 버리면 아무 것도 안 됩니다. 그렇게 되면 마치 다음 이야기가 묘사하는 상황과 비슷한 상황이 우리 가운데 있는 것입니다. 거위로 예를 든다면, 주일날 아침이 되면 거위 중에 목사님이 나오셔서 "하나님께서는 우리를 저 창공을 날아갈 수 있도록 날개를 주셨습니다. 우리는 날아갈 수 있습니다."라고 설교합니다. 그러면 교인인 거위들은 "아! 그렇다"고 생각합니다. 그런데 예배가 끝나면 거위들은 날아가지 못하잖아요. 그리고 그 다음주에 또 나와서 "우리가 못 날아가고 말았습니다. 용서해 주십시오." 그렇게 말하고서는 다시 목사님은 열을 내서 "하나님께서는 우리를 날아가게 만들었습니다."라고 설교하는데 교인들인 거위들은 그냥 *끄덕끄덕*하고 말아 버린다면 안 됩니다.

그리스도께서는 우리를 한 몸이라고 말씀하셨습니다. 한 몸이면 우리가 서로 한 몸인 것을 구현해 내려는 노력을 해야 합니다. 오늘 아침에 우리는 이 두 가지 질문을 합니다. 첫째, '내가 그리스도와 하나인가, 그리스도와 신비한 일체를 이루고 있는가?', 둘째, '우리는 우리 옆에 있는 형제, 자매들과 한 몸인가, 그분들을 알려고 하고 그분들을 위해서 나의 삶을 나눠주려고 하는가?' 매우 심각하게 이 두 가지 질문을 해 보아야 할 것입니다.

제 2 강

"몸의 머리이신 그리스도"

에베소서 1장 15-22절

[15]이를 인하여 주 예수 안에서 너희 믿음과 모든 성도를 향한 사랑을 나도 듣고 [16]너희를 인하여 감사하기를 마지아니하고 내가 기도할 때에 너희를 말하노라 [17]우리 주 예수 그리스도의 하나님, 영광의 아버지께서 지혜와 계시의 정신을 너희에게 주사 하나님을 알게 하시고 [18]너희 마음 눈을 밝히사 그의 부르심의 소망이 무엇이며 성도 안에서 그 기업의 영광의 풍성이 무엇이며 [19]그의 힘의 강력으로 역사하심을 따라 믿는 우리에게 베푸신 능력의 지극히 크심이 어떤 것을 너희로 알게 하시기를 구하노라 [20]그 능력이 그리스도 안에서 역사 하사 죽은 자들 가운데서 다시 살리시고 하늘에서 자기의 오른편에 앉히사 [21]모든 정사와 권세와 능력과 주관하는 자와 이 세상뿐 아니라 오는 세상에 일컫는 모든 이름 위에 뛰어나게 하시고 [22]또 만물을 그 발 아래 복종하게 하시고 그를 만물 위에 교회의 머리로 주셨느니라.

우리는 지난주에 우리를 교회로 세우신 주님을 생각했습니다. 그리고 교회는 그리스도의 몸이라고 했습니다. 그런데 이 교회가 그리스도의 몸이라고 하고 성경에서는 그 다음에 한 가지 덧붙이는 말씀이 있습니다. 그것은 "그리스도는 몸인 교회의 머리이시다"는 말입니다. 그리스도께서 교회의 머리이십니다. 우리 모든 성도들이 다 합하여 그리스도의 몸인데 그리스도께서 우리의 머리이십니다. 이것을 잘못 생각하면 안 됩니다. 우리 주님은 하늘에 계셔서 머리는 저 하늘에 있고 몸은 이 세상에 있는 것처럼 이렇게 생각을 하면 그것이 아주 이상스러운 개념이 됩니다.

어떤 사람들은 이것을 너무 확대해서 "이 세상 전체가 하나의 몸이 아니겠는가?" 하면서 소위 사회 유기체설(社會有機體說)을 생각해 나가려고 하는 사람들이 있었습니다(Herbert Spencer, 1820-1903). 그렇게 해 나가면 아주 이상스러운 결과에 빠져버리고 맙니다. 물론 그 사람들은 성경적 사상을 이용해서 이야기하지만 실질상 성경에서 말하는 것에서 아주 멀어져 가는 것을 볼 수 있습니다.

그렇다면 그리스도께서 교회의 머리라고 하는 것은 무엇을 뜻합니까? 우선 기본적으로 생각해야 될 것을 몇 가지 생각하고 오늘의 본문에로 가보겠습니다. 그리스도께서 교회의 머리라고 했을 때 가장 기본적으로 두 가지 생각을 해야 합니다.

그리스도가 '머리'이심의 기본적 의미

그 첫 번째는 우리의 몸 가운데서 머리가 차지하고 있는 위치를 생각해 보면 가장 자연스럽게 이해할 수 있습니다. 우리의 머리가 어떤 기능을 합니까?

(1) 몸의 수뇌부이신 그리스도

요즘에 많이 논의되는 문제 가운데 소위 뇌사(腦死)에 관한 문제가 있습니다. 그 사람의 뇌파가 더 이상 잡히지 않는데 심장도 뛰고 그럴 때 이 사람이 정말 죽은 것이냐, 산 것이냐 하는 복잡한 문제가 있습니다. 이것은 별도로 생각할 큰 주제이므로 여기서 이를 다룰 수는 없지만,[1] 하여튼 그런 문제가 제기된다는 그 자체가 우리에게 사람의 모든 기능에 있어서 머리가 가장 중요한 기능을 한다는 것을 알게 해 줍니다. 우리는 어렸을 때 뇌가 어떻게 작용해서 우리의 모든 것이 움직이게 되는가를 공부합니다. 그런 것들이 우리가 이 본문을 이해하는데 도움을 줍니다. "머리가 우리의 수뇌부입니다." 그러므로 머리로부터 무슨 지시가 나와야만 우리가 움직여질 수 있습니다. "그리스도께서 우리의 머리시다."는 것도 바로 그런 의미를 전달하는 말입니다.

우리를 움직여 나아가시는 분이 누구십니까? 바로 그리스도 자신이셔야 합니다. 다른 말로 해서, 우리가 그의 명령, 그의 뜻을 이 땅에서 수행하는가, 안 하는가 하는 것이 아주 중요합니다. 오늘 찬양대가 주님께 찬양을 올리실 때 그 가사 가운데 "그의 뜻이 우리를 통하여 이루어지는데" 그런 구절이 있었지요? "주님의 뜻이 우리를 통하여 이루어진다." 바로 그것이 뜻하는 바가 주님이 우리의 머리시라는 말입니다.

---

[1] 이에 대해서는 이승구, 『광장의 신학』 (수원: 합신대학원출판부, 2010), 255-58을 보십시오.

머리는 이러저러한 일을 해 나가시려고 하는데 우리는 그것과 정반대의 것만 생각하고 행해 나간다든지, 아니면 머리가 생각하시는 것과 우리의 생각이 전혀 다르다면 그것은 실질적으로 한 몸이라고 할 수 없지 않습니까? 여러분의 머리는 이렇게 하라고 하는데 오른손은 저쪽으로 간다든지 그러면 정상적으로 몸의 기능을 할 수 없는 것 아닙니까? 마찬가지입니다. 그러므로 주님께서 원하시는 것을 그 몸의 지체된 우리들이 제대로 해 나가는가, 아닌가 하는 것이 아주 중요합니다. 우리의 몸은 정상적인 경우에 머리가 하는 것을 늘 하게끔 되어 있지요. 그러므로 "예수님께서 우리의 머리시다"는 이 그림은 우리에게 우리가 애를 써서 주님의 뜻을, 주님이 원하시는 바를 이 땅 가운데서 이루어 나가야 한다는 것을 우리에게 가르쳐줍니다. 그리고 우리들이 그렇게 할 때만 우리가 정상적인 그리스도인들로 이 땅 위에 있다고 하는 것을 말해 줍니다.

이런 점에서 이것은 아주 독특한 것입니다. 왜냐하면 이 세상에는 사실 우리 주 예수 그리스도와 그의 뜻을 이루어 나가려는 사람들이 별로 없습니다. 우리들은 인류의 역사를 성경을 통해 배웁니다. 아담과 하와가 타락한 이후에 인간들을 그대로 내어 버려두었을 때 이 역사는 하나님의 뜻과는 정반대되는 방향으로 나갔습니다. 그것을 그대로 내어 버려둘 수 없어서 하나님께서 인류를 다 쓸어버릴 정도로, 말표현도 "하나님께서 인간을 지으셨음을 한탄하셨다"고 말할 정도로 그 죄악이 얼마나 큰지를 보여주었습니다.

그것은 물론 하나님에게 무슨 후회하시는 요소가 있다는 말은 아닙니다. 그런 표현법을 사람들에게 비유해서 표현하는 방법이라고 합니다. 그러므로 우리가 그것을 가르쳐 의인법(擬人法) 또는 신인동성론적(神人同性論的) 표현(anthropopathism)이라고 합니다. 하나님을 마치 사람인 것처럼 표현해서 하나님이 후회하셨다고 표현한 것입니다. 그러나 사실 하나님께서 후회하시는 일은 없습니다. 이런 신인동성론적 표현을 써서 인간의 죄악이 그 정도로 심각한 문제라는 것을 우리에게 말해 주는 것입니다.

그러한 사람들에 대해서 하나님께서는 어떻게 하셨습니까? 이런저런 방법을 써도 안 되니까 이제 이 사람들 가운데서 예수님의 십자가에서 이루신 구속을 성령님으로 적용해서 주님의 말씀을 듣는 사람들을 형성하기를 원하셨습니다. 그리고 그 사람들의 머리로 예수님을 세우신 것입니다. 따라서 교회 공동체에 속한 모든 사람들은 우리 주 예수 그리스도께서 그러하셨듯이 이 땅위에서 하나님의 뜻을 자원(自願)해서 기꺼이 이루어 나갑니다. 이것이 교회인 우리들의 가장 독특한 특성입니다. 우리가 교회라면 우리의 마음 가운데 주님의 뜻을 기꺼이 이루어 드리려고 하는 마음이 있어야 합니다. 그것이 없다면 말로는 교회이지만 실질적으로는 그리스도의 몸된 역할을 안 하는 것이므로 참 교회가 아닌 것입니다. 그렇게 되면 우리는 의미를 상실해 버린 교회가 됩니다. 과거에 그런 교회들이 많이 있었습니다. 교회가 모여서 종교적 의식은 계속해 나가는데 진정한 주님의 뜻에서는 멀리 떨어져 나갔을 때, 그런 교회는 어두움 가운데 있는 교회였고, 교회의 실질적인 모습을 잃어버린 그저 '이름뿐인 교회'가 되는 것입니다.

오늘 우리의 교회도 그렇게 되지 말라는 법이 없습니다. 그렇게 되지 않으려면 우리가 어떻게 해야 합니까? 우리의 머리되신 그분의 뜻을 잘 파악해서 그것을 이루어 가려고 해야 합니다. "주님의 뜻을 추구하고 그것을 잘 이루어 나가느냐, 아니면 그것을 무시하고 살아가느냐?" 하는 것이 아주 중요합니다.

어디서부터 출발할까요? 교회의 머리이신 예수님의 뜻을 수행하려고 하는가를 물으십시오. 왜냐하면 교회가 주님의 뜻을 수행해 나간다고 했을 때 그것은 다른 식으로 되어지는 것이 아니라 가장 기본적으로는 우리 각자가 우리의 머리시요 주님이시요 왕이신 예수님의 뜻을 우리의 삶 가운데서 수행해 가는 것에 의해서 이루어지는 것이기 때문입니다. 그러므로 우리 각자가 그렇게 하려고 하는가, 아닌가에 따라서 우리가 참으로 교회인가 아닌가가 결정됩니다. 교회를 이루는 대부분의 성도들은 주님의 뜻에 대해서는 별로 관심도 없고 그것을 이루려고 하는 마음이 없는데도 불구하고 "이 세상의 교회는 잘 되어 나간다"— 그런 일은 없습니다. 교회가 무엇이라고 말했었습니까? 그리스도의 몸이라고 했지요? 그리스도의 몸이 이 땅 위에 서려면 그 머리되신 분의 뜻이 이 몸 가운데서 드러나야만 합니다.

이 때 우리가 아주 깊이 생각해야 될 것은 그 기준을 내가 정하려고 하지 말아야 한다는 것입니다. 이것이 우리가 빠져들기 쉬운 함정입니다. 우리 예수님을 믿는 사람들, 즉 교회를 구성하는 사람들에게는 적어도 주님의 뜻을 아주 안 듣겠다는 마음은 없습니다. "내가 부족하지만 주님의 뜻을 듣겠습니다"— 그런 마음을 가지지요? 그런데 그 기준을 내가 정하는 데서 문제가 발생합니다. "여기까지는 주님의 뜻을 듣겠습니다. 그러나 이 이상은 주님께서 간섭할 영역이 아닙니다. 하나님도 바쁘실 테니까 여기까지만 하시고 나머지는 제가 알아서 하게끔 해 주십시오." 이런 태도를 가지면 사실은 주님께 순종하는 것이 아닙니다. 이것은 우리를 아프게 하는 말이지만 이것이 사실입니다.

그러므로 전체적으로 내가 기준을 설정하지 말고 주님께서 설정해 놓으신 기준을 앞에 놓고 개인적으로나 교회 공동체 전체로나 그 뜻을 이루기 위해서 줄달음쳐 나가야 합니다. 혹시 이런 생각을 해 나갈 때에 우리는 이렇게 말할 수도 있습니다. "아! 그 기준은 너무나도 높습니다. 어떻게 우리가 그것을 이룰 수 있겠습니까?" 물론 이런 고백은 참된 고백입니다. 사실 이것은 하루아침에 되어지는 것이 아닙니다. 주님 앞에 순종해 나가는 이 일은 졸업이 없는 학교 속으로 들어가는 것과 마찬가지입니다. 끝까지 계속해서 이것을 이루어 나가는 것입니다. 그런데, 대개 목사님들이 그런 일에 대해서 또 너무 믿다가 속을 수도 있지요. '사람들이 아직 신앙생활을 한 지가 얼마 안 되서 그렇겠지. 시간이 지나면 좀 더 열심히 하겠지.' – 이렇게 생각을 할 것이란 말입니다.

그런데 그렇게 한 것이 5년이 지나고 10년이 지나고 나중에는 그냥 자기가 설정해 놓은 기준에 따라서 나는 이것만 하면 예수님을 믿는 것이라고 생각하게 됩니다. '이것이 교회의 회원된 것입니다' 라고 하면서, 자신은 해야 할 것을 다한 것처럼 생각하면서 다 그렇게 살아갑니다. 이것이 한국 교회 전체의 문제입니다. 다들 이렇게 자기들이 기준을 설정해 놓고 "이렇게 사는 것이 예수님을 믿는 것입니다"라고 말해 나가는 것입니다. 그러나 우리가 심각하게 생각해야 합니다. 기준을 우리가 설정하지 맙시다. 주님께서 설정해 놓으신 기준을 앞에 놓고 그 기준을 이루기 위해서 주님께 순종해 나가야 합니다.

(2) 예수님이 우리의 대표이시다.

또 한 가지, 주님이 우리의 머리시라고 하는 것은 주님이 우리의 대표라는 것을 뜻합니다. 지금까지의 말씀은 비교적 주님의 뜻을 잘 이루지 않으려고 자기 나름의 기준을 딱 설정해 놓고 오직 그 한도 내에서만 주님을 섬기겠다고 하는 사람에게 드리는 말씀이라면 지금부터 드리는 말씀은 주님 앞에 아주 열심히 한다고 하는 사람들이 빠지기 쉬운 문제에 대해서 말씀 드리는 것입니다. 주님이 우리의 대표라고 했습니다. 우리 교회 공동체가 무엇인가 위대한 일을 한다고 해 봅시다. 무엇인가 좋은 일을 한다고 해 봅시다. 그것은 우리가 위대해서, 잘나서 그런 일을 하는 것이 아니라 우리의 대표이신 주님께서 그 일을 하시는 것입니다.

그 분이 우리의 대표이십니다. 따라서 우리가 우리의 대표이신 예수님의 이름을 제대로 드러낼 수 있게끔 우리의 공동체의 모습을 이루어 가는가를 생각해야 될 뿐더러 만일에 우리가 무엇인가 제대로 잘하는 일이 있을 때 "그래 나는 그래도 주님의 뜻을 이만큼은 순종하고 있어" 그런 마음을 가져서는 안 되는 것입니다. 그런 마음이 오히려 우리를 망칠 수 있습니다.

탕자의 비유에서 그 첫 번째 아들 이야기를 잠시 생각해 보십시다. 어떤 점에서 보면 그 아들은 아주 착한 아들이었습니다. 그러나 두 번째 아들이 돌아와서 아버지가 기뻐서 잔치를 베풀 때에 그 큰 아들의 입에서 불평이 나옵니다. "나는 열심히 하고 저 애는 아무것도 안했는데 아버지, 무엇이 좋다고 잔치를 하십니까?" 우리의 마음 가운데 그런 생각이 있을 수 있습니다. 그런데 우리가 열심히 하는 일을 진짜로 하시는 분이 누구신가를 안다면 그런 불평이 나올 수 없는 것입니다. 우리 안에서 일을 하시는 분이 누구십니까? 우리의 대표이신 예수님이시라는 말입니다. 우리가 일을 한다고 해도 결국 주님이 일을 하시는 것입니다.

이런 생각은 우리들로 하여금 참으로 주님의 이름에 합당한 일을 하게끔 신경 쓰게 만듭니다. '어떻게 하는 것이 과연 주님께서 하시는 것일까? 주님이시라면 과연 어떻게 하실 것일까?'라는 생각을 하는 것입니다. 동시에 우리 자신에게서 무엇인가 그럴듯한 것이 나왔으면 이것이 우리에게서 나온 것이 아니라고 생각하게 됩니다. '정말 주님께서 우리 안에서 일을 하셨구나'라고 생각하면서 주님의 이름으로 그것을 할 것이고, 그렇게 하면 모든 영광은 주님에게로 돌아갈 것입니다. 부디 바라기는, 우리 모두가 이러한 의미에서 우리의 머리되시는 주님께 순종해 나갈 수 있기를 원합니다.

예수님께 순종하는 일의 영광

우리의 머리되신 주님께 순종해 나간다고 하는 것이 얼마나 영광스런 일인가 하는 것을 오늘의 본문이 우리에게 잘 보여주고 있습니다. 오늘의 본문은 에베소서라고 했습니다. 오늘날 터어키에 해당하는 소아시아에 에베소라고 하는 지역이 있는데 그 에베소라는 지역의 교회 공동체에 보낸 편지입니다.

(BC 3 세기에 지어진 에베소의 희랍식 극장, 바울이 이곳에서 설교했을 가능성이 높다고들 생각한다).
http://www.flickr.com/photos/piedmont_fossil/2678263395/

이 편지 속에서 바울은 너희들이 주님을 열심히 사랑하고 모든 사람들에게서 칭찬을 받는다는 소식을 듣고서 "내 마음속이 기쁘다"고 말하고 있습니다. 아! 이런 이야기가 들려오면 얼마나 좋을까요? 많은 사람들이 우리 호산 교회를 생각하면서, 즉 여러분들을 생각하면서 여러분들이 주님의 말씀에 따라서 여러분 삶을 다 드리고 있다는 것을 보면서 마음이 기뻐질 수 있으면 얼마나 좋을까요? 바울은 "교회 공동체의 다른 분들을 위해서 여러분들의 삶을 다 드리고 있다는 것을 보면서 기쁩니다. 그래서 나는 여러분들을 위해서 기도하기를 마지않습니다."라고 말하고 있습니다. 이 때 바울은 어떤 기도를 하나님께 드릴까요? 바울의 기도가 여기에 있는 나와 어떤 관계를 가져야 하는가에 대해서 생각해 보겠습니다.

교회를 위한 바울의 기도

바울의 첫 번째 기도의 내용은 "우리 주 예수 그리스도의 하나님, 영광의 아버지께서 지혜와 계시의 정신을 너희에게 주시기를 원한다."는 것이었습니다. 여기서 우리는 교회를 위한 바울의 기도가 흔히 우리가 하는 기도와 좀 다르다는 것에 주목해야만 합니다. 바울은 무엇을 위해 기도합니까? 우리 각 사람에게 하나님께서 지혜와 계시의 정신을, 즉 "지혜와 계시의 영"을 주시기를 원한다고 기도합니다. 그리고는 하나님께서 우리에게 "지혜와 계시의 영"을 주시면 어떤 일이 벌어지는가에 대해 세 가지를 이야기합니다.

그 중에 하나가 "하나님을 알게 하시고"입니다. 이 말에 대해서 우리는 '벌써 하나님을 아는데요'라고 생각할 수도 있습니다. 그러나 여기서 하나님을 "안다"라는 것의 그 깊이 있는 의미를 생각해 보십시오. 예수님을 믿어 가면서 우리는 날마다 점점 더 하나님을 알아 나가게 되지요. 그러므로 어제보다 오늘 좀 더 하나님을 더 알아야 되겠지요. 그것을 성경에서는 "하나님의 선하심을 맛보아 안다"라고 이야기합니다. 여러분이 살아가시면서 주일날 나와서 이렇게 예배하시는 그 하나님이 얼마나 선하신 분인가, 얼마나 귀하신 분인가, 높으신 분인가 하는 것을 점점 더 알아가게 되십니까? 바울이 기도하는 것은 그것입니다. 아마 우리 교회를 위해서 기도하는 것도 그럴 것입니다. 호산교회 성도들이 하나님이 어떤 분인지를 날마다 날마다 더 잘 알 수 있기를 원합니다. 어떻게 해서 이것이 이루어 질 수 있습니까? 하나님께서 지혜와 계시의 영을 주셔야 합니다.

이 설교를 들을 때라든지 또는 여러분이 개인적으로 성경을 읽을 때라든지 하나님께서 여러분 마음 가운데 주님을 더 잘 알고 사랑할 수 있게 해 준다는 말이지요. 그 다음에는 또 무엇을 알게 하시기를 원하십니까? 우리와 관련된 것인데 이것이 아주 중요합니다. 인간에게 중요한 지식인 하나님께 관한 지식과 자기 자신에 관한 지식에 관련해서 이것은 무엇을 이야기합니까? "너희 마음눈을 밝히사 그의 부르심의 소망이 무엇이며 성도 안에서 그 기업의 영광의 풍성이 무엇인지를 알기를 원한다."

하나님이 우리를 부르신 그 소망이 무엇인가, 우리가 어떻게 되도록 하셨는가 – 그것을 알도록 한다는 말입니다. 세월이 지나면서 "아! 하나님께서 나를 하나님의 백성으로 부르시고, 그의 교회로 세우셨는데 우리가 어떻게 되기를 주님이 원하시는가를 아는 것입니다. 그리고 성도 안에서 그 기업의 영광의 풍성이 무엇인가를 알게 하신다는 것입니다.

　기업이라고 하는 것은 옛날 이스라엘 백성들에게 주셨던 하나님의 땅을 이야기합니다. 그래서 이것이 상속될 것이라고 합니다. 그렇다면 성도가 상속받을 영광의 풍성은 무엇입니까? 하나님이 우리 아버지이시므로 우리가 아버지에게서 상속을 받을 것인데 그 상속될 것이 얼마나 놀라운 것인가 하는 것을 깨닫기를 원한다는 것이지요. 그리고는 또 한 가지, "그의 힘의 강력으로 역사하심을 따라 믿는 우리에게 베푸신 능력의 지극히 크심이 어떠한 것인지를 너희로 알게 하시기를 원한다"고 말합니다. 너희가 하나님의 크신 능력으로 하나님의 백성이 되었는데 그것이 얼마나 커다란 능력으로 되어진 일인지를 알 수 있기를 원한다는 것입니다.

　사람들이 이것을 잘 알 수 있도록 하기 위해서 바울은 한 가지 예를 듭니다. "우리 주 그리스도를 살리신 그 능력으로 살리셨을 뿐만 아니라 그를 하늘 위에 높이셔서 이 세상에 있는 모든 것들이 그에게 순종하도록, 즉 그 무릎을 그에게 순종하도록 그 무릎을 그에게 꿇도록 하신 다음에 그 만물 위에 교회의 머리로 예수님을 주셨다."고 이야기합니다. 즉, 만물이 주 앞에 순종해야만 하는데 그것을 우리들이 대표적으로 한다고 이야기해 줍니다. 이 세상에 있는 만물이 아직 온전하게 주님 앞에 다 무릎을 꿇지 않았습니다. 주님께서는 이 일을 결정적으로 십자가에서 이루셨지만 계속해서 이 일을 해 나가십니다. 그런데 그 일을 미리 알아채고, 즉 역사의 방향이 어떻게 되어 가는지를 알아채고 결국은 모든 무릎이 주님 앞에 꿇게 될 것이므로, 그 큰 힘이 우리 가운데 역사하고 있다는 것을 미리 알고서 그것을 따라서 행하는 것이라는 말이지요.

　그런데 사람들은 이렇게 커다란 정보는 무시하고 살아갑니다. 사소한 정보들은 아주 중요시하지요? 예를 들어서, 언제 집값이 오른다. 그러면 열심히 다니면서 그전에 무엇인가를 해보려고 합니다. 그런데 이 역사의 굉장히 중요한 정보, 이 세상이 결국은 하나님의 크신 능력 가운데서 예수 그리스도에게 무릎을 꿇게끔 되었다는 정보, 그것이 이제는 공표된 비밀인 '신비'인데, 그 신비에 대해서는 사람들이 전혀 관심 없이 살아갑니다. 그것을 미리 아는 우리들은 어떻게 해야 됩니까? 이 세상 앞에서 우리가 미리 그 주님 앞에 우리의 순종을 기꺼이 드려야 할 것입니다. 그것이 주님이 우리의 머리되신다는 의미입니다.

우리가 우리의 머리되신 주님을 마구 무시하며 살아가지 아니하도록, 머리되신 그분의 뜻이 우리 가운데서 이루어지도록 우리는 힘써야 합니다. "주님이 머리시라면 우리는 그의 수족(手足)이다." 그런 이야기를 한 적이 있었지요? 우리가 그의 손과 발이라는 뜻입니다. 아까 찬양대가 찬양 부르신 것도 그것입니다. 주님의 귀한 뜻이 우리를 통해서 이 땅에 나오게 되었습니다. 만일에 우리가 그 수족 노력을 제대로 해 나가지 않는다면, 마음속으로 "나는 이만큼만 할 것입니다. 주님!" 그렇게 한다면 그것은 참 큰 문제입니다. 그것은 주님의 몸을 불구자로 만들 생각을 하는 것입니다. 우리가 어떻게 하느냐에 따라서 주님의 몸을 기형적인 몸이 되게 할 수 있습니다. 우리가 주님의 뜻을 하나도 생각하지 아니하고 내 멋대로 살면서, 예배만 열심히 드린다고 해 봅시다. 우리 주님께서 원하시는 몸은 그런 기형적인 몸이 아닙니다.

부디 여러분들이 기준을 스스로 설정하지 마십시오. 성경을 사용하셔서 우리에게 선포되어지는 그 기준을 우리가 어떻게 이룰 것인가를 생각해 보십시오. 이것을 늘 이야기하기는 어렵습니다. 왜냐하면 너무 구체적으로 말하려고 하다보면 잔소리가 되기 때문입니다. 그러니 그렇게 되지 않도록 여러분들이 우리 가운데서 주님에게 대한 순종

을, 우리의 머리되신 그분에 대한 순종을 늘 이루어 나갈 수 있기를
원합니다.

제 3 강
"성전인 교회 공동체"

요한복음 2장 13절-22절

¹³유대인의 유월절이 가까운지라 예수께서 예루살렘으로 올라가셨더니 ¹⁴성전 안에서 소와 양과 비둘기 파는 사람들과 돈 바꾸는 사람들의 앉은 것을 보시고 ¹⁵노끈으로 채찍을 만드사 양이나 소를 다 성전에서 내어 쫓으시고 돈 바꾸는 사람들의 돈을 쏟으시며 상을 엎으시고 ¹⁶비둘기 파는 사람들에게 이르시되 이것을 여기서 가져가라 내 아버지의 집으로 장사하는 집을 만들지 말라 하시니 ¹⁷제자들이 성경 말씀에 주의 전을 사모하는 열심이 나를 삼키리라 한 것을 기억하더라 ¹⁸이에 유대인들이 대답하여 예수께 말하기를 네가 이런 일을 행하니 무슨 표적을 우리에게 보이겠느뇨 ¹⁹예수께서 대답하여 가라사대 너희가 이 성전을 헐라 내가 사흘 동안에 일으키리라 ²⁰유대인들이 가로되 이 성전은 사십 륙년 동안에 지었거늘 네가 삼 일 동안에 일으키겠느뇨 하더라 ²¹그러나 예수는 성전 된 자기 육체를 가리켜 말씀하신 것이라 ²²죽은 자 가운데서 살아나신 후에야 제자들이 이 말씀하신 것을 기억하고 성경과 및 예수의 하신 말씀을 믿었더라.

우리는 요즘에 교회에 관해서 같이 생각해 나가고 있습니다. 성경에 보면 교회에 대해 그리고 있는 여러 그림들이 있다는 것을 생각했었습니다. 그 대표적인 예로 교회를 "그리스도의 몸"이라고 한다고 했었지요? 따라서 그리스도께서도 교회의 머리라고 했었지요?

이렇게 교회 공동체가 그리스도의 몸이라고 하는 그림으로부터 나오는 또 하나의 그림, 또 다른 표상이 있습니다. 그것은 "교회 공동체는 성전이다"는 표상입니다. 그런데 그 이야기를 할 때 우리가 아주 오해하기 쉬운 것이 있습니다. 왜냐하면 우리는 그저 우리가 피상적으로 알고 있는 개념을 가지고 서로 맞추기가 쉽기 때문입니다. 우리가 교회라고 하면 대개 이 예배당 건물을 생각하지 않습니까? 거기다가 성경이 말해 주고 있는 중요한 개념인 "교회는 성전이다"는 것을 연결시키면 우리 머리 속에 있는 엉터리 개념과 성경의 가르침이 합하여져서 '아! 십자가가 있는 그 건물이 성전이구나' 그렇게 생각할 위험성이 있습니다. 그래서 '그렇지 않다, 성경은 그렇게 이야기하지 않는다'는 것을 우리가 오늘 분명히 할 필요가 있습니다.

구약의 성전과 그 의미

예수 그리스도께서 오셔서 십자가에서 구속을 이룬 다음에는 성경은 그 어느 곳에서도 어떤 건물을 가리켜서 결코 '성전'이라고 하지 않습니다. 이제 이 세상에 '성전'은 없습니다. 어떻게 그렇게 되었습니까? 이것을 가장 잘 말해 주는 어떤 전환기적인 본문이 우리가 오늘 읽은 본문입니다. 오늘의 본문인 요한복음 2장에는 분명히 성전이 있었습니다. 이 땅 위에 하나님께서 당신님의 이름을 두시겠다고 한 성전이 있었습니다. 물론 맨 처음부터 성전이 있었던 것이 아닙니다. 주님께서 (당시 장막에 살던) 이스라엘 백성들과 동일하게 어떤 특정한 장막에 그 이름을 두신다고 하셨습니다. 이스라엘 사람들이 장막에 사니까 하나님께서도 '나도 내 이름을 장막에 두겠다'고 하신 것입니다. 이스라엘 백성들이 출애굽해서 광야 길을 갈 때 이스라엘 백성들이 장막들(tents)에 살지요. 거기에 맞게끔 하나님께서 당신님을 어떤 장막 속에 있게 하셨습니다. 그것을 거룩한 장막이라는 뜻에서 성막(聖幕)이라고 하기도 하지요. 또는 이스라엘 백성들과 하나님이 만나는 곳이라고 해서 회막(會幕)이라고도 합니다. 그 장막이 있었습니다.

나중에 우리가 구체적으로 공부하겠지만, 그러다가 다윗 때에 와서 다윗의 마음 가운데 이스라엘이 가나안 땅에서 이제 집도 짓고 살고 있는데 하나님께서는 계속해서 장막에 계신다는 생각이 들었습니다. 그래서 다윗은 '하나님! 제가 당신님을 위해서 집을 짓겠습니다.' 그런 마음을 가지게 되었습니다. 거기에 대해서 하나님께서 여러 가지 교훈을 주셨지만 결국은 허락하셔서 성전을 짓게 하셨습니다. 그래서 그 성막하고 똑같은 개념을 가진 것으로 이스라엘 가운데 예루살렘 '성전'이 있게 된 것입니다. 그곳은 하나님께서 특별히 이름을 두시겠다고 하신 곳입니다.

그런데 이 때 우리가 잊어서는 안 되는 중요한 사실이 있습니다. 그것은 우리가 자칫 잘못하면 하나님을 그 성전에다 가둬두기 쉽다는 것입니다. 하나님께서는 성전에 계신다고 하니까 "아! 그런가요?" 하면서 그러면 하나님께서는 우리가 사는 곳에는 안 계시는 것처럼 생각하기 쉽다는 말입니다. 이스라엘 백성들이 그런 잘못을 많이 범했습니다. 그래서 하나님을 섬긴다는 것을 그 성전에 와서 행하는 것으로만 생각하는 것입니다. '하나님은 거기만 계십시오. 거기 가서 제가 잘 해 드리겠습니다. 그러나 다른 것은 간섭하지 말아 주십시오.' 이런 식으로 하나님을 유폐시켜 놓는 잘못을 범하는 것이지요.

그러나 하나님께서 성전 안에 계시겠다고 하시는 것은 무엇을 뜻합니까? 성막으로부터 생각해 보십시오. 성막은 하나님께서 이스라엘 백성처럼 친히 텐트를 치시고 내가 그들 가운데 있겠다는 것을 보여주는 것이었습니다. 이스라엘 백성들과 함께 하시는 하나님이심을 보여주기 위해서 그런 식으로 말씀하신 것입니다. 사실 하나님께서 거기만 계신 것이 아닙니다. 그러나 '나는 너희들 가운데서 너희들과 함께 진전해 나갈 것이다. 이스라엘 백성들이 출애굽해서 갈 때 내가 너희들 가운데 있겠다. 그 이스라엘 백성들이 이제 가나안 땅에 정착해 있을 때 내가 너희들 가운데 있겠다'는 것을 보여주기 위해서 그들 가운데 성막을 주시고 성막을 세우게 하신 것입니다. 성전도 같은 의미를 지닙니다.

그런데 성전이 만일 그 의미를 상실해 버리면 실질상 그것은 성전이 아닙니다. 이스라엘 백성들이 '그 안에 하나님이 계신다. 하나님이 우리와 함께 하신다. 우리는 그러한 하나님의 백성들이다. 그런 하나님의 백성으로서 우리가 어떻게 살아야 될 것인가'에 대한 **각성과 인식이 없이** 그저 성막에 모여서 일년에 세 차례 절기를 지키면서 여러 제사를 드린다면 그것은 무의미해지는 것입니다.

요한복음 2장의 배경

그와 비슷한 상황이 오늘의 본문 가운데 나타납니다. 이스라엘 백성들이 유월절 제사를 드리기 위해서 성전으로 몰려옵니다. 그런데 그들 마음 가운데 그 성전의 참된 의미에 대한 생각들이 사라졌던 것 같습니다. 그래서 여러 사람들이 하나님 앞에 제사를 드리는 것을 좀 편리하게 해 주는 여러 가지 제도들이 나타납니다.

당시에는 이스라엘 백성들이 세계 각국에 흩어져 살았기 때문에 이제 유월절에 오게 되면 성전에서 특별히 쓰는 돈으로 헌상을 해야 합니다. 그러므로 요즘 말로 하면 외환은행이나 환전하는 데가 필요하게 되었다는 말입니다. 여러분들이 미국으로 간다면 외환은행에 가서 원화를 미국 달러로 바꿔야지 미국에 가서 돈을 쓰실 수 있지 않습니까? 그런 것처럼 성전 안에서 헌상할 때도 아무 돈을 가지고 헌상할 수 없지 않습니까? 그러므로 만일에 내가 로마에서 왔다면 예루살렘 성전의 이방인의 뜰이라고 하는 곳에 로마 돈을 성전에서 사용하는 돈으로 바꿔주는 사람도 있었다는 말입니다. 또 이스라엘 백성들이 멀리서 오면서 소나 양을 끌고 와서 제사를 못 드리지 않습니까? 그러므로 이 사람들이 소나 양을 가져다 놓고 "이것을 사서 제사하십시오." 하는 것입니다. 그러므로 그런 것들은 어떤 의미에서는 이스라엘 백성들이 하나님 앞에 제대로 제사하도록 도우려고 하는 제도였습니다.

그런데 주님께서 성전에 오셨을 때 여러 가지 의도에서지만 그것을 아주 못마땅하게 여기셨습니다. 하나님의 집을, 내 아버지의 집을 장사하는 집으로 만든다고 주님께서 말씀하셨습니다. 여기에 성경 가운데 예수님께서 화내신 유일한 기록이 있습니다. 예수님께서 화를 내셨어요. 얼마나 화를 내셨는지 노끈으로 채찍을 만들어서 다 뒤엎으십니다. 환전상의 돈을 뒤집어서 쏟으시고, 비둘기는 날아가고 소는 저쪽으로 나가는 그런 복잡한 상황이 나타난 것입니다. 왜 그렇게 하셨습니까? 예수님께서는 여기서 무엇인가 중요한 교훈을 해 주시려고 하신 것입니다.

예수님께서 이런 소란을 일으키시니까 이런 소란에 대해서 사람들은 오해하기가 쉽습니다. 과거의 사람들이나 현대의 사람들이나 아주 오해를 많이 합니다. 지금 제가 과거 사람들이 한 오해를 말씀드리려고 합니다. 20세기 중요한 철학자의 한 사람으로 언급되곤 하는 버트란트 러셀(Bertrand Russell, 1872-1970)이라고 하는 철학자 한사람이 있었는데, 그는 예수님께서 때가 되지 않은 무화과나무를 저주하신 것에 대해서 그는 "아! 예수님이 일종의 히스테리 환자가 아니었느냐?", 예수님이 뭐 "왜 이렇게 화를 내느냐? 예수님이 히스테리칼한 반응을 보이지 않는가?"라고 말한 적이 있습니다.[1] 일종의 오해인 것이지요. 마찬가지로 이 본문에서 예수님께서 왜 이렇게 화내시는지, 왜 이렇게 분을 내시는지 오해하는 것입니다.

또 다른 오해가 있습니다. 예수님께서 화를 내시는데 의로운 화를 내신 것이라고 했더니 젊은이들이 "아! 예수님께서도 의로운 화를 내시지 않았느냐, 그러므로 필요하다면 우리도 폭력을 좀 사용해야 되지 않느냐, 의로운 일을 이루기 위해서 예수님도 그랬는데 우리도 극단적인 상황에서는 폭력을 사용할 수 있지 않느냐?"고 하는 것도 일종의 오해입니다.

고대 사람들의 오해는 어떤 것입니까? 예수님 당시의 사람들은 "예수님! 당신이 이 거룩한 성전에 와서 이런 일을 하다니 당신이 이런 것을 할 수 있다고 하는 권위를 나타내는 어떤 표적을 보여주십시오." 하고 나왔습니다. 그 때 예수님께서는 아주 수수께끼 같은 말을 한마디 던집니다. "너희가 이 성전을 헐라, 내가 삼일 동안에 다시 일으켜 세우리라"- 이 수수께끼 같은 말, 그 당시에 그 말을 듣는 사람들 중에 이 말을 이해한 사람은 한 사람도 없었습니다. 나중에 이 일

---

[1] Bertrand Russell, *Why I Am Not a Christian?* (London: Watts, 1927).

을 이해한 사람들과 오해한 사람들이 나타납니다.

사실 예수님께서 후에 십자가에 못 박히시는 죄목 중의 하나가 이것과 연관됩니다. 사람들이 와서 고소하는데 이 사람들이 와서 말하기를 (여기서 말이 조금 변형되는 것을 주의해 보십시오) "자기가 이 성전을 헐겠다고 했습니다. 그리고 삼일 동안에 다시 짓겠다고 했습니다"라고 이야기합니다. 예수님의 이야기와 사람들이 고소하는 이야기의 차이점은 무엇입니까? 예수님께서는 "너희가 이 성전을 헐라" – 이렇게 말씀하시지 않았습니까? 그런데 나중에 사람들이 와서 고소한 것은 무엇입니까? "자기가 이 성전을 헐겠다고 합니다." 그럼 그 죄목이 무엇입니까? 성전 모독죄이지요? 이스라엘 백성이 아주 거룩하게 여기는 성전을 모독했다는 것입니다. 자기가 헐겠다고 이야기한 것이라는 것입니다. 그래서 예수님을 기소해서 나중에는 십자가에 못 박히게끔 하는 죄목 중의 하나로 만든 것입니다.

예수님과 성전

제자들도 처음에는 예수님의 이 말씀의 의미를 몰랐습니다. 그런데 나중에 오늘 본문 중에 22절에서 "죽은 자 가운데서 살아나신 후에야 제자들이 이 말씀하신 것을 기억하고"라고 기록되어 있습니다. 예수님께서 죽었다가 다시 살아나신 후에야 이 말씀을 기억했다고 합니다. 예수님께서 "너희가 이 성전을 헐어라"라고 말씀하는 말이 무슨 뜻인가를 그때에야 비로소 이해하게 되었다는 것입니다. 그 깨달음을 요한은 다음과 같이 설명해 주고 있습니다. 21절에 보면 "그러나 예수는 성전 된 자기 육체를 가리켜 말씀하신 것이니라." "너희가 이 성전을 헐라"고 했을 때 예수님께서는 그 헤롯대왕이 세운 그 건물을 이야기한 것이 아니었다고 말하고 있습니다. 예수님께서는 자신이 곧 성전이라고 말하는 것입니다. 이스라엘 백성들이 한 가지는 옳게 봤습니다. 예수님께서는 일종의 개념의 변화를 시도하신 것입니다. 그 당시까지 사람들은 전부다 그 건물이 성전인줄 알았습니다. 그 곳에 하나님이 계신다고 생각했습니다. 그런데 예수님께서는 그 성전이 "성전이 아니고 내가 성전이다"고 이야기하신다는 말이지요.

요한복음의 특징의 하나로 예수님께서 무슨 영적인 의미를 던져주시는 것을 육적인 의미로 이해하려는 현상이 있습니다. 그 때 예루살렘 성전을 46년 동안 수축하고 있었습니다. 과거에 다윗이 준비를 하고 솔로몬이 성전을 세우지 않았습니까? 그런 다음에 그 성전이 파괴되었습니다. 바벨론 포로기(Babylonian captivity) 후에 스룹바벨이 소위 스룹바벨 성전을 지었어요. 그것을 흔히 제 2성전이라고 표현합니다. 그런데 그것도 많이 손상되었습니다. 그래서 그 당시 헤롯대왕이 다시 재건하고 있는 중이었습니다. 그 당시 46년 동안 짓고 있었는데 아직도 완성하지 못한 상황이었습니다. 아직 다 이루어지지는 않은 상황인데 예수님께서 하시는 말씀이 "너희가 이 성전을 헐어 버려라. 그러면 내가 3일 동안에 다시 지으리라" 그렇게 말씀하신 것입니다. 그러나 유대인들은 "우리들은 46년 동안 지어도 아직 못 짓고 있는데 당신이 무슨 재주로 그러겠습니까?" 그렇게 질문하는 것이지요. 이 때 예수님께서는 무엇을 말씀하신다고요? 자기의 몸을 가리켜 성전이라고 말씀하신 것이라고 했습니다.

(이스라엘 박물관에 작게 만들어 놓은 헤롯 성전 모델)

http://en.wikipedia.org/wiki/Herod's_Temple#The_Court_of_the_Gentiles

주전 19년부터 헤롯이 이 성전을 확장하는 공사를 했다고 합니다. 같은 시기에 헤롯은 가이사랴 해변에 로마 여신(godess Rome)를 위한 다른 전을 지었다고 하니 헤롯이 진심으로 하나님과 유대인을 위해서 예루살렘 성전을 건축했다고 하기 어려울 것입니다.

그러면 도대체 예수님 자신, 또는 예수님의 몸과 성전이 무슨 관계가 있습니까? 맨 처음 성전의 의미에 대해 이야기했던 바를 다시 돌아가 보셔야 합니다. 성전은 그 건물 자체가 중요한 것이 아니었고 이스라엘 백성과 '함께 하시는 하나님'을 보여주시는 것입니다. 하나님께서 이스라엘 백성에게 당신님의 이름을 그곳에 두신다고 했습니다. 이와같이 "내가 너희와 함께 한다. 내가 너희 중에 행동하고, 가르치고, 너희를 인도할 것"이라는 것을 상징적으로 표현하는 것이 구약의 성전입니다. 구약에서 이렇게 표상적으로 표현하던 그것을 실체적으로 구현해 주신 분이 바로 우리 주 예수 그리스도이십니다. 그는 결국 하나님이신데 우리들 가운데 오셔서 하나님께서 우리들과 함께 하심을 나타내 보이신 것입니다.

자, 이것을 좀 더 잘 이해하기 위해서 우리가 이스라엘 사람들이 쓰던 말 한 가지를 생각해 보기로 하겠습니다. "하나님이 우리와 함께 계신다"라는 말을 이스라엘 사람들은 뭐라고 했습니까? "임마누엘"(אֵל עִמָּנוּ)이라고 했지요? "임마누엘"이라는 말은 "하나님이 우리와 함께 하신다"는 뜻입니다. 그것이 누구십니까? 하나님께서 인성을 취하셔서 우리 가운데 오신 예수 그리스도이십니다. 이와 같이 예수 그리스도는 하나님이 사람들과 함께 하심을 보여주는 가장 구체적인 표현입니다. 그러므로 예수님께서 이 땅에 오신 이후에는 더 이상 그것을 어떤 건물로 보여줄 필요가 없게 되었습니다. 예수 그리스도의 삶, 예수 그리스도 그 자신의 몸, 바로 예수 그리스도 자신이 구약의 성전이 의미하고 말하던 바를 다 구현하고 있는 것입니다. 그러므로 이제 예수 그리스도를 십자가에 못 박아 죽이는 것은 사실상 성전을 무너뜨리는 것이 되는 것입니다. 헤롯 성전을 무너뜨리는 것이 성전을 헐어 무너뜨리는 것이 아니고, 예수 그리스도의 몸을 상하게 하고 죽이는 것 – 그것이 성전을 무너뜨리는 것이라는 뜻입니다.

과연 사람들은 그것을 헐어 무너뜨렸습니다. 그리스도를 십자가에 못 박아 죽인 것입니다. 그러나 하나님께서는 그것을 다시 세우셨습니다. 즉, 예수님께서 3일 만에 다시 부활하셔서 그것을 다시 회복하신 것입니다. 그래서 하나님께서 항상 우리 가운데 계시게 되므로 우리들이 (하나님이 우리 안에 거하시는) 성전이 되는 것입니다.

교회 공동체

여기서 지난 주일에 말씀했던 것을 이것과 연결해 보십시오. 지난 주일에 우리는 교회는 '그리스도의 몸'이라고 했습니다. 예수 그리스도의 물리적인 몸은 이제 승천하셔서 "하늘"(heaven)에 계시지만 그곳이 어딘지 우리는 정확히 모릅니다. 그러나 부활하신 예수님께서는 분명히 하나님이 계신 "하늘"(heaven)에 계십니다. 그런데 그가 이 땅 위에 당신님의 몸을 세우셨다고 했습니다. 그것이 바로 교회 공동체인 우리들입니다. 예수님을 진심으로 믿는 우리들이 하나님 앞에서 '그리스도의 몸'이라는 표현을 받게 된 것이지요. 이 땅 위에 예수님께서 계실 때 그의 몸이 성전이었다면, 이제는 우리들, 즉 교회 (이 예배당 건물 생각하지 마십시오), 즉 우리들인 그리스도의 공동체가 성전인 것입니다.

신약 성경에서는 늘 그렇게 이야기합니다. 예수 그리스도의 구속 이후에는 이 세상에 있는 그 어떤 건물도 성전이 아닙니다. 예루살렘에 가도 이제 성전은 없습니다. 따라서 예루살렘을 성지(聖地)라고 해서도 안 됩니다. 이제는 그런 의미가 없는 것입니다. 따라서 그곳에 가는 것도 "예루살렘 방문" 등으로 표현해야지 성지 순례(聖地巡禮)라고 말해서는 안 됩니다. 그리스도 안에서는 모든 곳이 거룩한 곳이므로 팔레스타인만이 성지(聖地)가 아니기 때문입니다. 그리스도 이후에 성전은 오직 '그리스도 안에 있는 우리들'입니다. 그리스도 안에 있는 백성들입니다. 우리가 그것을 분명하게 인식해야 합니다.

주님이 우리를 성전이라고 부르십니다. 왜냐하면 우리 안에 주님께서 계시기 때문입니다. 그렇다면 성전인 우리가 마음대로, 성전의 의미와는 상관없이 살아도 되겠습니까? 우리를 성전이라고 하였으면 정말 성전다운 모습이 우리 가운데서 드러날 수 있도록 하나님을 위해서 뚜렷이 구별되어진, 그래서 하나님이 이 가운데 계시겠다고 한 그 의미가 분명히 드러날 수 있게 살아야 될 것입니다.

우리 교회 공동체를 향하여서 주님께서 성전이라고 하셨습니다. 하나님께서 그 가운데 함께 계신다고 하셨습니다. 이것은 단순히 우리가 예배할 때 하나님께서 우리 가운데 함께 계신다는 뜻만이 아닙니다. 우리는 여기에 모여 있을 때나 각자 집에 흩어져 있을 때나 모두 교회입니다. 여러분 각자가 집에서 활동하고 있을 때도 호산교회는 존재합니다. 호산교회는 이 예배당에 존재하는 것이 아니라 우리의 모임 가운데도 있는 것이지만, 또한 우리의 흩어져서 활동하는 가운데서도 존재합니다. 그러므로 이제 성전은 "구속함을 받은 우리들"을 뜻하는 것입니다. 그래서 우리 전체가 그 모습을 드러내야 합니다.

우리가 이렇게 교인들로서 관계를 가지고 살아갈 때 그것이 호산교회인데 거기에서 하나님이 함께 계신 것이 드러나야 합니다. 성전의 참 의미는 하나님께서 함께 계신 것을 드러내는 데에 있습니다. 요한복음 2장에서 예수님께서 왜 화를 내셨습니까? 성전의 의미가 도무지 드러나지 않았기 때문입니다. 이 성전에 사람들이 하나님께 제사하러 오는데 그 의미가 도무지 드러나지 않을 때 주님은 화내셨습니다. 우리를 향하여서 성전이라고 말씀하시는 주님께서도 동일한 말씀을 하실 것입니다. 만일에 우리가 우리들의 관계를 통하여, 또한 우리들의 모임을 통해서, 그리고 우리들 각자의 삶을 통해서 주님께서 우리들 가운데 계심을 드러내지 않는다면 주님께서는 역시 그 의로운 분을 내실 것입니다. 우리들은 그 사실을 아주 심각하게 생각해야만 합니다. 그리고 우리가 그 의로운 분노의 대상이 되지 아니하도록 힘써 나가야 할 것입니다. 그리고 이 세상 사람들이 하나님을 우리들의 관계 가운데서 볼 수 있어야 합니다. "아! 하나님께서 당신들 가운데 계시는군요, 정말 그렇군요." 그렇게 말할 수 있어야 합니다.

성전인 우리의 몸

그런데 성경은 우리들, 즉 공동체로서의 교회를 '하나님의 성전'이라고 할뿐만 아니라 더 구체적인 적용을 하나 하고 있습니다. 이것을 위해서 고린도전서 6장에 있는 말씀을 보십시오. 고전 6장 19절 말씀: "너희 몸은 너희가 하나님께서 부터 받은바 너희 가운데 계신 성령의 전인줄 알지 못하느냐? 너희는 너희 것이 아니라 값으로 산 것이 되었으니, 그런즉 너희 몸으로 하나님께 영광을 돌리라." 우리의 몸에 대해서 "너희 가운데 계신 성령의 전"이라고 말합니다. 그것이 성전이지요. 그러므로 여기서 성전은 우리 각자의 몸을 뜻하는 것입니다. 그것이 성전입니다.

우리가 이것을 드러내야 합니다. 내 몸을 향하여서 (사실 이 때 몸은 내 영혼과 육체를 다 합해서 하는 말인데) 성전이라고 합니다. "내가 성전답게 살고 있는가?" 하는 것이 중요합니다. 우리가 그런 뜻을 우리 가운데 드러내야 됩니다. '그럼 우리가 우리의 몸을 어떻게 사용해야 될 것인가?' 하는 질문을 하게 될 것 아닙니까? 성전답게 주님 앞에 드러내야 할 것입니다. 주님은 우리의 몸을 지칭하여 성전이라고 하시는데 우리가 사는 모습을 볼 때 우리의 몸이 성전인지 어쩐지 잘 모르겠는 상황이라면 주님께서 어떻게 하시겠습니까? 여러분이 구체적으로 사는 그 현장 가운데 여러분들의 몸을 가리켜서 성령의 전, 즉 성전이라고 말씀하시는 것입니다.

그러면 여러분의 생활을 통하여 과연 그런 일이 드러나고 있는가 하는 것이 중요합니다. 그래서 본문 가운데서는 그러므로 너희 몸으로 하나님께 영광을 돌리라고 말씀해 주지 않습니까? 우리의 구체적인 삶에서 '내 몸을 사용해서 내가 구체적으로 성전 됨을 드러내고 있는가, 하나님의 영광을 드러내고 있는가?' 하는 것을 생각해야 합니다. 그렇게 우리 각자가 우리의 몸을 제대로 사용했을 때 이 공동체가 성전의 모습을 드러내게 됩니다. 각자는 안 그러는데 공동체는 성전이다 – 그런 것은 없습니다. 각자가 다 그런 성전일 때 우리 모두가 합해져서 성전의 모습을 드러내는 것입니다.

여러분, 오늘 이 본문을 기억하십시오. 주님께서는 우리의 공동체를 향하여서 성전이라고 하십니다. 이제 이 지상에서는 어떤 건물도 성전이 아닙니다. 우리가 예배당을 지을 수도 있겠지요. 그것을 성전 건축이라고 하면 되겠습니까? 안 됩니다. 그런 것에 대해서는 "예배당 건축" 또는 "교회당 건축" – 그렇게 표현해야 되겠지요? 우리는 이와 같이 용어조차도 성경이 말하는 대로 바꿔서 말해야 합니다. 그런데 또 이렇게 말하면 사람들은 가끔 예배당을 짓는 일에 대해서 열심을 덜 내기도 합니다. 이것이 참 이상합니다. "성전 건축"이라고 하면 열심히 하면서도 "예배당 건축"이라고 하면 안 그런단 말입니다.

그러나 우리에게는 "진정한 성전 건축"이 딱 하나 있습니다. 그것은 무엇입니까? 이 공동체가 그리스도의 공동체답게 잘 세워져 나가는 것, 그것이 우리의 성전 건축입니다. 신약 성경은 우리에게 그렇게 이야기해 줍니다. 여러분이 이 일에 진력해야 합니다. 물론 이 일은 하루아침에 되어지는 것이 아닙니다. 그러나, 제가 다음 주에도 좀 더 이야기하겠지만, 우리가 이 일을 하려고 할 때 우리는 먼저 우리가 어떠한 존재로 주님 앞에 부름을 받았는가를 깊이 생각해야 합니다. 우리를 주의 성전이라고 부르신 그 뜻을 생각하시면서 우리 가운데서 그 거룩하신 뜻이 개인의 삶을 통해서나 우리 모두의 공동체의 삶을 통해서 드러날 수 있게 해야 합니다.

제 4 강

"성전의 자라남"

에베소서 2장 20-22절

²⁰너희는 사도들과 선지자들의 터 위에 세우심을 입은 자라 그리스도 예수께서 친히 모퉁이 돌이 되셨느니라 ²¹그의 안에서 건물마다 서로 연결하여 주 안에서 성전이 되어가고 ²²너희도 성령 안에서 하나님의 거하실 처소가 되기 위하여 예수 안에서 함께 지어져 가느니라.

우리는 지난주에 교회 공동체가 성전이라고 하는 귀중한 진리를 성경을 통해서 배웠습니다. 그 개념 때문에 이제 아주 이상스러운 말을 할 수 있게 되었습니다. 그것은 "성전이 자라간다"는 말입니다. 성전이라면 옛날 구약 시대로 돌려 생각하면 그저 돌로 만들어진 건물이 아닙니까? 그런데 성전이 자라간다니 이상한 말 아닙니까? 사실 이것은 우리가 지난주에 이야기했던 것들을 돌이켜보지 않고서는 이해할 수 없는 말입니다. '이 건물이 자라 간다니, 이 건물이 갑자기 생물체가 되는가?' 이렇게 생각할 수밖에 없는 상황이지요.

그러나 신약 성경에서 성전이라고 했을 때 이제는 돌로 만들어진 어떤 건물을 뜻하는 것이 아니라고 우리가 이야기했었습니다. 그리스도께서 구속 사역을 이루신 후에는 돌로 만든 성전은 이 세상에 더 이상 있을 수 없습니다. 이제 이 신약 시대에는 진정한 성전이 하나 있을 뿐인데, 그것은 예수 그리스도께서 이 세상에 오셔서 이루신 그 공동체, 그 교회입니다. 여러분! 이제 '교회' 하면 머릿속에 '그것은 십자가의 그리스도의 피로 구속함을 받은 우리들'을 뜻하는 말이라고 생각하셔야만 합니다. 예수님께서 만드신 이 새롭고 영적인 성전인 교회 공동체를 생각하셔야 한다는 말입니다.

많은 사람들이 '교회'라는 용어를 아직도 오해하고 있습니다. "교회로 모인다"라고 하면 예배당을 교회라고 생각하고, 이 예배당에 모이는 것을 교회로 모이는 일이라고 생각하는 일이 일반적이지요? 그러나 이제 제대로 배운 것에 근거해서 더 정확하게 생각하고 표현한다면 "우리들이 지금 **교회로서 모인다.**" 이렇게 표현할 수 있습니다. 우리가 이렇게 모이는 행위가 **"교회가 모이는"** 것입니다. 우리의 모든 말을 깊이 생각하면서 해야 합니다. 지금 우리는 "교회에 모이는 것"이 아니고, **"교회가 모인 것"**입니다. 그러므로 이 건물이 교회여서 우리가 여기 오는 것이 **아니고,** 우리들의 이 공동체가 바로 교회인 것이므로 우리가 모이는 것은 우리 교회가 이곳에(즉, 이 예배당에) 모이는 것입니다. 물론 흩어져 있을 때도 우리는 교회입니다. 그렇기 때문에 예수님께서는 사도들을 통해서 이제 이 교회인 공동체가 어떻게 자라는지를 우리에게 가르쳐 주시는 것입니다.

신약 성전을 세우시는 기초 작업을 하신 그리스도

예수님께서는 "내가 내 교회를 세우겠다"고 말씀하셨습니다(마 16:18). 그분께서 실질적으로 당신님의 교회를 세워 나가시는 일을 하시는데 이것은 예수님께서 이 땅에서 구속사역 하신 것에 의해서 세우시기 시작하신 것이고, 이 일은 그가 다시 오실 때까지 계속되는 일입니다. 예수님께서 세우시겠다고 하신 그 때로부터 예수님께서 다시 오실 그 때까지의 상황을 우리가 다른 말로 표현할 수 있다면 그것이 바로 '하나의 성전이 자라가는 과정'입니다. 이것이 예수님께서 지금 하시는 '성전 건축'입니다. 그것은 이 세상에 유일하게 하나뿐인 성전 건축이며, 이제 이 세상에 다른 성전 건축은 있을 수 없습니다. 이제는 십자가에 근거한 교회 공동체를 세우는 것만이 "성전 건축"인데, 그것은 예수님께서 생각하시는 교회 공동체가 교회 공동체다운 모습으로 드러나는 일입니다.

　　오늘의 본문 중 20절을 보십시오: "너희는 사도들과 선지자들의 터 위에 세우심을 입은 자라." 건축 용어를 사용하고 있습니다. 지금 성전이라는 말을 사용했기 때문에, 건물이라는 말을 사용했기 때문에 "사도들과 선지자들의 터 위에 우리들을 세웠다."고 이야기하는 것입니다.

그리고서는 "예수 그리스도께서 친히 모퉁이 돌이 되셨느니라"고 이야기합니다. 이 '모퉁이 돌'(ἀκρογωνιαίος)이라고 표현된 말은 대개 두 가지 중의 하나를 뜻합니다. 그 하나는 가장 기본적으로 어떤 건물을 세울 때 그 모퉁이 돌을 빼내면 건물이 무너지게 되는 가장 중요한 돌인 초석(礎石, cornerstone)을 뜻합니다. 우리들에게서 예수 그리스도가 없다면 전부 다 와르르 무너지고 마는 것이라는 뜻입니다. 열심히 모이십시오. 그리고 예수 그리스도를 빼 버리십시오. 그러면 사실상 참 교회는 다 무너지고 마는 셈입니다. 그러므로 교회 공동체에서 제일 중요한 것은 예수 그리스도십니다.

이와 비슷하게 또 하나 중요한 개념으로 이 신약 성경이 기록되는 그 때 그곳에서는 건물을 세울 때 건물을 아취(arch) 형식으로 만들어 그 형식이 아주 독특한데, 거기에서 제일 가운데 있는 돌을 빼 버리면 그 아취가 전부 다 무너집니다. 전체를 지탱시키는 그 가운데 돌을 '머리에 있는 돌', 즉 머리돌(capstone)이라고 표현하기도 합니다.

이와 비슷하게 교회와 관련하여 예수 그리스도께서 바로 그런 분이시라는 말입니다. 그러면 이제 아주 재미난 그림이 그려지지 않습니까? 사도들과 선지자들의 가르침이 터가 되고 예수 그리스도께서 이 세상에 이 거대한 건물을 세우십니다. 사실은 건물을 세우는 것이 아니고 그의 공동체를 세우시는 것이요. 이 세상 사람들과 아주 다른 방식으로 살아가는 그의 공동체를 세우시는데 만일 그 공동체에서 예수 그리스도가 빠지면 아무것도 안 남는 그런 공동체를 세우신다는 것입니다. 우리를 그의 백성으로 만드셔서 그의 공동체를 세우시는 것입니다. 이것을 위해서 예수 그리스도께서는 당신님의 삶 전체를 드리셨습니다. 심지어 자기의 목숨까지도 내 놓으셨습니다. 예수님께서 십자가에서 죽으신 것은 우리를 하나님 나라의 백성을 만들기 위한 것이었습니다. 이렇게 예수님께서는 그의 온 생애를 다 바쳐서 이 공동체를 만들기 위한 가장 기본적인 작업을 하시고, 성령님으로 그것을 우리에게 적용하여 가십니다.

그리스도의 십자가 사건과 그 결과

예수님께서 십자가를 지신 것을 예수님의 희생 제사라고 말할 수 있습니다. 구약 시대에 여러 번 수많은 희생 제사를 드리지 않았습니까? 그러나 그것은 사실상 장차 (지금 우리들 입장에서는 이미 옛날에 일어난 일이지만 구약의 성도들 입장에서는 장차) 하나님께서 메시야를 보내셔서 우리를 위해서 죄를 속하실 것을 바라보면서 매번 희생 제사를 드리도록 했던 것입니다. 그 희생제사의 완성으로서 예수 그리스도께서 자기 자신을 '온전한, 종국적 희생 제사'로 드리신 것입니다.

그렇기 때문에 이제 더 이상 사람들이 제사를 드릴 필요도 없고, 그 안에서 제사를 드릴 성전도 필요 없게 된 것입니다. 예수님께서 십자가에서 제사를 완결 지으셨으니까 우리는 더 이상 제사를 드릴 필요가 없게 되었다는 말입니다. (세대주의자들의 잘못된 가르침과는 달리) 나중에 천년 왕국에서도 더 이상 제사를 드릴 필요가 없는 것입니다. 하나님의 나라가 온전히 임하여 왔을 때는 더 하지요. 예수 그리스도께서 단번에 하나님 앞에 거룩한 제사를 드리셨기 때문에, 그 자신이 제사장이시고 그 자신을 제물 삼아서 당신님 자신을 드리셨기 때문에 이 세상에는 더 이상 제사가 필요 없게 된 것입니다.

따라서 이 세상에는 이제 더 이상 제단이 있지 않습니다. 이것이 예수 그리스도께서 오시기 전과 오신 이후의 차이점의 하나입니다. 예수 그리스도께서 단번에 제사를 드리셨다는 것이 분명하면 그 다음에는 이 세상에 제단이 있어서는 안 되는 것입니다. 사람들이 어떤 장소를 정해 놓고 그 곳에 어떤 돌이나 나무를 놓고서는 "여기는 제단입니다, 하나님께 거룩한 제사를 드리는 곳입니다"라고 말할 수 있는 곳이 이제는 없다는 말입니다. 예를 들어서, 이제 우리가 기도할 때 가끔가다 "주의 제단 앞에 모여서 우리가 이렇게 예배합니다" 이렇게 말하는 경우들이 많이 있습니다. 물론 이 때 "제단"이라는 말을 은유적인 말로 사용한다면 있을 수 있는 말입니다. 그러나 사실은 여기 모인 이 곳의 앞부분이 하나님께 제사 드리는 제단이 아닙니다. 이제는 이 세상의 그 어떤 곳에도 제단은 없습니다. 제단이 한 곳 있다면 그것은 예수 그리스도의 십자가, 바로 그 곳 한 곳 밖에는 없는 것입니다. 그 전 예수님께서 이 땅에 오시기 이전에는 이 땅에 제단이 있었지요. 그래서 제단을 쌓아서 하나님께 제사를 드렸었습니다. 그것은 구약의 입장에서는 장차 오실 그리스도께서 우리를 위해서 십자가에 피 흘려 죽으셔서 우리를 하나님의 백성으로 만드실 것을 바라보는 행위였습니다.

그러나 이제는 우리가 말을 할 때에도 아주 주의해야 합니다. 십자가 사건 이후에는 이 땅 어디엔가 제단이 있다고 생각해서는 안 됩니다. 그리고 우리가 같이 이렇게 예배드리는 행위도 제사 행위가 아닙니다. 예수님의 십자가 이전인 구약 시대에는 제사장이 필요했지만 이제 예수 그리스도 이후에는 그 누구도 직임적인 제사장 역할을 할 수 없습니다. 이제는 하나님께 경배하는 모든 사람이 다 제사장입니다. 그것은 성경이 분명히 가르친 것이고 그것을 잊어버렸던 교회에 대해서 종교 개혁자들이 우리에게 아주 강력하게 말해 준 것입니다. "더 이상 어떤 사람이 제사장이 아니다; 목사님이 제사장이 아니다;

이제는 우리 모두가 다 제사장으로 역할을 해야 된다"고 개혁자들이 가르쳐 주었다는 말입니다.

(더블린 University Church의 제단)

VS.

(개신교의 성경적이고 단순한 성찬상)

그러므로 우리가 드리는 헌상도 제물이 아닙니다. 옛날 이스라엘 백성들이 양과 소를 제물로 드렸듯이 우리도 이렇게 헌금하는 것이 신약적인 제물이 아니겠는가라고 그렇게 생각해도 안 됩니다. 그러므로 이제 그리스도의 십자가 이후에는 이 세상에 (건물인) 성전도 없고, 제단도 없고, 제사장도 없고, 제물도 없는 것입니다.

이를 적극적으로 표현하자면, 그리스도인들이 행하는 모든 일들이 다 영적인 의미에서의 제사라는 말입니다. 따라서 우리가 어떤 특정한 장소에 가서 무슨 특정한 일을 함으로, 즉 이 예배 행위를 하므로 하나님께 제사를 드리는 것이 아니라는 말입니다. 바울은 이렇게 말합니다: "너희의 몸으로 산제사를 드려라. 이것이 너희가 드릴 영적 예배이니라." 너희의 몸으로 드리는 산제사, 산제사는 산 것을 잡아서 드린다는 이야기입니까? 그것이 아니라, 살아 있는 그 자체로 우리가 하나님 앞에서 하나님 백성답게 사는 것을 말합니다. 이것이 교회의 교회 됨의 가장 기본적인 일입니다. 예수 그리스도께서 우리를 위하여 영 단번에 제사를 하셨다고 하는 것을 우리가 믿는다면 이제 그 일에 근거해서 우리들은 우리의 구체적인 일상생활, 매일 매일의 삶을 살고 식사하고 가서 일을 하고 하는 모든 것이 다 영적인 의미에서의 제사입니다.

우리의 삶이 어떻게 하나님께 받아들여질 수 있습니까? 우리 스스로의 사는 모습 그대로는 하나님께 수납될 수 없습니다. 우리가 부족하니까 받아들여 질 수 없는 것입니다. 어떤 사람이 열심히 노력하면 받아질 수 있지 않겠습니까? 그러나 이 세상에 아무리 성현이라고 해도 우리 자신의 힘으로 살아낸 삶 그 자체는 하나님께서 받으실만한 제사가 못됩니다. 그런데 어떻게 우리가 하나님 백성으로 사는 것이 제사가 된다고 말합니까? 우리가 드리는 삶을 예수님께서 단번에 드린 제사의 공로로써 싸 주시는 것입니다. 우리의 불완전함을 당신님의 완전하심으로 싸 주셔서 그것을 하나님께 드리시는 것입니다. 그것은 곧 예수님께서 십자가에서 완성하신 것을 하나님께 드리는 것이기도 합니다.

그 사실을 깨달으면 어떤 사람들이 이렇게 말합니다. "아! 그럼 됐습니다. 이제 나는 마음대로 살아도 됩니다. 그러면 예수님께서 나의 부족한 것을 전부다 싸 가지고 드릴 것 아닙니까?" 마음에 이런 생각이 나타나는 사람들이 있다면 그런 사람들은 사실상 예수님께서 우리에게 얼마나 큰 은혜를 베풀어 주셨는가에 대해서 깨달음이 없는 사람들입니다. 예수님께서 나를 그렇게 온전하게 구원하신다는 것을 진정으로 깨닫게 되면 "와! 이건 굉장합니다. 과연 그러셨습니까?"라고 반응하면서 그런 각성으로부터 깊은 감사 가운데서 자연스럽게 주님을 위하여 헌신적으로 사는 삶이 나오는 것이기 때문입니다. 이것이 주의 교회됨, 또는 주의 성전 됨의 기본적인 일입니다. 그러므로 우리들은 무엇보다 먼저 "예수 그리스도의 십자가로 하나님께서 우리를 거룩하게 하셨습니다"는 의식을 가져야 합니다. 그런데 우리 현실을 살펴보면 "나는 별로 거룩하지가 않은데요"라고 우리가 말할 것이고, 그것은 누구라도 그렇게 이야기해야 합니다. "나는 거룩한데요"라고 말할 수 있는 사람이 별로 없다는 말입니다.

여기서 우리들은 우리가 주의, 거룩한 성전이 되어진 것이 이러한 측면을 가지고 있다는 것을 유념해야 합니다. 우리의 성화에도 그리스도로 말미암아 "이미 우리에게 이루어진 측면"이 있고 또한 "아직 아니인 측면"이 있습니다. 이 "아직 아니의 측면" 때문에 "너희가 성전이 되어간다"라고 바울이 말하는 것입니다. 그런데 이것은 우리 개인들에게 대해서 개별적으로 하는 말이 아닙니다. 오늘의 본문을 잘 보십시오: "건물마다 서로 연결하여서 성전이 되어 가고" 그렇게 이야기하지 않습니까? 여기서 우리는 "건물마다 서로 연결 된다"는 말이 사용되고 있는 것을 볼 수 있습니다. 바울이 무슨 생각을 하면서 이 이야기를 하는 것일까요? 아마 다음 같은 것을 생각했을 것입니다. 예를 들어서, 지금 예루살렘에서 신약 교회가 시작되기 시작했습니다. 이런 상황에서 예루살렘에 있는 하나의 공동체, 그것을 한 건물로 인정하는 것입니다. 물론 그때 예루살렘 교회는 건물이 없는 교회였습니다.

다른 지역에 예수 믿는 사람들이 생겼을 때도 그 지역에도 우리가 생각하는 예배당은 없었고 그 예수 믿는 사람들은 주일이 되면 누군가의 집에 모이고 있었습니다. 예를 들어서, 바울이 편지를 쓰면서 "글로바의 집에 모이는 교회에", 또는 "뵈뵈의 집에 모이는 교회에 문안할지어다." 이런 식으로 이야기하고 있습니다. 그것은 처음에 교회들이 가정집에 모이고 있었다는 말이고, 그 모임을 "교회"라고 인정하는 것입니다. 우리는 그것을 아주 신중하게 생각해야 합니다. 우리의 개념을 가지고서 그렇게 예배당 건물이 있는 곳을 교회라고 생각하고 그렇지 않으면 이상하게 생각해서는 안 됩니다. 오히려 한 공동체가 세워진 것을 바울은 그것이 한 건물이라고 말했습니다. 여기 에베소라고 하는 지역에 교회가 세워졌습니다. 에베소 교회는 바울이 전도해서 세워진 교회이지요? 그러면 예루살렘에 있는 교회와 에베소에 있는 교회와 또 이러한 전도를 가능하게 했던 아주 중요한 교회인 안디옥에 있는 교회, 이런 교회들이 다 '하나의 교회'라는 말입니다.

우리 식으로 이야기하면 한국에 있는 교회 공동체와 일본에 있는 교회 공동체와 미국에 있는 교회 공동체와 또 엄밀하게 이야기하면 여기 바울이 사역하던 그 교회 공동체들이 다 "연결하여서 주안에서 성전이 되어간다" – 이렇게 이야기하는 것입니다. 그러므로 여기서 성전은 이 세상에 있는 모든 교회들을 다 합하여 이야기하는 것입니다. 예수님께서 이 세상에서 이루신 그 모든 목적을 이루셨을 때부터 예수님께서 재림해 오실 때까지 이루실 그 모든 교회, 그것이 성전이라고 이야기하는 것입니다.

그 교회에 속한 하나하나의 공동체를 지역에 있는 교회, 즉 지교회(肢敎會)라고 합니다. 예를 들어, 여기는 답십리 지역에 있는 호산교회를 지교회라고 하는 것입니다. 그래서 아주 재미있는 것은 한 공동체, 즉 호산교회라고 하는 공동체, 이것도 주님께서는 "성전"이라고 보시고 이런 모든 공동체들을 합하여 이 세상에 있는 모든 교회들을 생각하실 때에도 그것을 "하나의 성전"이라고 보신다는 것입니다.

그러므로 우리는 이 두 면을 다 생각하면서 "우리는 이미 주 앞에서 성전이다"는 것을 받아들이고, 그러나 또한 우리 가운데 부족한 모습들을 찾아내면서 "어떻게 하면 과연 주의 성전다운 공동체가 될 것인가? 어떻게 우리가 주의 성전이라고 하는 그 이름에 걸맞은 공동체가 될 것인가?"하는 것을 생각하면서 우리 가운데서 그 일을 날마다 이루어 나가야 합니다. 이것을 아주 포괄적으로 이야기했기 때문에 사람들이 "아 그러면 그것은 어떤 다른 사람들이 할 것인가 보다"라고 생각할까 봐 바울은 맨 마지막에 "**너희는** 성령 안에서 하나님의 거하실 처소가 되기 위하여 주안에서 함께 지어져 가느니라"고 말합니다. 일차적으로는 이것은 에베소 교회에 대해서 이야기하는 것입니다. 이것을 우리에게 적용한다면 호산 교회 공동체를 향해서도 바울이 이렇게 이야기 합니다: "너희도 하나님이 이 가운데 거하실 처소가 되기 위해서 날마다 지어져 가느니라." 이 공동체가 성장해 나가는 것이지요. 이제 십자가 사건에 근거해서 새롭게 세워진 성전이 자라가는 것입니다. 여기서 우리는 비로소 성전의 자라남이라고 하는 것이 무엇인지를 이해할 수 있습니다.

성전의 자라남의 구체적 실상

이 성전의 자라남은 어떻게 해서 되어집니까? 다시 한번 강조하지만,

이것은 우리 각자 한 사람, 한 사람이 주님께서 우리를 부르신 의식에 충실하여 사는 일로만 이루어집니다. 그렇게 하지 않으면 이 일은 이루어질 수 없습니다. 한 사람, 한 사람이 다 열심히 해야만 합니다. "아 그것은 교회에서 열심인 그분들이 하십시오"라고 하면 이 공동체는 세워질 수도 없고, 주님이 말씀하시는 우리의 성전됨이 실현되지 않습니다. 그래서 여기서 우리들이 모두 큰 책임감을 가져야 합니다. 우리 한 사람, 한 사람이 모두 말입니다. "나는 이 교회에 나온 지 얼마 안 되니까 나는 아니고" 그런 것이 아니고, 이는 온 세상에 있는 교회를 향해서 하는 말이니까 내가 그리스도를 믿으면 나는 당연히 이 공동체 안에 포함된 것이고 이 공동체 안에서 이제 지체 의식을 가지고서 내가 해야 할 일들을 찾아 나가야 할 것입니다. 그래서 마음 가운데 우리가 지난주와 이번 주에 걸쳐서 생각하는 우리를 거룩한 성전이라고 하신 것을 아주 의식 있게 생각해야 합니다. 그것을 무너뜨려서는 안 됩니다. 어떻게 하면 그 일을 할 것인가를 생각하면서, 우리의 마음속에 아주 심각한 의식을 가지고 내가 이 공동체를 주의 성전답게 하기 위해서 나는 어떠한 일을 해야 할 것인가를 생각해야 합니다.

여기서 지난 수요일 기도회를 마치면서 여러분들에게 드렸던 말씀을 다시 한 번 드리고 싶습니다. 지난주 중에 어떤 대학생하고 상담을 하면서 들은 이야기입니다. 그 대학생이 어떤 교회의 지체 역할을 열심히 하면서도 간혹 이런 유혹이 든다는 말을 했습니다. 주일 저녁 예배를 마치고 갈 때쯤이면 예배당 문을 닫고 나가는 분이 목사님하고 사모님, 자기하고, 자기 친구뿐이라는 것입니다. 그때까지 남아 있는 사람이 별로 없는 그런 상황이라는 말이지요. 그러므로 대개는 열심히 하는데 간혹 가다가 '내가 꼭 이렇게 해야 할 필요가 있을까, 다른 사람들은 주일날 아침에만 나오고 그러면서도 당당한데, 나도 좀 그렇게 하면 안 되겠는가?' 그런 유혹이 든다는 것입니다. 이것은 진실한 성도들에게 진정 큰 유혹입니다.

이것은 우리들도 아주 심각하게 생각해야 할 문제의 하나일 것입니다. 우리가 이것을 잘 생각한다면 오늘 하나님께서 우리에게 하시려는 말씀을 정확히 알게 될 것입니다. 오늘의 본문 가운데서 하나님께서 우리에게 하시는 말씀은 우리가 이 공동체를 잘 세워 나가는 굉장히 중요한 책임을 가졌다는 것입니다. 이 공동체를 세워 나가는 일은 어떻게 함으로써 됩니까?

첫째, 이 공동체가 가르침 받아야만 하는 성경의 원리를 우리가 잘 가르침 받는 일을 성실하게 감당한다면, 우리 교회 공동체가 바르게 세워질 수 있습니다. 만일에 주님께서 이런 시간을 우리에게 허락해 주시지 않으셨다면 우리는 전혀 이런 생각을 해보지 못했을 수도 있습니다. 그러나 주님께서 이런 시간을 허락해 주셔서 우리가 하나님의 말씀의 뜻을 생각할 수 있는 시간을 얻었습니다. 그래서 그것에 따라서 '그러면 나는 어떻게 해야만 하는가?'를 생각하게 되지요. 이렇게 교회 공동체가 하나님의 말씀을 같이 공부하고 그 말씀을 구체적으로 우리에게 적용하기 위해서 정해 놓은 시간들을 우리가 아주 존중하게 됩니다.

그래서 앞서 말씀드린 그 대학생은 그것을 고민할 것이 아니라, 끝까지 교회 공동체를 세워 가기 위해 남아 있는 것을 아주 당연하게 생각해야 하는 것입니다. 머릿속으로는 그런 것이 당연하게 생각이 되는데 분위기들이 헌신하지 않는 쪽으로 몰려가니까 "꼭 그래야 하는가? 왜 나만 이렇게 해야 하는가?" 그런 유혹이 오는 것입니다. 그것은 그 학생만 경험하는 유혹이 아닙니다. 한국 교회에서 대개 교회 일이라고 하는 것은 열심히 하는 사람만 열심히 하거든요. 그것이 비정상적 현상입니다. 열심히 하는 사람들만 해요. 그러므로 그 열심히 하는 사람들도 지치면 나중에는 "내가 무엇하러 이렇게 하나?" 그런 생각을 하게 됩니다. 맨 처음에는 성경의 가르침대로 출발해서 '교회 공동체를 이렇게 세워 나가야지, 그래야 우리가 주님께서 우리를 부르신 목적을 이룩하는 것이지' 그렇게 생각했다가도 자기만 하고 알아주는 사람도 없으니까 나중에는 '내가 꼭 이렇게 열심히 해야 되나? 나도 남들처럼 적당히 하면 안 되겠는가?' 하는 생각이 드는 것입니다.

한국 사람들에게는 남들처럼 한다고 하는 것이 매우 중요한 개념입니다. 그러므로 우리도 적당히 그렇게 하려고 하는 유혹을 받게 되고 실질적으로 거기에 편승해 버립니다. 만일 우리 가운데 한사람, 한 사람이 다 그렇게 생각해 버린다면 오늘 아침에 우리가 나눈 이야기는 다 공염불이 되고 맙니다. 우리 현실하고는 관련이 없는 것이 되고 마는 것이지요.

그러므로 제가 안타깝게 생각하는 것은 '성경이 이야기하는 이상(理想)은 저기 있고, 우리 현실(現實)은 그것을 전혀 반영할 수 없는 것인가?' 하는 것입니다. '그렇다면 우리가 이런 설교를 해야 하나?' 그런 생각이 늘 마음속에 듭니다. 그러나 늘 회개하면서 '그래도 이야기해야지 이것이 주어진 사명이다'는 생각을 합니다. 그렇지 않으면 설교자들은 구약이 말하는 '짖지 못하는 개'가 되고 마는 것입니다. 어떤 때는 '이것의 수준을 낮춰 가지고 우리가 이룰 수 있는 그 범위 한도에서만 이야기하면 좋지 않을까?' 그런 생각이 들 때가 있습니다. 그러면 서로 편하거든요. '누이 좋고 매부도 좋고' 말입니다. 그런데 그러지 않고 성경이 말하는 굉장히 높은 표준을 가지고 이야기하면 특히 새로 나오신 분들은 '도대체 우리가 저것을 이룰 수 있다는 말인가?, 이룰 수도 없는 것을 우리에게 요구하는 것은 아닌가?' 그런 생각을 가지기가 쉽습니다. 그런 것 때문에 마음속에 "주일날 아침이라도 열심히만 나오십시오" 그러고만 말고 싶은 유혹이 있는데, 그러면 제가 '짖지 못하는 개'가 된다는 말입니다. 파수꾼이 나팔을 불지 못하면 사람들이 어떻게 준비하겠느냐, 그러면서 만일 그렇게 해서 온 성이 멸망하고 나면 그 피 값을 네게서 찾으리라고 구약의 선지자에게 하나님께서 말씀하신 것입니다. 오늘날도 마찬가지입니다.

그러므로 우리 모두가 다 이 문제를 심각하게 생각해야 합니다. 왜냐하면 우리가 이 공동체를 성경에서 요구하는 것처럼 이렇게 세워 놓는 이 일이 사실은 온 세상에서 교회 공동체를 제대로 세우는 일이 되기 때문입니다. 우리가 속한 이 공동체가 제대로 서야 우리가 주님이 원하시는 공동체를 이루는 일에 일조(一助)하는 것이 됩니다. 그러므로 마음속에 "이것을 어떻게 이룰 것인가?"를 생각하십시오. 이것이 나에게 부담이 될지 모릅니다. 그러나 그렇게 하는 것만이 내가 교회 공동체의 일원이요 한 분자(分子)라는 인식을 가지는 것입니다. '나는 이제 나 개인이 아니고 주님께서 거룩하게 이 땅위에 세우신 교회의 일원'이라는 인식을 가져야 합니다. '그런 생각은 장로님이나 가지십시오, 집사님이나 가지십시오.' 그러는 것이 아닙니다. 우리 모두가 그런 교회 공동체의 지체 의식을 가지고 이제 그것과 관련해서 삶을 살아가야 합니다.

지금까지 말씀드린 것을 보면 꼭 우리가 교회의 집회 참석하는 것만이 교회 공동체를 이루는 것이라고 착각하기 쉽습니다. 그러나 사실 교회 공동체의 모임에 참여하는 것은 어떤 의미에서는 수단일 뿐입니다. 거기서 원칙을 가르침을 받으면, 성경의 가르침을 받으면 이제 우리가 그 원칙을 우리의 삶 가운데 그대로 드러내어야 합니다. 이것이 진실로 어려운 일이지요. 그러나 그와 같이 되었을 때만 이 공동체가 주 앞에 영적인 의미의 제사를 드리는 것이 됩니다. 오늘날 한국 교회는 그냥 모이는 것은 어느 정도 합니다. 그러나 그 다음 단계의 일이 이루어지지 않고 있습니다. 그러므로 이 사회에 부정이 벌어지고, 이 사회의 사람들이 행하는 것과 똑같이 예수 믿는 사람들도 행하는 것입니다. 예수 믿는 사람과 안 믿는 사람의 구별이 없어지는 것입니다.

이 복잡한 현실은 왜 발생하는 것입니까? (1) 우리가 교회 회집하는 일은 열심히 합니까? 우리는 사실 그것도 열심히 안하니까 그것부터 문제입니다. (2) 혹시 그것을 했다고 해도 성경이 가르치신 그 원리를 우리의 구체적인 삶 가운데 드러내는 일을 하지 않는다면 우리는 날마다 성전이 되어 가는 것이 아닙니다. 우리의 명목과 실질이 다른 것이지요. 이것이 큰 문제입니다.

이제 말씀을 마칩니다. 성경에서는 우리를 교회라고 했습니다; 거룩한 성전이라고 했습니다. 그 이름에 부합하게 우리의 삶을 하나님께 드리십시다. 그래야 신약 성경이 말하는 주의 성전이 자라갑니다.

제 5 강

"하늘의 예루살렘"

히브리서 12장 18절-29절

[18]너희의 이른 곳은 만질만한 불 붙는 산과 흑운과 흑암과 폭풍과 [19]나팔 소리와 말하는 소리가 아니라 그 소리를 듣는 자들은 더 말씀하지 아니하시기를 구하였으니 [20]이는 짐승이라도 산에 이르거든 돌로 침을 당하리라 하신 명을 저희가 견디지 못함이라 [21]그 보이는 바가 이렇듯이 무섭기로 모세도 이르되 내가 심히 두렵고 떨린다 하였으나 [22]그러나 너희가 이른 곳은 시온산과 살아 계신 하나님의 도성인 하늘의 예루살렘과 천만 천사와 [23]하늘에 기록한 장자들의 총회와 교회와 만민의 심판자이신 하나님과 및 온전케 된 의인의 영들과 [24]새 언약의 중보이신 예수와 및 아벨의 피보다 더 낫게 말하는 뿌린 피니라 [25]너희는 삼가 말하신 자를 거역하지 말라 땅에서 경고하신 자를 거역한 저희가 피하지 못하였거든 하물며 하늘로 좇아 경고하신 자를 배반하는 우리일까 보냐 [26]그 때에는 그 소리가 땅을 진동하였거니와 이제는 약속하여 가라사대 내가 또 한번 땅만 아니라 하늘도 진동하리라 하셨느니라 [27]이 또 한번이라 하심은 진동치 아니하는 것을 영존케 하기 위하여 진동할 것들 곧 만든 것들의 변동 될 것을 나타내심이니라 [28]그러므로 우리가 진동치 못할 나라를 받았은즉 은혜를 받자 이로 말미암아 경건함과 두려움으로 하나님을 기쁘시게 섬길지니 [29]우리 하나님은 소멸하는 불이심이니라.

이렇게 주일 예배에 참석하면서 우리는 간혹 이런 생각을 하게 됩니다. 옛날에는 어느 나라 사람이든지 대개 무엇인가를 열심히 하는 것보다는 앉아서 관람하는 사람들이 더 행복한 사람들이라고 생각했었습니다. 옛날 희랍 사람들도 그랬고 사실 우리나라 어른들도 그런 생각을 했었습니다. 예를 들어서, 어떤 사람들이 테니스를 치는 것을 보면서 "땀을 흘리면서 뭐 하느냐 하인들을 시키지" 하면서 그것을 구경했다는 말입니다. 이것이 사람들의 공통적인 심리인 것 같습니다.

우리가 요즈음 계속해서 교회에 대해서 공부하고 있는데, 교회라고 하는 것은 (지금 우리가 공부하고, 강조하는 바에 따르면) 우리 한 사람, 한 사람을 합하여 이루어진 것이라고 했습니다. 교회는 독립적으로 있고 그 교회와 관련해서 내가 서는 것이 아니고 내가 그 일원으로 서 있는 것이 교회입니다. 따라서 이 교회 안에서는 어떤 사람이라도 관중, 보는 자, 구경꾼으로 있어서는 안 됩니다. 교회의 몇몇 사람들은 일을 하고 나머지 사람들은 다 이렇게 팔짱을 끼고 본다 — 그렇게 하면 안 된다는 말입니다. 주일학교 때 많이 사용해서 익숙해진 용어 중 하나로 "예배 본다."는 말이 있습니다. 예배 의식이 진행되어지는데 우리는 그것을 지켜보는 것이지요. 옛날 로마 가톨릭 교회(Roman Catholic Church), 즉 구교(舊敎)에서는 그것이 가능했습니다. 신부님이 제사장으로서 제사를 지냅니다.

(천주교 사제들[priests]이 드리는 미사)

로마 가톨릭에서는 지금도 매번 예배 때마다 제사를 지낸다고 하지요? 그리고 사람들이 이것을 지켜보는 것입니다. 그러나 참된 의미에서는 예배가 그런 것이 아닙니다. 예배는 우리가 다 같이 참여하는 것이고 그러한 의미가 교회 전체에서 드러나야 합니다.

성경을 보면서 저는 교회 공동체 내에서 저의 역할이 무엇인가 하는 생각을 많이 합니다. 제가 지난 주일에도 말씀드렸지만 성경이 제시해 주고 있는 그 원리를 우리가 같이 나누는 그것이 목사인 저의 역할입니다.

간혹 설교하는 사람들에게 다음 같은 유혹이 생깁니다. "아! 이것을 낮춰가지고 사람들에게 좀 현실성 있게 만들 수는 없을까?" 또 그렇게 하면 잘 되기도 합니다. 그렇게 해서 그것이 더욱 더 유혹이 되지요. 또 하나의 유혹은 사람들이 '이런 내용이 우리와 구체적으로 무슨 관련이 있을까? 교회가 그렇다고 하는 것과 나와 무슨 상관이 있는 걸까?'라고 잘못된 생각을 하는 것입니다. 그래서 우리가 그것을 깨지 않는 한 오늘 여기서 이야기하는 것들이 아무런 의미도 없는 시간이 될 것이고 우리가 이해할 수 없는 이야기를 하는 것이 되고 말겠지요.

시내 산 앞에서 이스라엘 백성들

그러나 오늘의 본문은 우리의 상황과 옛날 이스라엘 사람들의 상황을 아주 면밀하게 대조해서 이야기해주는 본문입니다. 이 본문의 배경이 되는 상황은 옛날 이스라엘 사람들이 출애굽해서 나왔던 상황입니다. 출애굽해서 나와 모세가 율법을 받게 되는 시내 산에 이르렀습니다. 시내 산에 모세가 율법을 받으러 올라가기 전에 하나님께서는 다음 같

이 말씀하셨습니다: "너희는 삼일 동안 몸을 정결케 하고서 너희를 깨끗게 하라. 그리고 이 산 주변에 올라오지 마라. 내가 돌격하여 너희를 칠까 하노라." 죄인인 사람들이 하나님 앞에 서는 것은 그렇게 무서운 일입니다. 그래서 하나님께서 안타까워서 너희는 이 산에 올라오지 말라고 하십니다. 올라오면 나의 의로움이 자연스럽게 발하여서 너희들을 그대로 죽일까 한다. 만일에 사람뿐만 아니라 좌우를 분별하지 못하는 소나 양이라도 이 산에 오르게 되면 내가 그렇게 하리라고 말씀하신 것을 봅니다.

이것은 보통 사람들이 생각하는 어떤 지역을 신성시하는 그런 이야기가 아닙니다. 이 산이 독특하기 때문에 하나님께서 그렇게 하시는 것이 아닙니다. 그 땅이 이상해서 거기에 가면 사람이 죽게 되기 때문이 아니고, 하나님의 거룩하심 때문에 사람들이 죄인인 모습을 그대로 가지고 접근하면, 저희가 죽임을 당한다고 말하는 것입니다.

오늘의 본문은 이렇게 말하고 있습니다. 그런데 너희가 이른 곳은 그런 곳이 아니라고 하십니다. 너희가 눈으로 볼 수 있는, 또는 손으로 만질 수 있는 어떤 불이 나타나고, 흑암이 있는 것이 아니라는 것입니다. 물론 옛날 이스라엘 사람들이 시내 산 앞에 섰을 때는 그러한 일이 일어났습니다. 하늘에서 무슨 소리가 나니까 사람들이 그것을 도무지 감당하지 못하겠다고 모세에게 말하기를 "하나님이 직접 우리에게 말씀하지 말게 해 주십시오." 이렇게 이야기합니다. 하도 무서워서 그렇게 요청한 것입니다. 그 다음부터는 이스라엘 백성들이 모세를 통해서 하나님의 말씀을 듣습니다.

(해 뜰 때의 시내산)　　　　　　(석양의 시내산)

하늘의 예루살렘에 이른 신약 성도들의 위치

그런데 우리에 대해서 말하시기를 우리가 이른 곳은 그런 곳이 아니라고 하십니다. 그 옛날에 이스라엘 사람들, 출애굽을 직접 경험한 사람들보다 더 굉장한 위치에 여러분이 와 있다는 말을 하고 있는 것입니다. 그것은 우리가 뛰어나서가 아니고, 우리가 신약 시대에 살고 있는 성도들이기 때문에 우리에게 주어진 상황입니다. 그러면 우리가 이른 곳은 어디입니까? "너희가 이른 곳은 시온 산이다."고 말합니다. 그 다음에 하는 말이 "하나님이 계신 도성, 하나님의 도성인 하늘의 예루살렘이다."라고 말합니다.

이것이 오늘 말씀의 주제입니다. 여러분들이 어디에 이르렀습니까? 하늘의 예루살렘에 이르렀다고 이야기해 줍니다. "하늘의 예루살렘"이라고 하는 것이 무엇입니까? 옛날 이스라엘 사람들에게는 예루살렘에 무엇이 있었습니까? 성전이 있었지요. 우리는 요 몇 주일 동안 "교회는 성전이다"는 것을 배웠습니다. 이 지상에 있는 예루살렘에 가도 거기에 성전이 없으니까 주님께서 말씀하신 참다운 의미의 성전이 없으니까 이것의 실체인 하늘의 예루살렘이 있어야 되는데 그 하늘의 예루살렘에 너희가 이르렀다 그렇게 이야기하고 있습니다.

그런데 이 하늘의 예루살렘은 저 "하늘"에 있는 예루살렘이 아닙니다. 이 "하늘의 예루살렘"이라고 하는 것은 우리가 본문을 쭉 살펴보면 교회와 천만천사와 하늘에 기록한 장자들의 총회와 하나님께서 그의 백성들 또는 그의 자녀들을 모아놓은 것이니, 그것이 교회입니다.

여기 교회에 관한 또 하나의 그림이 등장합니다. 교회를 "하늘에 있는 예루살렘"이라고 이야기합니다. 우리 모두가 그렇다는 이야기입니다. 우리 공동체가 하늘의 예루살렘입니다. 우리 한 사람, 한 사람이 포함되어져서 있는 우리 공동체가 그렇다는 말입니다. 그렇다면 우리가 그러한 모습을 우리 가운데서 드러내야 됩니다. 우리가 하늘의 예루살렘다운 모습을 드러내기 위해서 얼마나 애써야 할 것인지를 생각해야 할 것입니다.

소멸하는 불이신 하나님 앞에서의 책임

오늘 본문에서는 우리를 그런 방향으로 가도록 하기 위해서 하나님의 두려우신 모습을 우리에게 아주 분명하게 제시해 줍니다. 오늘 본문의 맨 마지막 절에 보면 우리의 하나님을 가르쳐서 "하나님은 소멸하시는 불이시다."고 말합니다. 하나님을 불로 생각해 보신 적이 있으세요? 그것도 그냥 불이 아니고 태워 죽이는 불이라고 말합니다. 이것은 우리가 하나님 앞에 우리의 죄인된 모습을 그대로 가지고 있을 때 나타나는 상황입니다. 그것은 무서운 일입니다. 하나님은 참으로 소멸하시는 불이십니다. 우리가 우리의 죄인인 모습을 그대로 가지고 나아가면 그 소멸하는 불 속에서 우리가 소멸당할 수밖에 없습니다. 예수 그리스도의 구속이 없으면 우리 모두 다 그렇게 되는 것입니다. 성경의 다른 곳에서는 살아계신 하나님의 손 안에 있는 죄인들에 대해서 얼마나 무섭게 묘사하고 있는지 모릅니다. 그대로 죽고 마는 겁니다.

히브리서 기자는 우리에게 그것을 강조합니다. 만약에 우리가 하늘의 그 살아계신 하나님의 손 안에 있는 죄인의 모습이면 너희가 어떻게 하겠느냐? 이것이 아무 말 아닌 것 같지만 어떤 사람들은 이런 말씀을 듣고서는 "아! 하나님의 손 안에 빠져 들어가는 죄인의 모습이 얼마나 무서운 것인가"를 생각하고 저희들이 어렸을 때부터 지은 죄를 전부 다 회개했다는 역사적인 기록이 있습니다. 이것이 미국에서 일어났던 대각성 운동에서 중요한 역할을 하신 죠나단 에드워드(Jonathan Edwards, 1703-58)라는 목사님의 설교와 관련된 이야기입니다. 사람들이 그 이야기를 듣고서 '하나님의 손 안에 빠져 들어가는 모습은 얼마나 안타까울 것인가?'를 생각하면서 그저 있을 수 없었지요?

그러므로 오늘의 본문은 한편으로는 우리에게 우리가 만일에 죄인인 모습을 그대로 가지고 하나님 앞에 있어서는 안 된다는 것을 분명히 이야기합니다. 그런데 오늘의 본문은 또한 우리에게 너희가 이른 곳은 그렇게 무서워하고, 두려워 떨고 할 곳이 아니라고 이야기합니다. 왜 그렇습니까? 우리가 하늘의 예루살렘에 이르렀기 때문입니다.

어떻게 우리가 시온에 벌써 이르렀다고 말합니까? 그것을 설명하는 맨 마지막에 보면 "아벨의 피보다 더 낫게 말하는 뿌린 피니라." 너희가 어떻게 해서 이곳에 이르렀는가를 생각하라는 것입니다. 오늘 우리가 주님의 보혈을 찬송하는 찬양을 드렸는데 그것입니다. 우리의 죄인인 모습을 그대로 놔두면 우리가 죽을 수밖에 없지만, 아벨의 피,

하나님께 제대로 경배를 드렸기 때문에 자기의 형에 의해서 죽어갔던 그 사람의 피보다 더 낫게 말하는 이 지상에 뿌려진 예수 그리스도의 피로써 우리가 그곳에 이를 수 있었다는 이야기입니다.

따라서 이곳에 이른 다음에, 즉 교회의 일원이 된 다음에, 우리는 잘난척 할 수가 없습니다. 우리가 잘나서 교회 공동체에 포함되어 있는 것이 아니거든요. 주님의 피로써 우리가 여기에 속해 있으니까 그 다음에는 "아! 그러면 주님 앞에서 내가 어떻게 할 것인가?"하는 생각과 활동이 나타나야 되지요.

그래서 주님에 대해서 주님이 소멸하는 불이시라는 인상을 가지면서 우리에게 두려움과 떨림, 그것이 있어야 합니다. 공포와 전율이 우리에게도 있어야 합니다. 그러나 그것만 있어서는 안 됩니다. "이제 나는 파멸되고 말 것인가?" 하는 그런 생각에만 빠져있는 것이 아니라, 바로 그런 우리들을 예수 그리스도의 피로 용서하셔서 하나님의 백성이 되게 해 주시고 하나님의 자녀로서 이 땅위에 살게 해주셨다는 그 벅찬 감격, 그 놀라운 감사에 가득 찬 마음을 가지고 우리의 삶을 살아가야 한다는 말입니다.

실질적으로 우리가 이 교회의 일원이 되어서 우리가 여기에 모일 때만이 아니고, 이곳을 나가서 일주일 동안 살아가면서 우리가 그러한 사람으로서 살아가는 것을 드러내야만 합니다. 그때 우리들의 마음 가운데 우리가 하늘의 예루살렘인 교회이고, 따라서 우리 각 사람이 교회 공동체의 한 일원이 되었다라고 하는 의식을 강하게 가지고 살아가야 합니다. 이 일에 대해서 누구도 구경꾼이어서는 안 됩니다. "교회에 열심인 사람들은 열심히 하십시오. 우리가 얼마나 열심히 하는지 지켜보겠습니다." 이래서는 안 됩니다. "나는 교회에 나온지 얼마 안 되니까 나는 얼마동안은 이렇게 하고 있겠습니다"라고 해서도 안 됩니다. 사실 그렇게 하지 않도록 하기 위해서 교회 공동체는 하나님의 말씀을 가르치고 배워 나가는 것입니다.

예루살렘을 바라는 마음

하늘의 예루살렘이라는 생각을 할 때 우리에게 도전이 되는 구약 성도들의 '예루살렘을 바라는 마음'이 있습니다. 그것을 알기 위해서 우리가 시편에 있는 한 구절을 읽겠습니다. 시편 137편을 보면 이스라엘 사람들이 자기들의 성전이 있는 예루살렘을 떠나서 바벨론에 포로가 되어 갔을 때, 그 상황 가운데 하나님께 부르짖는 기도가 나옵니다. 이 사람들은 아주 비참한 상황 가운데 있었습니다. 저들이 예루살렘과 멀리 떨어진 바벨론에서 생활을 해야 되니 얼마나 안타까운 상황이었겠습니까? 저들이 이렇게 이야기합니다. "우리가 바벨론 여러 강변 거기에 앉아서 시온을 기억하며 울었도다." 시온 산에 예루살렘이 있지 않습니까? 시온을 생각하며, 예루살렘이 있는 그곳을 생각하며 울었도다고 합니다. 이것은 그저 한 민족이 자기들의 국가와 민족을 생각하는 애국적인 시(詩)만이 아닙니다. 하나님의 백성들이 얼마나 시온을, 예루살렘을 사모해야 하는가, 얼마나 교회를 중심으로 자기들의 삶을 정리해 나가야 하는가를 보여주는 것입니다.

이 사람들이 이렇게 안 하고 살 수도 있었습니다. 바벨론에 가서 편안하게 살고 있는 사람들도 있었습니다. 그 중에 높은 지위에 오른 사람도 있었습니다. 예를 들어서, 나중에 이스라엘 사람들을 다시 예루살렘에 돌아오게 하는데 중요한 역할을 했던 사람들, 즉 에스라, 느헤미야와 같은 사람들은 바벨론에서 아주 편안하게 살고 있던 사람들이었습니다. 저희들이 아주 편안하게 좋은 집 짓고, 잘 살 수 있는 사람들이었습니다.

그럼에도 불구하고 저 사람들도 이와 동일한 심령으로 예루살렘을 그리워하며 웁니다. 그들에게는 언제나 어서 빨리 예루살렘에 가기를 원하는 마음이 있었습니다. 그것은 무엇입니까? 그들의 열망을 생각하면서 우리가 얼마나 교회 공동체를 중심으로 우리의 삶을 생각하고 있는가를 반성해 보시기 바랍니다. 이 말을 오해하지 마십시오. 여러분들이 이 예배당을 중심으로 생각해야 된다는 것이 아닙니다. 교회라고 하는 곳, 하나님의 백성으로 세우신 그 교회의 한 일원이라고 하는 것을 중심으로 내 삶을 정리해 나간다고 하는 것입니다.

노래를 잘 부르는 이 사람들이 "버드나무에 올라가서 우리가 수금을 걸었나니"라고 합니다. 왜 그리하였습니까? 이 수금을 가지고 노래할 수 있는 상황이 아니기 때문입니다. 그런데 이때에 "우리들을 사로잡은 바벨론 사람들이 거기서 우리에게 노래를 청하며, 우리를 황폐케 한 자가 기쁨을 청하고 자기들을 위하여 시온의 노래 중의 하나를 노래하라"고 합니다. 그런데 이 사람들은 그 노래를 할 수 없었습니다. 왜 그렇습니까? 예루살렘에서 멀리 와 있기 때문에 "우리가 어찌 우리의 기쁨을 찾으면서 저 사람들에게 이 노래를 불러줄 것인가?" 하는 것이지요. 이 사람들이 얼마나 예루살렘을 중심으로 생각하고 있는가가 잘 나타나고 있습니다.

그 다음에는 이것이 더 뚜렷이 나타납니다. "우리가 이방에 있어서 어찌 여호와의 노래를 부를꼬? 예루살렘아 내가 너를 잊을 진데 예루살렘아, 성전아, (우리 식으로 표현하면 교회야, 내가 그 일원이 되어있는 교회야!) 내가 너를 잊을 진데 내 오른손이 그 재주를 잊을지어다. 내가 예루살렘을 기억하지 아니하거나 내가 너를 나의 제일 즐거워하는 것보다 지나치게 아니할진데 내 혀가 내 입 천장에 붙을지어다."

이 얼마나 무시무시한 말입니까? 여러분은 이렇게 말할 준비가 되어 있습니까? 내 혀가 입천장에 붙어버리면 여러분은 다시 노래는커녕 말도 못하는 것입니다. 그런데 왜 이렇게 이야기합니까? 이 사람들이 미친 사람들입니까? 이 사람들은 우리보다 말하는 것에 대해서 아주 심각하게 생각하는 사람들입니다. 고대 사람들은 자기들이 말을 하면 그것이 그대로 이루어진다고 생각하는 사람들이었습니다. 고대 사람들에게 있어서는 예를 들어서 누구를 저주하는 말이 아주 심각한 말로 여겨질 정도였습니다. 왜냐하면 그 사람들은 그렇게 말하면 그대로 이루어진다고 생각했던 것입니다.

그런데 오른손으로 수금을 잘 타던 사람들이 그것을 전혀 탈 수 없게끔 되어진다고 합니다. 여러분 생각해 보십시오. 그것은 참 삶의 의미가 없어진다는 이야기가 되지요? 그것이 하나님께 영광 돌리는 길인데 내가 예루살렘을 중심으로 나의 삶을 생각하지 않을 때 우리는 제 기능을 제대로 하지 못하는 자들이 되는 것이지요? 우리는 그 지상에 있는 예루살렘보다 더 위대한 하늘의 예루살렘에 속해 있다고 했는데, 우리가 그런 것을 영광스럽게 여기지 않고 우리를 방관자로서 만들어서 그저 되어지는 것만을 바라 보겠다고 하면 우리는 매우 심각한 상황 가운데 있는 것입니다.

예수 그리스도와 직접 만나지 못했던 구약 성도들, 그저 멀리서 그리스도께서 오실 것을 바라보면서 즐거워하던 이들도 메시야께서 가져다주실 구원과 그가 세우실 교회에 대해서 이렇게 심각한 의식을 가졌었습니다. 그런데 오늘 우리는 어떠합니까? 예수 그리스도께서 이미 우리의 구원을 이루어 주시고 우리를 하나님 나라의 백성으로 삼아 주시고, 우리를 위에 있는 예루살렘, 즉 하늘에 있는 예루살렘에 속한 사람이 되게 하셨습니다. 그것에 대해서 우리가 "구구절절 옳은 이야기지만 나하고는 상관없습니다." 그러고 말 것입니까?

여러분들은 이야기를 들으시면서 마음속에 다음과 같은 생각을 하셔야 합니다. '자 그렇다면, 하나님 교회의 일원이 되는 것이 그렇게 중요한 것이라면 나의 모든 삶이 교회와 관련하여서 어떻게 나타나야 할 것인가?' - 그것을 생각하셔야 합니다. 그래서 제가 맨 처음 말씀드릴 때 이것이 어려운 이야기라고 했습니다. 말은 쉬우나 이렇게 살기가 어렵다는 것입니다. 현대인들은 "교회와 관련해서 내 삶을 산다면 재미없는 삶이 아닌가, 내 젊은 청춘이 다 없어지지 않을까, 그렇게 살 수 있겠는가. 내 삶도 바쁜데 언제 교회와 관련해서 내 삶을 살 것인가?" 이와 같은 생각들을 많이 합니다. 이런 생각들이 우리 마음에 들어 올 수 있습니다. 그러나 이는 성경의 가르침에 반(反)하는 사단적인 생각이라는 것을 유념하셔야 합니다.

성경은 우리 존재 전체가 교회와 연관된 것임을 강조합니다. 그리고 그렇게 하는 것이 우리들의 모든 것을 다 앗아가는 것이 아닙니다. 교회는 여러분의 삶이 예수 그리스도께서 약속하신 대로 풍성한 삶이 되어질 수 있도록 여러분을 인도하려고 노력할 것입니다. 그런데 그런 일을 누가 하느냐 하면 바로 우리가 하는 것입니다. 왜냐하면 우리 모두를 교회라고 하였기 때문입니다. 문제는 우리 모두가 그 일원으로 서 있는 이 교회 안에 있으면서 우리가 이 교회를 그렇게 만들어 나가느냐, 아니면 우리가 요식 행위(要式行爲)를 하는 장소로 만들어 나가느냐, 그 선택은 우리에게 달려 있습니다. 성경은 우리를 이 땅의 예루살렘보다 더 위대한 "하늘의 예루살렘"으로 세우시고, 그 하늘의 예루살렘의 일원으로서 우리가 살 것을 가르치시고 인도합니다.

What is the Church?

The Eschatological Community for the Manifestation
of the Kingdom of God and Its People's Kingdom Life-style

제 1 부 교회에 대한 표상적 표현들

제 2 부 교회의 속성들

제 3 부 교회의 표지들

제 4 부 교회의 직원들

제 5 부 교회의 사명과 사명 수행

〈부록〉 예배에 대하여

제 2 부

교회의 속성들

1. 교회의 통일성

2. 교회의 보편성

3. 교회의 거룩성

제 6 강

"하나인 교회": 교회의 통일성

요한복음 17:20-26

[20]내가 비옵는 것은 이 사람들만 위함이 아니요 또 저희 말을 인하여 나를 믿는 사람들도 위함이니 [21]아버지께서 내 안에, 내가 아버지 안에 있는 것같이 저희 도 다 하나가 되어 우리 안에 있게 하사 세상으로 아버지께서 나를 보내신 것을 믿게 하옵소서 [22]내게 주신 영광을 내가 저희에게 주었사오니 이는 우리가 하나가 된 것같이 저희도 하나가되게 하려 함이니이다 [23]곧 내가 저희 안에, 아버지께서 내 안에 계셔 저희로 온전함을 이루어 하나가 되게 하려 함은 아버지 께서 나를 보내신 것과 또 나를 사랑하심 같이 저희도 사랑하신 것을 세상으로 알게 하려 함이로소이다 [24]아버지여 내게 주신 자도 나 있는 곳에 나와 함께 있어 아버지께서 창세 전부터 나를 사랑하시므로 내게 주신 나의 영광을 저희로 보게 하시기를 원하옵나이다 [25]의로우신 아버지여 세상이 아버지를 알지 못하여 도 나는 아버지를 알았삽고 저희도 아버지께서 나를 보내신 줄 알았삽나이다 [26] 내가 아버지의 이름을 저희에게 알게 하였고 또 알게 하리니 이는 나를 사랑하신 사랑이 저희 안에 있고 나도 저희 안에 있게 하려 함이니이다.

삼일운동에 대해서 생각할 때 우리가 강조해야 할 것들 중의 하나는 이 운동은 예수님을 믿는 사람들과 믿지 않는 사람들이 같이 참여한 운동이니까 그 운동 자체에서 우리가 어떤 기독교적인 의미를 찾으려고 해서는 안 된다는 것입니다. 물론 예수님을 믿는 사람들이 이 운동에 참여했을 때에는 안 믿는 사람들이 참여한 동기와는 다른 동기가 작용했었어야만 한다는 것을 생각할 수 있습니다. 여러분들이 나중에 그런 상황을 한번 상상해 보시기 바랍니다. 여러분들이 그런 상황 가운데 있었을 때 여러분들은 과연 어떤 동기로 어떤 일을 했을 것인가 하는 것을 생각해야 합니다.

그런데 이때 우리가 가장 많이 생각해야 하는 것은 그 당시에는 예수 믿는 사람이 오늘날 그리스도인들보다 인구 전체에 대한 비율이 매우 적었다는 것입니다. 그럼에도 불구하고 예수 믿는 사람들이 사회적인 영향력을 더 크게 미쳐 나갔던 것을 깊이 있게 생각하셔야 합니다. 오늘날 우리 인구의 1/4이 예수 믿는 사람들이라고 이야기하는데 실질적으로 예수 믿는 사람들의 사회적인 영향력이 있는지를 생각하면 우리가 우리 스스로를 다시 한 번 돌아보지 않을 수 없게 됩니다. 만약에 그런 현실이 구체적인 것이라면 예수 믿는 사람들이 많이 있긴 있는데 그런 사람들이 사회 속에 있다는 것이 전혀 느껴지지 않는다고 할 것 같으면 그것은 대부분의 예수 믿는 사람들이 이름만 예수 믿는 사람들임을 뜻합니다. 단순히 명목상(名目上)의 그리스도인들이 많다는 말입니다. 사람들이 교회 성원으로 열심 있게 하는 것 같은데 그것으로 그쳐 버리고 전혀 사회적인 영향을 나타내지 못하고 있다면 그것은 아주 심각한 문제를 우리가 안고 있는 것입니다. 그래서 공교롭게 삼일절에 하나님께 예배하면서 여기 모인 우리 각자가 어떻게 하면 우리가 예수 믿는 그것을 우리의 사회적인 삶 가운데 나타낼 것인가를 생각해야 합니다. 내가 이 세상에 생활해 나가면서 — 투표를 하면서, 경제적인 생활을 영위하면서, 장사하면서 — 그런 구체적 상황 가운데서 예수 믿는 것을 어떻게 드러낼 것인가를 생각하는 것이 아주 중요합니다. 만약에 우리가 전혀 그런 생각이 없이 살아가게 된다면, 우리는 이 땅 가운데서 상당히 이상스런 기독교를 만들어 내는 것이 되고, 그것은 사실상 이 땅 가운데서 진정한 기독교를 없애 버리는 것과 같습니다. 많은 사람들이 이 세상에 예수 믿는 사람으로 있지만 실질상 기독교는 없는 상황 가운데로 우리가 우리 스스로를 몰아 갈 수 있기 때문에 우리는 이 문제를 매우 심각하게 생각해야 합니다. 오늘날 한국 기독교에 있어서 가장 중요한 문제들 가운데 하나가 바로 이 문제입니다.

교회의 교회다운 특성이 나타나야 우리 존재의 의미가 있음

그래서 우리는 좀 더 심각하게 '이것이 아주 심각한 문제이다. 우리가 교회를 이 땅위에서 교회답게 드러내지 아니하면 안 되겠다' 는 생각을 해야 합니다. 그러면 교회가 교회다워지는 것이 무엇입니까? 교회의 **교회다운 특성이 잘 나타나는 것**입니다. 그래서 이제 얼마 동안 과거에 선배들이 성경을 공부하면서 찾아내어 강조했던 교회의 특성들을 몇 가지 생각해 보려고 합니다. 오늘은 그 중에 첫 번째 특성으로 "하나인 교회" 또는 흔히 하는 말로 "교회의 통일성"에 대해서 생각해 보려고 합니다. "교회는 하나이다"는 말입니다.

요한복음 17장: 그리스도의 대제사장적인 기도

교회의 통일성, 교회의 하나임을 잘 말해주는 본문이 오늘 우리가 봉독한 본문입니다(요한복음 17장). 이 본문은 우리 주님께서 이 세상에 계셨을 때 우리들 가운데서 진정한 우리의 대제사장으로서 드린 기도("우리 주님의 대제사장적인 기도")의 한 부분입니다. 옛날 이스라엘 사람들 가운데 대제사장이 온 백성들을 위하여 기도하였듯이 우리의 대제사장이신 예수 그리스도께서 우리를 위하여 하시는 기도에는 어떤 내용이 있습니까?

이 기도의 1차적인 기도의 대상자들은 당시에 예수님을 따라 다니는 제자들이었습니다. 그래서 예수님은 다음과 같이 기도합니다. "내가 비옵는 것은 이 사람들만 위함이 아니요." 이 사람들은 지금 예수님을 따라다니고 있는 제자들입니다. 이들을 위해 기도하신다는 것을 말하십니다. 그런데 그 뒤에 예수님께서는 "저희 말을 인하여 나를 믿는 사람들도 위함이나"라고 하십니다. 여기 언급된 "저희 말을 인하여 나를 믿는 사람들" 거기에는 우리까지가 포함됩니다. 그러므로 이 기도에는 우리까지를 포함해서 주님께서 그의 제자 되는 사람들에게 거는 일종의 기대 같은 것이 나타나 있습니다. 이 사람들은 예수님을 따라 다니면서 예수님과 관계하면서 기쁨을 누리고 좋은 것으로 멈춰서는 안 되고, 이 사람들의 말을 인하여 또 다른 사람들이 예수님을 믿고 그를 따르게 되는 일이 계속해서 있어야 된다는 기대를 예수님께서 가지고 계시다는 것을 우리는 알게 됩니다.

우리를 향해서도 마찬가지일 것입니다. 우리 주님께서는 지금 우리를 위하여서도 기도하실 터인데 주님께서 "내가 비옵는 것은 여기 있는 이 사람들 – 2월 28일 호산 교회에 아침 예배에 참석한 사람들만을 위해서가 아니라 저들의 말을 인하여 나를 믿는 사람들을 위함이니"라고 하실 것입니다. 우리들은 예수님의 그 기대를 마음속에 품고 있어야 합니다. 예수님의 이 기대를 충족시키는 것이 아주 중요한데, 그 다음 본문을 계속 읽어나가다 보면 이것이 어떠한 의미를 지니는가 하는 것을 알 수 있습니다.

이 모든 사람들이 다 하나가 되기를 원한다는 것이 주님의 기도의 핵심적 내용입니다. 주님을 지금 따라다니고 있는 사람들뿐만 아니라 그 사람들의 말을 인하여서 예수님을 믿게 되는 그 사람들까지, 여기 우리들까지, 또 우리의 말을 인하여서 예수님을 믿게 되는 사람들이 다 하나가 되는 것이 주님께서 원하시는 것이고 주님은 그것을 위해 기도하시는 것입니다. 그리스도의 사역으로 말미암아 하나가 되어지는 것 – 그것이 바로 교회의 통일성입니다. 주님께서 원하신 것은 이 세상에 '하나의 공동체'가 있도록 하신 것입니다.

교회의 하나됨의 기준

그런데 그 하나 됨의 기준은 무엇입니까? 21절을 자세히 들여다보면 이 기준이 아주 폭넓고 수준 높은 것이라는 것을 알 수 있습니다: "아버지께서 내 안에 내가 아버지 안에 있는 것 같이." 하나님 아버지[聖父]와 아들 하나님[聖子] 사이에 하나된 것처럼 우리가 하나 되게 하는 것이 주님의 기대하는 것이고 기도하신 것이고 우리 가운데 있도록 하신 것이라는 말입니다. 하나 됨의 모델(model)이 아주 엄밀하게 하나이기 때문에 우리는 하나이지 않을 수 없습니다. 삼위일체적 하나 됨을 모델로 하는 하나 됨이 교회의 하나 됨입니다.

더구나 만일에 우리가 하나가 안 되면 어떻게 되어지는가 하는 것을 생각해 보십시오. 21절의 뒷부분을 읽어보시면 그렇게 "하나가 되어서 우리 안에 있게 하사 세상으로 아버지께서 나를 보내신 것을 믿게 하옵소서"라고 하십니다. 우리가 하나 됨으로써 그 결과로써 세상이 아버지께서 그 아들 예수 그리스도를 보내신 것을 믿게끔 된다고 이야기하고 있습니다.

여기서 우리가 발견해 낼 수 있는 중요한 사실이 하나 있습니다. 이 세상에서 사람들이 예수 그리스도를 믿지 못하게 하는 최대의 방법이 나타나는데, 그것은 예수님을 믿는다고 하는 우리가 하나가 되지 않는 것입니다. 우리가 다 하나가 된 것을 통해서 이 세상 사람들은 여기에 이 하나 된 공동체를 만드신 예수 그리스도를 정말 하나님께서 보내신 분이라는 것을 믿게 하려고 하나가 되도록 하려는 것이므로, 이제 우리가 이 세상으로 하여금 예수 그리스도를 믿지 못하게 하는 최대의 방법은 우리가 다 흩어지는 것입니다. 하나가 되지 않고 다 각자 다른 마음을 가지고 있는 것입니다. 그것은 분명히 이 세상 사람들이 예수 그리스도를 못 믿게 거드는 아주 효과적인 방법이 됩니다.

이와 같이 하나가 되어진다는 것, 우리가 하나가 되어진다는 것은 아주 중요한 것입니다. 일단 멀리 생각하지 마시고 이 호산 교회에서부터 시작하셔야만 합니다. 우리가 마음이 하나가 되어지고 믿는 일이 하나가 되고, 행동해 나가는 것이 하나가 되어졌을 때 비로소 이 세상에 있는 사람들은 하나님께서 예수 그리스도를 이 땅에 보내신 줄을 알게 될 수 있다는 말입니다. 그렇게 하는데서 우리를 하나로 만드신 주님의 뜻이 실현되어집니다. 여러분이 이 시간에 마음속에 '아! 그러면 이 교회를 하나로 만들기 위해서 나는 무엇을 해야 할 것인가?' 하는 생각을 반드시 하셔야 합니다. 그런 생각도 하지 않고 그런 노력을 하지 않는다면 우리가 진정 하나가 될 수 없습니다.

그러나 이 본문 말씀은 우리끼리 그냥 하나가 되는 그 정도를 이야기하는 것이 아닙니다. 주님의 말씀은 폭이 어느 정도인가 하면 여기 예수님을 따르는 사람들만 아니라 이 사람들의 말을 인하여서 예수님을 따르는 모든 사람들을 포함하고 있는 것임은 이미 말씀 드렸습니다. 따라서 이 세상에 있는 모든 교회가 사실은 다 하나의 교회에 속해 있는 것입니다. 우리는 그것을 마음속에 새겨야 합니다. 물론 이 점에서 우리가 어떤 제한을 생각해야 할 것입니다. 이름만의[名目上, nominal] 그리스도인들 있듯이 이름만의 교회가 있을 수 있기 때문입니다. 그러므로 우리는 이 세상에 "○○교회"라는 이름 앞에 서게 될 때에 그것이 진짜 교회인가를 심각하게 물어야 합니다. 그렇게 검토한 결과 이단적인 것으로 드러난 곳들을 배제하고서 우리 이야기를 진행해야 합니다.

교회의 하나 됨의 실천적 의미

그렇게 심각하게 검토한 결과 우리가 직면한 교회가 이단이 아니고 진짜 교회라면 이 세상의 모든 교회는 다 하나의 교회에 속해 있는 것으로 생각해야 합니다. 교회들을 하나의 교회로 여긴다는 것을 이해하기 위해서 다음에 언급할 작은 문제로부터 생각해 보십시오. 우리 교회 공동체 안의 어떤 지체에게 어떤 문제가 발생했다고 해 봅시다. 이런 상황에서 우리가 진정 교회가 하나라고 여긴다면 '저 지체가 무슨 문제가 있는지, 내가 어떻게 도와줘야 하는가?' 이렇게 생각하고 그 결과에 따라 행동해야 우리가 진정 하나라는 것이 나타나지 않습니까? 작은 공동체 안에서는 이 원리가 쉽게 이해될 수 있습니다.

그와 똑같은 원리가 우리가 생각하는 온 세상에 있는 교회의 하나 됨에 대해서도 그대로 적용되어야만 합니다. 그러므로 우리는 다음과 같은 생각을 할 수 있어야 합니다. '이 교회가 주님 앞에서 하나로 잘 서나가야 한다. 그러나 이것만 생각하면 다 되는 것이 아니고 그것을 넘어서서, 우리 지역에 있는 모든 교회들이 다 하나라고 생각해야 한다.' 물론 이렇게 생각할 때는 비정상적인 교회들은 제외시켜놓고 생각하는 것입니다. 이단을 비롯한 그런 공동체들은 사실상 하나님 보시기에 교회가 아니기 때문입니다. 그런 비정상적인 것들이 아니고 정상적인 교회들과 관련해서 어떻게 되어야 합니까? 만약에 내가 어떤 교회에 속해서 교회의 회원 역할을 했다고 해 봅시다. 그런데 내가 먼 지역으로 이사를 간단 말입니다. 그러면 모든 교회들이 하나이니까 우리는 어떻게 생각해야 합니까? 우리는 대개 이사갈 때 고려하는 것은 집값과 학군 등이지만, 예수 믿는 사람들이 심각하게 생각해야 되는 것은 **내가 이사 가서 내가 속할 교회가 어떤 교회여야 하는가를 신중하게 고려해야** 합니다. 신중하게 고려해서 정상적인 경우에는 멀리가면 우리 지역에서는 분당으로 이사 가신 분들이 있었는데, 이런 경우에는 분당 지역에 우리와 같은 입장을 가지고 나가는 그런 교회에 속해야 합니다. 우리가 지역적으로 필요에 따라서 이렇게 나뉘어져 있지만 그럼에도 불구하고 같은 성격의 교회는 다 하나임을 드러내야 하는 것입니다. 우리 모두가 그런 의식, 정신, 입장을 가지고 잘 진전해 나가는 모습들이 우리 가운데서 드러나야 합니다.

이것이 한국 교회에서 드러나야 되고 또 우리가 마음속에 안타깝고 섭섭하게 생각하는 일본에 있는 교회에서도 그렇게 함으로 그 교회와 우리 교회가 하나인 것을 확인해야 합니다. 그리스도 안에서 하나이니까 차이를 넘어갈 수 있는 가능성을 우리가 생각해야 된단 말입니다. 그것을 위한 모든 조건들이 마련되어야 하겠지요. 그러나 여기서 주님께서 말씀하시는 그 하나임을 아주 엄밀하게 생각하셔야 합니다. 따라서 교회 공동체가 서로 나뉘어져 있다고 하는 현실은 하나님 앞에서 아주 있을 수 없는 현실입니다. 오늘날 한국의 교회들은 많이 나뉘어져 있습니다. 그 중에서 어떤 것은 있을 수 있는 근거에 의해서 나뉘어진 것도 있지만 그렇지 않은 것에 대해서 괜찮을 것이라고 생각해서는 안 되고 우리는 그것을 아주 안타깝게 생각하고 주님 앞에 회개를 많이 해야 합니다. 이런 의식이 분명히 있으면 그 다음에 우리가 힘써 나가야 하는 것 중에 하나는 어떻게 하면 교회의 하나 됨을 드러낼 것인가 하는 것입니다.

이와 같이 우리가 같이 성장해 나가도록 노력해야 합니다. 그것이 잘 드러날 수 있도록 계획을 세우고 실천해야 합니다. 그렇게 하지 않으면, 아주 이상스럽게 무슨 장사하듯이 교회라고 하면서도 이쪽에 오던 사람들이 저쪽으로 가고 저쪽에 있는 사람들이 이쪽으로 오는 현상이 일어납니다. 교회가 하나라는 의식이 전혀 없기 때문입니다. 그래서 여러분들이 마음속 깊이 이런 현상들을 안타깝게 생각하셔야 합니다. 나는 이 하나의 교회 안에 속해 있다고 하는 생각을 가지고서 그렇지 못한 현실에 대해서 안타깝게 생각하고 주님 앞에 회개하고 이 문제를 해결해 나가려고 노력해야 합니다.

목사님이나 장로님만들이 이를 위해 노력하는 것이 아니라 우리 모든 그리스도인들이 교회의 하나 됨을 드러내기 위해서 노력을 많이 해야 됩니다. 따라서 우리는 만일에 어떤 상황 가운데서 어떤 사람들이 교회를 나눈다는 생각을 하는 사람들이 있으면 그것이 얼마나 무시무시한 일인가 하는 것을 생각해야 합니다. 주님께서 하나가 되게 한 것을 한국 교회에서는 이것이 아무 일 아닌 것처럼 마음과 수가 틀리면 나누는 그런 일이 많았던 것입니다. 그것은 있을 수 없는 일입니다.

오늘의 본문인 요한복음 17장 23절을 보십시오: "곧 내가 저희 안에 아버지께서 내 안에 계셔서 저희로 온전함을 이루어 하나가 되도록" 하려는 이유는 두 가지인데 (1) "아버지께서 나를 보내신 것과" (2) "또 나를 사랑하심과 같이 저희도 사랑하신 것을 세상으로 알게 하려 함이로소이다." 세상으로 아버지께서 예수 그리스도를 보내신 것을 알게 하도록 하기 위해서이고, 또 하나는 예수 그리스도를 통해서 예수님을 믿게 된 사람들이 서로 사랑하는 마음이 그들 가운데 있도록 하기 위한 것입니다. "아! 저 사람들이야 말로 하나님의 사랑하심을 받은 사람들이구나" 하는 것을 알 수 있도록 우리가 하나가 되어야 합니다.

그래서 만일에 이전에 우리 가운데 하나됨을 파괴하는 일이 있었다면 하나님 앞에 심각하게 회개해야 합니다. 이것은 아주 무시무시한 일입니다. 또 앞으로 그러한 상황 가운데 우리가 직면하게 되면 그것에 대해 아주 심각하게 생각해야 합니다.

이 말은 무엇을 의미합니까? 우리가 한 공동체에 속해서 신앙생활한다는 것이 얼마나 중요한 것인가를 생각하게 합니다. 내가 한 교회에 속해 있다는 것은 그냥 우습게 넘겨버릴 수 있는 것이 아니란 말입니다. 그냥 자기의 편의에 따라서 그렇게 하다가 아무런 이야기도 없이 또 이상하면 다른 공동체에 가서 예배에 참석해도 되는 것이라고 생각하는 일이 많습니다. 그렇게 하는 행위들은 결국 우리 마음 가운데 교회에 대한 의식이 하나도 없다는 것을 나타내는 것입니다. 그 말을 바꿔 말하면, 주님께서 이 세상 안에서 무엇을 하시려고 하시는가에 대해서 전혀 의식이 없는 것입니다. 그것은 결국 이기적인 동기에서 예수님을 믿는 것이고, 자기가 얻을 것만 얻으면 다 되는 것이라고 생각하는 것입니다. 그러므로 예배하지 않으면 벌을 받을까를 염려해서 예배만 하고 그 외의 다른 것은 전혀 신경 쓰지 않는 것입니다.

그러므로 내가 어떤 한 교회에 속해 있다가 다른 어떤 공동체로 간다면 그 이유가 분명해야 합니다. 한 가지 예를 들어서 집이 너무 멀어져서 올 수 없는 경우입니다. 그때 내 마음 속에서만 정리하고 가면 되느냐 하면 그것은 아닙니다. 주님께서 세우신 교회이니까 그 교회 안에서 분명히 이명증서(移名證書)를 가지고 가야 합니다. 하나의 교회이니까 한 교회에서 다른 교회로 갈 때는 반드시 이명증서를 가지고 가야 하는 것입니다. 그래서 각각의 교회들을 우리들이 지교회(肢敎會)라고 말할 수 있습니다. 형제, 자매, 또 가지할 때의 그 "지(肢)" 자를 써서 우리들이 한 가지인 교회, 같이 하나인 교회라는 것을 표현하는 것입니다. 그런데 그러한 이유가 없는데 자꾸만 교회를 옮겨 다닌다는 것은 우리 마음 가운데 교회를 통치하시는 주님의 뜻을 생각하지 않는 것입니다.

마치는 말

그러므로 우리들은 오늘 이 본문을 읽으면서 주님의 하나 되게 하신 것을 생각해야만 합니다. 그와 함께 다음 두 가지를 명심해야만 합니다. 그 하나는 내가 이 "하나되게 하는 일"을 향하여서 무엇을 해야 하는가 하는 것입니다. 주님께서 내가 이 하나되는 모습을 드러내기를 원합니다. 그래야 교회가 교회답게 세워지는 것입니다. 오늘 한국교회가 힘써야 할 일 중의 하나가 교회가 교회다워지는 것이라고 했습니다. 그 방향을 향해서 조금씩이라도 전진해 나가는 것이 있어야 되는데, 이것은 교회의 성원들 한 사람, 한 사람이 그런 의식을 점점 더 가져야만 가능한 것입니다.

그 다음에는 이 하나 됨을 드러낼 때 우리가 속한 구체적인 지교회만을 생각하는 것이 아니라 이 지역 교회와 함께 한국 교회 전체, 또한 온 세상에 있는 하나님의 교회를 생각하면서 그 교회가 전부 다 하나임을 드러나게 하기 위해서 내가 교회에 속한 사람으로서 어떠한 일을 해야 할 것이냐를 생각해야 합니다.

오늘 본문을 통해서 우리들은 교회의 하나됨을 생각했습니다. 이것은 아주 중요한 것입니다. 만약에 교회가 하나가 아니라면 엄밀한 의미에서 교회는 교회일 수 없습니다. 그래서 우리가 그렇지 못한 현실을 아주 안타깝게 생각해야 합니다. 어떤 피치 못한 일에 의해서 교회가 잠시 나뉘어져 있을 수는 있습니다. 예를 들어, 구원을 이해하는 방식이 조금 다를 수가 있습니다. 예를 들어서 감리 교회와 우리 장로 교회는 다 같이 주님이 이루시는 구원을 믿는데, 그 구원을 이해하는 방식이 좀 다릅니다. 그러므로 "아! 그러면 우리가 서로 달리 모여서 예배드립시다."라고 하면서 좀 나뉘어져 있을 수는 있습니다. 그러나 그런다 할지라도 성경적인 감리교회도 성경적인 장로교회도 다 하나의 교회라는 의식을 가져야 합니다. 그분들도 우리 형제, 자매들입니다. 따로 있는 상황 속에서도 주님께서 우리들을 하나로 만들어주셨다는 의식 가운데서 전진해 나가야 됩니다. 이렇게 하나 되게 하는 데로 나가야지, 그렇지 아니하고 나는 나대로, 또 다른 이들을 그들대로 하면 교회가 세워지지 아니합니다.

만일에 우리가 이것을 신경 쓰지 않고 하나됨을 드러내려고 하는 생각을 전혀 안하고 '교회에 속한 나'라고 하는 의식을 전혀 안 가지고 살아간다면 결국은 이것이 이루어질 것이지만 우리는 그 시기를 우리의 연약함으로 말미암아, 우리의 부족함으로 말미암아 자꾸 늦추고 있는 것입니다. 우리들이 주님의 뜻이 이루어지지 않게끔 방해하는 것이란 말입니다. 이 얼마나 무시무시한 일인지 생각해 보신 일이 있으십니까?

오늘 아침에 우리가 그 생각을 한번 해보십시다. 주님께서는 우리의 대제사장으로서 우리의 하나 됨을 위하여서 기도하시고 계십니다. 그 기도는 지금도 계속되고 있습니다. 그래서 이 세상의 모든 참된 교회는 하나입니다. 그 '하나의 교회'에 속한 사람들로서 우리가 무엇을 어떻게 해야 할 것입니까? 이 질문을 하시면서 주님께 기도하십시다.

제 7 강

"교회의 보편성"

갈라디아서 3장 23-29절

²³믿음이 오기 전에 우리가 율법 아래 매인바 되고 계시될 믿음의 때까지 갇혔느니라 ²⁴이같이 율법이 우리를 그리스도에게로 인도하는 몽학선생이 되어 우리로 하여금 믿음으로 말미암아 의롭다 함을 얻게 하려 함이니라 ²⁵믿음이 온 후로는 우리가 몽학선생 아래 있지 아니하도다 ²⁶너희가 다 믿음으로 말미암아 그리스도 예수 안에서 하나님의 아들이 되었으니 ²⁷누구든지 그리스도와 합하여 세례를 받은 자는 그리스도로 옷입었느니라 ²⁸너희는 유대인이나 헬라인이나 종이나 자주자나 남자나 여자 없이 다 그리스도 예수 안에서 하나이니라 ²⁹너희가 그리스도께 속한 자면 곧 아브라함의 자손이요 약속대로 유업을 이을 자니라.

우리는 요즘 교회에 어떤 성격이 있는가를 생각하고 있습니다. 주께서 교회를 세우셨을 때 마치 하나님에게 어떠한 성격이 있듯이, 또한 하나님이 만드신 사람들에게 어떤 성격이 있듯이, 교회에 아주 뚜렷한 성격이 있도록 하셨습니다. 그것에 대하여 옛날 사람들은 어려운 한자어를 사용하여 "속성(屬性)"이라는 말을 사용했습니다. 누구에게 속한 성격이란 말입니다. 교회에 속한 성격에는 어떤 것이 있습니까? 그 중에 하나를 우리가 지난주에 생각했었습니다. 교회는 "하나인 교회"라고 했어요. 그것을 '교회의 단일성' 또는 '교회의 통일성'이라고 합니다. 그 의미는 지난주에 생각했으니까 오늘은 또 다른 교회의 속성에 대해서 말씀드리려고 합니다.

교회의 보편성

오늘 우리가 생각하는 또 하나의 (교회의) 속성은 지난주에 말씀드린 것과 아주 밀접하게 관련되어 있습니다. 하나인 교회이므로 교회는 그것이 어떤 곳에 있든지 아주 보편적($\kappa\alpha\theta o\lambda\iota\kappa\acute{o}\varsigma$)입니다. 그래서 교회의 두 번째 속성을 보편성(catholicity 또는 universality)이라고 말할 수 있습니다.

  이것을 좀 더 재미있게 이해하기 위해서 구교(舊敎)에 대해서 먼저 생각해 보기로 하겠습니다. 우리나라에서 이를 흔히 천주교(天主敎)라고 언급합니다. 이는 로마 가톨릭 교회(Roman Catholic Church)를 우리말로 번역하는 용어입니다. 우리가 생각하기를 Catholic하면 구교 또는 천주교회만 말하는 것이라고 생각하기가 쉽습니다. 사실 많은 분들이 그렇게 생각합니다. 가톨릭 교회 그러면 그것은 천주교회를 뜻하는 말이라고들 생각하지요. 그러나 엄밀하게 따져보면 교회는 그것이 진짜 교회라면 어떤 교회이든지 전부 다 보편적인 교회입니다. 그 보편적이라고 하는 말이 가톨릭(catholic)이라는 말입니다. 따라서 우리가 가톨릭 교회(Church catholic)입니다.[1] 이는 우리가 천주교회(Roman Catholic Church)라는 말이 아니고 우리가 보편적인 교회(universal church)라는 말입니다.

보편성의 의미

그것은 도대체 무슨 뜻입니까? "보편적"(catholic)이라는 말은 크게 두 가지 의미를 그 안에 함유하고 있는데, 그것은 (1) 거기에는 모든 종류의 사람들이 다 들어올 수 있다는 말이고, 또한 (2) 온 세상에 다 널려 있다는 말입니다.

첫째로, 만일에 어떤 일정한 사람들만 거기에 들어올 수 있다면 그것은 보편적(catholic, universal)이 아니라 특수적(particularistic)이지요. 보편적이라고 하는 말은 누구든지, 어떤 종류의 사람이든지 – 계급의 차이도, 남녀의 차이도, 경제적 지위의 차별이 없이 누구든지 다 들어와서 그 회원이 될 수 있다는 말입니다.

또한 둘째로, 보편적이라고 하는 말은 "온 세상에 다 널려 있다"는 뜻을 가집니다. 만일에 교회가 어떤 지역에만 있을 때는 교회의 보편성이 제대로 드러나지 않을 것입니다. 따라서 보편성이라고 하는 것은 세월을 두고서야 실현될 수 있는 것입니다. 지금 우리가 말하고 있

---

[1] Catholic Church라는 할 때 천주교회로 오해할까봐 Church catholic이라고 소문자로 쓰는 예가 많다는 설명으로 http://en.wikipedia.org/wiki/Catholic도 보십시오.

는 교회는 신약 교회를 말하는 것인데 신약교회는 맨 처음에 예루살렘에서 시작될 수밖에 없었습니다. 왜냐하면 주님께서 자기를 따라다니는 사람들에게, 그 당시에 120명 정도의 사람들이 있었는데, 이 사람들에게 "너희가 이곳에 머물러 있어서 아버지의 약속하신 것을 기다려라."고 했기 때문입니다. 그런데 그 사람들은 예루살렘에서 열심히 기도했습니다. 그때 주님께서는 성령님을 그들에게 내려주셨습니다. 우리가 잘 아는 오순절 성령 강림 사건입니다. 신약교회가 이렇게 시작되었다고 말할 수 있습니다.

물론 그 이전에도 교회가 있었지요. 그것을 구약교회라고 말합니다. 이제 신약교회가 시작되었는데 그 교회는 보편적인 교회입니다. 그러나 교회가 시작된 그 초기에는 아직 충분히 보편적일 수가 없습니다. 왜 그렇습니까? 그 때는 그 시기의 성격상 몇몇 안 되는 사람들이 예루살렘에 모여 있을 수밖에 없었기 때문입니다. 따라서 이 교회는 점차 온 세상을 향해 나아가야만 합니다. 따라서 교회의 보편성이라고 하는 것은 점차 세월의 진전을 따라서 실현되어져야만 하는 것입니다.

보편성을 통해서 우리는 하나님의 커다란 뜻을 생각할 수 있습니다. 교회는 어느 한 곳에만 머물러 있어서 "우리는 여기 있는 것이 좋사오니" 하고 있어서는 안 됩니다. 변화산에서 주님의 변화된 모습을 바라보았을 때, 그때 엘리야와 모세가 나타나서 우리 주님과 함께 이야기하는 것을 보았을 때 베드로가 주님 앞에서 그렇게 말하지 않았습니까? "우리가 여기에 있는 것이 좋사오니 우리가 초막 세 개를 지읍시다. 하나는 주님을 위해서 짓고, 하나는 엘리야를 위해 짓고, 하나는 모세를 위해서 지읍시다." 여기 있는 것이 좋다는 뜻이지요. 그러나 그 때 베드로의 말도 틀린 것이었던 것처럼 교회도 그렇게 되어서는 안 됩니다. 우리끼리 여기에 앉아서 "우리끼리 있으니 좋다" – 그런 식으로 해서는 안 된다는 말입니다. 우리끼리 똘똘 뭉치면 우리야 아주 좋지요. 그렇지만 그것에만 머물러 있어서는 교회의 보편성이 실현되지 않습니다. 기본적으로 이 두 가지를 명심하시면서 이것을 잘 설명해 주는 본문을 생각해 보겠습니다.

구약 교회의 상황적 특성: 특정성

그것이 오늘 봉독한 갈라디아서 3장에 있는 이 말씀입니다. 물론 이 본문에는 그것으로 우리를 이끌어나가기 위해서 다른 설명들이 있습니다. 그것들을 우리가 다 깊이 있게 생각할 수 없지만 아주 간단하게 생각해 보겠습니다. 먼저 23절부터 우리가 읽었는데 거기에 보면 "믿음이 오기 전에" 그런 말이 나옵니다. 이 말은 아주 역사적인 의식을 가지고 하는 말입니다. 이때의 믿음이라고 하는 말은 기독교적인 믿음을 말합니다. 즉, 예수 그리스도를 믿는 믿음을 말합니다. 그러므로 구약 시대, 즉 예수 그리스도께서 이 땅에 오시기 전에는 그런 기독교적인 믿음은 아직 없었다고 말할 수 있습니다. 물론 그것의 암묵리의 형태(implicit form)는 있습니다만 예수님을 그리스도로 믿는 믿음은 아직 없었다는 말입니다.

이런 신약적인 "믿음이 오기 전에는" 어떻게 되었었습니까? 두 가지 현상이 있다고 본문은 말합니다. (1) 우리가 "율법에 매인 바" 되고, (2) "계시될 믿음의 때까지 갇혔느니라"고 이야기합니다(갈 3:23). 그 때에는 하나님을 알려고 할 것 같으면 구약의 율법과 관련하는 수밖에 없습니다. 그래서 그 율법 안에서 빛을 받지 아니하면 하나님을 아는 빛을 받을 수가 없었습니다. 모든 사람이 다 나와서 "나는 내 방식대로 하나님을 섬기겠습니다.” 그렇게 할 수 없는 상황이었다는 말입니다. 그런데 이제 신약적 믿음, 즉 예수님을 그리스도로 믿는 믿음이 오고 나서 어떻게 되었습니까? 그리스도의 말씀과 그를 설명하는 사도들의 가르침을 통해서 하나님의 뜻을 아주 밝히 알게 되었습니다.

그리스도께서 구속사적으로 임하여 오시기 전인 구약 시대에는 율법이 그리스도에게로 인도하는 몽학선생(tutor)이 되어 우리들로 하여금 믿음으로 말미암아 의롭다 함을 얻게 하려 함이라고 말합니다(갈 3:24). 여기 이상한 말이 하나 나왔습니다. 몽학선생은 쉬운 말로 하면 가정교사(tutor)입니다. 가정교사는 어린 아이들을 잘 가르쳐서 그 아이들이 진리에 이르도록 하는 일을 하지요. 그런데 이때 가정교사라는 말은 요즘 우리가 생각하는 가정교사가 아닙니다. 여기 나타나는 가정교사(tutor)는 옛날 고대 사회에서의 가정교사를 말합니다. 그때에는 공식적인 교육을 받을 수 있도록 데려 가는 사람을 “몽학 선생”(tutor)이라고 합니다. 그러므로 율법이 학생들을 ‘진리를 가르치는 선생님’에게로 이끌어 간다는 뜻입니다.

율법은 사람들을 결국은 어디까지 이끌어 가려고 합니까? 진리이신 그리스도에게 이끌고 간다고 말합니다. 그것이 율법의 가장 커다란 기능의 하나입니다. 사람들을 그리스도에게로 이끌어가는 것입니다. 율법이 그리스도에게로 인도하는 몽학선생인 것입니다. 율법은 그 자체가 목적이 아니고, 율법은 손을 들어서 “이 사람을 보라”고 하는 것입니다. 빌라도가 예수님을 재판정에 갖다 놓고서는 “이 사람을 보라.” 그렇게 말하지 않았습니까? 나중에 사람들이 이 말을 의미 있게 생각했습니다. “이 사람을 보라”(Ecce homo!) – “이 한 사람을 보라”는 말이지요.

율법이 우리의 모든 것을 다 이루어주시는 그리스도를 보게끔 하는 것입니다. 율법을 읽으면서도 그리스도를 못 보는 것이 당시 유대인들의 상황이었습니다. 구약 상황 가운데서는 하나님과 관련되기 위해서는 이스라엘 백성이 되어서 그 율법을 통해야만 했습니다. 그때에는 보편적이지 않았던 것입니다. 그 때는 "특정적"(particularistic)이었습니다. 그 때는 어떤 특정한 사람들만 하나님과 관련될 수 있었습니다. 이것이 구약의 상황입니다.

신약교회의 보편성

그런데 이제는 어떻게 되었습니까? "이제는 우리가 율법 안에 갇힌 것이 아니라", 즉 먼저 이스라엘 사람이 되어야만 하는 것이 아니라고 합니다. 이제는 25절에 하는 말이 "믿음이 온 후로는 우리가 몽학선생 아래 있지 아니하도다." 즉, 이전에 우리를 지도하던 가정교사인 율법 아래 있지 아니하다는 것입니다. 이제는 우리가 구약 시대와 같이 이스라엘 백성이 됨으로써 하나님의 백성이 되는 것이 아닙니다.

그러므로 이 신약 시대에는 우리들이 이중의 과정을 거칠 필요가 없게 된 것입니다. 옛날에는 이스라엘 백성이 되어야 했습니다. 이스라엘 백성이 되어서 율법이 지시하는 그리스도를 바라보고서는 그리고서야 하나님의 백성이 될 수 있다는 말입니다. 그런데 이제는 그렇게 안 해도 됩니다. 따라서 이제 아주 멋있는 말이 우리에게 선언되기 시작합니다. 이제 율법이 우리를 인도해 가는 목적(telos)이신 그리스도가 오신 후에는, 즉 신약적 믿음이 온 후에는 "우리가 믿음으로 말미암아 예수 그리스도 안에서 하나님의 아들이 되었으니"라고 선언하는 것입니다(갈 3:26). 무엇으로 되었다고요? 열심히 노력해서 내가 하나님의 아들이 되었다고 합니까? 그렇지 않습니다. 우리가 다 믿음으로 말미암아 하나님의 아들이 되었다고 합니다. 하나님의 아들이신 예수 그리스도께서 당신님을 믿는 우리들을 하나님의 자녀들이 되게끔 해주신 것입니다. 성경이 그것을 이야기합니다. 여러분에게 그리스도에 대해 믿음이 있으면 여러분의 마음 가운데 '나는 하나님의 아들과 딸로서 여기 살아가는 것'이라는 자부심이 있어야 합니다. 왜냐하면 성경이 그것을 말하기 때문입니다.

제발 성경과는 싸우려고 하지 마십시오. 성경과는 싸우면 자기가 손해입니다. 성경과는 싸우지 마시고 성경이 "너희가 믿음을 가지고 있느냐, 그러면 너희가 하나님의 자녀다."라고 선언할 때 그것을 그대로 받아들이시기 바랍니다. "나는 아직 하나님의 자녀 같지 않은데요. 내가 여러 가지 문제가 많은데요." 이와 같이 말하지 마시고 "너희가 믿음으로 말미암아 예수 그리스도 안에서 하나님의 아들이 되었으니" 그렇게 성경이 이야기하면 그것을 그대로 믿어야 합니다.

우리에게 예수님에 대한 믿음이 있으면 그리스도께서 나를 위하여 십자가에서 나의 문제를 해결해 주셨다는 믿음을 가지고 있으면 우리들은 하나님의 자녀들입니다. 하나님의 아들들입니다. 여기 하나님의 아들이라도 했다고 여자 분들은 "우리는 제외되는 것인가?" 하고 의문을 가지지 마십시오. 여기 참으로 믿는 사람들은 다 포함되는 것입니다. 그래서 "하나님의 자녀"라고 말해도 좋습니다. 진정한 신앙을 가진 우리가 모두 하나님의 자녀입니다. 그렇기 때문에 교회의 보편성이 나오기 시작한 것입니다. 이제는 율법을 지켜서가 아니라 누구든지 참된 믿음만 가지면 그 사람이 하나님의 자녀가 됩니다. 그렇지요?

그러므로 이제는 유대인과 이방인 사이의 차별이 없어진 것입니다. 이제는 유대인이라고 특별히 하나님의 백성인 것은 아닙니다. 또

한 이방 사람이라고 해도 그 사람이 그리스도를 믿으면 그 사람도 믿는 참 유대인과 똑 같은 하나님의 자녀이고 하나님의 백성입니다. 이스라엘 백성들은 일등국민이고 우리는 이등국민이고 그런 것이 아니라는 말입니다. 우리 모두가 동일하게 하나님의 자녀들이란 말입니다.

따라서 여기에 포함되어 있는 깊은 뜻[含意]이 있습니다. 28절이 그것을 잘 설명해 줍니다. "이제는 만일 너희가 유대인이든지 헬라인이든지." 그것이 상관이 없다는 말입니다. 여기서는 헬라인을 모든 이방 사람들의 대표자로 이야기하고 있습니다. 따라서 유대인이나 헬라인이나 하는 말은 온 세상 전체를 포괄해서 하는 말입니다. 우리가 대개 서구 사상을 이야기할 때 그 사상이 두 개의 뿌리를 가지고 있다고 이야기합니다. 그 하나는 이 유대인들 즉 히브리 사람들로부터 흘러온 히브리 사상, 즉 헤브라이즘(Hebraism)입니다. 그리고 또 하나는 헬라 사람들의 사상을 알렉산더가 일반화시킨 헬레니즘(Hellenism)입니다. 이 두 가지가 합쳐져서 서구 사상을 형성한다고 대개 이야기하는데 그런 것들이 상관없이 이제는 그리스도를 믿는 사람들은 모두 다 하나라고 이야기하는 것입니다. 그러므로 보편적이지요.

이로부터 따라 나오는 함의가 있는데, 그것은 "종이나 자유자나" 상관없이 예수님을 믿으면 다 그리스도 안에서 하나가 된다는 것입니다. 옛날에는 이 세상에 있는 사람들 중 어떤 사람들은 종, 즉 노예(slave)였습니다. 남들에게 묶여서 그 사람이 하라는 대로 해야만 하는 사람들이 있었습니다. 또한 어떤 사람들은 자유인들이었습니다. 그러나 이제 예수님 안에 있으면 내면적으로는 그 구별이 없어집니다. 이것은 상당히 혁명적인 이야기입니다. 우리가 지금 들어볼 때는 아무 이야기도 아닌 것 같지요?

그러나 여러분 보십시오. 기독교가 맨 처음 우리나라에 들어왔을 때의 상황을 생각해 보십시오. 그때에는 우리나라에 노비들이 있었습니다. 또한 상민(常民)들이 있었고, 또 양반(兩半)들이 있었습니다. 그런데 그런 사람들에게 들려오는 이야기가 "이제 그리스도 안에서는 양반도 없고 상민도 없고, 심지어 노비도 없게 된다"는 그런 이야기 아닙니까? 그러나 그렇다고 해서 이것은 노비들로 하여금 무슨 무력혁명을 일으키라는 이야기가 아닙니다. 오히려 그 사상과 그 제도의 근본적인 뿌리를 송두리째 무너뜨리는 것입니다. 이제 그리스도 안에서는 근본적으로 그들 사이의 차이가 없습니다. 그러므로 하나님 앞에서 모든 사람이 다 동등하다는 의식에로 우리를 이끌어 가는 것입니다. 이제는 그런 차별이 없습니다.

◀ (Samuel Forman Moore [1860-1905, 毛三悅]은 1892년 맥코믹 신학교를 졸업하고 권당골(현 명동)의 백정들에게 복음을 전하여 박성춘에게 전도하여 1885년 부활절에 세례하고 그와 함께 백정 전도에 힘써서 곤당골교회가 형성되는 일에 기여했고, 이 교회는 인사동으로 옮겨 1905년에 양반과 상민이 함께 승리한다는 뜻으로 승동교회라고 개칭했다고 합니다).

Samuel Forman Moore

◀ (박성춘은 1911년에 승동교회 최초의 장로가 되었고, 1914년 흥선대원군의 친척인 이재형이 장로가 되어 백정과 왕가의 일원이 함께 당회원으로 섬겼다고 합니다. 옆의 사진은 승동교회 최초의 장로인 박성춘의 아들인 박봉출(박서양, 1885-1940)으로 그는 에비슨의 조수로 일하다가 제중원에서 공부하고 최초 한인 의사 중의 한 사람이 되었다고 합니다. 사진은 동은의학박물관이 제공했다고 합니다.

박 봉 출

http://www.cnews.or.kr/paper/news/view.php?papercode=news&newsno=2232&sectno=43&sectno2=0&pubno=)

또 무엇이 없습니까? 남자나 여자나 그런 차별도 없다고 합니다. 남자는 더 우월하고 여자는 좀 밑에 있다는 그런 것이 없다는 것입니다. 다 예수 그리스도 안에서 하나입니다. 그들이 다 그리스도 안에서 동등하다는 이야기입니다. 이것이 교회의 보편성의 근거입니다. 이제 신약 교회 공동체에는 종이나 자유자나 유대인이나 헬라인이나 한국 사람이나 미국 사람이나 영국 사람, 일본 사람이 구별 없이 누구든지 다 들어올 수 있습니다.

보편성을 드러내지 못한 예들

미국의 상황 가운데서 보면 백인이든지 흑인이든지 그냥 다 들어올 수 있다는 말입니다. 자연스럽지요? 그리스도의 십자가를 믿는 교회라면 마땅히 그래야만 하지 않습니까? 그러나 교회가 얼마나 엉터리였는지 압니까? 그들이 생각하다가 "흑인들하고 같이 예배를 드릴 수 있는가?" 하고 생각했던 것입니다. 흑인들을 노예로 사용한 사람들은 모두 다 그리스도를 안 믿는 사람들이었나요? 물론 그런 사람도 있었지요. 그러나 그리스도를 믿는 사람들도 노예들을 사용했었습니다. 그들 중의 대다수는 교회와 관련해서도 "여기는 백인들이 모이는 교회입니다" 또 "여기는 흑인들이 모이는 교회입니다"라고 했던 것입니다. 흑인들을 위해서 예배당을 지을 수 있도록 허락하기는 합니다. 그런데 "너희들은 저쪽에서 따로 예배드려라." 그런 태도를 드러냈었던 것이지요. 그러면 보편성이 없는 것이지요. 우리가 이런 점에 대해서 잘 생각해 봐야 합니다. "그건 그 사람들이 참 잘못 했구먼, 그러나 우리는 그런 잘못을 안 범하지."라고 말하거나 생각할 수 있습니다.

그렇게 생각하는 우리에 대해서 한번 생각해 볼까요? 우리에게 정말 보편성이 있습니까? 우리가 '이 공동체 안에 누구든지 다 들어올 수 있다고 생각을 하는 것인가, 여기는 정말 신분의 차별도 없고 아무것도 없고 모두가 정말 다 하나라는 생각을 하는 것인가?' 등에 대해서 깊이 있게 생각해 보면 그렇지 않은 우리들의 모습들을 발견할 수 있을 것입니다. 만일에 그런 것이 발견된다면 우리는 그것을 전부 다 없애 버려야 합니다. 교회의 보편성이 참으로 드러나게끔 해야 합니다. 만일에 그것이 교회에 속한 속성이라면 교회가 힘써 나가야 할 일 중에 하나가 바로 그런 성격이 잘 드러나도록 하는 것입니다. 그것이 교회의 모습을 드러내는 것입니다.

우리가 요즘에 교회가 교회되어야 한다는 이야기를 자주 합니다. 우리가 기도할 때도 그런 이야기를 합니다. 이것은 무슨 뜻입니까? 지난 주 말씀을 적용해서 말씀드리면 교회가 하나라는 것을 잘 드러내야 합니다. 그렇지 않으면 교회가 교회되는 것이 아닙니다. 하나라는 의식을 가지고서 그런 성격에 맞게 움직여 나가야 합니다.

오늘 드린 말씀에 근거할 것 같으면 교회가 보편적인 모습을 잘 드러내야 합니다. 여기는 누구든지 다 들어올 수 있습니다. 나이 많은 사람이나 젊은 사람이나 어린아이나 다 들어 와서 참으로 보편적인 성격이 잘 드러나야 된다는 말이지요. 어떤 사람들이 다음 같이 주장한다고 해 봅시다. "여기는 오직 젊은 사람들만 올 수 있습니다." 그것이 효과적이니까. 왜냐하면 젊은 사람들이 이해도 빠르니까. 그러면 교회의 성격이 드러납니까? 안 된단 말입니다. 선교 단체가 나중에 교회로 전향하려고 할 때 부딪치는 문제가 그런 것입니다. 거기에는 주로 젊은 사람들 중심이니까 교회의 보편성이 드러나지 않는 것입니다. 교회 안에는 나이 드신 분도 있어야 되고, 나이 어린 사람도 있어야 되고, 돈 많은 사람도 있어야 되고 돈 없는 사람도 있어야 되고, 모든 종류의 사람들이 다 있어야 합니다. 그것이 보편적인 것입니다. 그 성격이 파괴되면 교회의 교회다운 모습이 나타나지 않습니다.

이것이 이루어지게끔 누가 노력해야 됩니까? 목사님이 노력해야 합니까? 장로님이 노력해야 됩니까? 그 분들만 하는 것이 아닙니다. **우리 모두**가 그 의식을 가져야 합니다. 왜냐하면 교회는 우리들이기 때문입니다. 우리가 교회라고 하는 것은 우리가 교회에 관한 이야기를 시작하면서 처음부터 강조해 온 말입니다. 만일 우리가 "내가 교회의 한 부분이다."라고 하는 의식이 없으면 이 세상에 교회는 없는 것입니다. 호산교회가 여기 있을는지는 모르지만 사실은 호산교회가 없는 것입니다. 우리 모두, 이 예배에 참석하는 모든 사람들, 또 어떻게 오늘 무슨 일 때문에 못 나왔을지라도 우리 교회에 속한 교인들이 '우리들이 호산 교회이다. 나 한 사람이 호산 교회가 아니고 우리 전체가 호산 교회'라고 생각할 때에야 비로소 거기에 교회가 있는 것입니다. 만일에 어떤 경우에는 이 건물이 우리에게 없는 상황이 있을 수가 있어요. 그래도 우리는 호산교회로 있는 것입니다. 만일에 우리에게 건물이 없어져서 우리가 누구네 집에 모여서 예배한다고 해봅니다. 그것도 없어서 밖에서 모여서 예배를 드린다고 합시다. 그래도 호산교회는 있는 것입니다. 그런 의미에서는 어떻게 할 때 교회가 교회다운 것일까요? 교회의 보편성이 드러날 때입니다.

아까 미국에 있는 사람들이 그리스도를 믿으면서도 노예를 쓰고, 또 흑인들 예배당을 따로 만들어 놓고 "너희들은 여기에서 예배 드려라." 그랬듯이, 또한 남아프리카 공화국 사람들이 이전에 흑인 분리 정책을 가지고 그렇게 했듯이, 오늘날 한국 교회나 한국 사회 전체를 망치고 있는 가장 커다란 문제점 중의 하나가 소위 지방색을 드러내는 문제입니다. 그리스도를 믿는 사람들조차도 똑같이 생각한다는 데에 문제가 있습니다.

서울에 와서 살면서도 "여기는 경상도 교회다.""여기는 전라도 교회다." 등의 주장을 하는 것에 문제가 있는 것입니다. 물론 그것을 말로 하지는 않지요. 그런데 가만히 들여다보면 그 움직이는 것이 다 그렇게 돌아간단 말입니다. 그런 것이 교회의 교회됨을 드러내지 않는 행태입니다. 이런 것이 결국 교회를 허물어뜨리는 짓입니다. 거기에 사람들이 많이 모일 수도 있고 거기에 뭐 굉장한 일이 되어질 수도 있습니다. 그러나 그것은 교회의 성격을 드러내지 않는 일이니까 그것은 결국 교회가 없어지도록 하는 것입니다. 그리스도를 믿는 사람들이 그것을 극복하지 않으면 어떻게 합니까? 그것이 아주 심각한 문제입니다. 한국 교회 전체를 무너뜨리고 있는 문제입니다.

사도 바울의 이 말, 즉 "유대인이나 헬라인이나, 종이나 자유자나, 남자나 여자나 없이"라는 말은 결국 우리에게는 "전라도 사람이나 경상도 사람이 구별 없이, 북한에서 내려온 사람이나 서울 사람이 구별 없이 다 하나니라." 그런 함의를 가지는 말이라는 뜻입니다. 저는 서울서 나서 서울서 쭉 자라났는데 제가 마음속에 '여기는 서울 사람들만 와야 된다.' 만일 그렇게 하면 그것이 교회이겠어요? 아니지요. 그 모든 것을 다 무너뜨리는 것이 교회입니다. 사람이 세워놓은 모든 장벽, 모든 걸림돌을 그리스도께서 다 무너뜨리면서 다 하나님 앞에 서게 하신 것이 그리스도 예수의 십자가 사역입니다. 십자가를 말하면서도 다 이런 장벽을 가지고서, 그런 가시덤불을 가지고 있는 한 우리는 사실 십자가를 옳게 붙드는 것이 아닙니다.

보편성 실현을 위한 노력

부디 교회의 이 보편성을 드러내려고 하시길 바랍니다. 맨 처음에 이야기하면서 우리가 강조했던 이야기가 하나 있습니다. 우리가 그런 교회여야 하지요. 그런데 또 하나 여기서 강조해야 할 것은 "우리가 이렇게 보편적인 교회를 이루고 있다. 좋다." 그러고만 있어서는 교회의 보편성이 드러나는 것이 아니라는 말입니다. 보편성이 참으로 드러나려면 우리가 한국에만 있는 것이 아니고 저 이슬람권에서도, 또한 아프리카에서도 복음을 선포해야 합니다. 그래서 거기도 우리와 똑같은 그리스도인들이 있어야 합니다. 그러므로 교회는 항상 선교 사역에 힘씁니다. 선교사역은 교회가 과연 보편적인 교회임을 드러내는 것입니다.

오늘 우리는 교회의 보편성에 대해서 생각했습니다. 우리 교회 안에 보편성이 드러나야 합니다. 또 이 교회를 통하여서 온 세상에 이 보편적인 교회가 넓게 퍼져 있어야 합니다. 그것이 우리의 사명입니다.

제 8 강

"교회의 거룩성"

고린도전서 5장 1-13절

[1]너희 중에 심지어 음행이 있다 함을 들으니 이런 음행은 이방인 중에라도 없는 것이라 누가 그 아비의 아내를 취하였다 하는도다 [2]그리하고도 너희가 오히려 교만하여져서 어찌하여 통한히 여기지 아니하고 그 일 행한 자를 너희 중에서 물리치지 아니하였느냐 [3]내가 실로 몸으로는 떠나 있으나 영으로는 함께 있어서 거기 있는 것같이 이 일 행한 자를 이미 판단하였노라 [4]주 예수의 이름으로 너희가 내 영과 함께 모여서 우리 주 예수의 능력으로 [5]이런 자를 사단에게 내어주었으니 이는 육신은 멸하고 영은 주 예수의 날에 구원 얻게 하려 함이라 [6]너희의 자랑하는 것이 옳지 아니하도다 적은 누룩이 온 덩어리에 퍼지는 것을 알지 못하느냐 [7]너희는 누룩 없는 자인데 새 덩어리가 되기 위하여 묵은 누룩을 내어버리라 우리의 유월절 양 곧 그리스도께서 희생이 되셨느니라 [8]이러므로 우리가 명절을 지키되 묵은 누룩도 말고 괴악하고 악독한 누룩도 말고 오직 순전함과 진실함의 누룩 없는 떡으로 하자 [9]내가 너희에게 쓴 것에 음행하는 자들을 사귀지 말라 하였거니와 [10]이 말은 이 세상의 음행하는 자들이나 탐하는 자들과 토색하는 자들이나 우상 숭배하는 자들을 도무지 사귀지 말라 하는 것이 아니니 만일 그리 하려면 세상 밖으로 나가야 할 것이라 [11]이제 내가 너희에게 쓴 것은 만일 어떤 형제라 일컫는 자가 음행하거나 탐람하거나 우상 숭배를 하거나 후욕하거나 술 취하거나 토색하거든 사귀지도 말고 그런 자와는 함께 먹지도 말라 함이라 [12]외인들을 판단하는데 내게 무슨 상관이 있으리요마는 교중 사람들이야 너희가 판단치 아니하랴 [13]외인들은 하나님이 판단하시려니와 이 악한 사람은 너희 중에서 내어 쫓으라.

우리는 지금까지 교회가 어떠한 성격을 가지고 있는가의 두 가지 면을 생각했습니다. 그 하나는 '교회는 하나'라고 이야기었지요? 또 교회는 보편적인 성격을 가지고 있다고 이야기했었습니다. 교회는 누구나 들어올 수 있어야 되고, 이 세상의 그 누구에게나 열려져 있는 교회여야 합니다. 또 오늘 우리가 생각하고자 하는 것은 그 교회가 거룩하다는 것입니다. 교회는 (1) 하나일 뿐이고, (2) 보편적이고, 그리고 (3) 거룩합니다. 이 세 가지를 교회의 속성들, 즉 교회가 가지는 성격이라고 합니다.

"거룩하다"는 말의 기본적 의미

"거룩하다"라는 말에 대해서 사람들이 가지고 있는 일종의 알레르기 반응이 있습니다. 그것은 '거룩'이라는 말을 듣기만 해도 그것은 우리와는 거리가 먼 것이라고 생각하는 성향들입니다. 나하고는 거리가 먼 어떤 독특한 몇몇 사람들을 떼어놓기 시작합니다. "자 목사님들은 거룩해 주십시오. 장로님들은 좀 거룩해지십시오." 그리고 우리는 좀 덜 거룩해도 되는 것으로 생각할 수 있습니다. 그러나 성경이 말하는 거룩은 그런 것이 아닙니다. 성경이 "교회가 거룩하다"고 할 때는 교회에 속한 모든 성도가 다 거룩하다는 말입니다. 그것은 무슨 말입니까?

기본적으로 거룩성에 대한 우리 논의의 출발점은 '우리가 하나님 앞에 구별되었다'는 것입니다. 이 세상에 있는 사람들이 모두 다 하나님께 구별되어 있는 것이 아니라, 그리스도 안에 있는 사람들만이 아주 독특하게 하나님께 구별되어 있다는 것입니다.

본래 하나님께서 이 세상을 다 창조하셨지 않았습니까? 이런 창조적 의미에서는 이 세상의 그 누구라도 하나님과 관련 없는 사람이 없지요. 그런 의미에서는 하나님께서 모든 사람의 아버지이실 것입니다. 그러나 모든 사람이 하나님께 대해 범죄했기 때문에 결국 이 세상 사람들이 하나님과 바른 관계를 가지고 있지 않기 때문에 하나님께서 이 세상에 있는 사람들 가운데서 하나님을 믿고 섬기는 사람들을 특별히 뽑아 내셨습니다. 구별해 내신 것입니다. 그렇게 구별해 낸 것을 "거룩하다"고 말합니다. 거룩성에 대한 우리의 이야기는 여기부터 시작해야 합니다. 하나님께서 우리를 특별하게 구별해 내셨다는 말입니다. 그러므로 거룩하다는 말에 어떤 다른 생각을 넣지 마시고, "하나님이 우리들을 특별하게 하나님과 관련된 자로 구별해 내셨다"라고 생각하시면 됩니다. 그래서 우리를 가르쳐서 '거룩한 무리', 즉 '성도'(聖徒)라고 이야기하는 것입니다.

"주안에서 거룩하여지고 성도된 백성들에게 내가 편지하노니"(고전 1:2). 바울이 이렇게 썼을 때 그 성도라고 하는 것은 모든 예수 믿는 사람들을 언급하는 것입니다. 결국 교회에는 예수님을 믿는 우리들이 다 포함됩니다. 우리를 하나님께서 그러한 사람으로 보신다는 말입니다. 나는 별로 거룩하지 못해도 하나님께서 나를 그렇게 구별되어진 존재로 본다는 것이 오늘 이야기의 출발점입니다.

하나님께서 우리를 거룩한 존재로 보신다는 것의 요구

그러면 하나님께서 나를 구별해 놓으셨을 때 그것은 나로 하여금 어떻게 살라고 하는 것일까요? 주님께서 나를 구별해 놓으셨다는 것은 우리로 하여금 일종의 책임감을 갖도록 하는 것입니다.

오늘 본문인 고린도전서 5장 9절에 보면 "내가 너희에게 쓴 것에 음행하는 자들을 사귀지 말라 하였거니와"라고 말하지 않습니까? "음행하는 자들을 사귀지 말라." 그리스도인들이 사귈 수 있는 사람이 있고, 사귀지 말아야 될 사람이 있다고 구별을 하지 않습니까? 일종의 구별이 있다는 말이지요.

(1) 거룩성에 대한 오해

그러나 사람들이 이 말을 오해할까 봐 바울이 분명히 말해주는 것이 있습니다. "이 말은 이 세상에 있는 사람들 가운데서 음행하는 사람이나 토색하는 사람이나 나쁜 짓 하는 사람들과 도무지 사귀지 말라는 말이 아니다"는 말입니다. 즉, 우리가 구별되었다는 것은 우리끼리만 사귀어 나가라는 말이 아닙니다. 우리는 이 세상에 있는 모든 사람들과 같이 사귀어 나가야 합니다. 그렇지 않으면 어떻게 되겠습니까? 이 세상 밖에 나가서 살아야지요? 거룩성이라고 하는 것을 옛날에 이렇게 생각해 본적이 있습니다. "자, 거룩해지려면 내가 어떻게 해야 될까, 이 세상에 있으면 내가 거룩해 지기가 어려우니까 이 세상 밖으로 나가야겠다"라고 생각하고서 사람들과 접촉하기 어려운 곳으로, 사람들이 없는 곳으로 자꾸 나갔었습니다. 그것은 동양이나 서양이나 마찬가지였습니다. 그래서 사람들이 없는 데로 나아갔습니다. 저 산중으로 간다든지 아니면 사람들이 없는 광야로 간다든지 그렇게 해서 자기들만 있으면 거룩해지는 것으로 생각한 적이 있었습니다. 소위 수도원 운동이라는 것이 그런 것이지요. 그런데 사실은 그렇게 해서 거룩성이 유지되는 것이 아닙니다.

(2) 거룩성은 이 세상 안에서 나타나야 함

성경에 의하면 우리들의 거룩성은 **이 세상 안에서 나타나야 하는 것입** 니다. 이 세상 안에서 모든 종류의 사람하고 사귀어 사는 데서 우리의 하나님과 관련되어 있음이 나타나야 합니다. 주님께서 우리에게 요구하 시는 것은 바로 이런 것입니다. 우리를 불러내셔서 우리들로 하여금 예 수님과만 사귀도록 하신 것이 아니라 예수님과 사귀면서 또한 이 세상 가운데 있도록, 즉 이 세상 안에서 살도록 하셨습니다. 따라서 우리는 이 세상을 떠나서 먼 산중으로 갈 생각을 해서는 안 됩니다.

그러나 동시에 이 세상과는 분명히 구별되어야 하는 것이 있습니 다. '나는 이 세상 안에서 살아가고 있지만 이 세상 속에서 하나님과 관련된 사람이다.' 그런 성별(聖別) 의식을 가져야 한다는 것입니다. 나는 하나님과 관련된 사람이라는 의식을 가져야 합니다. 이것이 거룩 성입니다. 다른 이상한데서 거룩성을 찾으려고 하지 마십시요. 거룩성 이라는 것은 이 세상 안에서 살아가면서 마음 가운데 '적어도 나는 하 나님과 관련된 사람이다' 라는 의식을 가지고 살아가는 것입니다. 이것 이 우리에게 분명히 있어야 합니다. 내가 하나님과 관련된 사람으로서 마음속 깊은 곳에 이런 구별 의식이 있는가 하는 것이 중요합니다. 그 것은 특별히 인생의 아주 어려운 문제를 결정할 때 드러납니다. '내가 무슨 문제를 결정하려고 할 때 내가 이 세상에 있는 모든 사람들과 똑 같이 판단하고 살아가느냐, 아니면 하나님과 관련된 사람으로서의 어 떤 판단 기준이 나에게 작용해서 하나님과 관련된 사람답게 일을 해 나가는가?' 하는 것이 중요합니다. 바로 거기서 우리가 하나님의 백성인가, 즉 거룩한 사람들인가 아닌가 하는 것이 드러납니다.

거룩성을 어떻게 드러낼 것인가?

강조점은 여기에 있습니다. 우리는 이 세상 안에서 살아가야 합니다. 그러나 그렇게 살아가는 우리의 삶 가운데 우리가 하나님과 관련되어 있다는 특성이 조금씩이라도 드러나야 합니다. 물론 하루아침에 그것이 확연하게 드러나는 것은 아닙니다. 너무 빨리 그것이 찾아지길 바라다가는 우리가 미리 지칠 수 있습니다. 그러나 내가 나의 친구들하고 달리 하나님과 관련된 사람이라고 하는 그 의식이 나의 삶을 좌지우지(左之右之)해야 합니다. 그것이 나의 생각하는 면에 영향을 미쳐서 생각을 고쳐 주고, 나의 사는 구체적인 모습에 영향을 주고 그것을 바꿔주고, 내가 이 세상을 살아가는 태도에 영향을 미쳐야 합니다.

(1) 좋은 것 같으나 잘못된 방식

어떤 때는 이 이야기를 너무 천천히 하다 보면 그것이 사람들로 하여금 타락하게 하는 것은 아닐까 하는 생각을 할 때가 있습니다. 저도 가끔 그런 생각을 하게 됩니다. 또 우리 성도들 가운데서도 그런 두려움 가운데 있는 분들이 있습니다. 그 생각을 우리가 충분히 이해합니다. 사람들에게 너무 여유를 주니까 그렇지 않습니까? 예수님 믿은 지 한 5년쯤 되는 사람들에게는 그냥 "이 세상에서 조금씩만이라도 조금씩 변화하는 것이 있으면 되겠습니다"라고 이야기할 수도 있지만, 한 10년쯤 지났는데도 별로 의식이 없이 "조금씩 조금씩"하면 정말 그러다가 10년, 20년 다 가고 우리 평생이 다 갈 것이 아닌가 하는 그런 안타까움이 있습니다. 그래서 어떤 때는 아주 답답해서 우리가 이러한 방식을 취할 수 있습니다. "자, 우리가 이 세상 사람들과 다른 것이 무엇이 있습니까, 다음과 같은 것입니다"라고 하면서 우리가 해야 할 것을 하나하나 뽑아 언급할 수 있습니다.

예를 들어 생각해 봅시다. 예수 믿는 사람이 다른 사람과 다른 것이 무엇입니까? (1) 예수 믿는 사람은 기본적으로 주일날 나와서 예배하는 사람입니다. 그러므로 이 세상과 구별되기 위해서 주일날 빠지지 말고 예배를 드려야 합니다. 대개 교회에서는 그렇게 이야기하지요? 또 예수 믿는 사람은 다른 사람과 비교해서 독특성이 뭡니까? (2) 다른 사람들은 하나님의 뜻을 전혀 생각하지 않는데 우리는 성경을 읽는 사람들입니다. (3) 또한 성도는 열심히 기도하는 사람입니다. 우리는 하나님 앞에 기도하는 것을 힘써야 합니다. 또 예수 믿는 사람들의 독특성이 뭡니까? (4) 예수 믿는 사람들은 다른 사람들이 하나님과 관련되는 것을 원하는 사람들입니다. 따라서 우리는 다른 사람들이 하나님과 관련되게끔 하기 위해서 힘쓰는 사람들이어야 합니다. 즉, 전도하기를 힘써야 합니다. 또 예수 믿는 사람들의 특징이 뭡니까? (5) 다른 성도들하고 서로 사귀어 나가는데 있습니다. 또 한 가지 덧붙인다면 (6) 다른 사람들 속에서 예수 믿는 사람다운 영향력을 나타내 보여서 이 사회 속에 기독교적인 문화를 만들어 내는 것입니다. 이렇게 열거해 놓으면 이것은 상대적으로는 쉽습니다. 이런 것들을 지키는 지의 여부를 통해서 내가 예수 믿는 사람으로 구별되어 있는지를 알 수 있다는 것이지요. 오히려 이런 것들을 열거하고 이런 것을 지켜 나가라고 강조하는 것이 더 쉬울는지도 모릅니다.

그러나 이렇게 해 놓으면 우리가 외적으로만 생각하기 쉽습니다. 그런 것을 하는가 하지 않는가 하는 것만이 우리 생각을 좌지우지할 수도 있습니다. 어떤 사람이 별 의식이 없이 주일날 예배 참석하고, 성경 좀 읽고, 기도하고, 그리고 전도 좀 하고 그러면 '아! 나는 예수 믿는 사람으로써의 구별된 생활을 다 했다'고 생각할 수 있다는 말입 니다. 그러나 이런 것들을 다 행했다고 해서 다 되는 것은 아닙니다.

(2) 바람직한 방식

제가 말씀드리려고 하는 그 핵심을 여러분이 이해해 주셨으면 좋겠습 니다. 여러분 마음 가운데 '내가 하나님과 관련된 사람이다'라는 그 뚜렷한 의식 가운데서 나타날 수 있는 모든 것, 그런 의식 가운데서 사는 우리의 삶 전체, 그 모든 것, 그것이 바로 거룩성입니다. 여기에 교회의 거룩성이 있습니다. 교회가 '거룩하다'라고 하는 것은 바로 그 점이 구체적으로 드러납니다. 우리 교회에 속한 성도들 한 사람 한 사 람이 하나님과 관련되어 있는 사람으로서 그 특성을 드러낼 때 우리 교회의 거룩성이 나타나는 것입니다.

그런데 안타까운 현실은 앞서 열거한 것과 같이 아주 구체적인 예 를 들어 이야기하지 않으면 사람들은 여기에서 언급한 그리스도인에게 서 마땅히 되어야 할 부분에 대해서는 전혀 신경을 안 쓰는 듯한 현상 들이 나타나기 쉽다는 것입니다. 이 문제를 어떻게 해결할 수 있을지 가 저에게는 아직 숙제입니다.

여러분들은 그 두 가지를 잘 종합해서 하나님의 백성으로서의 그 런 특징이 여러분의 삶 가운데서 자연스럽게 나타날 수 있도록 해야 합니다. 기본적으로 '내가 구별된 사람이다'라는 의식이 있어야 합니 다. 구약 시대에는 하나님의 특별한 백성이었던 이스라엘 사람들에게 너희가 하나님에게만 속한 독특한 백성이라는 의식을 갖게 하기 위해서 여러 가지 다른 면을 사용해서 이 사람들은 아주 구별된 사람들이라는 것을 분명하게 가르쳤습니다. 예를 들어서, 유대 사람들은 음식을 먹어도 어떤 특별한 음식만 먹어야 합니다. 그래서 지금까지도 아주 경건한 유대인들은 (예수님을 안 믿는 사람들의 경우에는) 자기네식으로 도축한 음식만 먹지 다른 음식은 먹지도 않습니다. 그것을 통해서 자신들이 구별된 사람이라는 것을 드러내는 것입니다.

그러나 신약 시대에는 우리가 그렇게 외적인 방식으로 우리를 구별하지 않습니다. 외적인 방식으로 하나님께 속한 백성들을 다른 사람들하고 나눠 놓지 않습니다. 우리는 다른 사람들과 똑같은 음식을 먹습니다. 그런데 삶을 살아가는 구체적인 모습 가운데서 다른 것이 나타나야 한다는 말입니다. 거기에 신약 교회의 성숙한 거룩성이 있는 것입니다. 이것을 외적으로만 규제했다가는 우리는 바리새인들처럼 되기 쉽습니다. 성경은 그것을 원치 않습니다. 그래서 예를 들어서, 구약 시대에는 유대인들에게 하나님 앞에 삶을 살아가면서 구체적으로 농사를 할 때에도 하나님께 구별된 것을 알도록 하기 위해서 "너희가 밭에 나가 곡식을 뿌릴 때 두 종류의 곡식을 섞어 뿌리지 말아라" 그런 이야기까지 했었습니다. 왜 그런 이야기를 합니까? 그것이 뭐 곡식 성장에 어떤 나쁜 점이 있기 때문입니까? 그런 것이 아니고, 주님께서 이 백성들로 하여금 너희는 하나님께 속한 독특한 백성이라는 의식을 갖도록 하기 위해서 심지어 그런 방식까지를 사용해서 가르쳤던 것입니다.

신약의 우리는 이제 그렇게 하지 않지요. 우리는 뭐 특별한 음식 먹는 것이 아니지요. 우리는 어떤 특별한 규율을 따라가는 것 아니지요. 그럴지라도 마음속에 '나는 하나님께 속한 사람'이라는 그 의식을 가지고, 따라서 그것으로부터 나오는 어떤 특성들이 우리 가운데서 나타나야 합니다. 부디 우리 가운데서 다른 모든 것보다 그 의식이 좀 분명해졌으면 좋겠습니다. 그것만 되어진다면 다른 이야기를 안 해도 다 되어질 수 있는 것입니다.

"누룩을 내어 버리라"

문제는 우리 마음 가운데 우리들이 하나님과 관련된 사람이라는 의식이 별로 없는 것입니다. 그러나 교회의 거룩성은 우리에게 그것을 요구합니다. 그렇기 때문에 오늘 본문 가운데서 바울은 아주 어려운 요구를 우리에게 하고 있습니다. 오늘의 본문인 고린도전서 5장 6절에 보면 "너희의 자랑하는 것이 옳지 아니하도다. 적은 누룩이 온 덩이에 퍼지는 것을 알지 못하느냐"라고 하는 이상스런 말이 나타납니다. 먼저 밀가루를 반죽해서 빵 만드는 이야기가 나옵니다. 그 때 우리가 이스트를 집어넣지요? 누룩을 집어넣습니다. 그래서 빵을 부풀게 하지 않습니까? 조금만 넣어도 그것이 전체를 부풀게 하지요. 그렇게 적은 누룩이 온 덩어리에 퍼진다는 이야기를 합니다. 성경에서는 누룩을 어떤 때는 좋은 의미로 사용하기도 하고 어떤 때는 나쁜 의미로 사용하기도 하는데 여기서는 나쁜 의미로 이야기합니다. 많은 성도들이 같이 살아가는 가운데서 만일 그 중에서 몇몇 사람이 나쁜 생각을 하고 있으면 그것이 다른 성도들에게 영향을 미칩니다. 그래서 7절에 보면 "너희는 누룩 없는 자인데 새 덩어리가 되기 위하여 묵은 누룩을 내어 버려라"고 이야기합니다.

　　그런데 여기서 우리가 질문을 할 수 있습니다. "어! 그런데 우리가 어떻게 누룩이 없는 자인가? 우리에게 나쁜 것이 왜 없는가?"라고 말이지요. 우리가 죄악이 없습니까? 다 있지요. 그런데 왜 우리보고 누룩이 없는 자라고 했습니까? "우리의 유월절 양 곧 그리스도께서 희생이 되었느니라." 이것은 무슨 말입니까? 유월절 양이라고 하는 말은 우리가 잘 아시다시피 옛날 이스라엘 백성들이 출애굽해서 나올 때 이스라엘 사람들에게 하나님께서 요구하신 것과 관련된 양 아닙니까? 이스라엘 사람들은 양을 잡아서 그 문설주와 인방에 그 양의 피를 발라 놓으라고 했습니다. 그리고 그 잡은 양은 너희들이 다른 방식으로가 아니라 반드시 구워서 먹으라고 말씀하셨어요(출 12:9). 이스라엘 백성들은 그 말씀에 따라서 그렇게 다 했겠지요. 그렇게 안한 사람들, 이집트 사람들에게는 하나님께서 죽음의 천사를 보내셔서 그 첫 번째 아들들을 다 죽이셨습니다. 심지어 첫 번째 낳은 생축까지도 다 죽였지요.

그런데 이렇게 문설주와 인방에 양의 피를 발라 놓은 집에 대해서는 그 죽음의 천사가 그냥 넘어갔습니다. 넘어간다(pass over)고 하는 말이 '유월'(逾越)이라는 말입니다. 그래서 그 날을 유월절(Passover)이라고 합니다. 하나님께서 명령해 주신대로 피를 발라 놓은 집은 넘어갔던 것입니다. 그 양의 피가 어떤 효력이 있어서 죽음의 천사가 무서워서 넘어갔습니까? 그런 것이 아니란 말입니다. 여기 본문이 이야기한 대로 우리의 유월절 양 곧 그리스도께서 희생이 되었습니다. 옛날 이스라엘 백성들에게 그렇게 하라고 했던 이유는 양의 피가 그들의 죄를 속하는 것이 아니고, 장차 예수 그리스도께서 우리의 유월절 양으로 오실 터인데 그가 우리를 위해서 죄를 다 짊어지는 죽음을 죽으실 것인데 그 사건을 미리 바라보면서 양의 피를 칠해 놓으면 그것을 보고서 죽음의 천사가 넘어가 준다고 말해 줬다는 것입니다. 그러므로 유대인들에게는 일종의 그림자, 표상(type)적인 것이 있었던 셈입니다. 진짜가 아니지요. 물론 그들이 잡은 양은 진짜지요. 그러나 그 양의 피가 그들의 죄를 속하는 것이었습니까? 그렇지 않다는 말입니다.

그러면 궁극적인 진짜 희생제사는 언제 일어납니까? 우리 주 예수 그리스도께서 오셔서 십자가에서 죽으셨을 때에 일어나는 것입니다. 그래서 우리들은 십자가의 어린양의 피, 그것을 찬송하는 노래를 많이 하지 않습니까? 그것이 없었더라면 우리가 다 누룩이 있는 사람이었을 것이고, 악한 사람, 나쁜 사람이었을 터인데 우리 주 예수 그리스도를 통하여서 내 모든 죄를 깨끗하게 하셨다는 것입니다. 이것이 기독교의 기본적인 이야기입니다. 우리가 깨끗하게 되어졌다는 말입니다. 그렇기 때문에 예수 그리스도와 관련이 없게 되면 나는 이 세상에서도 소망이 없는 사람입니다. 예수 그리스도를 놓는 순간에 나는 이 세상에서 바라보아야 할 것이 아무 것도 없는 사람이 되고 맙니다.

이것이 너무 생소하고 이상하다 이렇게 생각하는 사람이 많이 있습니다. 그러나 이것은 아주 중요한 사실입니다. 비록 피비린내 나는 사건이긴 하지만 이것은 아주 중요한 일입니다. 그래서 우리는 끊임없이 예수 그리스도의 십자가 사건을 받드는 것이고, 십자가를 매우 중요하게 여기는 것입니다. 그 십자가 사건이 우리를 깨끗하게 했습니다. 그 사건과 관련이 있는 공동체는 이제 그 십자가에 의해 구속된 공동체의 특성을 드러내야 합니다.

잘못을 행하거든, 여기서 아주 구체적인 예가 하나 나오는데, "음행을 행하거든 너희가 내어 쫓으라"고 합니다. 이에 대해서 '어떻게 그렇게 이야기할 수 있겠는가! 기독교는 사랑의 공동체라고 하는데 잘못한 사람이 있으면 용서해 줘야지 어떻게 그렇게 이야기할 수 있겠는가?' 그런 생각을 할 수도 있습니다. 그러나 이것은 이 세상에 어떤 음행한 사람에 대해 이야기하는 것이 아닙니다. 그런 사람들과도 우리가 사귀어야 됩니다. 그래야 그 사람들에게 예수 그리스도의 사랑을 소개

하고 예수 그리스도의 피를 소개하고 그 사람이 구원받을 수 있는 가능성을 제시할 수 있습니다.

그러나 이 공동체 안에 들어온 사람들에 대해서는 이제 상황이 달라집니다. 이 공동체 안에 들어와서 내가 정식 교인이 되기로 하였으면 이제는 예수 그리스도 안에서 새로워진 사람으로 하나님과 관련된 사람으로서 의식을 가지고서 그것을 구현해 내려고 하는 특성을 가지고 나가야 된다는 말입니다. 그래서 이 공동체 안에서 잘못하는 것들에 대해서는 우리가 아주 분명하게 이야기해야 합니다. 그것이 없다면 그것은 이 공동체의 특성을 허물어뜨리는 것이 됩니다. 그래서 이것을 우리가 아주 주시해서 생각해야 됩니다. 이것은 아픈 일입니다. 아픈 일이지만 이것이 우리에게 반드시 있어야만 하는 일입니다.

바울은 4절에서 "주 예수의 이름으로 너희가 내 영과 함께 모여서 우리 주 예수의 능력으로 이런 자들을 사단에게 내어 주었으니"라고 합니다. 교회 공동체에서 끊어내는 것을 사단에게 내어 주는 일이라고 했습니다. 요즘은 별로 그렇게 생각하지 않지요. 만일에 교회에서 권징을 하면 "이 교회만 있나 내가 딴 교회에 나가지" – 이렇게 말하면서 나간단 말입니다. 그렇게 되면 교회가 가지고 있는 특성이 전혀 없게 됩니다. 그래서 우리가 이것을 아주 심각하게 생각해야 합니다.

내가 어느 교회에 속한 지체라는 분명한 의식을 가져야 합니다. 그리고 그 교회의 회원으로써 내가 해야 할 일이 무엇인가 하는 의식을 가져야 합니다. 내가 해야 할 일은 다른 것이 아니고 내가 하나님께 속한 사람으로서의 특징을 드러내는 일입니다. 물론 그것은 우리들이 처한 상황에 따라서 다 다르게 나타날 수 있겠지요.

그러므로 그런 모습이 나타나지 아니할 때 교회에서는 자꾸 잘 할 수 있도록 권면을 해야 합니다. 그러므로 여러분에게 자꾸 "신앙생활을 열심히 하십시다” – 그런 말을 하는 사람이 있거든 그것을 나쁘게 생각하지 마시고 참 감사한 말로 생각하셔야 합니다. 왜냐하면 바로 그것이 교회가 하는 일이기 때문입니다. 그런 것을 통해서 교회 공동체가 더 든든히 세워지는 것입니다. 전혀 그런 성격이 나타나지 않으면 심지어 여기서 바울이 말하는 대로 공동체에서 내어 쫓는 일까지 있을 수 있습니다. 그런데 내어 쫓는 이유가 무엇입니까? 결국은 그 사람이 그리스도에게로 돌아올 수 있도록 하기 위해서, 즉 회개하도록 하기 위해서 심지어 그렇게까지도 하는 것입니다.

아주 무시무시한 일입니다마는 심지어 이런 일까지 있을 수 있는 것은 교회의 거룩성 때문입니다. 우리는 하나님께 속해진 공동체이기 때문에 우리 공동체에서는 심지어 이런 일까지 있을 수 있다는 것입니다. 우리 마음속에 이 거룩성에 대한 의식을 가지고 있어야 합니다. 물론 우리 마음속에 우리가 주님께 속해 있는 공동체라는 의식이 없이 이런 일이 행해지면 그것은 아주 이상스런 문제만을 일으킬 것입니다. 우리들의 마음 가운데 정말 주님과 우리가 하나가 되어 있고, 우리들이 주님께 속해 있는 공동체라고 하는 그 의식이 있을 때라야만 이런 권징(勸懲)이 가능합니다. 그래서 여기서 우리가 강조점을 두고 이야기하려고 하는 것은 내어 쫓는 것이 아니고, 그런 일이 가능한, 즉 우리 가운데서 그런 일이 있을 수 있는 사랑의 분위기입니다. 이것이 가능한 것은 이 공동체가 하나님과 독특하게 관련된 공동체이기 때문입니다.

What is the Church?

The Eschatological Community for the Manifestation
of the Kingdom of God and Its People's Kingdom Life-style

제 1 부 교회에 대한 표상적 표현들

제 2 부 교회의 속성들

제 3 부 교회의 표지들

제 4 부 교회의 직원들

제 5 부 교회의 사명과 사명 수행

〈부록〉 예배에 대하여

제 3 부

교회의 표지들

1. 교회의 표지(1) : 복음의 바른 선포

2. 교회의 표지(2) : 성례전의 신실한 시행

   (1) 세례의 바른 시행

      세례의 의미

      유아 세례의 의미

   (2) 성찬의 바른 시행

3. 교회의 표지(3) : 거룩성을 유지하는 권징의 시행

제 9 강

교회의 표지 (1):

"바른 복음의 선포"

갈라디아서 1장 6-10절

[6]그리스도의 은혜로 너희를 부르신 이를 이같이 속히 떠나 다른 복음 좇는 것을 내가 이상히 여기노라 [7]다른 복음은 없나니 다만 어떤 사람들이 너희를 요란케 하여 그리스도의 복음을 변하려 함이라 [8]그러나 우리나 혹 하늘로부터 온 천사라도 우리가 너희에게 전한 복음 외에 다른 복음을 전하면 저주를 받을지어다 [9]우리가 전에 말하였거니와 내가 지금 다시 말하노니 만일 누구든지 너희의 받은 것 외에 다른 복음을 전하면 저주를 받을지어다 [10]이제 내가 사람들에게 좋게 하랴 하나님께 좋게 하랴 사람들에게 기쁨을 구하랴 내가 지금까지 사람의 기쁨을 구하는 것이었더면 그리스도의 종이 아니니라.

종려 주일의 유래

오늘은 우리가 흔히 '종려주일'(Psalm Sunday)이라고 부르는 날입니다. 왜 그런 말을 하는지를 말씀드리겠습니다. 유대 땅을 비롯해서 지중해 근처에 종려나무라는 나무가 있는데, 이 나무 가지가 아주 독특하게 사용된 일로부터 기인한 명칭입니다. 따져보면 예수님께서 그 당시 오늘에 해당하는 날에 예루살렘 성전으로 입성하셨습니다. 물론 예수님께서 예루살렘에 들어가신 일은 그전에도 많이 있었습니다. 그러나 이번에는 예수님께서 예루살렘에 올라가시는 것에 큰 의미를 부여하시고 독특한 방식으로 예루살렘 성에 들어가신 것입니다. 제자들에게 어린 나귀를 하나 끌고 오라고 하고 예수님께서 그 나귀에 앉으셔서 예루살렘 성으로 입성하신 것입니다. 이것이 아주 독특하단 말입니다. 제자들도 왜 그렇게 하셨는지 처음에는 그 이유를 몰랐어요. 그런데 나중에 생각해 보니 스가랴서에 하나님께서 왕으로 우리에게 오실 때 "그는 공의로우시며 구원을 베풀며 겸손하여서 나귀를 타나니 나귀의 작은 것 곧 나귀새끼니라"(슥 9:9)는 예언이 있는데, 그 예언을 이뤄주시기 위해서 이렇게 나귀에 오르셔서 예루살렘 성에 입성하신 것이라는 것을 깨닫게 되었습니다. 이 때 어떤 사람들이 종려나무 가지를 흔들면서 "호산나! 다윗의 자손이여! 우리를 구원하여 주소서!"라고 하면서 예수님을 환영하였습니다. 그래서 오늘을 "종려주일"이라고들 불러 왔던 것입니다. "호산나! 다윗의 자손이여!"라고 하는 말 가운데서 "호산나"라고 하는 말은 "이제 우리를 구원해 주옵소서"라는 뜻입니다. 이 종려나무를 흔들면서 백성들이 "이제 우리를 구원해 주옵소서"라고 외쳤던 것입니다.

우리의 기대와 다른 예수님의 모습

그런데 그때 그렇게 외치는 백성들의 마음하고 예수님의 마음하고 다른 것이 하나 있었습니다. 백성들은 이제 예수님이 왕으로 임하시면 정말 영광의 왕으로 임하셔서 이스라엘에 대한 로마의 압제를 모두 극복해 버리고 그런 정치적인 메시야로서 오셔서 모든 문제를 해결하시리라고 생각하면서 이렇게 외쳤던 것입니다. 그런 의미에서 예수님을 환영했던 것입니다.

그런데 예수님께서는 어떻게 생각하셨습니까? 예수님께서는 백성들의 요구에 따라 혁명을 일으켜서 왕으로 세워지는 것이 아니라, 오히려 죽으러 가시는 것입니다. 이제 이번 주 금요일 날 예수님께서 십자가에 못 박혀 죽는 일이 발생하는 것입니다. 그러므로 이 백성들의 입장에서 봤을 때는 '무슨 메시야가 그렇게 하느냐?'라고 생각하면서 이 사람들의 생각이 변해갑니다. "호산나! 다윗의 자손이여! 이제 우리를 구원하소서!"라고 이렇게 말한 사람들의 말이 변해서 목요일쯤 되어서는 "저를 십자가에 못 박게 하소서!"라고 외쳐 대는 것입니다. 그 민중들이 돌변해서 예수님을 "십자가에 못 박게 하소서!"라고 말합니다. 왜 그렇게 합니까? 자기들의 기대하고 예수가 안 맞거든요. 그래서 그들의 생각과 말이 변한 것입니다.

우리들도 그럴 수 있습니다. 내가 무슨 기대를 가지고 '예수님께서 이것을 도와주겠지' 하고 기도할 때에 예수님께서 내 기도에 맞게 안 해 주시면 어떻게 해야 합니까? 이럴 때 마음에 안 든다고 내 기대를 충족시키기 위해서 모든 것을 해서는 안 됩니다. 이것이 아주 커다란 문제입니다. 오늘날 한국 교회는 이 문제에 대해서 아주 심각하게 생각해야 합니다. 예수님을 내 기대에 맞게 바꿔 놓는 일이 자주 발생하기 때문입니다. 그래서 예수님이 기대에 안 맞으면 예수님을 떠나가는 사람들이 있습니다.

또 어떤 사람들은 예수님이 자기 기대에 안 맞으면 예수님을 자기 기대에 맞게 바꾸어 놓습니다. 우리에게 아주 잘 맞는 예수님으로 만들어 버리는 것입니다. 우리에게 좋은 예수님으로 바꾸어 버리는 것입니다. 오늘날 한국교회 안에서는 그런 일들이 많습니다. 우리에게 좋은 예수님, 그래서 예수님을 우리의 모든 소원을 이루어 주시는 분으로 바꾸어 버리는 것입니다. "용서하시는 일은 하나님이 하시는 일이야. 그래 하나님의 일이야." 그런 식으로 바꿔 버리는 것입니다. 그것이 문제입니다. 우리는 우리 마음에 안 맞는다고 해서 예수님으로부터 도망가서도 안 되겠고, 우리 마음에 안 맞는다고 예수님을 우리 식성에 맞도록 바꿔 놓으려고 해서도 안 됩니다.

고난주간의 참된 의미

이번 주간을 우리가 고난주간이라고 합니다. 예수님께서 특별히 더 많은 고난을 받으신 주간이라는 말입니다. 이번 주 목요일에 해당하는 날에 예수님께서 제자들과 최후의 만찬을 하십니다. 그날 밤 잡혀서 밤새도록 끌려 다니면서 심문과 재판을 당하시고, 금요일 날 예수님께서 십자가에 못 박혀 죽으십니다. 그리고서 금요일날 밤 무덤 속에 계셨어요. 토요일 날은 하루 종일 무덤 속에 있었고, 안식 후 첫 날(그러므로 주일날이지요) 새벽에 예수님께서 죽은 자들 가운데서 부활하신 것입니다.

그래서 우리가 다음 주일을 부활주일로 지키면서 기쁨의 찬양을 드릴 것입니다. 그런데 부활주일에 기쁨의 찬양을 드리기 위해서 우리가 반드시 기억해야 할 일이 있습니다. 그것은 예수님께서 부활하시기 위해서는 반드시 거쳐나가야 하는 일이 있었다는 것입니다. 그것은 십자가를 지시는 것입니다. 십자가 없이는 우리의 구원이 없기 때문입니다. 십자가가 없으면 영광도 없습니다. 고난이 없으면 면류관도 없습니다(No cross, no crown!). 예수님께서 그것을 잘 보여 주셨습니다.

우리는 대개 이번 주간을 거룩하게 지켜보려고 노력합니다. 좋은 노력입니다. 이번 주에는 우리가 평소에 안하던 성경도 열심히 보고, 기도도 열심히 하고 합니다. 그것은 나쁜 것이 아니고 좋은 것입니다. 다른 때 새벽기도회에 못 나오신 분들 이런 때는 나와 보시는 것이 좋지요. 특별히 목요일 날, 즉 예수님께서 최후의 만찬하신 날, 예수님께서 십자가 지신 금요일 날, 예수님이 무덤 속에 있으신 날들을 잘 생각을 하시면서 '열심히 주님 앞에서 성실히 살아가야 되겠다'는 마음을 갖는 것이 좋아요.

그런데 그것이 가끔 가다가 사람들을 타락시킬 수도 있습니다. "이번 주간이 고난주간이다. 우리가 이번 주간을 잘 지켜야 되겠다." 하면서 이번 주간만 특별히 지키려고 하는 것이 사람들을 타락시킬 수도 있는 것입니다. 어떻게 타락시킬 수 있습니까? 사람들의 심리가 어떻게 돌아가는지를 말씀드리겠습니다. 정상적인 경우에는 이번 주간에 잘하고 그런 마음을 계속해서 평생을 그렇게 살 마음을 가져야 되지 않습니까? "주님이 나를 위하여 그 큰 고난을 받으셨다. 그러면 내가 이제 나의 삶을 어떻게 살 것인가? 당연히 주님을 위해 살아야 할 것이 아닌가?" 그런 마음이 생겨야 하지 않습니까? 그런데 사람들은 고난주간만 열심히 살고 그 후에는 고난도 십자가도 전혀 생각지 않고 이전과 같이 사는 일이 발생할 수 있습니다. 그렇게 하면 그것은 참으로 헛된 것입니다.

다시 한번 더 강조합니다. 여러분들! 이 주간을 잘 지내야 합니다. 이 주간은 아주 특별한 주간입니다. 특별히 부활 주일에 성찬을 하는 경우가 많으므로 성찬에 참여하려면 우리가 마음의 준비를 잘 해야 되지 않습니까? 그러나 이 주간을 주님 앞에서 정말 주님의 말씀을 잘 받을 마음으로 지낸다고 할 때 우리가 받지 말아야 할 유혹이 있습니다. 그것은 "이 주간만 내가 신실하게 지내겠다." 그렇게 생각하는 것입니다. "그 다음에는 내 마음대로 산다." 이렇게 생각하는 것은 아주 큰 문제를 일으키는 것입니다.

예를 들어 보겠습니다. 과거 천주교회로 있을 때에 교회가 아주 신실한 마음으로 우리 주님께서 십자가에 달리신 그 때와 부활을 기점으로 해서 거꾸로 40일을 세웠습니다. 물론 그 중에 주일들이 포함되므로 실제는 40일이 좀 넘지요. 옛날 교회가 그 40일 동안을 특별히 지켜보자는 생각을 했습니다. "일년 중에서 그 40일은 주님 앞에서 아주 열심히 살아보자, 우리가 주님의 고난을 좀 생각하면서 살아보자!" 그렇게 한 것입니다. 그런데 그것이 "그 때만 열심히 살자"는 것이 되고 말았습니다. 그래서 옛날에는 그 때에는 고기도 안 먹습니다. 주님이 고난을 받았는데 내가 고기 먹으면서 음식 좋은 것 차려 먹으면서 있을 수 있겠느냐 그러면서 사순절이 지나고 나면 다른 사람은 생각도 하지 않고 떵떵거리면서 산단 말입니다. 그러면 그것이 무슨 의미가 있겠습니까? 아무런 의미도 없는 것입니다. 그래서 종교개혁이 일어났을 때 개혁파 교회에서는 이 소위 사순절(lent)을 지키는 것은 성경적 근거가 없는 것이므로 모두 폐해 버렸던 것입니다.[1]

여러분들도 이 생각을 하셔야 합니다. 예수님께서 고난 받으신 것이 이 한 주간 동안만의 일이 아니라고 바르게 생각하셔야 합니다. 물론 이번 주간을 고난주간이라고 합니다. 그러나 예수님의 생애는 그 전체가 고난이었습니다. 왜 그렇습니까? 원래 성자 하나님께서는 우리처럼 이 땅에서 이렇게 살 필요가 없었습니다. 그는 본래 영원한 하나님이세요. 그 분이 인성(人性)을 취하셔서 이 땅에 오셔서 산다는 것 자체가 고난이었습니다.

---

[1] 그 대표적인 예로 다음을 보십시오: John Calvin, *Institutes of the Christian Religion* (Philadelphia: The Westminster Press, 1960), 4. 12. 20.

여러분! 사람과 사람이 살아갈 때 어떤 때가 가장 고난스럽습니까? 신체적으로 고난스러운 것은 그래도 견딜 수 있어요. 제일 고난스러운 것은 저 사람이 도무지 내 마음을 이해해주지 못할 때, 아주 고난스러우시지요? 예수님을 생각해 보세요. 예수님께서 사람들을 사랑해서 그 사람들을 구원하시려는 의도로 이 세상에 오셨는데 예수님께서 이 세상을 살아가실 때 예수님의 의도를 이해하려고 한 사람이 어디 한 사람이라도 있었습니까? 한 사람도 없었습니다. 그 얼마나 고난스럽겠어요? 그것이 예수님께서 겪으신 영혼의 고통의 하나입니다. 예수님은 평생을 그렇게 고난스럽게 사셨습니다.

우리 그리스도인들도 매일 매일의 삶을 고난의 주님을 본받아 살아가야 합니다. 그것이 예수님을 믿는 사람의 특징입니다. 그래서 이번 주간을 고난주간이라 했을 때 우리는 이번 주간만 거룩하게 지내려고 하는 생각을 버리셔야 합니다. 우리는 평생을 고난의 주님을 뒤 따라가는 사람으로 살아야 합니다. 물론 이번 주간을 거룩하게 지내는 일로부터 시작하는 것은 중요한 일입니다. 여태까지는 잘못 했으니까 이번 주간을 거룩하게 지내는 일로 부터 시작하셔서 주님 앞에 항상 신실하게 살아가는 마음을 가져야 합니다.

잘못된 구원관과 그 문제들

그런데 이 때에 여러분 주님 앞에서 신실하게 살아가는 것에 근거해서 우리가 구원을 얻는 것이 아니라는 것을 아주 분명히 하는 것이 중요합니다. 구원은 그렇게 해서 얻는 것이 아닙니다.

한 가지 이야기를 해 드리겠습니다. 제가 초등학교 때 들은 이야기입니다. 어떤 사람이 죽었다고 해 봅시다. 흔히들 죽은 사람이 요단강을 건너간다고 그러지요? 그래서 죽은 어떤 친구가 그 강을 건너가려고 하는데 징검다리가 있었다고 합니다. 그래서 그 징검다리를 밟고가는데 중간에 징검다리 하나가 비어 있었다고 합니다. 뛸만 하거든요. 그래서 뛰어서 넘어 갔어요. 또 가는데 이번에는 징검다리가 한다섯 개쯤 없다고 합시다. 도무지 뛰어갈 수가 없어요. 그래서 그 자리에 앉아서 막 웁니다. 울고 있는데 저쪽에 천사가 나타났답니다. 이아이가 그 천사에게 이렇게 불평했다고 합니다.

"징검다리로 건너고 있는데, 아니 여기는 왜 몇 개가 없어가지고왜 나를 못 가게 합니까?"

그 때 천사가 이렇게 물어보았다고 합니다.

"너 이 징검다리가 무엇인줄 아니? 이 징검다리는 네가 주일날 예배당에 참석한 회수란다."

무슨 뜻입니까? 이 아이가 다섯 주일 빠졌어요. 그 때문에 못 간다는 말입니다. 그 이야기가 주일 학교 아이들에게 '아! 내가 주일날빠지지 않고 열심히 나가야 되겠다'는 마음을 가지게 할 수는 있겠지요. 그런데 사실 그 이야기는 **아주 나쁜, 아주 잘못된** 이야기입니다.

왜 나쁜 이야기입니까? 우리가 구원 얻어서 하나님 나라 백성 되는 것이 내가 노력함으로써, 내가 어떤 일을 하므로 되는 것입니까? 여러분이 주일날 이렇게 참석했기 때문에 "너 착하다 그래서 내가 너를 하나님 나라 백성 삼아주겠다" – 하나님께서 그렇게 하시겠습니까? 그것이 아닙니다. 복음은 그런것이 아닙니다. 성경이 말하는 복음에의하면, 우리가 무엇을 해서 구원을 얻는 것이 아닙니다.

성경에 의하면, 인간은 하나님 앞에 잘못한 다음부터는 자기 스스로 아무것도 할 수 없는 상황 가운데 있는 것입니다. 타락한 인간이 자기 마음대로 무엇인가를 하는데 하는 것이 전부 다 하나님께 반대되는 일만 한다는 것입니다. 그렇지요? 하나님의 뜻에 반대되는 일만 해나가지요. 그러므로 이 사람이 자기의 노력으로 뭘 해도 구원 얻을 수 없다는 것이 복음이 전파되는 출발점의 상황입니다. 이 세상에서 자기 스스로 노력해서 구원 받을 수 있는 사람은 한 사람도 없습니다. 하나님께서 율법을 가르쳐주고 그 율법을 지키라고 해도 그 율법을 하나님께서 요구하시는 철두철미한 수준에서 다 지켜나갈 수 있는 사람이 한 사람도 없는 것입니다. 우리가 아무리 노력해도 하나님께서 요구하시는 그 수준에는 못 미치는 것입니다.

성경은 무엇이라고 합니까? 우리가 행하는 "의는 다 떨어진 누더기 같아서"(사 64:6)라고 이야기합니다. 우리가 행하는 나쁜 것 말고 다른 사람에게 선하고 좋게 해주는 것도 하나님의 절대적인 표준에 비춰보면 다 떨어진 누더기 같다고 합니다. 그런 것 가지고 구원을 얻겠어요? 그것 가지고 아무리 쌓아봤자 하나님의 영광에 이르지 못하는 것입니다. 우리가 이런 것에 대해서 철두철미하게 절망해야 합니다. 물론 오늘보다 내일이 더 나아야겠지요. 그런데 사람이 그렇게 노력을 한다고 해도 그것으로 안 되는 것입니다. 우리가 성경을 한 번 읽어서 구원을 얻습니까? 아닙니다. 성경 읽어서 구원 얻는 것이 아닙니다. 주일날 예배 참석해서 구원 얻는 것입니까? 아닙니다. 주일날 예배에 참석한다고, 예배당에 가서 헌금한다고 구원 얻는 것이 아닙니다. 인간이 행하는 그 어떤 것으로도 구원을 얻을 수 없습니다.

복음이란 무엇인가?

이런 상황에서 비로소 복음이 제대로 이해됩니다. 예수님께서 "너 할수 없지? 그렇기에 내가 다 해줬다."고 하시는 것이 복음이기 때문입니다. 스스로는 그렇게 할 수 없다고 생각하는 사람에게만 그것이 복음으로 들리는 것입니다. 그렇지 않은 사람에게는 그것이 복음으로 들릴 리가 없어요. 그러나 자신이 하는 것으로는 도무지 안 된다고 생각하는 사람에게는 예수님께서 "내가 너를 위해서 다 이뤄줬다."고 하시는 그 말씀을 붙잡고 싶은 마음이 생깁니다. 물속에 빠진 사람은 뭐라도 붙잡고 싶겠지요? 그것처럼 예수님께서 우리를 위해서 "내가 다 이루어 주었다."고 하시면 그것을 붙잡아야 되지 않습니까? 복음은 그런 것입니다. 예수님께서 다 이루어 주셨다. – 이것이 복음입니다. 우리 인간은 아무것도 못하는데 인간으로서 할 수 없는 것을 하나님이 하신다는 것입니다. 구원은 하나님께서 혼자 하시는 것입니다(monergism). 내가 그 일에 덧붙여서 주님의 일에 어떤 협동을 하는(synergism) 것이 아닙니다. 하나님이 단독적으로 사역하시는 것입니다.

그러면 우리는 "하나님! 감사합니다."라고 말씀드리고는 그 사실을 받아들여야 합니다. 그것이 믿음입니다. 그러므로 우리 편에서는 오직 믿음으로만(sola fide) 구원받는 것입니다. 우리가 복음 사건을 붙잡는 행위, 그 믿음의 행위 자체가 의롭습니까? 그것이 의가 되는 것입니까? 그것은 의로운 것이 아닙니다. 그것은 마치 "예수님! 나는 안 되니까 그냥 날 받아 주십시오."라고 고백하면서 나를 예수님에게 던져 넣는 것입니다. 예수님께 기대는 것입니다. 그것이 믿음입니다. 믿는 것은 다른 것이 아니라 "나는 전혀 안 되니까 예수님께서 알아서 해 주십시오. 예수님께서 다 이루어 주신 것을 내가 믿습니다. 예수님이 책임져 주십시오." 그렇게 하는 것입니다. 그것이 복음을 믿는 것입니다.

참된 복음의 바른 선포는 교회의 증표의 하나

왜 이 이야기를 오늘 말씀드리는 것일까요? 이 복음을 순수하게 가르치는 것이 참 교회의 표의 하나라는 것을 말하기 위해서입니다. 교회라고 이름하는 것이 과연 진짜 교회인가 아닌가를 판단하는 시금석 (criteria)이 무엇인가 하는 것이 종교개혁시대에 논의된 심각한 문제였습니다. 개혁자들의 일치하는 대답은 사람들에게 이 복음을 진짜로 선포해 주는가, 아니면 이 복음을 가리우는가가 참 교회됨을 판단하는 시금석의 첫 조항이라는 것이었습니다. 복음을 제대로 선포하는가 아닌가에 따라서 어떤 교회라고 하는 공동체가 진짜 교회인가 아닌가가 판가름된다는 말입니다. 우리들은 이것을 심각하게 생각해야만 합니다.

여러분들이 이 근처에 계속 사시면 호산교회 교인이시므로 별문제가 없지만, 혹시 멀리 이사간다면 다른 지역에 있는 어떤 교회의 교인이 되어야 합니다. 그러면 아무 곳에 가서 교인이 됩니까? 아니예요! 참된 교회의 교인이 되어야지요. 그렇다면 우리에게 진짜 교회인지 아닌지를 판가름하는 기준이 있어야 하지 않겠습니까? 그 중의 하나를 오늘 배우는 것입니다. 그것이 무엇이냐 하면 "그 교회가 과연 복음을 선포하는가, 아닌가?"하는 것입니다.

그런데 복음의 내용은 무엇입니까? 아마도 다음과 같이 요약할 수 있을 것입니다. "인간은 아무리 노력해도 안 된다. 오직 하나님께서 당신님 스스로 구원하신다. 이 모든 것이 하나님의 절대 주권으로 이루어진 일이다. 인간은 구원에 관해서는 아무것도 할 수 없다. 그러므로 하나님께서 구원과 관련하여 이루신 것을 절대적으로 믿어야만 한다.” – 이것이 아주 요약된 형태로 제시된 복음입니다.

　이것은 아주 단순한 이야기 같지만 심각한 이야기입니다. 왜냐하면 옛사람들도 그러했지만 특히 현대인은 인간이 뭔가 좀 된 것처럼 생각하는 사람들이기 때문입니다. 현대인들 중에 조금 종교적이려고 하는 분들은 다음 같이 생각하려고 하는 경향이 있습니다. ‘하나님이 굉장하긴 하지요. 그런데 인간도 뭐좀 해야지, 아무것도 안했는데 하나님이 구원해 주는 것은 좀 이상합니다.’ 이와 같이 생각하는 것이 현대인들입니다. 그런데 참된 기독교회가 이야기하는 것은 “구원을 이루기 위해 나는 아무것도 안 했는데 하나님이 다 하셨다”는 것입니다. 문제는 내가 그 사실을 철두철미하게 믿고 가느냐 하는 것입니다. 그리고 이제부터는 우리가 그냥 예수님께 기대서 살아가는 것입니다. “나는 안 되니까 예수님이 알아서 해 주십시오.”라고 고백하면서 그렇게 예수님께 나오는 것입니다.

복음을 들은 우리는 이제 어떻게 할 것인가?

그렇게 복음을 믿은 사람은 이제 어떻게 살겠습니까? 예수님께서 다 해줬다고 하는 것에 근거해서 만일에 그 사람이 다음 같이 생각한다면 그 사람은 참으로 믿는 것이 아닙니다. “예수님이 다 해줬어요? 정말이예요? 그러면 이제부터 나는 내 마음대로 살면 되겠네요. 내 멋대로 살면 되겠네요?” 복음을 제대로 이해하지 못하면 이와 같은 반응이 나오게끔 되어 있어요. 사람들의 심리가 그렇게 움직이기 쉬운 것이지요.

　바울이 복음을 전할 때에 조금 전에 요약해드린 것처럼 그런 이야기를 했거든요. “네가 하는 것은 아무것도 없단다. 네가 율법 지켜서 구원 얻는 것이 아니란다. 오직 하나님께서 예수 그리스도를 통해서 다 이루어주셨다. 그것만 믿어라." 이렇게 선포했더니 그 이야기를 듣고 "그래요? 그럼 나는 아무것도 안하고 가만히 있으면 되겠네요. 나는 내 멋대로 살면 되겠네요?" 그런 식으로 반응하든지, 심지어 "우리가 죄를 더 지으면 더 은혜가 되겠네요?"라고까지 이야기한 사람도 있었어요. 그래서 바울은 이에 대해서 강한 부정으로 대답하기를 "그럴 수 없느니라!"고 선언하고는 "은혜가 더하게 하려고 우리가 죄에 거하겠느냐?"(롬 6:2)고 되물은 일도 있지 않습니까?

그렇다면 하나님의 은혜로 정상적인 마음을 회복한 사람들은 복음을 듣고는 어떻게 반응해야 합니까? "그래요 내가 여태까지 노력했는데 그것으로 안 되는데. 하나님! 감사합니다." 그렇게 반응하면서 하나님 앞에서 감사해서 살겠지요? 그래서 감사하기 때문에 "예수님! 예수님께서는 날 그렇게 구원해 주셨는데 예수님께서는 내가 어떻게 살기를 원하십니까?" 하고는 그것을 찾아보려고 성경을 열심히 보는 것입니다. 성경 백 번 읽는다고 구원받는 것입니까? 아닙니다. 그런데 왜 우리들은 성경을 백 번이고 천 번이고 많이 읽기를 원합니까? 예수님의 뜻을 알고 싶으니까 그렇게 하는 것입니다. 그것을 잘 읽으면 하나님의 뜻을 발견할 수 있으니까 성경이 좋은 것입니다. 그런 마음이 우리에게 있어야만 합니다. 내가 이것을 읽는다고 해서 구원 얻는 것이 아닙니다. 그런데 예수님을 정말 사랑하는 사람들은 성경을 열심히 읽게끔 되어 있는 것입니다.

마찬가지로 우리들이 주일에 예배에 참석한다고 해서 구원 얻는 것이 아닙니다. 아까 이야기한 것처럼 주일날 참석 안 한다고 징검다리 하나가 비는 것이 아닙니다. 이 이야기를 듣고 나서 "그러면 아! 주일날 예배에 빠져도 되겠네요?" 그렇게 생각하는 사람이 있어요. 그것은 복음을 참으로 믿고 깨달은 사람의 반응이 아닙니다. 감사한 사람은 오지 말라고 해도 옵니다. 그것이 예수님을 참으로 믿는 사람의 마음입니다. 주님께서 모든 것을 다 해 주셨다는 그 사실이 생각할수록 정말 놀라운 것입니다. 나는 애써도 안 되는데 하나님이 다 해주셨다. 그것이 너무 너무 좋은 것입니다.

그러므로 이 사람이 어떻게 살게 되겠어요. "하나님! 감사합니다. 감사하니까 무엇을 해야 합니까?" 하면서 주님께 자신을 다 드리는 헌신을 합니다. 우리가 사람에게 조그만 은혜를 받아도 "너무 감사합니다. 이 은혜를 어떻게 갚아야 할까요?" 이렇게 하게 되지 않습니까? 나의 영원한 생명에 대해서 내가 한 것은 손톱만큼도 없는데, 내가 한 것은 하나님의 영광을 가린 것 밖에는 없는데, 우리 주 예수 그리스도를 통해서 우리를 구원해 주셨다는 이야기를 들을 때 우리가 가만히 있을 수 없는 것입니다.

우리들이 그렇게 복음에 반응하면서 정말 안타까운 마음으로 주님 앞에서 살 수 있기를 바랍니다. 그것이 복음을 믿는 것입니다. 그러므로 이제 우리는 복음 안에서 살아야 합니다. 그것이 자연스러워야 합니다. 억지로 "예수님을 믿는 사람의 의무는 이것입니다, 이것입니다, 이것입니다"라고 해서 그것이 되는 것이 아니고, 내 마음속에서 '아! 하나님이 이렇게 해 주셨군요. 그러면 내가 어떻게 해야 될까요?' 하면서 하나님께서 원하시는 삶에로 나아가는 것입니다.

그렇게 하지 않으면 우리가 복음에 충실한 삶을 사는 것이 아닙니다. "어떻게 하면 이것이 우리 속에서 되어질 것인가?" – 그것이 문제입니다. 그것이 되게끔 하기 위해서 하나님의 은혜를 좀 더 깨닫고 또 그 은혜에 반응하면서 점차 전진해 가야만 합니다. 하나님 앞에서 그 뜻을 좀 더 깨닫기 위해서 우리는 모임을 자주 갖습니다. 우리가 하나님의 뜻이 무엇인가 알기 위해서 모이는 것입니다. 그 마음이 없으면 아무것도 아니지요.

그래서 오늘 우리가 복음에 대해서 이야기했습니다. 복음은 정말 우리 스스로 할 수 없는 그것을 주님께서 해 주셨다는 기쁜 소식입니다. 그것이 아주 중요합니다. 바울이 갈라디아서에서 이 복음을 가리우거나, "아니, 그래도 네가 뭐 좀 해야 돼. 네가 아무것도 안하고 어떻게 구원을 얻을 수 있겠느냐"고 그렇게 말하고, 그렇게 가르치는 사람에게는 "저주를 받을지어다"(갈 1:8) 그렇게 말할 정도입니다. 구원은 내가 무엇을 해서 얻는 것이 아닙니다. 하나님이 다 해주시는 것입니다.

우리가 할 일은 "아! 하나님이 다 해 주셨어요. 감사합니다." 이렇게 믿고 신앙을 고백하고서, 그저 **감사해서 사는 것**입니다. 선포되는 복음을 예수님 앞에서 진지하게 받아들이고 예수님을 붙잡고 가는 것입니다. 복음을 다르게 가르치면 그 사람에게 저주가 있으리라고 이야기합니다. 사도가 복음(福音), 즉 좋은 말을 해야 될 사람이 왜 "저주가 있을지어다"라고 까지 매우 심각하게 말하는 것입니까? 이 복음을 순수하게 지키는 것이 매우 중요하기 때문입니다. 오늘날 한국교회에서도 이 복음의 복음된 것을 가리는 일이 있을 수가 있기 때문에 우리에게도 이것이 중요합니다.

그렇다면 사람들로 하여금 무엇인가를 하게끔 하는 것은 어디서 오는 것입니까? 구원받은 내가 **감사하니까 하는 것**입니다. 내가 무엇인가를 행해서 구원받는 것입니까? 내가 주일에 예배에 참석해서 구원받는 것입니까? 아닙니다. 그러나 주님께서 나를 위해서 해 주신 것을 생각할 때 내가 안할 수 없어서 하는 것입니다. 복음을 참으로 믿는 사람들은 그렇게 나를 구원해 주셨다는 것이 너무 감사해서 자신을 온전히 주님께 드리고 헌신하게 됩니다.

우리가 이 복음을 변질시키지 않을 수 있기를 바랍니다. 더 나아가서 우리가 이 복음에 충실한 삶을 살아서 복음이 우리에게 가져다준 그 은혜 속에서 감사해서 사는 삶을 살아야 합니다.

제 10 강

교회의 표지 (2): "성례전의 신실한 시행"
(i) 세례의 시행

로마서 6장 1-11절

[1]그런즉 우리가 무슨 말 하리요 은혜를 더하게 하려고 죄에 거하겠느뇨 [2]그럴 수 없느니라 죄에 대하여 죽은 우리가 어찌 그 가운데 더 살리요 [3]무릇 그리스도 예수와 합하여 세례를 받은 우리는 그의 죽으심과 합하여 세례 받은 줄을 알지 못하느뇨 [4]그러므로 우리가 그의 죽으심과 합하여 세례를 받음으로 그와 함께 장사되었나니 이는 아버지의 영광으로 말미암아 그리스도를 죽은 자 가운데서 살리심과 같이 우리로 또한 새 생명 가운데서 행하게 하려 함이니라 [5]만일 우리가 그의 죽으심을 본받아 연합한 자가 되었으면 또한 그의 부활을 본받아 연합한 자가 되리라 [6]우리가 알거니와 우리 옛 사람이 예수와 함께 십자가에 못박힌 것은 죄의 몸이 멸하여 다시는 우리가 죄에게 종노릇 하지 아니하려 함이니 [7]이는 죽은 자가 죄에서 벗어나 의롭다 하심을 얻었음이니라 [8]만일 우리가 그리스도와 함께 죽었으면 또한 그와 함께 살 줄을 믿노니 [9]이는 그리스도께서 죽은 자 가운데서 사셨으매 다시 죽지 아니하시고 사망이 다시 그를 주장하지 못할 줄을 앎이로라 [10]그의 죽으심은 죄에 대하여 단번에 죽으심이요 그의 살으심은 하나님께 대하여 살으심이니 [11]이와 같이 너희도 너희 자신을 죄에 대하여는 죽은 자요 그리스도 예수 안에서 하나님을 대하여는 산 자로 여길지어다.

우리가 지난주에 교회가 교회인 표징 중의 가장 대표적인 것이 하나님의 복음이 바르고 순수하게 선포되어져야 하는 것이라고 했었습니다. 만일 우리가 어떤 교회의 예배에 참석했는데 그 교회에서 복음이 선포되지 않는다면 그 교회는 교회가 아니라는 이야기를 했습니다. 그런데 복음은 이 세상에서 두 가지 방식으로 선포됩니다. 하나는 말로 선포되어질 수 있습니다. 지난주에 우리가 이야기했던 그 복음의 내용이 바로 "말로 선포된 복음"입니다.

교회의 표징 (2): 순수한 성례의 신실한 시행

그런데 동일한 복음을 이제 눈에 보이게끔 선포하는 방식이 있습니다. 그것을 성례(聖禮), 즉 "거룩한 예식"이라고 합니다. 따라서 성례도 교회가 참 교회라는 것을 나타내는 표징의 하나로 아주 중요한 부분입니다. 그러나 그것은 지난주에 말씀드렸던 복음의 선포와 떨어지지 아니하는 것이니, 말로 선포된 복음을 눈에 보이는 방식으로 재현해 보이는 것이 성례이기 때문입니다. 성례에는 두 가지가 있는데, (1) 그 하나가 오늘 우리가 행하려고 하는 세례(洗禮)이고, (2) 또 하나는 세례 후에 세례 받은 자들이 함께 행하는 성찬(聖餐)입니다. (성찬에 대해서는 다다음에 생각해 보기로 하고, 오늘과 다음 주일에는 세례에 대해서 생각해 보겠습니다).

세례와 그 의미

오늘은 그 중에서 세례에 대해서 잠시 생각해 보려고 합니다. "세례가 무슨 의미를 지니고 있는가? 왜 우리는 세례를 받는 것인가? 예수님을 믿는 사람들은 왜 세례를 받아야 하는가?" 이와 같은 것들을 생각해 보기로 하겠습니다.

오늘의 본문에 보면, 세례에서 어떠한 것들이 바깥으로 나타내지는지가 설명되어 있습니다. 세례는 (본문이 말하고 있는) 두 가지가 우리 가운데서 발생했다고 하는 것을 외적으로 드러내어 주는 것입니다. 세례는 "우리가 이러한 사람들입니다."라고 하는 것을 바깥으로 나타내 보이는 표입니다. 그리고 그것을 공적으로 인정받는 것입니다. 그래서 세례에 대해서 은혜 언약의 표(標, sign)와 인호(印號, seal)라는 말을 씁니다. 인호라고 하는 것은 도장이라는 말입니다. 분명히 이런 일이 일어났다고 하는 것을 도장 찍어 표하는 것입니다. 무엇을 어떻게 표를 하고, 무엇을 도장 찍는 것입니까? 두 가지입니다.

(1) "그리스도와 합하여 죽음"

그 중에 한 가지는 오늘 본문 3절에 "무릇 예수 그리스도와 합하여 세례를 받은 우리는 그의 죽으심과 합하여 세례를 받은 줄 알지 못하느뇨?"라고 말하는 데에 나타나고 있습니다. 그러므로 세례에서 우리가 예수 그리스도와 함께 죽었다라고 하는 것을 나타내 보이는 것입니다. "아니, 내가 여기 살아 있는데 왜 나 보고 죽었다고 하는 것인가?" 그렇게 질문할 사람도 있을 것입니다. 그러나 만일에 예수 그리스도와 함께 죽지 않은 사람이 있으면 그는 예수 믿는 사람이 아닐 것이고, 하나님 나라의 백성이 아닐 것이고, 하나님과 관련이 없는 사람일 것입니다. 도대체 이는 무슨 말입니까? 여기서 이상한 소리 하나가 나타납니다. 십자가에서 2000년 전에 예수님만 못 박힌 줄 알았는데, 그 십자가에서 또한 우리도 못 박혔다니, 십자가에서 우리가 예수님과 함께 죽었다니 - 그것은 무슨 뜻일까요?

이것을 6절에서 우리에게 잘 설명합니다. "우리가 알거니와 우리의 옛 사람이 예수님과 함께 십자가에 못 박혔나니"라고 말하는 것입니다. 우리의 어떤 사람이요? "옛 사람"이라고 하지 않았습니까? "옛 사람"이라고 하는 것은 부패한 인간성 전체를 포함하는 타락한 인간성을 말하는 것입니다. 우리 전체, 우리의 영혼과 육체를 모두 포함해서 하나님과 관련 없었던 나의 존재 전체, 그것이 예수님과 함께 죽었다는 말입니다. 세례는 그것을 표하는 것입니다. 이제는 예수님 안에서 나의 옛사람이 죽었다는 것을 표현해 내는 것입니다. 나의 옛 사람, 즉 지금까지 나를 주관해 왔고 내 생활을 영위해 왔던 것이 이제는 죽었다는 말입니다. 죽었으니까 이 사람은 더 이상 옛 사람에 따라서 생활해서는 안 되지요. 원리적으로 우리에게서 이러한 일이 일어났다는 것을 세례에서 표하는 것입니다.

그러므로 예수님을 참으로 믿는 우리들은 이제 죽은 사람입니다. 죽은 사람이라는 것을 좀 더 심각하게 표현하기 위해서 4절에서는 "그러므로 우리는 그의 죽으심과 합하여 세례를 받으므로 그와 함께 어떻게 되었나니"라고 말하고 있습니다. 여러분들은 "이제 이미 장사지낸" 사람들입니다. 장례식을 다 치룬 사람들이라는 말입니다.

그런데 문제는 우리가 이 원리에 합당하게 살아가는가 하는 것입니다. 성경 본문은 분명히 우리가 장례식을 다 치루었다고 했으니, 그것은 예수님께서 무덤 속에 묻히셨을 때 우리도 같이 묻혔다는 말입니까? 물론 물리적으로 그렇게 되었다는 말은 아니지요. 그때에는 그렇게 될 수 있는 우리의 몸이 있지 않았으니 말입니다. 이것은 우리 옛 사람이 예수 그리스도와 같이 죽은 것이라는 말입니다. 그래서 장사지 냈바 되었다고 표현한 것이지요. 자! 그런 사람이 이제 자기가 살아가 지고서 막 움직이겠어요? 그래서는 안 된다는 말입니다. 우리의 옛 사 람은 이제 살아 움직이지 않습니다. 그러므로 이것이 원리적으로 우리 가운데서 이루어졌다고 하는 것에 주의하십시오.

그랬다면 이제 우리의 현실에서 날마다 날마다 우리 안에 있는 부 패한 인간성인 "육체"(σάρξ), 즉 부패한 인간성을 죽여가야 합니다. 예 를 들어서 무슨 일을 하다가 남들이 나에게 조금만 이상한 소리를 하면 우리 마음속에서 어떤 일이 일어납니까? 화나고 속에서 부글부글 끓어 오르지요? 만일 그렇다면 그것은 무엇을 의미하겠습니까? 옛 사람이 죽지 않았다는 것을 드러내는 것이 아니면 무엇입니까? 만일 우리 옛사 람이 참으로 죽었다면 우리 속에서 끓어오르겠어요? 여러분이 시체를 꼬집어보세요. 반응합니까? 안한단 말입니다. 왜 그렇습니까? 죽었으니 까 반응이 없는 것입니다. 예수님을 믿는 사람은 그런 사람들이라고 하 는 것입니다. 예수 그리스도께서 십자가에 못 박히셨을 때 우리도 같이 죽었다는 것이 그리스도인으로서의 우리의 정체성을 드러내어 보이는 것입니다. 예수 그리스도와 함께 죽은 사람만이 예수 그리스도의 사람 들입니다. 그 사람들이 예수 그리스도를 믿는 사람들입니다. 세례는 그 것을 말합니다. 예수님께서 죽으신 것처럼 나도 또한 거기서 같이 죽었 다는 것을 말하는 것입니다. 그것은 이제까지 나의 삶 전체를 규정하는 삶의 방식, 즉 하나님에 대해서 반대하는 입장에서 살아오는 삶의 방식 을 잘못된 것으로 인정하는 것입니다. 성경에서는 그 모든 것을 죄라고 이야기합니다. 그러므로 이 죄에 대해서 내가 죽었다고 합니다. 죄에 대해서는 죽었으니까 더 이상 죄가 우리를 주관할 수 있겠습니까? 죄가 우리를 사로잡고서 "너 이렇게 하라"고 할 수 있겠어요? 죄에 대해서 우리는 죽은 사람들입니다. 십자가와 세례의 가장 기본적인 의미가 바로 이것입니다. 다시 말하여 세례는 우리가 예수님과 함께 죽었다는 것을 표(標)하는 것입니다.

(2) "죄를 씻음"

그런데 교회 공동체는 물로 세례를 주지요. 왜 이렇게 세례를 줍니까? 물은 우리의 모든 죄가 씻겨졌다는 것을 밖으로 나타내 보여주는 상징입니다. 그래서 세례 때에 되어지는 일을 크게 이야기한다면 (1) "이미 내가 예수와 합하여져서 나도 죽었습니다"라는 것을 표현해 내는 동시에 (2) 나의 죄가 예수 그리스도의 십자가 사건을 통해서 이미 씻겨졌다는 것을 뜻하는 것입니다. 나의 과거, 현재, 미래의 모든 죄를 예수 그리스도께서 다 씻어주셨다고 하는 것입니다.

이 두 가지 배후의 중요한 개념: 그리스도와 함께 삶

세례는 이렇게 우리가 예수님과 함께 죽고, 그리스도의 십자가로 우리 죄가 씻어졌다는 것만을 나타내는 것일까요? 그 배후에 어떤 의미가 또 있는 것은 아닐까요? 8절을 보십시오. "만일 우리가 그리스도와 함께 죽었으면 또한 그와 함께 산 줄을 믿노니." 그리스도와 죽은 사람은 그 다음에 그리스도와 함께 살아납니다. 왜 그렇습니까? 우리 주 예수 그리스도께서, 우리와 연합한 그 주님께서 (우리가 지난 주일날 감사예배 드린 대로) 다시 살아나셨기 때문입니다. 주님께서 살아나셨으면 우리도 또한 살아나는 것입니다. "아! 내가 그것을 믿습니다. 나중에 예수님이 다시 올 때 우리가 다시 부활할 줄을 내가 믿습니다." 그 정도는 우리는 이야기할 수 있지요. 그것을 믿어야 합니다. 그것을 믿지 않으면 우리는 예수 믿는 사람이 아닙니다.

그런데 본문에서 이야기하는 것은 그것 이상입니다. 5절을 한 번 보십시오. "만일 우리가 그의 죽으심을 본받아 연합한 자가 되었으면" – 이것은 "우리가 그리스도와 연합하여 같이 죽었으면" 하는 이야기이지요? 그래서 어떻게 되었느냐 하면 "또 그의 부활을 본받아 연합한 자가 되리라"고 합니다. 이렇게 된 사람은 어떻게 된 사람입니까? 4절의 뒷부분을 보면 "이는 아버지의 영광으로 말미암아 그리스도를 죽은 자 가운데서 살리심과 같이 우리도 또한 새 생명 가운데서 행하게 하려 하심이니라"고 합니다.

이것이 세례의 근본적 의미입니다. 세례의 첫 번째 의미는 예수님과 함께 죽는 것이라고 했었지요? 나는 예수 그리스도와 함께 죽은 사람입니다. 죽은 사람은 이제 죽은 사람으로서 계속 그냥 있습니까? 아닙니다. 다시 살아납니다. 예수님께서 사신 것처럼 우리도 살아납니다. 나중에만 살아나는 것이 아니라 지금 여기서도 살아난다는 말입니다. 그러면 이제 새로운 생명으로 사는 사람이 되어야 하지요.

세례식의 의미

이런 일이 우리에게 일어났다는 것을 온 교회 앞에서 인치는 예식이 바로 세례식입니다. "나에게 이미 이러한 일이 일어났습니다. 나는 예수 그리스도와 함께 죽고 예수 그리스도와 함께 살아났습니다. 그러면 이제 내가 사는 것은 내가 사는 것이 아니고 내 안에서 예수님께서 사는 것입니다." 하는 것을 표하고 인치는 것이 세례입니다.

바울은 갈라디아서 2:20에서 이렇게 고백합니다. 그 고백이 우리의 고백이 되어야 합니다. 이제 우리 모두는 우리가 진정한 그리스도인이라고 하면 더 이상 내가 사는 것이어서는 안 됩니다. 그리스도께서 내 안에 사시는 것이어야 합니다. 이제는 그리스도께서 우리 가운데 있어야 합니다. 여러분이 생활하실 때 공부하는 것, 열심히 선한 일 이루는 것, 교회 공동체와 관련하여 열심히 일하는 것, 그 모든 것을 그리스도의 힘으로 해야 합니다. 예수 그리스도의 부활하신 그 부활한 생명이 우리 가운데 있어서 우리가 그 부활 생명으로 살아가는 것입니다. 그것이 바로 그리스도인의 삶입니다. 이것이 우리 가운데 이루어질 수 있도록 해야 합니다. 그리스도인이 이러한 부활 생명 가운데서 살아간다고 하는 것, 주님이 내 안에서 사시는 것을 드러내야 합니다.

그렇게 해서 열심히 귀한 일을 이루어 놓고, 주님의 교회 공동체를 잘 세워 나갔다고 해 봅시다. 그럴 때 "이것을 내가 행한 것이다. 내가 참 잘했다"고 하면서 자기 머리를 쓰다듬을까요? 아니지요. 왜 그렇습니까? 그 일을 누가 행한 것입니까? 내 안에서 그리스도께서 행한 것이라고 성경은 말합니다. 내가 정말 세례의 의미에 충실한 삶을 사는가, 아닌가가 여기서 판가름 나는 것입니다. 세례를 받은 사람들은 이제 이러한 삶, 내가 그리스도와 함께 죽고 살아났다고 하는 삶을 살아야 합니다. 그것이 그리스도의 부활 생명이 내 삶 가운데서 드러나는 방식입니다.

내가 나에게 맡겨진 일을 열심히 했다든지, 내가 학교 선생님으로서 열심히 살았다든지 할 때에 그 모든 것을 "그리스도께서 내 안에서 하셨다."고 그렇게 생각하는 것이지요. 이제 원리적으로 나의 옛 사람이 완전히 죽고 예수 그리스도의 새로운 생명이 살아난 그것이 우리 가운데서 정말 약동하여야 합니다. 이것이 우리의 삶이어야 합니다. 부디 바라기는 우리가 이런 세례의 의미에 충실한 성도로서의 삶을 살아갈 수 있기를 원합니다.

제 11 강
교회의 표지 (2): "성례전의 신실한 시행"
(ii) 유아세례의 의미

창세기 17장 1-14절

[1]아브람의 구십 구세 때에 여호와께서 아브람에게 나타나서 그에게 이르시되 나는 전능한 하나님이라 너는 내 앞에서 행하여 완전하라 [2]내가 내 언약을 나와 너 사이에 세워 너로 심히 번성케 하리라 하시니 [3]아브람이 엎드린대 하나님이 또 그에게 일러 가라사대 [4]내가 너와 내 언약을 세우니 너는 열국의 아비가 될지라 [5]이제 후로는 네 이름을 아브람이라 하지 아니하고 아브라함이라 하리니 이는 내가 너로 열국의 아비가 되게 함이니라 [6]내가 너로 심히 번성케 하리니 나라들이 네게로 좇아 일어나며 열왕이 네게로 좇아 나리라 [7]내가 내 언약을 나와 너와 네 대대 후손의 사이에 세워서 영원한 언약을 삼고 너와 네 후손의 하나님이 되리라 [8]내가 너와 네 후손에게 너의 우거하는 이 땅 곧 가나안 일경으로 주어 영원한 기업이 되게 하고 나는 그들의 하나님이 되리라 [9]하나님이 또 아브라함에게 이르시되 그런즉 너는 내 언약을 지키고 네 후손도 대대로 지키라 [10]너희 중 남자는 다 할례를 받으라 이것이 나와 너희와 너희 후손 사이에 지킬 내 언약이니라 [11]너희는 양피를 베어라 이것이 나와 너희 사이의 언약의 표징이니라 [12]대대로 남자는 집에서 난 자나 혹 너희 자손이 아니요 이방 사람에게서 돈으로 산 자를 무론하고 난지 팔일만에 할례를 받을 것이라 [13]너희 집에서 난 자든지 너희 돈으로 산 자든지 할례를 받아야 하리니 이에 내 언약이 너희 살에 있어 영원한 언약이 되려니와 [14]할례를 받지 아니한 남자 곧 그 양피를 베지 아니한 자는 백성중에서 끊어지리니 그가 내 언약을 배반하였음이니라.

우리는 요즘에 교회가 "교회인 어떤 표징이 있어야 교회인가?" 하는 것을 성경을 통해서 공부하고 있는 중입니다. 그 중에서 우리가 (1) 교회에서는 참된 복음이 선포되어져야 한다는 것을 말했습니다. 또한 (2) (지난주에는) 이렇게 말로 선포되어지는 것이 눈에 보이는 형식으로도 나타나야 되는데, 그런 성례의 하나로서 세례의 의미를 생각했습니다.

유아 세례의 의미

그런데 그 세례 중에는 어른들이 자기의 의지를 분명히 가지고 "내가 예수를 믿는 사람입니다"라고 자기가 고백을 하고 받는 세례도 있지만 아기들에게 베푸는 세례도 있다는 것을 여러분들이 지난주에 보셨습니다.

우리는 왜 어린 아이들에게도 세례를 베푸는 것일까요? 이 세상의 모든 그리스도인들이 다 믿는 부모의 자녀인 어린아이들에게도 세례를 베풀어야 한다는 것에 동의하는 것은 아닙니다. 어떤 사람들은 "아니, 세례가 뭔데, 세례는 내가 예수 믿는 사람이라는 것을 밖으로 내보이는 표인데 아직 예수 믿는 사람이라는 의식이 없는 어린아이에게 세례를 베푸는 것은 세례의 정신에 어긋나지 않는가?" 이런 의문을 제기하기도 합니다. 그런 그리스도인들이 우리 주변에 있다는 것이 우리에게 좋은 도전이 됩니다.

그것은 왜 도전이 됩니까? 아무 생각 없이 "전통적으로 교회 공동체에서는 어린아이들에게도 세례를 베풀던데요. 그러므로 우리들도 그렇게 하겠습니다" – 그런 식으로 생각하는 전통주의적 사고방식에서 우리가 벗어나도록 해주기 때문입니다. 우리가 무엇을 그저 전통 때문에 하는 것은 의미가 없습니다. 물론 전통은 굉장히 중요한 것입니다.

그러나 우리가 어떤 전통을 지켜 가려면 "왜 우리가 그것을 행해야 하는가?"에 대한 분명한 의식을 가지고서 행해야 합니다. 그래야만 그것이 우리에게 의미 있는 전통입니다. 그래서 오늘 우리가 물으려고 하는 질문은 다음과 같은 것들입니다: "왜 우리는 어린 아기들에게 세례를 베푸는 것일까? 어린 아기들에게 세례를 베푸는 그 의미는 무엇인가? 과연 하나님께서는 어린 아기에게 세례를 베풀라고 하셨는가?"

물론 신약 성경에 "너희들이 어린 아기에게 세례를 베풀어라"는 식으로 주어진 말은 없습니다. 그렇기 때문에 저 사람들이 "어린 아기에게는 세례를 베풀지 말아야 된다"라고 말하는 것을 매우 신중하고 의미 있게 생각해 보아야 합니다.

이에 대해서 바르게 생각하기 위해서는 "하나님께서 우리를 하나님과 언약 관계를 맺은 백성으로 삼으셨다"라는 사실로부터 시작해야 합니다. 그것이 이해되지 않으면 어린 아기에게 세례를 베푼다고 하는 것이 무엇인지 알 수도 없고, 그 의미를 찾기는 더 어려울 것입니다. 다시 말하지만, 그저 "우리 교회 공동체에서는 전통적으로 이렇게 해왔기 때문에 이렇게 합니다." – 그렇게 하는 것은 의미 없는 일입니다. 또한 "그렇게 하는 것이 좋지 않겠습니까?" 해서 유아 세례를 베푸는 것도 의미가 없습니다.

예를 들어 보십시다. 여기 아름다운 꽃들이 있습니다. 어떤 성도가 "우리 예배당에도 꽃이 있으면 좋겠다"고 생각하고서 여기 갔다 놓으셨기에 여기에 이렇게 꽃이 있습니다. 이런 꽃들을 보면서 "아, 꽃들이 아름답구나, 주님께 드리는 것이 아름답구나. 그러므로 사람들 가운데서 더 순수한 어린 아이들을 주님께 드리면 더 귀하고 아름답지 않겠는가?" 하면서 그냥 그렇게 우리가 이 꽃을 드리는 것처럼 어린 아이를 드리는 것이라면 그것은 다 쓸데없는 것입니다. 하나님이 이것을 받아 주시지도 않고 의미 있다고 생각하지도 않으실 것입니다.

우리가 무엇을 행한다, 특별히 성례로 무엇을 행한다고 하였을 때는 성경 가운데에서 분명한 어떤 근거, 하나님께서 이것을 세우셨다 하고 하는 근거가 있어야지만 행할 수 있는 것입니다. 성례와 같이 중요한 것을 시행하면서 하나님께서 세우지 않은 것을 사람들이 만들어 내서 하는 것은 아주 못된 일이고, 해서는 안 되는 일을 하는 것입니다. 우리는 언제나 그런 것에 주의를 기울여야 합니다. 그렇기 때문에 우리에게는 성경과 성경적 가르침이 늘 중요한 것입니다.

우리가 하나님을 섬긴다고 할 때에 내가 내 마음속에서 그저 "이렇게 하면 좋겠습니다."라는 마음을 먹고서 그렇게 정한 것을 지성(至誠)을 다해서 하는 것만으로 다 되는 것이 아닙니다. 하나님께 행하는 것과 관련해서는 하나님께서 그의 말씀 가운데에서 규정해 놓으신 대로 하나님께 섬겨야만 그것이 의미 있는 것입니다. 그래서 우리가 세월이 지나면서 그러한 것들을 하나하나 깨쳐 나가고 '하나님께서 과연 우리에게 무엇 하시기를 원하셨는가?' 하는 것을 생각해야 합니다. 유아 세례에 대해서도 그렇게 해야 합니다.

약속과 그 표

(1) 언약

믿는 우리는 하나님과 언약을 맺었습니다. 하나님께서 우리와 약속을 맺으셨다는 말입니다. 물론 하나님께서는 우리에게 무슨 약속을 하실 필요가 없는 분이십니다. 그런데 하나님께서는 은혜로우셔서 하나님께서 당신님이 친히 조건도 내시고 방도도 마련해 가시면서 약속을 해주셨습니다. "자, 내가 너희들에게 너희의 구원에 필요한 모든 것을 다 제공해 줄 것이니, 너희들은 이 사실을 그냥 믿어라. 나를 신뢰하고 내가 하는 대로 따라 와라. 구원과 모든 것에 있어서 나를 전적으로 의뢰하라"는 식으로 약속하신 것입니다. 그런 약속을 하나님께서 해주셨습니다. 이 약속은 구원 역사 속에서 여러 가지 형태로 주어졌습니다.

(2) 아브라함 언약(Abrahamic covenant)

그런 약속의 형태 가운데 하나가 구약 시대에 하나님께서 아브라함을 부르셔서 그와 맺으신 언약입니다. 그 약속을 하셨을 때 그 약속의 의미는 "내가 너에게 이제 온 세상의 만민들을 구원할 수 있는 그 작업을 시작하겠다"는 것입니다. "나 하나님이 이 일을 할테니 너는 그저 이 사실을 믿고 너 자신을 이 사실 속에 던져 넣어라" 하시는 것입니다. 아브라함이 이를 믿었을 때 하나님과 아브라함 사이에 약속이 체결된 것입니다. 오늘의 본문이 바로 그 약속의 의미를 말해 줍니다. 하나님께서 아브라함과 맺으신 약속은 결국은 온 세상 만민을 구원하기 위한 것입니다.

이 약속을 분명하게 하기 위해서 아브라함에게 두 가지 현세적으로 보이는 것들을 약속하고 그것의 성취를 바라보게 해줍니다. 여기서 말하는 현세적으로 보이는 모습 중 하나는 "내가 너에게 자손을 줄 것이다"는 것이었습니다. 자손을 주는 것 – 그것이 눈에 보이는 형태로 아브라함에게 하나님께서는 약속을 지키시는 분이시라는 것을 알려주는 것입니다. 자손을 줄 뿐만 아니라 자손들이 많아지면 그 사람들이 들어가 살 곳이 있어야 되지 않겠습니까? 그래서 그 사람들이 살 수 있는 곳인 땅을 내가 너희에게 허락해 주리라 하는 것이 아브라함에게 약속하신 두 번째 외형적인 것입니다. 하나님의 약속은 궁극적으로 하나님께서 자기 백성들을 구원하겠다고 하는 것입니다. 이를 보여 주시고, 이 사실을 아브라함으로 하여금 믿도록 하려고 이런 외적인 것들을 미리 약속하시고 성취해 주신 것입니다.

(3) 아브라함 언약의 현세적 성격과 그 궁극적 지향점

그것을 믿도록 하기 위해서 아브라함으로 하여금 처음에는 자식을 기다리게 합니다. 자녀를 기다리게 한다는 말입니다. 아브라함의 나이가 오늘의 본문의 17장 1절에 보시면 99세였다고 했습니다. 하나님께서는 아브라함에게 "내가 너에게 많은 자손을 주겠다"고 약속하십니다. 그 약속이 결국은 (우리가 창세기를 공부한 대로) 이루어집니다. 100세 때 이루어지지 않았습니까? 이 사실이 이루어지는 것을 보면서 아브라함은 하나님은 참 믿음직한 하나님이시라는 것을 깨닫게 됩니다. 참 든든한 하나님, 그분에게 기댈 수 있는 하나님이심을 깨닫게끔 하기 위해서 그로 하여금 자식이 하나도 없는 상황 가운데서 자녀를 주시리라는 것을 믿고 그 성취를 보게 하신 것입니다. 그러므로 아브라함이 자손을 얻는 것 **그 자체**가 중요한 것이 아닙니다. 자식을 얻음을 통해서 자기 자신이 하나님에 대한 생각을 분명히 갖게 되는 것이 훨씬 더 중요합니다.

이 이야기가 성경 속에 있어서 우리가 이 이야기 속에서 아브라함과 함께 경험을 해 나갑니다. 물론 우리는 아브라함과 똑같은 경험을 하지 않습니다. 그러나 아브라함의 이 이야기 속에 같이 들어가서 아브라함에게 나타나신 하나님께서 약속을 이루어 나가시는 과정을 보면서 아브라함이 '하나님은 정말 믿을 만한 하나님이구나, 내가 굳건히 믿을 수 있겠다' 그런 생각을 했을 때 우리가 이 성경을 읽으면서 '아, 우리가 섬기는 하나님이 바로 이렇게 믿을 만한 하나님이시다'는 생각을 가지고 그 하나님을 같이 믿게 되는 것입니다.

그런데 아브라함과 약속을 하시면서 오늘의 본문에 보면, 예를 들어서 2절에서 "자녀들이 많아진다"고 했지요? 그리고 이것을 언약이라는 말로 하나님께서 표현하셨습니다. 하나님과 사람 사이에 맺어진 언약입니다. 하나님이 모든 것을 베풀어주시면서 세우신 언약이기 때문에 이것을 가리켜서 우리가 '은혜언약'(covenant of grace)이라고 이야기합니다. 여기에 사람이 이루어야만 하는 조건은 하나도 없습니다. 하나님이 모든 것을 제공해 주시는 것입니다. 사람은 그냥 그 언약에 기대기만 하면 된다고 말씀하십니다.

그런데 4절에서도 보면 다시 한번 언약 이야기가 나옵니다. "많은 민족들의 아비가 될 것이다." 그것을 분명히 하시기 위해서 하나님께서는 아브라함의 이름을 고쳐주십니다. 여태까지는 그를 "아브람"이라고 했습니다. 그런데 이제부터 "아브람"이 "아브라함", 즉 "많은 무리의 아비"라는 이름을 갖게 됩니다. 이것은 이제 아브라함에게서 많은 무리, 즉 많은 민족이 날 것이고 하는 것을 이야기해 주는 것입니다. 그것을 통해서 아브라함이 배워야 할 것은 "하나님께서 나에게 맺은 언약을 지켜 나가신다"는 것입니다.

그런데 아브라함과 언약을 맺으셔서 하나님께서 아브라함과 언약 관계를 가지고 계시면서 아브라함에게 자녀를 주시면 그 자녀들에게 대해서도 하나님께서 그들의 하나님이 되어 주시겠다고 말씀하십니다. 하나님께서는 7절에 그 이야기를 분명히 말씀하십니다. "아브라함과 아브라함의 후손의 하나님이 되리라" - 이렇게 말씀하시는 것입니다. 이것을 "영원한 언약"이라고 했습니다. 이 말의 함의에 따라서 이제 하나님께서 세우시는 언약에는 그저 하나님 앞에서 언약을 맺는 그 당사자만이 들어가는 것이 아니라 그의 후손들까지도 같이 들어간다는 것을 알 수 있습니다. 여기에 하나님의 은혜의 성격이 있습니다. 그저 한 사람만 들어가는 것이 아니라 그를 통해서 날 사람들이 다 언약 가운데 들어가는 것입니다.

(4) 언약의 구약적 표인 할례

하나님께서는 이것을 좀 더 구체적으로 알도록 하시기 위해서 어떤 구체적인 일을 하나 시행하게 하십니다. 학교에서 선생님들께서 어떤 것을 설명하다가 잘 안되면 칠판에 그림을 그리지 않습니까? 그러면 이것을 학생들이 좀 쉽게 이해할 수 있지 않습니까? 또 그것으로도 안되면 학생들 하여금 배우는 것과 관련해서 직접 뭘 해보도록 하지 않습니까? 그냥 말로만 하면 사람들이 다 졸아 버리지요? 지금 우리에게 일어나는 현상처럼 말입니다(웃음). 학생들이 직접 실험을 하고 나면 대개는 아주 구체적으로 어떤 것을 잘 이해하게 됩니다.

여러분들이 여기서 하나님께서 아브라함으로 하여금 어떤 구체적인 일을 하도록 하신 그 심정을 아셔야 합니다. 하나님께서는 이것이 정말 중요한 것이라는 것을 알도록 하기 위해서 일종의 실물 교육을 시키시기를 원하셨습니다. 시청각 교육 이상의 실물 교육입니다. 그래서 "내가 너희와 언약을 맺고 있다"고 하는 것을 깊이 느끼도록 하시기 위해서 "언약의 표를 너희 몸에 가져야 되겠다" 하신 것입니다. 그래서 남자들로 하여금 할례(割禮)를 행하도록 하였습니다. 이것을 현대적인 용어로 표현하면 포경 수술입니다. 그러나 오늘날의 포경 수술과는 달리 남자아이들이 난 지 8일 만에 할례를 행하도록 하셨습니다.

왜 그렇게 합니까? 그렇게 해서 언약의 표를 자기 안에 갖는다는 말입니다. 그러면 여자들은 언약 속에 못 참석하는 것입니까? 그렇지 않습니다. 아브라함 시대의 사회는 남자 중심적 사회였기 때문에 남자들을 대표로 그렇게 한 것입니다. 그러면 여자들은 자연스럽게 따라오게끔 되어 있습니다. 구약의 성격 때문에 그렇습니다. 그래서 남자들이 언약의 표로써 할례를 행하면 "나는 하나님의 언약 백성이다"는 표를 자기 몸에 가지게 된다는 말입니다. 그것을 마음속에 생각하면서, 몸에 이 상처가 있는 것을 보면서 "내가 하나님의 언약 백성이다"는 의식을 가지고 살아가도록 하신 것입니다. 앞으로 아브라함에게 속하는 사람들은 난지 8일이 된 남자 아이들에게 다 할례를 행하라고 합니다. 이 말씀에 따라서 모든 유대인 남자들은 다 할례를 행합니다. 이 사람들이 하나님의 언약 가운데 있는 백성들이라는 것을 표해 주기 위해 그렇게 했던 것입니다.

할례와 세례의 연관성

아브라함과 맺으신 언약 관계는 오늘 우리와 맺으신 언약 관계와 **본질적으로 동일한 것**입니다. 아브라함도 하나님을 믿음으로 그 언약 가운데에 들어갔습니다. 아브라함에게는 장차 하나님께서 누군가 우리를 위한 구원자를 보내주실 것이라는 것을 믿는 것을 통해서 하나님의 언약 가운데 들어갔습니다. 그러나 신약에 사는 우리에게는 성격이 조금 다릅니다. 우리는 "아브라함이 그렇게 바라 왔던, 그리고 아브라함의 후손들이 그렇게도 바라 왔던 그 기다리던 그 분, 메시아가 우리 가운데 오셨다. 우리 주 예수 그리스도께서 오셨다. 그런데 그분이 우리를 위해서 죄를 사하시고 부활하셨다"는 그 사실을 믿음으로 이 언약 안으로 들어가는 것입니다. 그것이 어떤 언약입니까? 아브라함과 하나님과 맺은 그 "은혜 언약" 가운데에 우리도 들어간다는 말입니다.

그러므로 타락 이후의 하나님의 백성들은 구약이나 신약이나 모두 같은 은혜 언약 안에 있는 것입니다. "하나님께서 이 일을 전적으로 다하실 것이다. 하나님 혼자 우리를 구원하신다"는 것을 믿는 믿음으로 구약과 신약의 하나님 백성들이 은혜 언약 가운데 들어간다는 말입니다. 구원의 일을 하나님이 다 하신다는 믿음으로 우리가 하나님의 언약 가운데 들어가는 것입니다. 그리고 내가 언약의 백성이 되었다는 것을 바깥에 보이는 형태로 나타내 보이는 예식이 구약에서는 할례였고, 신약에서는 세례 의식입니다. 그러므로 "예수 그리스도께서 죽으셨을 때 나도 같이 죽었습니다; 예수 그리스도께서 살아나셨을 때 나도 예수 그리스도의 부활 생명을 가지고 같이 살아났습니다"는 의식이 우리에게 있어야 합니다.

그런데 안타까운 것은 그 이야기를 해도 그것이 그냥 말로만 있을 수가 있다는 것입니다. 사람들 안에 예수님의 부활 생명이 살아 움직이는 것 같지 않을 때 매우 안타까운 마음이 듭니다. "부활절을 기념하고 난 우리의 마음 가운데 예수의 부활 생명이 살아서 약동하는 그것이 있는가?"하는 것을 심각하게 생각하며 주님께 기도해야 합니다.

여러분이 요즘에 들에 나가 보시면 그 파란 움이 솟는 모습들이 아름답게 보일 것입니다. 오늘도 아침에 차를 타고 오면서 보니까 파란 움들이 솟아나는 그것들이 아주 아름답게 보여요. 한 가지 새롭게 발견한 것은 나뭇잎이 파랗게 되어 갈 때 밑에 있는 가지에 있는 잎일수록 더 파래지더라는 것입니다. 아마 뿌리가 밑에서 수분을 빨아올리므로 거기에 먼저 가니까 그럴 수 있을 것으로 보입니다. 어쩌면 그것이 우리에게 의미가 있을지도 모릅니다. 하여튼 하나님께서 우리에게 주신 생명력이 자연에 있어서는 그렇게 아름답게 나타나고 있는데 예수님의 부활 생명이 우리에게 있다고 부활절에 이야기해 놓고서는 우리는 뭐 하는 것인지, 내 속에 예수님의 부활 생명이 있다고는 하지만 과연 살아 움직이는 것이 있는지 우리가 반성해 보아야 합니다. 이것이 정말 나로 하여금 기쁘게 하고 내 생활 가운데서 내가 예수님과 함께 살아간다는 의식을 가지고 살아가게끔 해야 하지요.

아브라함과 언약을 맺으셨을 때와 동일한 방식으로 하나님께서 하시는 구원에 대한 약속과 말씀을 내가 믿으면 내가 언약 관계 안에 들어가게 되고, 그러면 내가 하나님의 언약 백성인 것입니다. 그렇게 되면 하나님은 아주 은혜로우셔서 아브라함에게 "내가 너와 언약을 맺는다"고 하셨을 때 그 언약이 그에게만 적용되는 것이 아니라 "너와 너의 후손에게도" 적용되리라고 하셨습니다. 이것을 믿으면서 아브라함의 후손들은 하나님의 말씀대로 그 자녀들에게 난지 팔 일만에 할례를 행했던 것입니다.

이제 신약에 있어서는 그 언약의 표가 세례로 바뀌었습니다. 예수 믿는 사람이 다 할례를 행하는 것 아니잖아요. 우리가 유대인이 되었다가 그 다음에 다시 예수 믿는 사람이 되는 것이 아니니까 할례를 행하지 않는 것입니다. 그러나 그 대신에 예수 그리스도와 내가 하나가 되었다고 하는 것을 밖으로 나타내 보여주는 표인 세례를 행합니다. 그러므로 우리 가운데서 아직 세례를 안 받은 사람들은 '아, 하루 빨리 내가 그 표를 바깥으로 내보이는 의식을 행해야 되겠다' 그런 의식을 가져야 합니다. 그런 준비들을 하시기 바랍니다. 그것이 하나님께서 이 세상에서 이루시는 구원, 예수 그리스도 안에서 이루시는 구원을 참으로 믿는 것입니다.

그와 동시에 하나님께서 아브라함에게만 할례를 행하라고 한 것이 아니라 그 후손들에게도 할례를 행하게 하셨듯이, 신약 시대에는 복음을 믿고 신앙을 고백한 우리들만이 아니라 우리의 자녀들도 하나님의 언약 관계 안으로 들어간다는 것을 믿고서 자녀들에게도 세례를 베풀도록 해야만 합니다. 하나님의 약속은 우리만이 아니라 하나님이 얼마든지 부르시는 사람들과 그들의 자녀들에게도 주시는 약속이시기 때문에 그렇습니다. 그래서 하나님께서 우리들에게 자녀를 주시면 그 자녀는 그저 보통 자녀가 아니라 벌써 하나님과 언약 가운데서 주신 "언약의 자녀"라고 우리는 믿습니다. 이것은 굉장히 중요합니다. 우리의 자녀들은 하나님의 언약의 자녀들입니다. 조건은 있는데 그것은 우리들이 하나님을 진정으로 믿는 것입니다. 우리가 하나님을 참으로 믿고 있을 때 우리들의 자녀들은 태어날 때부터 하나님의 언약의 축복 가운데 태어나는 것입니다. 그러므로 우리 자녀들이 하나님의 언약의 자녀들이라는 말이지요. 그것을 믿기 때문에 우리가 믿는 마음으로 이 아이를 우리에게 언약의 자녀로 허락해 주심을 감사하는 것을 표현해 내는 의식으로 유아 세례를 행하는 것입니다.

유의점: 세례는 그 자체로 역사하는 것이 아님

그런데 이때 주의해야 될 것이 있습니다. 유아세례를 행했다고 해서 그 자체가 성례의 효과를 내어(*ex opere operato*) 어떤 마술적인 힘을 내는 것이 아닙니다. 유아 세례를 행했다고 해서 자동적으로 모든 것이 보장되는 것은 아니라는 말입니다. 세례를 행했다고 해서 그 아이가 그때 중생되는 것도 아니고, 세례를 행했다고 해서 구원의 모든 것이 다 보장된 것은 아니라는 말입니다. 그러기에 우리는 믿음으로 이 아이에게 세례를 행하고, 계속해서 위해서 기도하며 주의 교양과 훈계로 양육하여서 참으로 이 유아세례의 의미가 그 아이의 생애 가운데에서 드러날 수 있게끔 해야 합니다.

어떻게 노력합니까? (1) 아이를 위해서 기도합니다. 또한 (2) 아이와 함께 기도합니다. 그리고 (3) 아이를 주의 교양과 훈계로 늘 양육하는 것입니다. 이것이 우리가 하는 일입니다. "그것은 부모님이 알아서 하는 것이지요?"라고 묻는 사람들이 있습니다. 물론 그렇습니다. 그 **일차적인 책임**이 부모님께 있습니다. 부모님들은 유아세례식 때에 온 회중에 앞에서 엄숙하게 서약한 대로 (1) 아이를 위해서 기도하고, 또한 (2) 아이와 함께 기도하고, (3) 아이에게 주의 교양과 훈계로 늘 양육해야만 합니다. 진정한 믿음의 본을 보여야만 합니다.

그러나 우리가 지난 주일에 유아세례식을 행할 때 부모님들만 서약한 것이 아니고 온 교회의 회중이 다같이 주 앞에서 그 서약에 대해 증인 역할을 하면서 또한 우리들 모두도 간접적으로 서약한 것입니다. 이것이 교회를 하나로 만드시는 주님의 뜻입니다. 교회는 그저 핵가족식으로 움직이게끔 되어 있지 않습니다. 하나님께서는 우리 모두를 하나로 취급하십니다. 우리를 한 교회의 회원으로 묶어 주신 주님께서는 우리가 '저 아이는 딴 집 아이이니까 나에게는 책임이 없어' 그런 식으로 생각하게끔 하지 않는단 말입니다. 그 아이에 대해서 부모님 다음의 책임을 우리가 같이 져 나가게끔 하시는 것입니다. 그래서 우리 가운데 이렇게 주의 언약의 자녀로 드려지는 아이가 있을 때 (즉, 유아 세례식에 행해질 때), 온 회중이 그 아이와 부모를 잘 알고 정말 기뻐해야 합니다. '주님께서 이 언약을 분명히 해 주심을 참 감사드립니다.' 하는 의식을 모든 회중이 가져야만 합니다. 그것은 또한 우리에게 굉장한 책임을 부여해 나갈 것입니다. 유아세례를 행하는 교회는 반드시 기독교적인 교육을 교회 전체에 해야 할 필연성을 가집니다. 유아세례를 해 놓고는 기독교 교육을 하지 않는다면 그것은 의미가 없는 것입니다.

다시 말하지만, 부모님들이 아이들에 대한 기독교적 양육과 교육의 일차적인 책임을 가집니다. 이 아이를 어떻게 주 앞에서 잘 양육할 것인가? 그래서 그 아이가 성년이 되어서 자기의 입으로 신앙을 고백하고 "정말 내가 언약 백성이 되었음을 내가 인정합니다"고 고백할 때 우리가 입교(入敎)식을 행하는 것입니다. 그 아이들이 17세 정도, 어느 정도 의식이 성장해서 자기가 "분명히 나는 예수를 믿는 사람이다; 내가 예수를 믿어서 하나님의 언약 백성이 되었다; 그 존귀한 자리로 내가 정말 들어올 수 있게 되어 감사하다." 그런 표현을 할 수 있게 되기까지 우리가 부지런히 그 아이가 신앙을 가지도록 잘 양육시켜서 그 아이가 신앙을 고백하게끔 해야 합니다. 그렇게 할 책임이 우리에게 있습니다. 그래서 온 교회가 그런 의식을 가지고 같이 자라고, 같이 교육해 나가야 합니다. 아이들이 자라는 모습과 함께 우리가 같이 자라는 것입니다.

그런 과정을 옆에서 바라보면서 유아세례를 옛날에 받았던 사람들은 다시 한번 생각해 볼 필요가 있습니다. '부모님의 그런 신앙에 근거해서 내가 어릴 때에 유아세례를 받았었구나, 그런데 내가 지금 내 입으로 그렇게 신앙을 고백하고 있는가?' 하는 것을 심각하게 생각해 봐야 합니다. 나에게 이런 하나님의 언약 백성이라는 분명한 의식이 없으면 문제일 수 있습니다. 그래서 세월이 지나가면서 우리 마음 가운데에 모든 사람들이 큰 사람이거나 작은 사람이거나 나이 드신 분이거나 젊은 사람이거나 우리가 모두 '우리가 하나님의 언약의 백성들입니다; 하나님께서 이 세상 가운데에서 새로운 종류의 인간을 있기를 원하셨는데 이제 우리가 그런 언약의 백성들입니다.' 라고 고백하고 생활해 나갈 때 우리는 언약의 백성답게 사는 것입니다.

주님께서 아브라함에게 요구하십니다. "너는 내 앞에서 행하여 완전하라"- 우리에게도 하나님께서는 그렇게 요구하십니다. 왜 그렇습니까? 우리도 동일한 언약 백성이기 때문입니다. 우리도 언약 백성이기에 그런 온전함에 대한 추구가 우리에게 요구됩니다. 또한 우리의 자녀들에게도 요구됩니다. 우리가 하나님이 요구하는 완전의 표준에 도달할 수는 없지만, 매일매일 노력해서 그것이 우리 가운데에서 드러나도록 해야만 합니다. 그것이 전혀 보이지 않으면 "내가 정말 언약 백성의 원리에 충실한 삶을 살고 있는 것인가?"를 물어 봐야 합니다.

은혜 언약 속의 우리

여기에 나오신 분들은 대개 하나님의 언약 관계 가운데 있다고 믿습니다. 그러나 우리들 가운데서 혹시 아직도 믿지 않는 분들이 있다면 여러 분들은 참으로 예수님과 그가 십자가에서 이루신 구원을 믿으셔야만 합니다. 참으로 믿으셔야 합니다. 그것이 없이는 우리에게는 이 세상에서도 그렇고, 죽은 후에도 아무런 희망이 없습니다. 십자가에서 이루신 구속으로 말미암아 "하나님께서 나와 언약 관계를 맺으셨구나" 하는 믿음이 있어야 합니다. 주일마다 예배당에 나오면서도 계속해서 "나는 잘 모르겠는데요, 아브라함에게는 하나님이 나타나셔서 언약 관계를 맺으셨지만, 하나님께서 나에게 나타나셔서 언약도 안 맺으셨는데 어떻게 하나님과 내가 언약 관계를 맺었다고 할 수 있습니까?"라는 질문만을 해서는 안 됩니다.

하나님의 언약은 하나님께서 모든 조건을 다 제공해 놓으시고서는 너는 이 사실을 그저 받아들이기만 하면 내가 여기에 해당하는 모든 것을 다 베풀어 줄 것이라는 식으로 주어지는 언약입니다. 그래서 "내가 참으로 예수님을 믿습니다"라고 진정으로 고백하고 예수님을 믿는 사람으로 서 있으면 우리는 언약 관계 가운데 들어온 백성이라는 것도 믿어야 합니다. 여러분이 매일 매일 이 의식을 새롭게 하는 것이 중요합니다. 주일날 아침에 **이렇게 예배할 때에만** "내가 하나님의 언약 백성이니까 하나님께 예배합니다" 해서는 **안 됩니다**. 물론 삼위일체 하나님께 예배를 바로 해야지요. 그렇게 안 하면 참 문제입니다. 하나님의 언약 백성이 예배도 하지 않는다면, 그것은 참으로 큰 문제입니다. 이왕 할 것이면 분명히 하자고 그랬습니다. 예배 시작하고 5분 뒤에 오시는 것이 아니라, 최소한 5분 전에는 오셔야 합니다. 어떤 분은 제가 5분이라고 하면, "왜 5분이죠, 최소한 15분 전에 오라고 하셔야지요?" 그렇게 물으십니다. 제가 그렇게 이야기하는 의도를 아셔야 합니다. 최소한 그렇게라도 와야 하나님께 하는 예배가 제대로 될 것 아니겠어요?

그런데 우리가 이렇게 예배를 제 시간에 한다고 해서 언약 백성의 도리를 다한 것이 아닙니다. 이보다 더 중요한 것은 언약 백성들이 매일 매일의 삶 가운데에서 하나님의 언약 백성이라는 의식을 가지고 살아가는 것입니다. 어린 아기들에게 이 의식을 여러분들이 심어 주어야 할 사람들입니다. 나에게 자녀가 있든지, 없든지 상관없이 우리 모두가 그런 책임을 가지고 있습니다. 어린 아기들에게 이런 것을 심어 주어야 할 사람들인 우리가 살면서 하나님의 언약 백성이라고 하는 의식이 없이, 하나님과 거룩한 약속 가운데 있는 사람이라고 하는 의식이 없이 살아간다면 그 얼마나 의미 없는 일이겠습니까? 내 속에 그런 것이 없는데 어린 아기들의 마음속에 그 의식이 심어질 수 있겠습니까? 내 속에 분명히 '나는 무슨 일이 있어도 하나님께서 이 세상 가운데에서 이루시려고 하는 하나님의 언약 가운데 내가 있는 사람이다; 하나님의 은혜의 언약으로 나를 하나님의 백성으로 삼으셨다'는 그런 의식을 가지고서 매일 매일의 생활을 해 나가야 합니다. 그래야만 그것이 어린 아기들에게도 전달되어지고 가르쳐질 수도 있습니다. 부디 우리가 그런 언약 백성으로 충실한 하나님의 백성의 삶을 살 수 있기를 바랍니다.

제 12 강

교회의 표지 (2): "성례전의 신실한 시행"

(iii) 성찬의 바른 시행

고린도전서 11장 17절-34절

[17]내가 명하는 이 일에 너희를 칭찬하지 아니하나니 이는 저희의 모임이 유익이 못되고 도리어 해로움이라 [18]첫째는 너희가 교회에 모일 때에 너희 중에 분쟁이 있다 함을 듣고 대강 믿노니 [19]너희 중에 편당이 있어야 너희 중에 옳다 인정함을 받은 자들이 나타나게 되리라 [20]그런즉 너희가 함께 모여서 주의 만찬을 먹을 수 없으니 [21]이는 먹을 때에 각각 자기의 만찬을 먼저 갖다 먹으므로 어떤 이는 시장하고 어떤 이는 취함이라 [22]너희가 먹고 마실 집이 없느냐 너희가 하나님의 교회를 업신여기고 빈궁한 자들을 부끄럽게 하느냐 내가 너희에게 무슨 말을 하랴 너희를 칭찬하랴 이것으로 칭찬하지 않노라 [23]내가 너희에게 전한 것은 주께 받은 것이니 곧 주 예수께서 잡히시던 밤에 떡을 가지사 [24]축사하시고 떼어 가라사대 이것은 너희를 위하는 내 몸이니 이것을 행하여 나를 기념하라 하시고 [25]식후에 또한 이와 같이 잔을 가지시고 가라사대 이 잔은 내 피로 세운 새 언약이니 이것을 행하여 마실 때마다 나를 기념하라 하셨으니 [26]너희가 이 떡을 먹으며 이 잔을 마실 때마다 주의 죽으심을 오실 때까지 전하는 것이니라 [27]그러므로 누구든지 주의 떡이나 잔을 합당치 않게 먹고 마시는 자는 주의 몸과 피를 범하는 죄가 있느니라 [28]사람이 자기를 살피고 그 후에야 이 떡을 먹고 이 잔을 마실지니 [29]주의 몸을 분변치 못하고 먹고 마시는 자는 자기의 죄를 먹고 마시는 것이니라 [30]이러므로 너희 중에 약한 자와 병든 자가 많고 잠자는 자도 적지 아니하니 [31]우리가 우리를 살폈으면 판단을 받지 아니하려니와 [32]우리가 판단을 받는 것은 주께 징계를 받는 것이니 이는 우리로 세상과 함께 죄 정함을 받지 않게 하려 하심이라 [33]그런즉 내 형제들아 먹으러 모일 때에 서로 기다리라 [34]만일 누구든지 시장하거든 집에서 먹을지니 이는 너희의 판단 받는 모임이 되지 않게 하려함이라 그 남은 것은 내가 언제든지 갈 때에 귀정하리라.

오늘 아침에 우리가 읽은 시편 교독에서도 같은 사상이 표현되어 있었는데, 오늘 성가대의 찬양에서도 "우리가 주님의 집에 거하기를 원합니다" – 그런 이야기가 나왔습니다. 오늘의 시편을 보면 "우리 주님의 집에 있는 하루가 다른 곳에 있는 천 날보다 나으니라"고 했습니다 (시 84:10). 천 날을 다른 곳에 있는 것보다 주의 집에 하루 있는 것이 좋다는 이 이야기는 우리가 쉽게 오해할 수 있습니다. '예배당에 나오는 하루가 다른 데의 천 날보다 낫다는 말인가? 그런 함의가 있는가?' 한국 성도들은 그렇게 생각할 가능성이 매우 많습니다.

그러나 사실 이런 생각은 우리가 벗어나야 할 생각입니다. 우리가 지금 교회에 대해서 생각을 하고 있는데, 조금 전에는 머릿속으로 예배당을 생각한 것입니다. 그런데 지난번에 예배당은 교회가 아니라고 말씀드렸던 것을 기억하실 것입니다. 주의 집, 성전 – 그런 것은 다 교회를 가르친다고 그랬습니다. 그런데 교회는 무엇이라고 그랬습니까? 예수님을 믿는 우리 자신들이라고 그랬습니다. 우리가 모이는 이 건물이 "교회"인 것이 아닙니다. 이 건물이 주님의 집인 것이 아닙니다. 우리가 전에 이야기한 것이 언제든지 분명히 드러나도록 해야 합니다. 즉, 우리 스스로가 '주님의 집'이어야 합니다. 우리 자신들의 삶이 그리스도의 집이어야 한다는 말이지요.

그럼 결국 위의 시편 말씀이 신약에 사는 우리에게 적용되는 뜻은 무엇입니까? "우리가 주의 집에 하루 있는 것이 좋습니다."라는 말이 신약 성도인 우리들에게는 무슨 뜻이겠습니까? 우리가 제대로 주의 백성노릇을 해야만 한다는 말이지요. 우리가 속해 있는 교회 공동체가, 즉 우리들과 우리들 사이의 그 사귐이 정말 주님이 원하는 그런 모습을 드러내야 한다는 것입니다.

교회의 표지 정리

지금 우리는 교회가 참 교회이기 위해서는 어떠한 특성들을 가지고 있는가 하는 것들을 살펴가고 있는 중입니다. 그런데 우리가 분명하게 이야기하기를 교회가 참 교회이려면, 즉, 우리의 공동체가 정말 주님께서 "내 교회다"라고 인정하는 공동체이기 위해서는 첫 번째로 바른 복음이 선포되어져야 한다고 그랬지요? 예수 그리스도에 관한 바른 복음이 선포되지 않으면 아무리 많은 사람들이 모이고, 헌금도 많이 하고 해도 그것은 교회가 아니라고 그랬습니다.

먼저 그것이 분명해야 합니다. 내가 교회와 관련해서 생활해 가면서 내가 내 마음속에 그리스도에 관한 바른 복음에 대한 인식이 생겨지는가 하는 것이 중요합니다. 그것이 내 속에서 생겨져야만 복음이 제대로 선포될 수 있습니다. 핵심은 내가 정말 복음을 즐거워하며 살고 있는가 하는 것입니다.

그리고 예수님께서는 이것을 말로만 하지 않도록 하시기 위해서, 성례를 제정하셨다고 그랬습니다. 세례를 주고, 그것을 우리 눈으로 보지 않습니까? '우리가 세례 받는 저 분처럼 예수님과 함께 죽고, 살아났다고 하는 것을 눈으로 보면서 나에게도 저런 일이 있었지' 그렇게 생각해야 한다고 했습니다. 또한 성찬을 하면서도 그것도 복음을 선포하는 것이라는 것을 생각하고, 이 성례를 제대로 시행해야만 그것이 교회의 제대로 된 표징을 드러내는 것이라고 했습니다.

이것과 연관된 대단히 중요한 문제가 한 가지 있는데, 그것은 교회가 권징을 시행하는가 하는 것입니다. 교회 공동체를 통해서 하나님의 말씀이 제대로 선포되는 것이 중요하다고 했지요? 문제는 이 말씀이 선포되어지면 우리가 과연 그 말씀대로 사는가, 아닌가 하는 것을 서로 살피고 그 말씀대로 살도록 서로 권면하고, 그렇지 못할 때는 징계도 하고 하는 것이 권징(勸懲)입니다. 마음속에 이것을 분명히 생각해야 합니다. 주님께서는 왜 권징을 시행하라고 했는가? 이것이 성찬 문제와 관련이 있습니다. 어떤 사람이 제대로 성찬에 참여할 수 있는가 없는가를 판단하도록 하기 위해 권징을 시행하라는 것입니다. 즉, 주를 믿는다는 모든 사람이 성찬에 제대로 참여할 수 있는 사람이 되게끔 인도하는 방식이 권징입니다.

성찬의 의미

오늘 본문을 보면 이렇게 이야기하고 있습니다. "주의 떡이나 주의 잔을 합당치 않게 먹고 마시는 자는 주의 몸과 주의 피를 범하는 죄가 있느니라."(고전 11:27) 27절에서는 그렇게 이야기하지요? 우리가 성찬을 할 때 떡을 떼면서 "이것은 우리를 위해서 찢기신 주님의 살입니다, 주님의 몸입니다" 그렇게 선언했고, 포도주 잔을 나누면서 "이것이 우리를 위해서 흘리신 주님의 피입니다"라고 이야기하는데, 그때 이것을 합당치 않게 먹고 마시면 결국은 주님의 몸과 피를 범하는 죄가 있다는 말입니다.

여기서 주의 몸과 피를 "합당치 않게 먹고 마신다"는 것은 무엇입니까? 이것은 성찬이 무슨 뜻인지 모르고 그냥 '교회가 1년에 몇 차례씩 이것을 하는 것인가 보다'라고 그 진정한 뜻을 별로 생각하지 아니하고 그냥 성찬에 참여하는 것과 같은 것이 그런 한 가지 예입니다. 왜 우리가 이것을 행합니까? 우리가 여태까지 몇 주일 동안 생각하여 온대로 주님과 나 사이의 그 생명적인 관계를 말해 주기 위해서 이 성찬을 하는 것입니다. 내가 살 때에 나는 그냥 살고 있는 것이 아니라, 주님으로부터 생명적인 관계를 가지고 살게 된다는 것을 밖으로 표현해 내는 것입니다. 우리가 밥을 먹어야 살듯이 우리 영혼은 주님과의 관계성 가운데서 삽니다. 그것이 내 영혼에 자양분을 공급해 주는 것이고 내 영혼을 상쾌하게 해준다는 것입니다. 그리고 또한 "우리가 한 몸이다"는 것을 표현하기 위해서 한 떡에 참여하는 것입니다.

그런데 성찬을 행할 때 그 뜻을 별로 생각하지 않으면서 행한다든지, 아니면 그 뜻을 생각하면서 행하긴 행했었는데 그 다음에 우리의 공동체 모임 가운데에서 그것이 잘 드러나지 않으면 그것이 심각한 문제입니다. 예를 들어서, 우리가 한 몸이라는 것을 드러내기 위해서 성찬에 참여했는데 실제적으로 살아갈 때는 한 몸이라는 것을 전혀 드러내지 않는다면, 그것은 결국 주님의 몸과 살을 범하는 죄라는 말입니다. 심지어 그것은 "너희의 죄를 먹고 마시는 것이니라"고 합니다.

초등학교 학생들이나, 중고등부 학생들에게 흔히 다음 같은 일들이 있을 수 있습니다. 예배당에 나오다가 마음에 안 드는 사람이 생기게 되면 "저런 사람이 있으니까 이제부터는 안 나와야겠다." 흔히 그런 생각을 가질 수가 있는데, 이렇게 한다면 이는 결국 우리가 한 몸이라고 하는 성격을 드러내지 못하는 것이지요? 우리들은 그 문제를 해결하기 위한 큰 노력을 해야만 합니다.

고린도 교회의 성찬 시행과 관련된 문제

고린도 교회에는 심각한 문제들이 여럿 있었습니다. 그 중의 하나는 성찬을 행하는 것과 관련된 문제였습니다. 그 때 성찬할 때는 우리와는 다른 양식이 하나 있었습니다. 대개 우리는 예배 시작하기 전에 성찬을 다 미리 준비해 놓습니다. 그런데 이 분들은 각자가 성찬에 사용할 것을 가져 왔습니다. 그런데 이런 정황 가운데서 발생한 불행한 사건은 아마도 다음 두 가지 정황 가운데 하나로 발생했을 것입니다. 이 둘 중에 어떤 것이 더 정확한 상황인지 우리가 단정할 수는 없습니다.

첫째 가정은 이 사람들 중 어떤 분들이 가끔 늦었다는 것을 상정하는 것입니다. 그 때는 주일이 공식적인 공휴일이 아니었기에 노예인 사람들은 일을 하고 늦게 왔을 것입니다. 이렇게 어떤 사람들이 안 오니까 '자, 그럼 우리가 먼저 시작하자' 하고서 자기가 싸온 것을 먹어요. 어떤 사람들은 시간이 없어 늦게 오니까 못 먹고 하는 것이라고 생각하는 것입니다.

그것이 아니라면, 둘째 가정으로, 각자가 다 자신의 것을 준비해 왔다고 생각하는 것입니다. 그런데 부유한 사람은 부유함이 드러나도록 준비하고, 가난한 사람들은 자기가 준비한 것을 가져다 먹는 것이라고 볼 수 있습니다. 마치 소풍을 갈 때 도시락을 싸와서 자기들이 준비한 것을 먼저 가져다가 먹는 것과 비슷합니다. 어떤 사람들은 가난하므로 좋은 것을 많이 먹지 못하고, 또 어떤 사람들은 많이 가져와서 많이 먹으니까, 포도주도 많이 먹으니까 술 취하고 했던 것입니다 (고전 11:21). 이 두 가지 정황 가운데서 어떤 것이 이 본문이 말하는 정확한 정황인지를 우리가 명확히 단정해 말하기는 어렵습니다.

중요한 것은 교회의 성찬에서 실제로 함께 식사한다는 것이 잘 드러나지 않는 그런 일이 교회 안에서 발생했다는 것입니다. 이런 상황에서는 너희가 "한 몸으로 행하는 것이 아니다" – 그러니 과연 같이 먹을 수 있느냐?"는 것이 바울의 말입니다. "그러니 내가 너희를 칭찬할 수 없노라" 바울이 그렇게 말하고 있습니다.

만일에 이것과 비슷한 기준으로 바울이 오늘날 우리들의 교회를 바라봤을 때 바울은 어떻게 이야기할까요? 사람들이 주의 만찬에 대해서, 또한 교회에서 행하는 이런 예식들에 대해서 별 의미 없이 임한다든지, 의미 있게 임하였다고 할지라도 그 결과가 삶 가운데 드러나지 아니하면 그것은 결국 사람들이 자신들의 죄를 먹고 마시는 결과를 나타내는 것입니다. 이것은 매우 무시무시한 일입니다. 우리가 성찬을 행하는 이유가 무엇입니까? 우리에게 은혜를 드러내고 나누어주기 위해서 행하는 것 아닙니까? 성찬이 '은혜의 방편들'(*media gratiae*) 가운데 하나라는 말이지요. 그런데 그것이 오히려 사람들에게 무시무시한 결과를 나타내고 죄를 짓게끔 하는 결과를 내고 만 것입니다.

그래서 결과적으로 고린도 교회에 어떤 일이 있었는지를 한번 보십시오. 30절 말씀을 보겠습니다. 여기서 말하는 "잠자는 자"라는 말은 예배 시간에 조는 자들이 있었다는 이야기가 아닙니다. 성경 가운데에서 "잠자는 자"라는 말은 무엇을 뜻합니까? 그리스도 안에서 죽은 사람들을 뜻하는 말입니다. 그러므로 이 말씀의 함의는 성찬에 잘못 참여했기 때문에, 자기의 죄를 먹고 마셨기 때문에 약하게 되고, 병들게 되고, 죽게 되는 일도 있었다는 것입니다. 그러나 오해하지 마십시오. 우리 가운데 병들고 약하고 하는 사람들은 전부 다 죄를 범했기 때문에 그런 것이라고 생각해서는 안 됩니다.

그러나 이 고린도 교회에서는 그렇기 때문에 약하고, 병들고, 죽은 사람도 있었다는 이야기입니다. 이것은 모든 병의 경우에 대해서 이렇게 이야기하는 것이 아니고 당시 고린도 교회에 어떤 경우에 주님께서 거룩하게 여기는 것(성찬)을 거룩하게 여기지 않을 때 결과적으로 약하고, 병들고, 죽은 사람들도 있었다는 말입니다.

성도에 대한 주님의 징계

왜 주님께서는 이렇게 하셨습니까? 중요한 두 가지 이유 때문입니다.
그 하나는 그 사람들을 사랑하시기 때문에 그랬습니다. 이 사람들을 사
랑하시기 때문에 이 사람들이 잘못하면 하나님이 그냥 내버려두지 않는
다는 말이지요. 우리가 자녀들이 잘못하면 그냥 내버려두지 않지요? 징
계를 합니다. 히브리서에서도 그 말씀에 근거해서 만일 하나님께서 우
리를 징계하지 않으신다면 너희가 "사생자요 참 아들이 아니니라"(히
12:8)고 이야기하고 있습니다. 하나님의 참 자녀들에게는 주님께서 징
계하시는 일이 있다는 것입니다. 고린도 교회에 약하고 병들고 한 사람
들 가운데서는 주님의 징계로 그런 일을 경험한 사람들도 있다는 말입
니다.

그러나 이것은 우리 사이에 약하고 병든 사람이 다 그렇다는 이야
기는 아닙니다. 이 세상에서 살면 우리가 죄악의 구조 가운데에서 살
기 때문에 온전하게 살아도, 죄악의 구조 가운데 나타나는 여러 가지
어려움들이 우리 가운데 임할 수도 있습니다. 그럴 때 우리는 욥처럼
굳건하게 그것을 이겨 나가야 합니다. 그러므로 경우가 다 다르기 때
문에 일반화하면 안 됩니다. 욥의 친구들이 욥에게 와서 뭐라고 합니
까? "네가 죄를 범했으니까 이렇게 당하고 있지?" 이런 식으로 이야
기하는 사람들이 있지요? 친구들이 와서 위로한다고 하면서 그렇게 마
음을 더 상하게 이야기한다는 말입니다. 사람마다 경우가 다 다르기
때문에, 그저 일반화해서 "이건 이래서 있는 것입니다" 그렇게 이야기

할 수 없다는 것이지요.

그러나 또 '그런 경우는 아예 없다'고 생각하는 것도 문제입니다. 그런 경우가 있는 것을 고린도 교회의 경우를 통해서 봅니다. 왜 그렇게 되었다고 했습니까? 하나님께서 그 사람들을 사랑하셔서 징계하신 것이라고 했지요? 하나님께서 매번 "너 잘못했지, 잘못했지" 하면서 그렇게 징계하시는 것입니까? 우리들이 아이들을 야단칠 때 아이들이 잘못한 만큼 징계하나요? 그렇지 않지 않습니까?

여기서 분명히 기억해야 할 것이 있습니다. **하나님의 징계는 형벌이 아닙니다.** 만일에 하나님께서 우리가 잘못한 것에 대해서 날마다 그대로 갚으시면, 우리들은 여기 있을 수 없습니다. 벌써 이 세상에 존재하지 않을 것입니다. 예수님을 진정으로 믿는 우리는 형벌을 받지 않습니다. 예수님께서 십자가에서 그 형벌을 다 받으신 것입니다. 이것을 믿는 것이 복음을 믿는 것입니다. 그리고 그것을 참으로 믿는 사람들은 죄악의 길로 나아 갈 수가 없습니다. 그런데 우리가 간혹 잘못하면 주님께서 우리가 잘못한 것에 비례해서가 아니라, (우리가 잘못한 것과 비교하면 정말 아무것도 아닌 것으로 판단될만한) 징계를 하실 수 있습니다. 그런 상황에 처하게 되면 '주님이 나를 사랑하시니까 이런 징계가 있구나' 하고 생각해야 합니다. 우리들은 그런 경우들을 통해서 우리의 실수를 살피게 됩니다. 나 스스로의 삶을 살피고, 내가 과연 교회의 의미를 드러내면서 살고 있는가를 살펴야만 합니다.

왜 그렇게 하셨습니까? 마지막 심판 때에 죄 정함을 받지 않게끔 하려는 것입니다. 오늘의 본문 32절에 있는 말씀입니다. 죄 정함이라고 하는 것은 죄에 대해서 하나님이 정죄하시는 것을 말합니다. 그것을 주님께서 최후의 심판의 날에 하실 것입니다. 마지막 심판의 때에 말입니다. 그런데 예수님을 참으로 믿는 우리들은 이런 정죄

(condemnation)를 받지 않을 것입니다. 왜냐하면 우리 주님께서 십자가에서 우리를 위해 정죄를 받으셨을 뿐만 아니라, 우리는 미리 주님의 징계를 받고 있기 때문이지요.

그런데 우리의 삶의 과정 가운데 주어지는 그런 징계도 받지 않으려면 우리가 미리 우리 스스로를 살펴 가면 됩니다. 그 판단하는 권리를 우리 스스로에게 주셨다는 것이지요. 그래서 성경 가운데에서 우리에게 해 주는 말 가운데에서 제일 중요한 말의 하나는 "스스로 판단하라"는 말입니다. 너희 스스로를 살피라(self-examination), 그리고 난 후에야 성찬에 참여하라는 것입니다. 그래서 교회 공동체에서 우리가 생각해야 할 것은 우리가 스스로를 판단하는 기준을 찾는 것입니다. 그 기준은 성경 가운데 있습니다. 성경이 판단의 기준이 되는 것입니다.

그러므로 과거의 신앙의 선배들이, 한국 교회에서 뿐만 아니라 옛날 서구 교회에서도 성경을 우리의 "거울"이라고 했습니다. 거울 앞에 서면 여러분의 얼굴에 무엇이 묻어 있는지, 무엇이 잘못되어 있는지가 모두 드러나지 않습니까? 우리 스스로의 기준을 가지고 생각하면 우리는 잘못한 것 없다고 생각하기 쉽습니다. 내 기준을 가지고 판단했기 때문입니다. 그러나 우리의 판단의 기준은 무엇이라고 했습니까? 성경입니다. 그리고 이 설교 시간에 하는 것과 같이 교회 공동체에서 이렇게 말씀을 선포할 때 성경이 기준이라는 것을 알게 되는 것입니다. 그러므로 우리는 성경이라는 잣대를 가지고 우리가 과연 제대로 하고 있는지를 재는 것입니다. 우리가 스스로를 살피는 것입니다.

그렇게 하면 정말 우리가 주님의 성찬에 은혜롭게 참여할 수 있는 것이고, 마지막 날 최후의 심판 때에 우리에게 정죄함이 없다는 말입니다. 왜 그렇습니까? 우리는 항상 우리 스스로를 살피고 있기 때문입니다. 이것이 성령님께 의존해서 우리들이 계속해서 해야 할 일입니다. 그러나 교회 공동체는 한 몸이기 때문에 혼자만 그렇게 하는 것이 아니라 모두가 다 살피는 것입니다. 기본적으로는 각자가 그렇게 하는 것입니다. 양심의 주인이 하나님이시기 때문에 각자가 주님 앞에 나아갈 수 있습니다. 여러분이 성경에 근거하여 스스로를 판단했을 때 잘못했다고 판단되면, 목사님께 와서 "하나님 앞에 제가 이러이러한 것을 잘못했습니다" 그렇게 고(告)하실 필요가 없습니다. 그냥 여러분 스스로가 하나님 앞에서 진정으로 통회하는 마음으로 마음을 찢으면서 잘못했다고 인정하고 회개하면 됩니다.

로마 가톨릭 교회에서는 성찬에 참여하기 위해서는 먼저 신부님에게 가서 "내가 이러이러한 잘못을 하였습니다." 그렇게 이야기를 해야만 합니다. 그것을 천주교회에서는 고해성사(告解聖事)라고 합니다. 그런 연후에야 비로소 성찬에 참여할 수 있게 해 놓았단 말이지요. 여기에는 나쁜 면이 있습니다. 왜? 우리 양심의 주인은 다른 사람이 아니기 때문입니다. 신부님들이 우리의 양심을 지켜 주는 이 시대의 양심이 아닙니다. 목사님들이 그런 역할을 하는 것이 아닙니다. 우리 양심의 주인은 오직 하나님뿐이십니다. 그러므로 각자 스스로를 살펴서 주님 앞에서 회개해야 합니다.

서로 살펴가는 교회 공동체

그러나 또한 교회 공동체는 서로 살펴보는 공동체입니다. 그러므로 우리들 가운데서 누군가가 믿음의 길로 나아가지 않을 때 그냥 "당신이 알아서 하십시오" – 이렇게 하는 것이 아닙니다. 교회 공동체는 서로 돌아보도록 되어 있습니다. 그 책임을 주로 당회에서 맡습니다. 성도들이 신앙생활을 제대로 안 해 나갈 때 당회가 그것에 대해서 경고하고 권면하기도 하고, 그래도 안할 때에는 벌이라도 가해서 하나님의 백성답게 살게끔 하는 것입니다. 여기에 교회됨의 의미가 있습니다. 옛날에 교회가 이 말씀에 충실하려고 하였을 때에, 예를 들어서 요한 칼빈이 제네바 시의 종교 개혁을 주도하고 나갈 때 제네바에서는 사람들이 잘못하면 당회에 출석하게 하여 권면하고 심지어는 벌을 주면서까지라도 하나님 백성답게 성경대로 살도록 했었습니다.

어떻게 그렇게 할 수 있겠습니까? 우리가 조금 후에는 신약교회에 세운 일꾼들에 대해서 공부할 터인데 그 중에서 장로님들은 주일날 선포되는 그 하나님의 말씀을 성도들이 매일의 생활에 적용을 하면서 살고 있는가 하는 것을 살펴보는 일을 하는 것입니다. 그것이 심방하는 것(visitation)입니다. 그러므로 제네바 교회에서는 장로님들이 주로 심방을 했습니다. 장로님들이 하다가 "우리가 해도 안 되니까 말씀을 가르치는 분들이 같이 좀 해 주십시오." 그래서 목사님도 같이 심방하는 경우도 있었습니다. 이와같이 제네바 교회에서는 기본적으로는 장로님들이 심방하였습니다.

심방을 하는 목적은 무엇입니까? 사람들이 정말 이렇게 선포되는 말씀에 따라서 살고 있는지를 살피기 위한 것입니다. 이것이 왜 중요합니까? 하나님의 복음이 말로 선포되고, 그 다음에 그것이 눈에 보이는 형식으로 선포되는 세례와 성찬을 행해야 한다고 했는데, 그 성찬을 행할 때 성도들이 성찬에 제대로 참여할 수 있도록 그것을 돌보는 일이 바로 심방입니다.

그러므로 순전한 복음의 신실한 선포, 바른 성례의 신실한 시행, 그리고 권징의 시행이 다 따로따로 떨어져 있는 것이 아니고, 결국 이 셋이 한 묶음입니다. 서로 맞물려서 돌아가는 것이지요. 그래서 우리가 이것들을 중요시해야 합니다. 이런 교회의 증표들(*nota ecclesiae*) 이 있는 교회가 참 교회입니다. 이것을 제대로 안 행할 때 사람들이 자기 멋대로 행할 수 있습니다. 그런 모습을 잘 보여주는 곳이 구약 사사기입니다. 그때는 "자기 소견에 좋을 대로 행하더라." 그렇게 되어 있지요? 그렇게 되면 안 된다는 말입니다.

물론 기본적인 것은 각자가 판단해서, 알아서 해야 합니다. 그런데 이때 판단의 기준이 하나님의 말씀이 아니고, 내 기준을 설정해서 하게 되면 그것이 문제입니다. 따라서 여러분들은 항상 주의 교회가 어떻게 해서 이렇게 주의 교회다운 모습을 드러낼 수 있을 것인가 하는 것을 생각해야 합니다.

우리가 교회 공동체로 모이는 목적이 무엇입니까? 기본적으로는 하나님께 경배하기 위한 것이지요? 하나님께 우리 자신과 우리의 절을 올려 드리기 위한 것입니다. 이 경배는 마땅히 하나님께 드려야 하니까 드리는 것입니다. 하나님께 경배하는 다른 이유나 목적이 있어서 안 됩니다. 그러므로 교회 공동체에서 제일 중요한 일은 하나님께 경배하는 일입니다.

그런데 하나님께 경배는 왜 합니까? 구속함을 받은 우리 자신과 영혼의 절을 하나님께 드리기 위해서 하는 것이지만, 또 하나 중요한 것은 그 경배한 자로서 우리의 삶 가운데 경배한 자다운 모습들이 드러나도록 하기 위해서 이렇게 모이는 것입니다. 그것이 우리의 매일의 삶 가운데 구체적으로 나타나야 합니다. 우리가 성찬 가운데에서 한 몸이라는 것을 표현해 내었다면, 우리의 삶 가운데에서 우리가 한 몸임을 구체적으로 드러내야 합니다. 그렇게 하여 우리들이 참으로 하나님의 백성들(people of God)임을 구현해야 한다는 말입니다. 그것을 바울이 안타까운 심정으로 이야기하는 것입니다. 그래서 우리도 이것을 안타까운 마음으로 들어야만 합니다.

우리가 지난 몇 주간에 걸쳐서 교회의 교회된 표징들(*nota ecclesiae*)에 대해서 이야기했습니다. 이것들이 우리의 교회를 참 교회 되게 하는 것입니다. 우리가 이것을 놓쳐 버리지 않습니까? 그렇지 않 게끔 우리가 노력해야 합니다. 물론 우리 스스로 노력하는 것이 아니 고, 성령님께서 이것을 깨닫게 하시고 우리가 이것을 이루어 나가게끔 마음을 주시기 때문에 우리가 노력하는 것이지요. 그러므로 우리에게 성령님께서 그런 마음을 주실 때에 "그렇구나, 내가 이것을 이루어 나 가야 하겠다"는 마음을 가지고, 교회답게 되어 가려고 할 때에라야 우 리들이 신약 성경이 말하는 교회로 서는 것입니다.

성찬을 행할 때 우리 스스로를 판단하라고 했습니다. 왜 이렇게 하라고 하였는지를 다시 말씀드리겠습니다. 우리는 처음 예수 믿을 때 복음과 십자가에 비추어서 자신이 죄인이라고 판단하고서 주님께로 돌 아섰습니다. 그런데 문제는 사람들이 이것을 자주 잊어버린다는 데에 있습니다. 마치 거울을 보고 자기 자신이 어떠한 사람인지 잊어버리는 것과 같습니다. 날마다 잊어버리는 것입니다. 그래서 주님께서는 성찬 을 자주 행하도록 했습니다.

성찬을 얼마나 자주 행해야 하는가?

성찬을 얼마나 자주 행해야 합니까? 원래 초대 교회 때 매주일 성찬 을 행했으니까 원칙적으로는 매주일 행해야 합니다. 그래서 칼빈은 제 네바 교회에서 매주일 행하기를 원했습니다. 그랬더니 사람들이 반대 합니다. 왜 반대하였습니까? 매주일 성찬을 시행하려면 자기 스스로를 매주일 살펴야 하지 않습니까? 안 그러면 자기의 죄를 먹고 마신다는 무시무시한 일이 발생하니 말입니다. 그래서 사람들이 "과연 매주일 성찬을 시행할 필요가 있을까요?"라고 하면서 하도 반대하니까 이것을 좀 절충해서 한달에 한번씩 성찬을 시행했었습니다.

그런데 성찬하기 전에 우리를 살피는 기준이나 성찬을 얼마나 자주 해야 하느냐에 대한 그 기준이 어디서 나와야 합니까? 우리의 전통이 아닙니다. 우리는 매번 교회에 관한 것들을 어깨 너머로 배우는 일이 많습니다. "우리 교회 공동체에서는 항상 이런 식으로 하더라"는 식으로 생각하고 행해서는 안 되고, 우리는 무엇이든지 성경이 주어진 문제에 대해서 무엇이라고 하는지를 배워 나가야 합니다. 그리고 그것에 따라서 우리가 규정을 만들어야 됩니다.

따라서 "이 성찬을 얼마나 자주 행해야 할 것인가?" 또 "그 성찬에 제대로 참여하기 위해서 사람들을 이렇게 권징하는 일들을 어떻게 행할 것인가?" 하는 것들도 우리는 성경 가운데에서 배워나가야 합니다. 그래서 이제 그 원리에 충실해서 장로님들이 당회로 모여서 "우리 교회는 1년에 몇 번을 성찬을 행합시다"고 결정해야 합니다. "아, 우리가 매번 행한 것이 있는데, 그것대로 하지요?" 그렇게 말할 수 있는 것이 아닙니다. 여러분들이 이런 점들에 대해서도 잘 생각을 하시고 이것을 행하도록 하신 주님의 뜻이 무엇인가 하는 것들을 생각해야 합니다.

이 고린도 교회의 상황을 보시면서 여러분들이 "참 답답한 사람들" 그런 생각이 들지요? '주님의 귀한 만찬에 참여하려고 와서는 다 나뉘고, 이것이 뭐하는 것들인가?' 그런 생각이 들지 않습니까? 그러나 그것이 우리의 삶 가운데에서도 생각되어져야 할 것입니다. 그래서 우리가 이 성찬에 참여하고 난 다음에 정말 '주님께서 우리를 주의 백성으로 어떻게 부르시는가? 어떻게 하도록 하시는가?'에 대한 인식이 딱 서서, 그 다음에 각자가 흩어져서 자기의 삶의 처소에서도 정말 주의 백성답게 행하고, 또 주일마다 모여서 주의 앞에서 이 축제를 벌이고 해야 합니다.

이것은 어떤 축제입니까? 하나님의 나라가 극치에 이르렀을 때의 축제를 우리가 매주일 앞당겨 쓰는(anticipation) 것입니다. 앞당겨 축제를 벌이고, 또 그 말씀에 근거해서 주님 앞에서 열심히 하나님 백성답게 살고 해야 합니다. 우리는 교회에 대해서 생각할 때 늘 그렇게 생각해야만 합니다. 그리고 실제로도 그렇게 되어야 합니다.

'내가 하나님의 백성으로 살 때 어떻게 살아야 할 것인가?'에 대한 그 원리들을 배워나가야 합니다. 그렇지 않습니까? 그런데 이 원리들을 배우기에는 시간들이 너무나 없어요. 성도들이 잘 출석하지 않으니까, 날마다 "다음에 반드시 오십시오, 오십시오" 그러다가 시간이 다 가지요. 그래서 교회 공동체가 해야만 하는 본래의 일은 다 제쳐놓고 딴 일을 하는 것입니다. 일단 또 와야 배우니까 자꾸 "오십시오" – 그 이야기하다가 시간은 다 가 버리고 우리들이 도대체 무엇을 하는 것인지 모르겠어요. 우리네 상황이 옛날 고린도 교회나 마찬가지입니다.

그러면 "그 교회를 다 해산해 버리자" 하는 생각을 하는 사람들도 있는데, 바울은 그렇게 생각하지 않았습니다. 그런 사람들을 향해서도, (사실 여기 이 문제뿐만 아니라 고린도 교회에 아주 복잡한 문제가 많았거든요. 그런데도) 그런 사람들을 향해서도 바울은 "형제들아" 그렇게 부른 것입니다. 그러므로 우리가 문제가 많아도 우리가 진심으로 예수님을 믿는 마음이 겨자씨 한 알만큼이라도 있다면 바울은 우리들을 향해서 "형제들아!" 그렇게 부를 것입니다. 그렇지요?

"형제들아!" 그 소리를 들었으면 그 다음에는 그 소리에 맞게끔 해야 합니다. 또한 바울은 "주안에서 거룩하게 하심을 입은 성도들" (고전 1:2)이라고 이야기합니다. 만일 우리가 예수님을 진심으로 믿는다면 우리를 향해서도 그렇게 할 것입니다. 우리가 문제가 많지만, 주님이 원하는 대로 아직 우리가 온전히 구현해 내지 못하고 있지만 그래도 우리를 향하여서 "성도들아!"라고 부르실 것입니다.

그렇게 하시면 "그렇습니다, 우리가 부족해도 우리가 교회의 교회됨을 드러내는 그 일을 이루어 내기 위해서 우리의 최선을 다 행해야 하겠습니다." 이렇게 다짐하고 그 모습을 우리 가운데 이루어야 합니다. 이것이 교회입니다. 교회는 어디서 구현되는 것입니까? 우리들이 사는 데서 교회가 구현되는 것입니다. 그것이 "바로 주님의 집에 있는 것"입니다. 여기 예배당에 나오시는 것만이 주님의 집에 있는 것이 아닙니다. 여기 모이는 것은 반(半)입니다. 어쩌면 반(半)도 안 될지 몰라요. 주일날마다 예배에 다 참석을 했다고 해봅시다. 그러면 주님의 집에 있는 것의 반은 어디에서 행하는 것입니까? 여러분의 가정, 여러분의 직장에서 여러분들이 정말 이렇게 예배에 참여하는 사람답게 하나님의 교회됨을 구현해낼 때 그것이 되는 것입니다. 그러므로 우리들이 퍼져나가면 퍼져나간 만큼이 교회입니다. 이 예배당 공간만이 호산교회가 아니라, 우리들이 사는 모든 곳에서 우리들은 호산 교회를 드러내는 것입니다.

교회의 영향력은 우리들이 얼마나 하나님 백성답게 그 나라의 영향력을 드러내면서 사는가에 따라 다르게 나타나는 것입니다. 우리가 그것을 안 행한다면, 우리가 이렇게 모일 때는 좋은데, 교회로서의 영향력이 이 세상에 하나도 없게 되는 것입니다. 우리들이 구체적으로 일하는 처소 가운데에서 정말 하나님의 백성으로서 영향력이 드러나는가 하는 것을 생각해야 합니다. 우리가 이 땅에서 살아갈 때 하나님의 백성으로서 어떻게 살아야 되는지 그런 것들에 대해서 교훈을 받아 나가고, 흩어져서는 그것을 실현해 나가야 합니다. 그런 교회의 모습이 이루어지기 바랍니다.

제 13 강

교회의 표지 (3):

"거룩성을 유지하는 권징의 신실한 시행"

마태복음 18장 15 - 20절

[15]네 형제가 죄를 범하거든 가서 너와 그 사람과만 상대하여 권고하라 만일 들으면 네가 네 형제를 얻은 것이요 [16]만일 듣지 않거든 한 두 사람을 데리고 가서 두 세 증인의 입으로 말마다 증참케 하라 [17]만일 그들의 말도 듣지 않거든 교회에 말하고 교회의 말도 듣지 않거든 이방인과 세리와 같이 여기라 [18]진실로 너희에게 이르노니 무엇이든지 너희가 땅에서 매면 하늘에서도 매일 것이요 무엇이든지 땅에서 풀면 하늘에서도 풀리리라 [19]진실로 다시 너희에게 이르노니 너희 중에 두 사람이 땅에서 합심하여 무엇이든지 구하면 하늘에 계신 내 아버지께서 저희를 위하여 이루게 하시리라 [20]두 세 사람이 내 이름으로 모인 곳에는 나도 그들 중에 있느니라.

때때로 성도들이 한 성도를 주 앞에 바로 세우기 위해서 아주 열심을 내는 모습을 바라볼 때 얼마나 감격스러운지 모르겠습니다. 정말 적극적으로 성도를 세우기 위해 노력하는 형제들의 모습을 바라보았을 때, 그런 자매들의 모습을 바라보았을 때 가슴이 벅차오르게 됩니다. 그런데 오늘 본문에는 이와는 정반대의 상황이 언급되어 있습니다. 예를 들어서, 본문 마태복음 18장 14절에 보면 "이와 같이 이 소자 중에 하나라도 잃어지는 것은 하늘에 계신 너희 아버지의 뜻이 아니니라."고 말합니다. 이 형제들과 이 작은 자 중의 하나라도 잃어버리는 것은 하나님의 뜻이 아니라고 했습니다.

이 세상에 하나님께서는 아주 독특한 공동체를 하나 세우셨습니다. 이 세상에 유비를 찾기 어려운 공동체를 세우셨는데 그 공동체는 사람들이 같이 더불어 있기를 원하는 공동체입니다. 그 공동체 안에서는 사람들이 서로가 서로를 세워 주는데 신경을 아주 많이 쓰는 공동체입니다. 이 공동체는 하나님 앞에 자기 자신을 드렸다는 성격, 즉 하나님 앞에 뚜렷하게 다른 것과 구별되어서 하나님께 드려진 성격을 가지고 있습니다. 그것을 교회의 "거룩성"이라고 한다고 했습니다.

교회의 거룩성을 제대로 드러내지 않는 방식과 교회의 거룩성을 제대로 드러내는 방식

교회의 거룩성을 드러낸다고 하는 것은 이 세상의 어떤 다른 특징들을 교회에 붙임으로써 되는 일이 아닙니다. 예를 들어서, 흔히 우리가 거룩하다고 생각하는 어떤 외적인 것을 갖다 붙인다고 해서 거기에 교회의 거룩성이 드러나는 것이 아닙니다. 또 예수님을 믿는 사람들이 십자가 목걸이를 하고 다닌다든지, 십자가 뱃지(badge)를 하고 다닌다든지 해서 교회의 거룩성이 드러나는 것이 아닙니다. 다른 식으로 표현하면, 예수님을 믿는 사람들이 어떻게 이상스런 말, 이 세상 사람들과는 좀 다른 말을 쓰는데서 교회의 독특성이 드러나는 것도 아닙니다.

우리는 이 세상에서 똑같은 상황 가운데서 똑같이 살아갈 수 있습니다. 그럼에도 불구하고 일상의 삶을 사는 가운데서 주께서 이 공동체를 세우신 특성이 잘 드러날 때라야 비로소 우리가 거룩한 교회임을 드러내는 것입니다. 따라서 이것은 좀 더 어려운 문제이기도 합니다. 옛날 이스라엘 사람들처럼 좀 쉬운 방식으로 우리의 독특성을 드러내기로 했더라면, 예를 들어서 어떠한 독특한 의복을 입는다든지 독특한 어떤 뱃지를 달고 다닌다든지 그럼으로써 우리의 독특성을 드러내기로 했다면 오히려 그것이 더 쉬운 일인지도 모릅니다.

예를 들어서, 주일날이 되면 성경책을 들고 교회당으로 오는 것이 그리스도인 됨의 하나의 뱃지일 수도 있겠지요. 그러나 그런 외적인 것에서 예수 믿는 사람들의 독특성, 그 거룩성이 드러나는 것은 아닙니다. 교회의 참된 거룩성은 한 사람 한 사람에게서만 드러나는 것이 아니고 이 공동체가 같이 서 있을 때 드러나는 것입니다. 특별히 주님께서 한 사람을 불러내셨을 때라도 (예를 들어서, 아브람을 불러내셨을 때라도) 궁극적으로는 그를 통하여서 결국 온 세상에 있는 사람들과 관련하기 위해서 그 한 사람을 불러내신 것입니다.

이와 같이 우리 주님은 언제나 우리 전체와 관련하여 서시는 분이십니다. 그래서 주님께서는 어떻게 하면 이 공동체가 주님 앞에서 뚜렷하게 구별된 성격을 잘 드러낼 것인가 하는 것에 신경을 쓰시고 그것이 우리 가운데서 실현되기 원하십니다. 그러므로 우리들도 어떻게 하면 이 공동체에 속한 모든 사람들이 다 주님 앞에 제대로 설 수 있을까, 제대로 주님의 백성다운 노릇을 해 나갈 수 있을까를 생각하면서 서로 마음을 써 주어야 합니다.

교회 공동체의 공동의 성장

오늘 본문에 보면 교회 공동체에서는 성도들이 마음 쓰는 것이 어디까지 나가야 하는지를 잘 말해 줍니다. 우리들이 같이 주 앞에서 생활해 가지 않습니까? 그런데 우리들 중에 어떤 사람이 하나님 앞에서 제대로 하지 못한다고 해 봅시다. 그러면 이 세상에서는 대개 "남의 일인데 내가 왜 간섭해"라고 하면서 그냥 가만히 있습니다. 남의 일에 간섭하면 문제만 생기지 않습니까? 그러나 교회 공동체라고 하는 것은 이와는 전혀 다른 성격을 지닙니다. 하나님께서 우리를 거룩하다고 하셨을 때 그 거룩성은 그런 것이 남의 문제가 아니라고 생각하는데서 드러납니다. 그래서 다른 사람들이 사는 것에 신경이 쓰여지는 것입니다. 저 사람이 하나님 앞에서 제대로 살아가는가, 안 살아가는가 하는 것이 신경 쓰이는 것입니다.

교회는 바로 그런 공동체여야 한다는 말입니다. 이것이 잘 안 되면 우리는 하나님께서 우리를 교회로 세우신 그 모습에 아직 부합하지 않습니다. 참된 교회의 성도라면 '나만 하나님 앞에서 잘 살아가고, 하나님 앞에서 신앙이 제일 좋으면 되지' 하는 그런 정도로 생각하면 안 됩니다. 그렇게 하는 사람은 그 신앙이 좋은 것이 아니라 신앙이 나쁜 것입니다. 신앙이 진짜 좋으면 자신이 주 앞에서 열심을 낼 뿐만 아니라 다른 사람이 하나님 앞에서 살아 가는 모습에도 신경 쓰게끔 되어 있습니다.

그런데 이것이 매우 어려운 일이기 때문에 대개 교회들도 이런 문제에 대해 신경을 쓰지 말라고 가르치는 일도 있습니다. "남의 일에 신경 쓰지 말고 자기 일이나 똑똑히 하세요." 그런 이야기 많이 들어왔지요? 그러나 사실 우리는 그렇게 해 나가도록 되어 있지 않습니다. 하나님의 교회는 늘 같이 더불어 하나님 앞에서 같이 있도록 되어 있는 것입니다. 그래서 우리들이 같이 주님 앞에서 성장해 나가는 것이지, 어떤 사람은 주님 앞에서 잘 성장해 나가는데 나머지 사람들은 뒤에 처져 있고 해서는 안 됩니다. 그렇게 되면 그 앞에 나가는 사람들이 앞서 나가는 것이 아니고, 모두가 다 처지는 것입니다.

하나님의 교회는 이와 같이 늘 함께 있는 것입니다. 몇몇 사람들만 엘리트가 되어 뛰어나게 성장하는 법이 없습니다. 우리 교회 안에서도 몇몇 사람이 잘 해 나가는 그것으로 다 되는 것이 아니라는 말입니다. 교회의 교회된 모습은 우리 모두가 공동체로서 같이 성장하고, 주께서 맡기신 일을 힘써 해나갈 때에야 비로소 됩니다.

개개의 교회에서도 그러하고, 보편의 교회도 그러합니다. 따라서 우리 교회만 제대로 된 모습을 가지고 나간다고 해서 다 되는 것도 아닙니다. 한국 교회 전체가 그런 방향으로 나가야 되는 것이지, 몇몇 교회는 제대로 해 나가고 나머지 교회는 다 뒤처져서 흔히 생각하는 종교적인 생활만 해 나간다고 하면 교회의 교회됨이 잘 드러나는 것은 아닙니다. 그래서 우리의 마음 가운데 "우리는 우리 혼자서 나가는 사람이 아니고 다른 사람에게 정말 마음을 쓰는 사람들이다"라는 것을 깊이 새겨야 합니다.

어느 정도까지 신경써야 합니까? 그 사람이 하나님 앞에서 제대로 살아가도록 하는 데까지 신경 써야 합니다. 오늘 본문에 보면 이런 말씀이 나옵니다. "어떤 사람이 범죄를 하거든" – 이것은 그냥 이런 일이 있나 보다 그렇게 생각하고 넘어갈 문제가 아니라는 말입니다. 이런 일이 있다고 생각되거든 저 사람이 하나님 앞에서 잘못 살아간다고 생각되거든 혼자 가서, 개인적 먼저 가서 이야기하는 것이 첫 번째 단계입니다.

그런데 그 이야기를 할 수 있으려면 내가 얼마나 많이 준비되어야 하겠습니까? 그러므로 우리는 전부 다 포기하고 이야기를 안 하기 쉽습니다. '뭐 나도 못했는데 내가 무슨 이야기를 하겠어?'라고 하면서 전혀 말하지 않기 쉽습니다. 그런 식으로 살면 교회가 세워질 방도가 없습니다.

이것은 목사님이나 장로님이나 집사님만 갖는 마음이 아니고 모든 성도가 가져야 하는 마음입니다. "너희 형제 중에 누가 범죄하거든"– 그러면 그것을 너무 안타깝게 여겨서 주님 앞에 깊이 있게 생각하면서 가서 개인적으로 이야기해야 합니다. 물론 그에게 가서 이야기하기 전에 먼저 우리 자신이 주님 앞에 이야기하는 것이 먼저 있어야 하겠지요. 주님의 뜻을 잘 깨달아서 정말 이것은 주의 성도로서 마땅치 않은 바라고 생각하면, 오랫동안 기도한 후에 가서 개인적으로 이야기하라는 것입니다.

권징의 단계들

(1) 첫째 단계

첫째는, '정말 내가 하나님 앞에 바로 살겠다, 내가 하나님 앞에 제대로 살아 보겠다'고 하는 이런 마음에서 더 나아가서 '우리 형제자매와 같이 함께 바로 서 보겠다'라고 생각하는 데까지 나가야만 합니다. 그러니 각자도 '하나님 앞에서 바로 서고 그렇게 하다가 이 세상에서 내게 고난이 찾아와도 나는 하나님 말씀만을 믿으면서 그 뜻을 실현하기 위하여 살아가겠다'는 마음이 있어야 합니다. 일단은 먼저 우리 마음 가운데 내가 이 세상에서 하나님의 말씀을 이루며 하나님의 말씀 가운데 바로 서 보겠다는 마음이 있어야 합니다. 그 마음이 내 속에 넘쳐서 다른 사람에게까지 그 마음이 나아가야 합니다. 그래서 혹시 형제가 잘못할 때 그에게 '우리가 그리스도인들로서 그렇게 해서는 안 되지 않습니까?' 그렇게 이야기할 수 있어야 합니다.

(2) 둘째 단계

그렇게 했는데도 이 사람이 말을 듣지 않으면 어떻게 해야 합니까? 그러면 안타까운 마음을 가지고 두세 사람을 같이 데리고 가야 합니다. 그것이 교회의 지체들이 하는 방법입니다. 같은 교회의 형제자매들이 같이 가서 같이 권하는 것입니다. 이 사람들은 두 가지 의미를 가집니다. 한편으로는 이 두 세 사람이 같이 권면하는 일을 하는 것입니다. 혼자 권면하는 것보다 같이 "우리가 신앙생활을 잘 해 나갑시다. 우리가 하나님 앞에서 같이 살아 나가야 되지 않습니까?" 그렇게 이야기하는 것입니다. 그러면 더 설득력이 있겠지요? 그런데 이 분들은 또한 증인의 역할을 하기도 하는 것입니다. 왜 두 세 사람을 데리고 갑니까? 성경에서 보면 한 사람으로는 증인이 될 수 없고, 증인은 언제나 두 세 사람이어야 합니다. "내가 이 두 세 사람을 데리고 가서 이렇게 권고했는데도 이 사람이 듣지 않습니다"라고 말할 수 있는 증인 역할을 하게끔 하는 것입니다.

하나님께서 우리에게 좋게 마련해 주신 것이 어떤 때는 우리를 정죄하는데 사용되기도 합니다. 이것은 무시무시한 이야기입니다. 예를 들어서, 하나님께서 우리를 하나님의 백성으로 부르시기 위해서 천국 복음을 온 세상에 전하게 하셨습니다. 누구에게든지 그 말씀이 전파됩니다. 누구든지 예수 그리스도를 믿으라고 하는 이야기가 간절하게 전파되는 것입니다. 좋은 이야기이지요. 누구든지 들어야 되는 이야기입니다. 우리가 복음을 잘 듣고 그 말씀을 받아들이고 '내가 하나님 앞에서 살아야겠다, 하나님과 관련되어서 살아야겠다'고 하면 그 복음은 우리에게 복된 이야기가 됩니다. 그러나 만일에 우리가 끝까지 그 이야기를 안 들으면 어떻게 되는 줄 압니까? 그 이야기가 우리를 정죄하는 이야기가 됩니다. 맨 마지막 우리를 심판하는 날에 우리를 정죄하는 이야기가 됩니다. "왜 너의 친구가 그렇게 애타게 이야기했는데 그것을 받아들이지 아니했느냐? 그 책임은 너에게 있다." 이와 같은 식으로 그 이야기가 우리를 정죄하는 이야기가 될 수 있습니다.

이 '두 세 사람과 같이 가는 것'은 한편에서는 그 사람을 같이 설득하기 위해서 가는 것입니다. 정말 같은 마음을 가지고 같은 심정으로 권고하기 위해 가는 일입니다. 그러나 그들이 또 한편에서는 증인 역할을 하는 것입니다.

우리 주님의 이야기는 그렇게 하면 다 들어야 된다는 것입니다. 평소에는 '내가 하나님의 말씀을 안 듣겠습니다. 내가 내 마음대로 살아가겠습니다'와 같이 생각하고 살았다가도, 그렇게 와서 이야기하면 '이제는 고치고 열심히 살겠습니다' 그렇게 되어야만 합니다.

(3) 셋째 단계

그렇게까지 했는데도 안 들으면 어떻게 합니까? 그 다음에는 교회에 이야기하라고 했습니다. 교회에 이야기한다고 하는 것은 (1) "우리가 교회로서 모일 때 공적으로 이야기해라" 그런 뜻이기도 합니다. 그러나 (2) 교회의 대표자들에게 말하라는 이야기이기도 합니다. 목사님들이나 장로님들, 교회의 대표자로서 수고하시는 분들에게 이야기하라는 뜻입니다. 그러면 이 분들이 책임을 가지고서 권면해야 합니다. 그것이 목사님, 장로님들이 하시는 일입니다. 특별히 장로님들이 해야 하는 일은 교우들의 삶을 살펴보는 것입니다. 주의 말씀이 주일마다 선포되고 있는데 그 말씀에 따라서 우리가 살아가고 있는가 아닌가 하는 것을 살펴보는 역할이 장로님들의 일이란 말입니다.

교회가 정말 하나님의 말씀에 따라 세워져 나가던 종교개혁 시대에는 성도들 가운데서 세워지는 장로의 직임을 회복시킨 후에 장로님이 매우 중요한 역할을 하도록 했습니다. 그 시대에는 장로님들이 날마다 사람들이 사는 모습을 보면서 다닙니다. 정탐하러 돌아다니는 것이 아니고, 성도들이 정말 하나님 말씀대로 살아가는가, 아닌가를 살펴보는 것입니다. 잘못 사는 모습을 보면 권면도 하고, 또 필요하면 그 사람들을 데려다가 당회에서 그렇게 살아서는 안 된다고 말하고 야단도 치고, 벌도 주기도 하고 종교 개혁시대의 제네바 교회에서는 그렇게 했습니다.

예를 들어서, 어느 집에 가면 이 집 사람들이 하나님의 말씀에 따라서 제대로 살아야 하는데 이 사람들이 하나님의 말씀을 따라 살기는커녕 싸움만 하고 있으면 그것을 그냥 넘어가는 것이 아니었습니다.

그럼 어떻게 했습니까? 당회에 불러다 놓고서는 '그렇게 해서는 안 됩니다.' 하고 가르쳤습니다. 오늘날 그렇게 하면 기분 나빠하면서 "교회에 나갈까 말까?" 그럴 것입니다. 이것은 뭔가가 제대로 안 되어 나가는 모습입니다. 이처럼 교회의 거룩성은, 우리하고 거리가 먼 것입니다. 사실 우리들은 성경이 지금 여기서 이야기해 주는 모습이 우리에게서 실현되기를 기대하기조차 어려운 형편 가운데 있습니다.

그러므로 이런 문제를 매우 심각하게 생각해야 합니다. 이런 이야기가 성경에만 나와 있는 것이거나 종교개혁 시대의 교회에서만 실현되었던 이야기가 아니고, 우리들 가운데서도 실현되어져야 할 이야기입니다. 그러면 어떻게 해야 합니까? 우리가 이제는 서로에 대해서 신경을 많이 써야만 합니다.

(4) 출교, 그 목적은 회개

그렇게 했는데도 그 말을 안 들으면 어떻게 합니까? (그 사람들이) "교회의 말도 듣지 않거든 이방인과 세리와 같이 여기라" – 이와 같이 강하게 이야기합니다. 이것이 얼마나 무시무시한 이야기입니까? "교회에서 출교(出敎)한다"는 말입니다. 그 사람하고는 더 이상 교제도 하지 말고 사귀지도 말라는 것입니다.

물론 우리가 교회 공동체 안에서 이런 일이 발생하지 않기를 바랍니다. 교회 성도들이 이렇게 되기 전에 미리 이런 일이 있지 아니하도록 서로가 서로를 살펴 주고 세워 주는 역할을 해야 합니다. 그래서 이 본문을 읽을 때 "아! 이렇게 무시무시한 이야기가 성경 가운데 있구나" 하면서 그 배후의 의도를 우리가 짐작해 내야 합니다. "왜 출교

같이 엄격한 것까지 있어야 하는가?" 하는 것을 생각해야 한다는 말입니다. 문제가 발생하면 그 성도가 주 앞에서 제대로 설 수 있도록 하기 위해서 온 신경을 다 쓰라는 이야기입니다.

왜 바깥으로 내어 쫓기까지 합니까? 결국은 그 형제가 되돌아 올 수 있도록 하기 위해서, 지금으로서는 그가 주님 앞에 제대로 사는 것을 전혀 중요하게 여기지 않으니까 그러한 비상조치를 취해서라도 주님 앞에 오는 것이 얼마나 중요한 것인지를 생각하도록 하라는 것입니다.

물론 이런 이야기를 많은 사람들이 이용한 적이 있었습니다. 교회에 아주 높은 위치를 가진 사람들, 옛날에 교황이 황제나 왕이나 제후들이 자신의 말을 잘 듣지 않는 상황에 있게 될 때 "그러면 내가 너를 출교해, 말을 안 들으면 어떻게 되는지 알지?" 그런 식으로 나갔다는 말입니다. 교회의 어떤 사람들이 그렇게 세력을 부리면서 이 말씀을 사용하라는 말입니까? 그렇지 않지 않습니까? 그런데도 그 당시에는 어수룩해서 그랬는지 황제도 교황이 "하나님 앞에서 제대로 안 살면 출교한다"고 하면 그것이 무서워서 맨발로 와서 3일 동안 무릎을 꿇고 회개한 일도 있었습니다. 그 유명한 카노사의 굴욕 사건이지요. 왜냐하면 출교해 버리면 이 세상에 소망도 없고 죽은 다음에도 소망도 없을 테니 말입니다. 그러나 이런 말씀을 그렇게 자신의 세력을 위해 이용하면 안 되는 것입니다.

마지막 당부의 말

그러면 이 본문을 통해서 우리가 생각해야 될 것은 무엇입니까? 우리가 옆에 있는 성도들을 세우는 일에까지 우리의 마음을 써야 한다는 것입니다. 그래서 이 본문 가운데 제일 중요한 구절이 14절에 있습니다. "이와 같이 이 소자 중에 하나라도 잃어지는 것은 하늘에 계신 너희 아버지의 뜻이 아니니라." 우리 공동체에 같이 나오는 성도들 가운데 어떤 한 사람이라도 잃어지는 것은 주님의 뜻이 아니라는 말입니다.

이 때 "잃어진다"고 하는 것은 그저 예배만 참석 안 하는 그 정도가 아닙니다. "잃어진다"고 하는 것은 하나님 앞에서 제대로 살지 못해서 하나님 앞에서 끊어짐을 당하는 것을 말합니다. 그것은 주님이 원하는 바가 아니라는 것입니다. 주님의 마음을 알면 우리도 주님의 그 마음을 따라서 옆에 있는 성도들에 대하여 우리 마음을 써야 합니다. 우리가 진정한 그리스도인이라면 우리는 자연스럽게 그렇게 하게끔 되어 있습니다. 여러분들은 여기서 여러분을 맨 처음 전도해 준 사람들의 그 마음을 이해할 수 있을 것입니다. 그 사람들이 나에게 귀찮게 찾아와서 예수 믿자고 그랬는가 하는 것을 이제는 이해할 수 있을 것입니다. 그 때는 그것을 도무지 이해할 수 없었지요? '바쁜 일이 있어서 귀찮은데 왜 나에게 이렇게 예배당에 나와서 하나님을 믿고 살자고 하는가?' 그렇게 생각했었을 것입니다. 그러나 주님의 이 마음을 이해하고 나면 우리를 전도하신 분들이 왜 그렇게 했는지가 이해됩니다. '아! 그분이 날 정말 사랑했기 때문에, 주님과 같은 마음을 가졌기 때문에 나를 이렇게 품어 가면서 그렇게 했구나' 하는 것이 비로소 이해될 것입니다. 그 마음에 우리를 품고 있어서 자기 시간을 다 바쳐가면서, 자기 재물을 다 드려 가면서 그렇게 했는가 하는 것이 비로소 이해될 것입니다.

그러면 "아! 이해된다, 감사하다" 그러고 끝나겠습니까? 아닙니다. 이제는 내가 설 뿐더러 내 형제가, 내 자매가 주 앞에서 설 수 있도록 만들어주는 그 역할을 바로 우리가 해야 합니다. 주님께서는 이런 마음을 사용하셔서 우리들을 움직여 나가십니다. 교회 안에서는 어떤 무력적인 강력한 힘이 사용될 수 없습니다.

그럼 교회는 어떤 힘이 있습니까? 이 세상적인 방식으로 따지면 힘이 하나도 없습니다. 그러나 교회는 아주 강력한데 하나님의 말씀이 그 안에 있으므로 강력합니다. 하나님의 말씀이 강력하려면 그 교회에 속한 성도들이 하나님의 말씀을 존중해야지만 그 말씀이 강력한 것입니다. 사람들이 그 말씀을 다 무시하고 그냥 '주일날 아침에 가면 그런 이야기 듣는 거야'라고 생각하면서 그렇게 살면 하나님의 말씀이 강력하지 않아요. 그러면 그 교회는 무력한 것입니다. 이 세상에서 끊임없이 무력한 존재로 남아 있는 것입니다. 그것이 주님의 말씀이 우리 가운데 살아 있느냐 없느냐의 차이입니다.

여러분이 설교 말씀 들을 때에 그 설교 말씀이 우리를 강제해 가는 것이 하나도 없지 않습니까? 그러나 각자가 그 말씀을 듣고 "아! 하나님의 뜻이 이것이구나"하면서 그 말씀에 순종할 때에 교회 안에서 말씀의 힘[强力]이 느껴지는 것입니다.

오늘 우리에게 전달되는 하나님의 뜻이 무엇입니까? 이 소자 중에 하나라도 잃어버리는 것이 하나님의 뜻이 아니라고 했지 않습니까? 이와 관련해서는 하나님의 뜻이 무엇인지 아주 분명하지 않습니까? 한 사람이라도 잃어버려지지 아니하고 하나님 앞에서 제대로 살아가는 것, 그것이 하나님의 뜻입니다. 그것이 하나님의 뜻이라고 하는 것이 내 마음속에 전달되었는데도 그런가 하고 덮어 놓으면 안 됩니다. 말씀이 나의 손발을 통해서, 내 행동을 통해서, 내 말을 통해서, 나의 표정을 통해서 '어떻게 하면 저 소자가 잃어버려지지 아니할까?, 어떻게 하면 하나님 앞에 세워질까?' 이렇게 걱정하며 염려하는 것으로 나타나야 합니다. 그것이 안 되면 주님의 말씀이 우리 가운데 살아 있지 않은 것입니다.

주님께서는 아주 심각하게 이 이야기를 우리에게 해 주셨습니다. 어떤 때는 어떤 식으로 사람들이 우리 가운데서 끊어질 수 있는가에 대해서 이야기하신 것입니다. 그렇게 결정하는 그 일에 혹시 두 세 사람이 있을 수가 있어요. 그럴 때에 이렇게 "두 세 사람이 내 이름으로 모인 곳에 나도 그들 중에 있느니라"(마 18:20) 그렇게 이야기하셨습니다.

여기서 핵심적인 문제는 용서해 주는 것입니다. 그 이야기를 하고 나니까 베드로가 뭐라고 하는가 하면 "그러면 몇 번이나 용서해 줄까요?" 그렇게 물었습니다. 이 질문 배후에 있는 동기는 더 나쁜 것입니다. "몇 번이나 용서해 줄까요?" 하는 것은 용서하다, 용서하다 "안 되면 맨 끝에는 내가 용서 안 해도 되겠지요?" 그런 의도로 질문한 것이기 때문입니다. 벌써 그 말 자체에 그런 것이 있는 것이지요.

주님께서는 그 말을 아주 불쾌하게 여기셨어요. 그래서 예수님께서는 "일흔 번씩 일곱 번씩이라도 용서해라"고 이야기하셨습니다. 이것이 490번만 용서해 주라는 이야기입니까? 아닙니다. 여기서 "7"이라는 숫자를, 그것도 여러 번 겹쳐서 쓴 것은 아주 독특한 것입니다. 주님께서 "일흔 번씩 일곱 번"이라고 하는 것은 용서의 끝이 없어야 한다는 말입니다.

오늘 아침에 이 말씀을 들으시면서 우리 공동체를 특징 짓는 한 가지 특징이 분명히 드러나고 그것이 실천되어야 합니다. 그것은 우리들이 끊임없이 용서하는 공동체여야 한다는 것입니다. 서로가 서로를 끊임없이 용서하는 것, 그것이 없으면 복잡한 문제 때문에 우리가 설 수 없습니다. 교회 공동체에는 늘 문제가 생기게 되어 있어요. 그러나 교회 공동체는 용서하는 공동체입니다.

그러나 그 용서하는 공동체라고 하는 것이 우리 가운데서 죄악이 마음대로 저질러져도 된다는 그런 이야기가 아님을 여러분이 더 잘 아시지요? 왜냐하면 이 본문 가운데서 우리가 배우는 것은 우리 가운데 누가 하나님 앞에 제대로 못 서 나가면 그것에 대해서 우리 개인적으로는 용서하지만 그것을 바로 잡으려고 하는 노력들을 계속해 나가야만 한다는 것이기 때문입니다. 용서하는 마음 때문에 그 일이 시작되는 것입니다.

오늘 아침에 이 공동체의 특징을 드러내는 모습을 먼저 여러분 마음 가운데 새기시길 바랍니다. 그래서 이제 우리 각자 한 사람, 한 사람이 주님 앞에서 제대로 된 성도의 모습을 드러낼뿐더러, 다른 성도들을 돌아보는 그런 사랑의 실천이 있기를 원합니다.

What is the Church?

The Eschatological Community for the Manifestation
of the Kingdom of God and Its People's Kingdom Life-style

제 1 부 교회에 대한 표상적 표현들

제 2 부 교회의 속성들

제 3 부 교회의 표지들

제 4 부 교회의 직원들

제 5 부 교회의 사명과 사명 수행

〈부록〉 예배에 대하여

제 4 부

교회의 직원들

1. 장로들

2. 집사들

3. 목사

4. 교회의 직무에로의 부르심: 하나님의 부르심과 응답

제 14 강

교회의 직원들(1): "장로들"

사도행전 20장 17-38절

¹⁷바울이 밀레도에서 사람을 에베소로 보내어 교회 장로들을 청하니 ¹⁸오매 저희에게 말하되 아시아에 들어온 첫날부터 지금까지 내가 항상 너희 가운데서 어떻게 행한 것을 너희도 아는 바니 ¹⁹곧 모든 겸손과 눈물이며 유대인의 간계를 인하여 당한 시험을 참고 주를 섬긴 것과 ²⁰유익한 것은 무엇이든지 공중 앞에서나 각 집에서나 꺼림이 없이 너희에게 전하여 가르치고 ²¹유대인과 헬라인들에게 하나님께 대한 회개와 우리 주 예수 그리스도께 대한 믿음을 증거한 것이라 ²²보라 이제 나는 심령에 매임을 받아 예루살렘으로 가는데 저기서 무슨 일을 만날는지 알지 못하노라 ²³오직 성령이 각 성에서 내게 증거하여 결박과 환난이 나를 기다린다 하시나 ²⁴나의 달려갈 길과 주 예수께 받은 사명 곧 하나님의 은혜의 복음 증거하는 일을 마치려 함에는 나의 생명을 조금도 귀한 것으로 여기지 아니하노라 ²⁵보라 내가 너희 중에 왕래하며 하나님 나라를 전파하였으나 지금은 너희가 다 내 얼굴을 다시 보지 못할 줄 아노라 ²⁶그러므로 오늘 너희에게 증거하노니 모든 사람의 피에 대하여 내가 깨끗하니 ²⁷이는 내가 꺼리지 않고 하나님의 뜻을 다 너희에게 전하였음이라 ²⁸너희는 자기를 위하여 또는 온 양떼를 위하여 삼가라 성령이 저들 가운데 너희로 감독자를 삼고 하나님이 자기 피로 사신 교회를 치게 하셨느니라 ²⁹내가 떠난 후에 흉악한 이리가 너희에게 들어와서 그 양떼를 아끼지 아니하며 ³⁰또한 너희 중에서도 제자들을 끌어 자기를 좇게 하려고 어그러진 말을 하는 사람들이 일어날 줄을 내가 아노니 ³¹그러므로 너희가 일깨어 내가 삼년이나 밤낮 쉬지 않고 눈물로 각 사람을 훈계

하던 것을 기억하라 ³²지금 내가 너희를 주와 및 그 은혜의 말씀께 부탁하노니 그 말씀이 너희를 능히 든든히 세우사 거룩케 하심을 입은 모든 자 가운데 기업이 있게 하시리라 ³³내가 아무의 은이나 금이나 의복을 탐하지 아니하였고 ³⁴너희 아는 바에 이 손으로 나와 내 동행들의 쓰는 것을 당하여 ³⁵범사에 너희에게 모본을 보였노니 곧 이같이 수고하여 약한 사람들을 돕고 또 주 예수의 친히 말씀하신 바 주는 것이 받는 것보다 복이 있다 하심을 기억하여야 할지니라 ³⁶이 말을 한 후 무릎을 꿇고 저희 모든 사람과 함께 기도하니 ³⁷다 크게 울며 바울의 목을 안고 입을 맞추고 ³⁸다시 그 얼굴을 보지 못하리라 한 말을 인하여 더욱 근심하고 배에까지 그를 전송하니라.

교회의 두 측면

지금까지 우리는 교회를 주로 유기체라고 하는 면에서 생각을 해 왔습니다. 교회가 "그리스도의 몸"이라고 하는 면을 생각한 것입니다. 그러므로 이것이 유기체(有機體)이지요. 한 쪽에서 병을 앓으면 다른 쪽이 같이 앓고, 한 편이 기뻐하면 또 다른 편이 다같이 기뻐하고 하는 이것이 교회의 가장 본질적인 모습이라고 하는 것을 생각했습니다. 그런 이야기를 들으면서 아주 심각하게 생각해야 할 것은 성경이 그렇게 규정해 놓고 있는 교회의 참된 모습이 과연 우리 가운데서 드러나고 있느냐 하는 것입니다. 만일 그렇지 않다면 우리는 하나님을 거짓말하는 분으로 만드는 것이 됩니다. 성경은 교회가 그렇다고 했는데 우리가 경험하는 현실적인 교회는 그렇지 않게 만드는 것이 되기 때문입니다. 그러면 성경이 거짓말이든지 아니면 우리가 가짜 교회든지 둘 중에 하나인 것이지요. 성경이 거짓말을 할리는 없으니까 우리가 정말 유기체로서의 역할을 다해 내야 되겠다는 그런 의식을 가져가야 합니다.

그런데 교회에는 이렇게 유기체라는 측면과 같이 있는 또 한 측면이 있습니다. 그것은 교회가 조직체라는 점입니다. 성경은 "교회는 유기체이기 때문에 조직은 전혀 필요 없는 것이다"는 식으로 가르치지 않습니다. 성경의 가르침에 의하면, 교회는 유기체이면서 또한 조직체로서의 모습을 가지고 있습니다. 그래서 교회가 여러 가지 제도를 갖도록 하십니다. 그러나 이 때도 사람들이 교회에 "이러이러한 제도가 있으면 좋겠다, 이런 식으로 하면 좋겠다" 그런 식으로 하여 만들어 낸 것은 아닙니다.

이 모든 점에 있어서 우리의 경험에 근거하거나 우리의 지혜를 짜

내거나 해서 교회가 이루어지는 것이 아니라, 주님께서 세우신 원리를 찾아서 우리 가운데서 교회 조직체가 있도록 해 나가야 합니다. 만일에 주님께서 "교회는 오직 유기체이다, 그러니 어떠한 조직도 갖추지 말아라"고 성경 가운데 말했더라면 우리는 그 어떠한 조직도 가지지 말아야 합니다. 만일 이것이 주님의 뜻이라면, 목사라는 것도 있을 필요가 없고, 장로라는 것도 있을 필요가 없고, 집사라는 것도 있을 필요가 없습니다. 그러나 주님께서 그런 직분들과 조직이 있게 하셨다면 우리들은 그런 교회 직분과 조직을 세워 나가야 합니다. 이것이 중요한 일이지요. 우리는 여기서부터 출발해야 합니다.

다시 말하자면, '성경이 교회에 대해서 어떻게 말하느냐' 하는 것이 우리의 표준이 되어야 합니다. "아, 우리가 옛날에 경험했을 때 이러 이러한 것이 잘 되던데요" 하는 것이 교회가 걸어 나가는 일에 대한 표준이 되어서는 안 됩니다. 언제나 성경이 우리에게 무엇이라고 규정해 주는가 하는 것이 우리의 표준이 되어야 합니다.

물론 이런 조직체를 만들어 놓으면 때때로 사람들이 타락하는 경우가 있습니다. '교회에 목사님이 있고 장로님이 있고 의례히 집사님이 있고 하면, 맨날 사람들이 회의만 하고 싸움만 하고 그러더라. 그러므로 우리는 그런 것 없이 그냥 순수하게 모여서 예배하고, 또 그냥 성경 공부하고 그러면 어떻겠는가?' 그런 생각을 한 사람들이 있었는데 일본의 "우치무라 간조"(內村鑑三, 1861-1930)라고 하는 사람이 있었습니다. 그분은 주님의 말씀을 아주 존중하던 분이었습니다. 그런데 교회 안에 들어가 보니까 사람들이 조직체를 만들어 놓고 막 싸우고 문제가 많거든요. 그래서 이 사람은 "그럼 교회 공동체 안의 조직체를 없애 버리자, 목사가 없으면 어떠냐?, 장로님 없으면 어떠냐?, 집사직 같은 것을 없애고 순수하게 다 똑같이 그냥 성경 공부하면 어떻겠는

우치무라 간조

가?"라고 생각한 것입니다.

　때로 젊은 사람의 마음에는 그런 것이 좋아 보입니다. "아, 그거 좋다. 그것이 진짜 교회 같다." 이런 반응이 나올 수 있는 것입니다. 그러나 이때도 우리가 잘 생각해야 하는 것은 "과연 성경 가운데 우리에게 어떻게 하라고 했느냐?" 하는 것이 표준이 되어야 하는 것이지, "이것이 우리 마음속에 좋다" 하는 것이 표준이 되어서는 안 된다는 것입니다. 그래서 교회 가운데서 과연 어떠한 직원들이 있도록 하셨는가 하는 것도 우리가 성경에서 찾아낼 필요가 있습니다. "성경은 무엇이라고 가르치는가? 성경이 말하는 교회의 직원들에는 어떤 분들이 있는가?" 하는 것들을 생각해 볼 필요가 있습니다.

　그래서 오늘부터는 교회의 조직체성과 관련하여 먼저 교회의 직원들에 대하여 생각을 해보려고 합니다. 주께서 교회에 어떠한 직원을 두라고 하셨습니까? 교회의 직원, 그러면 우리가 요즘은 교회마다 교회 사무직원들이 있는 경우들이 많기 때문에 그런 직원들을 생각하는 경우들이 많습니다. 그러므로 예를 들어서 어떤 회사 같은데서 사무를 보는 분들이 계시듯이 교회들마다 사무직원들이 있어서, "교회의 직원" 하면 그런 분들을 말하는 것인가 하고 생각하는 일이 많습니다. 그러나 성경은 그렇게 이야기하지 않습니다. 성경이 말하는 교회의 직원이란 무엇입니까? 교회의 직분자들(officers of the church)을 말하는 것입니다.

신약 교회의 창설 직원들: 만대 교회의 터를 놓은 직원들

먼저 신약 교회를 세우는 기본적인 역할을 한 직원들이 있습니다. 신약 교회를 만대에 세우시기 위해서 주님께서 세우신 직원들이 있습니다. 이 사람들은 교회 안에 늘 있는 것이 아니고, 처음에 신약 교회를 세울 때만 있었던 직원들이었습니다. 그 사람들은 (1) 사도들, (2) 신약 교회의 선지자들, 그리고 (3) 복음 전하는 자들입니다. 그 사람들은 신약 교회의 전체의 토대를 놓은 사람들입니다. 그래서 신약 교회인 우리가 "사도와 선지자들의 터 위에 세움을 입었다"고 했습니다. 그러므로 1세기에 있던 그 사도들이 우리에게도 사도입니다. 그 사도들 이후에 누가 나서서 "내가 사도를 대신한다"고 주장할 수 있는 사람은 하나도 없습니다. 물론 그런 주장을 하는 사람들이 과거에도 있었고(천주교회의 교황[Pope]이나 이단 종파 지도자들의 주장을 생각해 보십시오], 또 오늘날도 있습니다. (소위 신사도 운동을 하는 분들의 주장을 생각해 보십시오.) 그러나 성경의 관점에서 보면 사도들을 대신할 사람은 이 세상에 아무도 없습니다.

그런데 우리가 오늘부터 생각하려고 하는 것은 주님께서 교회가 있으면 늘 있도록, 즉 교회 안에 항존(恒存)하도록 하신 그런 직원들이 무엇이 있을까를 생각하는 것입니다.

교회의 항존 직원들(1): 장로들

오늘 우리가 읽은 본문 가운데 보면 "바울이 … 교회 장로들을 청하니" 그랬습니다(행 20:17). 에베소에 사람을 보내어 교회 장로들을 청하였다고 하니까 어디의 장로들이겠어요? 에베소 교회 공동체의 장로님들일 것입니다. 에베소라고 하는 도시가 있는데, 그 도시에 교회 공동체가 하나가 있을 수도 있고, 여러 개가 있을 수도 있습니다. 그런데 그 교회들에 주님께서 장로들이 있게끔 하셨습니다. 우리가 좋은 제도를 가지고 있고, 그런 좋은 제도 안에 살고 있기 때문에 성경에서 장로들을 청했다고 할 때 오해하지 않고 잘 이해할 수 있습니다. 이런 것을 통해서 우리들은 '아, 우리가 참으로 좋은, 성경적 제도를 가지고 있구나!' 하고 생각할 수 있습니다.

오늘의 본문인 사도행전 20장 28절을 한번 보시기 바랍니다. "감독자로 삼고" 그랬지요? 사도행전에서는 이처럼 장로님들에 대해서 "장로들"(πρεσβύτεροι, presbyters)이라고 표현하기도 했지만, 또한 그들을 "감독자들"(ἐπίσκοποι, bishops)이라고 표현하기도 했습니다. 그러므로 "장로"라는 말이나 "감독자"라는 말이나 서로 번갈아 쓸 수 있는(interchangeable) 말이지요. 우리 주님께서는 교회 안에 언제나 이렇게 "장로님들"이 있도록 하셨습니다.

여기에서만 그랬습니까? 그렇지 않다고 하는 것을 찾아보기 위해서 여러분들이 사도행전 조금 앞부분으로 가보시기 바랍니다. 사도행전 14:23. 바울이 전도 여행을 다니면서 각 교회에서 어떻게 했다고 합니까? "장로들을 택하였다" 이런 말을 하고 있습니다. 그러므로 초대 교회에 주님께서 장로들이 있도록 하셨다는 것을 우리가 잘 알 수 있습니다.

여기서 우리가 배울 수 있는 한 가지 재미있는 현상은 "각 교회에서 장로들을" 이렇게 표현하고 있다는 것입니다. 단수로 "장로"를 택하게 한 것이 아니고, 각 교회에 복수로 "장로들"(πρεσβύτεροι, presbyters)이 있게 하신 것입니다. 그러므로 장로님이 한 분 있게 하신 것이 아니라, 한 교회 공동체 안에 장로님들이 복수(複數)로 있도록 하신 것입니다. 우리들은 이것을 교회 공동체를 위하여 우리에게 주신 주님의 규례로 알아야 합니다.

오늘날 때로 "옛날에 있었던 그 규례가 오늘날에 꼭 있어야 할 필요가 있는가?" 하는 질문을 하는 사람들이 있습니다만, 디모데전서에 보면 장로님들을 "너희들이 이렇게 세워라" 하는 그런 이야기가 있습니다. 그러므로 주님의 재림 때까지는 항존적(恒存的)으로 장로님들을 교회 안에 있도록 하신 것입니다. 그렇게 하는 것이 주님의 표준이라는 말입니다.

장로들의 사역적 특성

그럼 이렇게 교회 공동체 안에 세워진 장로님들은 어떤 일을 하시도록 되어 있습니까? 몇 가지 성경 구절들을 살펴보겠습니다. 이 구절을 통해서 장로님들이 하시는 일들을 찾아보려고 하는 것입니다. 이 구절들에 그 사역이 잘 나타나고 있기 때문입니다. 가장 기본적으로 로마서 12:8을 보면 "다스리는 자"라는 말이 나옵니다. 다스리는 것, 그것은 장로님들이 하는 일입니다. 장로님들은 주님의 뜻대로 교회 공동체를 다스리는 것입니다.

또 한 곳, 데살로니전서 5장 12절을 보십시오. 거기 "다스리며"라는 말이 나오지요? 그 다음에 무슨 말이 나옵니까? "권하는 자들", 즉 권면하는 자들이라는 말이 나오지 않습니까? 그래서 장로님들은 "다스리며 권면하시는 분들이다"는 것을 생각할 수 있습니다. 또 한 군데,

히브리서 13장 7절을 보십시오. 여기에 보면 "하나님의 말씀을 너희에게 이르고 너희를 인도하던 자들"이라는 말이 나옵니다. 이것도 역시 장로님들에 대한 이야기입니다.

여기서 우리는 장로님들이 과연 무엇을 하는 존재인지를 알 수 있게 됩니다. 첫 번째로 장로님들은 우리들을 다스리도록 다스리는 권세를 하나님에게서 받았습니다. 또 사람들을 권면하도록 하신 것입니다. 세 번째는 사람들을 인도하도록 했습니다. 이 세 가지를 중심으로 장로님들의 사역에 대해서 생각해 보도록 해 보겠습니다.

사실상 교회를 다스리시는 분, 하나님의 백성들을 인도하시는 분은 우리의 왕이시며 우리의 목자가 되시는 우리 주 예수 그리스도시요, 또 성부 하나님이시요, 또 성령 하나님이십니다. 이것을 먼저 생각하셔야 합니다. 우리는 이 땅에서 하나님의 통치하심, 하나님의 다스리심을 받아나가는 사람들이라는 것을 먼저 생각해야 합니다. 우리들은 "내가 기꺼이 하나님의 통치를 받겠습니다" 하고 정말 원해서 그렇게 주님 앞에 나온 사람들입니다. 이것이 성도입니다. 하나님의 백성들입니다. 왜냐하면 하나님께서는 우리를 하나님의 나라라고 하시기 때문입니다 하나님의 나라는 하나님이 통치하심을 뜻합니다. 우리는 기꺼운 마음으로, 정말 기뻐서 하나님의 다스림을 받아 나가는 사람들입니다. 어떻게 해서든지 이 세상에 있는 모든 사람들이 그 다스림을 받아야 할텐데 현재는 그렇지 못한 것을 매우 안타까워하면서 "우선 우리라도 하나님의 다스림을 받자" 하고 주님 앞으로 나온 사람들이라는 말입니다

그것이 아니라면 교회의 의미도 없어집니다. 교회는 목사님이 원하는 대로 좇아가는 것도 아니고, 장로님이 원한다고 좇아가는 것도 아니고, 어떤 새로운 신자가 원한다고 좇아가는 것도 아닙니다. 우리

는 오직 우리 주 예수님, 우리를 다스리시는 그분이 원하는 대로 가는 것입니다. 모두가 협력해서 그분을 좇아가는 것이라는 말입니다.

주님께서는 우리에게 힘을 다하여 주님을 따라 오라고 하셨습니다. 주님께서 이렇게 우리를 친히 다스려 나가시는데, 또한 우리들 가운데 사람을 세우셔서 간접적으로 다스리도록 하셨습니다. 그 일을 감당하도록 하기 위해 세우신 직원이 장로님들이라는 말입니다. 교회가 맨 처음에 시작될 때에는 그 중에 장로님이 있을 수 없지요. 물론 장로님이 파송을 받아서 어느 지역에 교회 공동체를 개척하는(church planting) 사역을 하는 경우에는 거기 장로님이 있을 수 있습니다. 그러나 다른 경우라면 맨 처음에 교회가 시작되었을 때는 장로님이 있을 수가 없지요.

그러나 세월이 지나서 성도들이 성숙하여 많은 교인들이 정말 주님이 원하시는 수준에 따라 정말 하나님의 다스리심을 받아 나가고 하나님의 권하심을 받아 나가고 하나님이 인도하시는 그런 삶을 살게 되면, 그 공동체 가운데서 정말 삶의 전 영역에서 하나님의 다스리심을 받아 나가는 사람, 하나님의 권하심을 받아 나가는 사람, 그리고 하나님의 인도하심을 받아 나가는 사람들을 주님께서 세우셔서 그 사람들로 하여금 성도들을 다스리고 권면하고 인도하게 해 나가시는 것입니다.

두 종류의 장로들: 교훈 장로와 치리 장로

장로라고 할 때 우리는 대개 두 종류의 장로를 생각하게 됩니다. 하나는 교회에서 강도(講道)를 하는 장로가 있습니다. '강도를 하다니, 어디 뭐 강도(强盜)질을 한다는 것인가?' 요즘에 그렇게 생각하는 사람들이 있지요? 그러나 교회 공동체가 말하는 강도(講道)하는 사람, 즉 하나님께서 내신 인생의 바른 도리인 도(道)를 강론(講論)하는 사람들이라는 것은 목사님들을 말하는 것입니다.

옛날에 설교한다는 말을 강도(講道)한다고 표현할 때가 있었습니다. 강설(講說)할 때의 강(講)자에다가 도리(道理)라고 하는 도(道)자를 써서, 기독교의 도리를 강도(講道)하시는 분이라는 뜻으로 쓴 것이지요. 그래서 목사님이 되기 전에 우리가 '강도사'(講道師)가 된다고 하지요. 그것은 영어로 "licensed to preach"라는 것을 우리말로 옮긴 말입니다. 즉, 설교할 수 있는 자격을 받았다는 것이지요. 운전을 하려면 운전 면허증을 받아야 하는 것과 비슷한 것입니다. 그래서 이제 목사님들을 "강도(講道)하는 장로들"(teaching elders, 敎訓長老)이라고 하는 것입니다. 목사님에 대해서는 다음에 또 생각해 보겠습니다.

그리고 성경에 보면 이 목사님인 장로님들 외에 또 한 종류의 장로님들이 있습니다. 이런 분들을 '다스리는 장로'(ruling elder, 治理長老)라고 합니다. 오늘날은 대개 이런 분들을 장로님들이라고 부르지요.

이 두 종류의 장로님들은 먼저 본인 스스로가 하나님의 통치하심을 잘 받아 나가야 합니다. 하나님의 권면하심을 잘 받아 나가야 됩니다. 또 하나님의 인도하심을 잘 받아 나가야 합니다. 왜냐하면 우리 가운데 이제 누군가를 장로로 세울 때 우리는 그것을 잘 살펴보아야 하기 때문입니다. '우리 중에 누가 하나님의 다스리심을 잘 받아 나가고 있는가? 하나님의 권면하심을 잘 받아나가고 있는가? 하나님의 인도하심을 잘 받아 나가고 있는가?' 하는 것을 깊이 생각하고 그런 분들을 선출해야 합니다. 그렇게 하지도 않는 사람을 목사로 세워 놓으면 교회 공동체가 어떻게 되겠습니까? 목사도 하나님의 다스리심을 받아 나가지 않으니까 성도(聖徒)도 하나님의 다스리심을 잘 안 받아 나가겠지요. 우리 교회도 상황이 그렇게 되면 어찌하나 하는 안타까운 마음이 있습니다.

왜 사람을 세워서 다스리게 하시는가?

성경의 원칙에 의하면, 참으로 하나님의 다스림을 잘 받아 가시는 분들이 교회의 목사님과 장로님, 즉 장로님들로 세움을 입어서 우리가 그분들을 통하여서 하나님의 다스리심과 인도하심과 권면하심을 받아 나가야 합니다.

　　그러나 이것은 참 어려운 일입니다. 사람들이 인도하는 대로 다스림을 받는다는 것이 쉬운 일이 아닙니다. 그렇기 때문에 요한 칼빈(John Calvin) 선생님은 "하나님께서 직접 우리를 그냥 인도해 나가셔도 되는데 왜 이렇게 사람을 세우셔서 우리를 가르치도록 사람들을 세우셔서 우리를 인도하게 하고 권면하도록 하고 다스리도록 하셨을까?" 하는 것을 많이 생각했었습니다.

　　옛날에 하나님께서 시내 산에 강림하셔서는 하나님이 직접 말씀을 하시니까, 그것이 마치 우뢰가 우는 소리처럼 하니까 이스라엘 백성들은 하나님이 말씀하시는 것을 감히 감당할 수가 없었습니다. 그래서 그들은 "하나님, 하나님이 제발 직접 말씀하지 말아 주십시오"라고 말씀드린 일이 있습니다. 그들이 모세에게 이렇게 말했습니다: "당신이 우리에게 말씀하소서. 우리가 들으리이다. 하나님이 우리에게 말씀하시지 말게 하소서, 우리가 죽을까 하나이다"(출 20:19).

　　우리하고 거꾸로이지요? 우리는 "하나님이 직접 이야기해 주셨으면 좋겠습니다." 우리들 가운데서 많은 분들이 그렇게 생각하고 말하지 않습니까? 그런데 우리는 하나님의 말씀을 직접 듣고서 이렇게 반응하는 이스라엘 백성들의 그 경험을 존중해야 합니다. 그것을 존중하지 않고, "하나님, 나는 괜찮으니까 나에게는 직접 말씀해 주십시오" 그러면 안 됩니다. 그래서 "직접 말씀하시지 마시고 누군가를 세워서 말씀해 주십시오"라고 했던 것입니다. 그때 세움을 받은 사람이 모세였지요? 모세를 통해서 우리에게 말씀해 주십사고 이스라엘 백성들이 청원한 것입니다.

그런 전통이 지금까지 계속되는 것이지요. 누군가를 세워서 우리를 다스리고 권면하도록 하신다는 말씀입니다. 그때 왜 그렇게 하셨는가? 요한 칼빈 목사님이 이 문제에 대해서 생각하다가 주님께서 우리를 겸손하도록 하시기 위해서 그렇게 하신 것이라고 생각하게 되었습니다. 아주 중요한 생각입니다. 우리가 하나님의 가르침을 직접 받는 것보다 누군가 한 사람을 통해서 또는 여러 사람들을 통하여서 가르침을 받게 하셨다 하는 것은 우리를 겸손하게 하는 것입니다. '나는 하나님의 직접 인도함을 받는 사람이다'라고 생각하는 것이 아니라, 겸손하게 사람의 말을 통하여서 하나님의 인도함을 받도록 하신 것입니다. 이것이 우리를 참으로 겸손하게 하는 시금석이라는 것을 생각해야 합니다.

장로들과 교우들(1)

따라서 우리들 가운데서 만일에 목사님이나 장로님이 계시면 그런 분들은 모두가 교회는 내가 인도하는 것이 아니라고 생각해야 합니다. 주님의 뜻대로 교회를 잘 인도해 내야 할 책임을 맡은 것일 뿐입니다.

목사님과 장로님으로 구성된 당회가 그 책임을 맡았습니다. 교회를 정말 교회답게 주님께서 원하시는 대로 이끌어 나가기 위한 바로 그 책임을 맡았다는 말이지요. 그러니 주님의 말씀에 근거해서 권면하고, 그것에 근거해서 사람들을 인도하고 해야 할 것입니다. 이것이 중요합니다. 하나님이 우리에게 말씀해 주시는 그것이 기준이 되어야 합니다. 우리의 경험이나 우리가 생각하는 지혜 등이 근거가 되어서는 안 됩니다. 교회에서는 언제나 예수 그리스도께서 우리에게 가르쳐 주신 바 성경의 중요 귀중한 교훈을 중심으로 해야 합니다. 그 교훈에 따라서 모든 일들을 해 나가야 합니다. 그렇게 힘을 써야 합니다.

그렇게 장로님들께서 주님의 귀하신 교훈에 따라 교회 공동체를 잘 인도해 나가시면 모든 성도들도 그런 마음으로 목사님들과 장로님들의 가르침과 그 인도하심을 받아 나가야 됩니다. '아, 나는 직접적으로 하나님의 인도함을 받는데 그런 것은 필요 없습니다'라고 생각할 수 있습니다. 그러나 그렇게 되면 주님께서 교회 안에 장로를 세웠다고 하는 그 하나님의 뜻에 반대해 나가는 것이 되는 것입니다. 그러므로 우리들은 기꺼운 마음으로(willingly) 목사님과 장로님들의 성경적 가르침과 인도하심을 받아가야만 합니다.

또한 목사와 장로가 되신 분들은 정말 내 뜻이 아니고 내 지혜가 아니고 내 경험이 아니고 하나님의 뜻대로 가르치고 인도하려고 해야 합니다. 오랫동안 목회를 많이 해 오시는 분들이 빠지기 쉬운 함정 중의 하나는 "이렇게 하니까 목회가 되더라" 하는 그런 생각을 중심으로 목회하려고 하는 것입니다. 하나님 말씀이 기준이 아니고 경험이 기준이 되어 가는 것이지요. "어느 교회에서 이렇게 하니까 교회가 어떻게 되더라" 하는 것이 기준이 되어 그것을 따라가게 되기 쉬운 것입니다. 우리가 이렇게 경험에만 의존하려고 하면 안 됩니다. 경험이 궁극적 기준이 되어 우리를 인도하게 하면 안 됩니다. 물론 경험도 중요한 것입니다. 그러나 더 근본적으로는 하나님의 말씀이 우리 가운데 있어야 합니다.

우리 장로님들이 하시는 일은 성도들이 정말 그 하나님의 말씀에 근거해서 사는 지를 점검하고, 안 그러면 그렇게 살자고 자꾸 권하고 하는 것입니다. 그러므로 여러분들은 그것을 귀찮게 여기지 말고, 그 말씀을 아주 존중해야 할 것입니다. 이것이 우리를 겸손하게 만드는 방법입니다.

장로님들의 사역(2)

이런 문제에 대해서 생각할 때에 오늘 본문에 있는 말씀인 사도행전 20장의 말씀을 잘 생각하시기를 바랍니다. 왜냐하면 이 감독자들은 하나님이 자기 피로 사신 교회를 치게 하신 분들이기 때문입니다. 28절에 예수님의 피로 사신 것을 "하나님의 피로 샀다"고 이야기하고 있습니다. 여기서 간접적으로 하나 배울 수 있는 것은 예수님의 피를 하나님의 피라고 말하고 있다는 것입니다. 그러면 예수님이 곧 하나님이시라는 이야기지요. "아, 그것은 예수 믿는 사람은 다 아는 이야기인데요" 그러지 마셔야 합니다. 그것을 다 아는 것 같은데도 불구하고 옛날부터도 예수님을 하나님으로 잘 인정을 안 하려고 해오는 사람들이 교회 안에서 자꾸만 일어났습니다.

본문 29절에서는 그런 사람을 어떤 사람이라고 말하고 있습니까? "교회 안에 이리가 들어온다." 이것은 무슨 뜻입니까? 비유적인 말이지요. 이리 같은 존재가 들어온다는 것입니다. 그래서 그들은 성도들을 아끼지 아니한다고 했어요. 그들은 과연 어떻게 하는 사람들입니다? 30절을 보십시오. 교회를 이상한 곳으로 이끌어 나가는 사람들이 생겨지리라고 하지 않습니까? 거짓 선지자들이 나타날 줄을 안다는 것입니다. 지금 우리가 사도행전 20장 30절에 대해서 말하는 것입니다. 이런 사람들을 흉악한 이리라고 표현하고 있는 것이지요. 이런 사람들이 나타날까 봐 교회의 장로들을 세워서 그 사람들로 하여금 온 교회를 바른 길로 인도하게끔 했다는 말입니다.

여기에는 두 가지 의미가 있습니다. 하나는 교회를 정상적인 궤도에서 잘 이끌어 나가는 것입니다. 그 일이 장로님들이 하는 일입니다. 또 다른 하나는 혹시 우리 가운데서 잘못된 교훈을 하는 사람들, 생활을 잘못 해나가는 사람들, 어그러진 길로 나가는 사람들, 그런 사람들이 있으면 그렇게 하지 말라고 이야기해서 그들을 바른 길로 가도록 해야 하는 것입니다.

이것은 쉬운 일이 아닙니다. 사람들은 남들에게 다 좋은 이야기를 하고 싶어 하지요? 나쁜 이야기하는 것을 별로 좋아하지 않습니다. 나쁜 이야기하면 좋아할 사람이 없거든요. 그러므로 이것이 신경이 많이 쓰이는 것이지요. 사람들에게 어떻게 해야 되나? 어떻게 말을 해야 되나? 그래서 말을 지혜롭게 해야 되겠지만 혹시 목사님들이나 장로님들을 통해서 우리들에게 "어떻게 어떻게 하십시오"라는 권면이 주어지게 되면 그것은 하나님께서 우리에게 전하는 말인 줄 알고 우리가 그것을 아주 심각하게 받아들여야만 합니다. 그렇지 않으면 우리가 주님의 통치를 잘 안 받아 나가는 것이 됩니다. 이것을 생각하셔야 됩니다.

주님께서 우리들 가운데서 장로님들을 세우신다는 이런 사실을 잘 생각하시면서 우리가 또 때가 되면 우리들 가운데서 정말 오늘 말씀드린 이런 성격을 잘 드러내는 사람들을 장로님들로 세우셔서, 그런 사람들로 하여금 우리를 잘 다스리도록 해 나가야 할 것입니다. 이렇게 우리 모두가 협력하여서 주님의 일을 이루어 나가는 것입니다.

장로들과 교우들(2)

자, 이제 마지막으로 데살로니가전서 5장 12절 말씀을 살펴보겠습니다. "형제들아" – 형제들은 예수 믿는 모든 사람들을 이야기합니다. 교회 장로님들을 "너희가 알고" 그랬습니다. 다른 성경번역에 보면 "알아주고"라고 번역했습니다. 저 사람들이 그렇게 하는 것을 알아주는 것입니다. '아, 저 분들이 자기 유익을 위해서 저렇게 하는 것이 아니고 하나님의 뜻을 받들어서 저러는구나' 하는 것을 알아주라는 것입니다.

그 다음에 13절을 보면 저들의 역사로 말미암아 우리가 화목하라고 합니다. 각기 자기 주장을 하고 나가면 안 되게끔 되어 있다는 말입니다. 하나님의 뜻, 그것을 잘 제시함으로써 우리 모두가 그 뜻을 향하여 나감으로써 화목하는 것입니다. 그러면서 우리가 서로 화목해서 이루어 나가야 할 일이 무엇입니까? 14절을 보십시오. 여기서 "규모 없다"고 하는 것은 생활을 질서 없게 사는 사람들에 대한 말입니다. 교회 안에 들어와 있다고는 하는데 질서 없게 사는 것입니다. 그런 사람들을 경계하라고 했습니다. 이것은 기본적으로는 장로님들이 하는 일입니다. 그러나 온 성도들이 그 뜻을 받들어서 그렇게 해 나가게끔 되어 있습니다.

예를 들어서, 우리가 다같이 하나님께 예배해야 하는데 어떤 분들은 같이 예배하지 않으면 어떻게 해야 합니까? 그렇게 되면 함께 예배하자고 권면해야 합니다. 그리고 예배한 사람답게 살도록 권면해야 합니다. 한국 교회에서는 예배하게끔 하고 교회 안에 들어와서 생활하게끔 하는 데에는 신경들을 많이 씁니다. 그런데 그 다음에는 신경을 잘 못 쓰는데 문제가 있습니다. 사실은 교회 공동체는 기본적으로 주님께 예배하는 공동체이지만 예배한 다음에는 이 사람들이 각기 자기의 처소에서나 자기 사업장에서 그리스도인답게 하나님 나라의 백성답게 살도록 하기 위한 공동체입니다. 그런데 살면서 질서 없게 생활하는 일이 많은 것이 우리의 문제입니다. 규모 없게 생활한다는 말입니다. 하나님 나라 백성답지 않게 생활한다는 말입니다.

그렇게 살지 않도록 잘 권면해야 합니다. 그러려면 우리의 생활이 개방적이어야 합니다. 부족해도 개방적이어야 합니다. 그것이 우리의 생활을 규모 있게 하는 방식입니다. 나를 열어 놓고 나의 부족한 점을 내어놓고 그것을 고침을 받고, "우리가 다 주님의 뜻을 이루어 나가야 하겠다"는 그런 마음을 가져나가야 됩니다. 이런 일을 이루기 위해서 우리들 가운데 장로님들이 있습니다. 또 "마음이 약한 자들을 안위하고"라고 했습니다.

그러므로 두 가지이지요. 하나는 권면하고, 또 마음이 약한 자들, 외롭게 된 자들은 안위해주고, 힘이 없는 자들을 붙들어 주고, 그러면서 모든 사람들에 대해서 길이 참으라고 이야기합니다. 이 "길이 참으라"고 하는 것은 사람들이 잘 하지 않아도 그냥 놔두고 참으라는 것이 아닙니다. 할 것은 다하면서 참아 내는 것입니다. 권면하다 권면하다 안 되니까 신경질 내면 되겠어요? 사람들은 그렇게 되기가 쉬워요, 그렇지요? 우리가 애들에게 그렇게 하지 않습니까? 막 야단을 치다가 나중에는 엄마들이 자기가 화가 나 가지고서는 애들에게 야단을 치지요. 그렇게 하면 안 됩니다. 그러므로 권면하면서 맨 나중까지 인내해야 합니다. 장로님들만이 아니라 모든 그리스도인들이 이런 원리에 따라서 생활해 나가게끔 되어 있습니다.

마치는 말

우리는 오늘 주님께서 교회를 다스려 나가시는 방식 중에 아주 귀한 방식을 배웠습니다. 주님께서 교회에 장로님들을 세우셔서 통치하신다고 하는 것입니다. 그래서 우리가 이것을 존중해야 합니다. 주께서 세우신 것이라고 인정한다면, 우리도 때가 되면 장로님들을 세워야 할 것입니다. 장로님들을 세울 때 장로님들을 복수로 세우게끔 되어 있지요. 여러분의 장로님들이 있도록 하셨다는 것을 생각하시면서 말입니다. 또한 "이 장로님들이 무슨 역할을 해야 하는가?" 하는 것을 알고 "우리는 그 역할에 대해서 어떻게 반응해 나가야 하는가?" 하는 것들을 잘 생각하셔서 우리 교회가 정말 주님께서 통치하시고 주님께서 권면하시고 주님께서 인도해 나가시는 교회가 될 수 있도록 힘써 나가야 할 것입니다.

제 15 강

교회의 직원들 (2): "집사들"

사도행전 6장 1-7절

[1]그 때에 제자가 더 많아졌는데 헬라파 유대인들이 자기의 과부들이 그 매일 구제에 빠지므로 히브리파 사람을 원망한대 [2]열 두 사도가 모든 제자를 불러 이르되 우리가 하나님의 말씀을 제쳐 놓고 공궤를 일삼는 것이 마땅치 아니하니 [3]형제들아 너희 가운데서 성령과 지혜가 충만하여 칭찬 듣는 사람 일곱을 택하라 우리가 이 일을 저희에게 맡기고 [4]우리는 기도하는 것과 말씀 전하는 것을 전무하리라 하니 [5]온 무리가 이 말을 기뻐하여 믿음과 성령이 충만한 사람 스데반과 또 빌립과 브로고로와 니가노르와 디몬과 바메나와 유대교에 입교한 안디옥 사람 니골라를 택하여 [6]사도들 앞에 세우니 사도들이 기도하고 그들에게 안수하니라 [7]하나님의 말씀이 점점 왕성하여 예루살렘에 있는 제자의 수가 더 심히 많아지고 허다한 제사장의 무리도 이 도에 복종하니라.

이상적 교회와 교회의 직원들

"교회"하면 여러분 머리 속에 그려지는 그림은 어떤 그림입니까? 물론 사람마다 자신이 겪은 경험들이 다 다르니까, 각기 다른 그림들이 그려지리라고 생각합니다. 좀 추상적으로 그림을 그려보면 하나님을 사랑하는 백성들이 모여서 주님 앞에 경배하고, 경배하는 과정 중에 주님께서 그의 말씀을 내려주시면 모든 사람들이 자기의 일터에 나아가서 열심히 말씀대로 살아가는 그 모습, 그것이 가장 이상적인 교회 공동체의 모습이겠지요.

그러므로 제일 중요한 것은 우리가 하나님의 뜻이라고 배운 그 말씀을 가지고 우리가 처한 처소에서 어떻게 구현해 내는가 하는 것입니다. 그러므로 교회는 바로 우리가 사는 그곳에서 실현됩니다. 예를 들어서, 우리들이 말씀대로 산다면 우리들의 안방에서, 우리들의 직장에서, 바로 거기서 교회가 실현이 되는 것입니다. 그것이 안 되는 것은 커다란 문제입니다. 주의 백성들이 자기가 처한 처소 가운데에서 주님이 맡겨 주신 일들을 하도록 하기 위해서 주님께서는 교회의 사람들 가운데 몇몇 사람들을 세우셔서 교회의 직원들로서 그 일을 잘 감당하도록 하셨습니다. 그 중에 우리가 지난주에 장로님에 대해서 생각해 봤습니다.

항존직 (2): 집사

그러나 교회의 직원들 가운데에는 장로님들만이 있는 것이 아니고 또

'집사'라고 하는 직원도 있습니다. 그러면 집사라는 직원은 어떻게 해서 생겨졌으며, 무엇을 하는 것인가 하는 것을 알아야 합니다. 왜냐하면 이런 직분들은 우리가 생활을 하다가 보니까 필요해서 만들어 낸 것이 아니기 때문입니다. 만일 그렇게 만들어졌다면 우리가 교회가 아니지요. 그냥 사교 단체가 되는 것입니다. "친목계 하는데 총무도 있고 하니까, 교회에서도 우리가 이렇게 하자"는 식으로 만들어 낸 것이 아니고, 우리가 정말 하나님의 뜻에 따르는 교회라면 우리가 행하는 모든 일에 있어서도 주님의 말씀이 어떤 지침을 주시는가 하는 것들을 잘 배워서 그 말씀에 따라서 우리의 모든 것들을 해 나가려고 해야 할 것입니다.

그 중에서 집사라는 직분을 주님께서 주셨다면 "나는 그런 것은 알 바 아니야, 나는 그런데 관심이 없어" - 이렇게 하는 것이 성도의 바른 도리가 아니고, "아, 그러한가, 주님께서 우리들 가운데서 어떤 사람들을 집사로 세우도록 하셨구나" 하면서 그것을 아주 중요시해야 합니다. 예수님께서 우리들 가운데서 어떤 사람들을 집사로 세우셨다면 성경 가운데 그러한 예가 있는가를 찾아봐야 할 것입니다.

디모데전서 3장의 말씀에 감독, 즉 장로에 관한 이야기가 나오고, 그 다음에 집사가 되어야 하는 사람은 이러이러해야 된다고 설명하는 말이 나옵니다. 또한 성경에 집사라는 명칭이 많이 나옵니다. 본래 이 말은 "일꾼"이라고 번역할 수도 있고, 독특한 직분자로서 "집사"라고 번역할 수도 있는 말입니다. 그러므로 문맥에 따라서 잘 번역해야 합니다.

엄밀하게 말한다면 교회의 모든 사람들은 교회의 일꾼이지요. 교회의 일꾼이 안 되면 어떻게 됩니까? 어떤 목사님이 옛날에 "교회에서는 일꾼이 안 되면 그 사람은 일감이 된다"고 하셨답니다. 누군가가 그 사람에 대해서 작업을 해줘야 된다는 말이지요. 그러므로 일꾼이 안 되면 그냥 일꾼이 안 되는 정도가 아니고 다른 사람이 그 사람에 대해서 일을 해줘야 된다는 말이지요. 이것은 굉장히 심각한 문제입니다. 그러므로 교회 공동체에서는 누구든지 다 일꾼이 되어야 합니다. 우리 마음 가운데 그 잔잔한 사랑의 마음이 있어서 정말로 그것을 표현해 내는 사람이 되어야 한다는 말이지요. 그런데 그것을 잘 표현해 내고 아주 대표적으로 해 낼 수 있도록 주님께서 세우신 직분이 있는데 그것이 집사의 직분입니다.

그러면 언제 그런 것이 시작되었습니까? 대개 사람들은 오늘 읽은 본문 말씀인 사도행전 6장에 교회가 처음으로 집사를 세우는 일이 나온다고 생각합니다. 아주 좋은 해석의 하나입니다. 물론 본문을 가만히 읽어보시면 그 속에 어디에도 집사라는 말은 한 번도 나타나지 않습니다. 그저 일곱 사람을 세웠다고 할 뿐입니다. "집사를 세웠다" 그런 이야기가 없습니다. 그래서 우리가 관례적으로 이분들을 일곱 집사라고 하지만 성경 가운데서는 일곱 집사라고 하는 이야기는 없습니다.

그런데 어떻게 일곱 집사라고 할 수가 있습니까? 단 두 가지 이유 때문입니다. 그 하나는 이 사람들을 선출할 때 그 선출의 기준, 어떤 사람을 집사로 선출했는가 하는 그 기준하고 아까 우리가 이야기했던 디모데전서 3장의 집사로 세울 사람은 이러이러해야 한다는 기준하고 상당히 유사합니다. 그래서 같은 성격의 직분 자들이라고 생각할 수도 있습니다. 또 하나는 이 일곱 분들이 선출이 되어서 하도록 되어진 일들이 나중에 성경 가운데서 말하는 집사의 일하고 상당히 유사합니다. 그러므로 여기 사도행전 6장에 나타나는 이 분들이 교회에서 처음으로 세워진 집사님들이라고 볼 수 있는 가능성이 높고, 그렇게 보는 것이 좋은 해석일 수 있습니다.

사도행전 6장에 나타난 예루살렘 교회의 상황

그러면 사도행전 6장을 자세히 살펴보면서 과연 무엇을 하도록 집사를 세웠는가 하는 것을 생각해 보도록 하겠습니다.

예루살렘 교회가 맨 처음의 신약 교회입니다. 예수 그리스도를 사랑하는 사람들, 예수 그리스도를 자신들의 주로 믿는 사람들이 모이기 시작했었습니다. 이것이 중요합니다. 오늘날도 교회를 이루려면 예수 그리스도를 사랑하는 마음이 우리 가운데 있어야 하고, 예수 그리스도를 우리의 주님이라고 생각하면서 매일 매일의 삶을 사는 것이 있어야 합니다. 그것이 없으면 교회가 아닌 것이지요. 정말 하루하루의 삶을 예수님을 주님으로 하고 살아간다고 하는 사람들이 있다면 기본적으로 그것이 교회입니다. 그렇게 하는 사람들을 신약 성경, 특별히 사도행전 앞부분에서는 "예수의 제자들"이라고 불렀습니다.

오늘날 그런 사람들을 "그리스도인들"이라고 부르지요? 우리 한국에서도 옛날에 '저 예수쟁이들' 이렇게 부르지 않았습니까? 그런 것처럼 이 사람들은 그리스도에게 속한 사람들, 그리스도를 따르는 사람들이라는 것을 표현해 내기 위해서 좀 조롱하는 투로 저 "그리스도인", 영어로 말하면 "크리스천"(Christian), 그런 말이 나타나기 시작한 것입니다. 그리스도인이라는 말은 기본적으로 남들이 붙여줌으로 사용되기 시작한 말입니다(행 11:26 참조).

맨 처음에 신약 교회의 교인들 자신들은 자기 자신들을 무엇이라고 생각했습니까? "예수의 제자들"이라고 생각했던 것입니다. 그러므로 우리에게도 "우리들은 예수 그리스도를 따라가는 예수 그리스도의

제자들이다, 예수 그리스도의 학도들이다" – 그런 마음이 있어야만 합
니다. 처음 신약 교회에는 그런 성도들이 있었습니다. 주님께서 은혜
를 주셔서 그렇게 신실하게 주를 믿고 따르는 사람들이 있으니까 그
주변에서 "아, 나도 예수 믿는 사람이 되어야 하겠다"하고 나아 온
사람들이 많아지기 시작했습니다.

그러다 보니까 많아져서 하는 일이 여러 가지가 있게 되었습니다.
주 앞에 나와서 예배도 하고, 또 하나님의 말씀에 따라 살기도 하면
서, 특별히 교회 안에 있는 사람들의 삶을 돌아보아 구제하는 일들을
교회가 하였습니다.

오늘 본문에 나타난 설명을 보니까 "과부들을 매일 구제했다" –
그렇게 되어 있습니다(행 6:1). 여기 나오는 과부들은 오늘날의 과부하
고는 성격이 좀 다릅니다. 오늘날의 과부들은 과부라고 해도 경제적 여
유가 있을 수 있습니다. 그러나 옛 사회에서는 형편이 아주 다릅니다.
그 사회는 주로 남자 중심의 사회였기 때문에 남편이 없을 때에는 경제
력이 없기 쉽습니다. 이 사람이 어디 가서 살기가 참 어렵습니다. 누군
가가 그녀와 그 자녀들의 삶을 챙겨 주어야만 합니다. 그것이 옛 사회
에서의 형편이었습니다.

그래서 구약 시대에도 보면 늘 "고아와 과부를 돌아보아야 한다"
고 이야기했던 것입니다(출 22:22; 신 14:29, 16:11, 14, 24:17, 19-21,
26:12,13, 27:19 등 참조). 왜냐하면 이 사람들은 누군가가 돌아보지
않으면 안 되는 사람들이기 때문입니다. 이 전통은 신약 교회에서도
계속되었습니다. 그래서 교회 공동체는 계속해서 과부들을 도와주고,
계속해서 구제했습니다. 교회 공동체가 하는 가장 중요한 일들 가운데
하나가 바로 이 일입니다. 우리 가운데 가난한 사람들, 연약한 사람들
을 늘 도와주는 일, 이것이 중요한 일이지요. 교회는 어떻게 해서든지

이것을 구현해 내야만 합니다. 또 교회 밖에 있는 사람들에게도 그 일을 구현해 내는 일 - 그것이 우리가 해야 할 구제의 일입니다.

이것이 좋은 일이지요. 당시 예루살렘 교회에는 성도들이 많아졌습니다. 제자들이 많아졌어요. 그런데 동시에 이상한 현상이 나타나는 것을 볼 수 있습니다. 그것은 교회가 이렇게 잘 되어 나가려고 하면 반드시 문제가 생기는 현상입니다. 이상스러운 일이지요? 그런데 그것은 우리의 경험에서도 자주 나타나는 일입니다. "이제 좀 뭔가 잘 될 것 같다" - 그러면 반드시 문제가 생기는 것입니다. 그러므로 그런 것을 바라보면서 우리들은 그런 현상에 대해서 담담하게 받아들이는 마음을 가져야 합니다. "아, 큰일 났다, 이제 좀 잘 되어 보려고 하는데 문제가 생겨서 어떻게 하나?" 그렇게 생각하지 마시라는 말입니다.

이 세상이 죄악의 구조 속에 있기 때문에 주의 백성들이 무엇인가를 잘 해보려고 할 때는 문제가 생긴다는 것을 생각해야 합니다. "늘 그렇게 되어 있다, 이 세상에 사는 동안에는 늘 문제가 있는 것이구나" 하면서 그 문제를 담담히 받아들이고 하나님의 지혜와 성령님의 인도하심에 따라서 그 문제를 해결하려고 노력해야 합니다.

자, 이 초대 교회에 어떤 문제가 생겼습니까? 당시 유대 사회에는 두 종류의 사람들이 있었습니다. 한 종류의 사람들은 소위 히브리파라는 사람들이었는데, 이 사람들은 계속해서 팔레스타인 땅에서 살아오던 사람들이었습니다. 그러므로 계속해서 당대의 유대인들이 써 오던 말인 아람어(Aramaic)를 사용하고, 유대인의 풍습을 계속해서 지니고 있었습니다.

또 다른 한 파인 헬라파 유대인(Greek Jews)이라고 하는 사람들은 팔레스타인 밖 각지에 흩어져 살던 유대인들이었는데, 그런 사람들을 우리가 '디아스포라'(diaspora)라고 이야기하지요. 바벨론 포로기에 살던 사람도 있고, 하여튼 지중해 지역 각처에 흩어져서 살고 있었지요. 그 흩어져 살던 사람들 중의 일부가 오순절 날이 되어 하나님께 예배하려고 이 예루살렘에 왔었습니다. 그런데 그 오순절 날, 사도들에 의해서 최초로 예수 그리스도에 대한 복음이 선포되어지는 일이 생겼습니다. 성령님이 강림하시고서, 그래서 신약 교회(New Testament Church)가 시작되었다는 말입니다. 이때 예수 그리스도에 대한 복음을 듣고서는 여기에 우리가 참 살 길이 있다고 생각하고서 계속해서 유대 땅에서 살기로 한 사람들입니다. 또는 그 전에라도 외국에서 살다가 들어온 사람들입니다. 따라서 이 사람들은 아람어 사용이 힘듭니다. 그러므로 우리 식으로 생각하면 미국서 자란 후에 다시 한국에서 살아야겠다고 생각하고 돌아 온 사람들입니다. 코리안 어메리칸(Korean American)인데 줄여서 흔히 코메리칸(Komerican)이라고 불려지는 사람들, 그 사람들과 비슷한 형태의 사람들이 유대 땅에 들어와서 산다는 말입니다. 말도 다르고 풍속도 다르고 자라온 교육 환경도 다르고 하니까 헬라파 유대인들과 히브리파 유대인들은 서로 다르단 말입니다.

그런데 히브리파 유대인들의 과부들에게는 늘 구제가 베풀어지는데, 어떻게 되었는지 헬라파 유대인들의 과부들에게는 구제가 잘 베풀어지지 않는 문제가 생겼습니다. 교회 공동체 안에 무슨 일이 생기면 사람들이 반드시 말을 합니다. 옛날에 저희가 교회 안에서 자라날 때 목사님들이 흔히 하시던 말로 표현하면 '사람들이 수군수군하는' 일이 생긴 것입니다. 목사님들은 그것이 좋지 않다고들 이야기하시는 것을 많이 들었습니다. 성도들의 이야기들이 많으면 좋을 것 같은데, 거의 모든 분들은 싫다고들 그러시더라고요.

그러나 성도들 사이에서 말이 생겨진다는 것은 좋은 것입니다. 그것을 문제시할 필요는 없습니다. 다 좋은 마음들에서 말을 하니까 그 것이 여론(輿論)이라고 할 수 있습니다. 그렇지요? 여론이 형성되어야 지요. 교회 안에서도 여론이 형성되어져야 합니다. 신문이 하는 중요 한 역할 중에 하나가 여론의 형성이거든요. 이야기가 많아져야 한다는 말입니다. "어떻게 했으면 좋겠다, 우리 교회가 정말 교회다운 모습을 드러내기 위해서 어떻게 했으면 좋겠다." 그러면서 각자가 다 책임을 가지고 써내시고 여론을 형성해 내셔야 합니다.

그런 관점에서 보면 여기 예루살렘 교회에 좋은 여론이 하나 형성 된 것입니다. "왜 헬라파 유대인들은 구제에서 빠지는 것인가?" 하는 아 주 공정한 여론이지요. 그런 뜻에서 이런 말들은 좋은 이야기들입니다.

좋은 이야기는 적극적으로 받아들여져야 합니다. 그래서 사도들이 그 의견을 받아들였습니다. 흥미로운 사실입니다. 사도들이 어떤 사람 들입니까? 하나님의 보냄을 받아서 하나님 말씀을 선포하는 사람들입 니다. 오늘날의 목사님들하고 이 사도(使徒)들과는 성격이 다른 사람들 입니다. 그런데 사도들도 사람들이 이야기하면 그 이야기를 듣는 것이 라는 말이지요. 사도들이 성도들의 이야기를 받아들였습니다. 그래서 이 분들이 "자, 너희들 가운데서 성령과 진리가 충만한 사람들을 뽑으 라"고 합니다. 업무를 분담하는 것이지요. 일을 나누어서 하자는 것입 니다. 지금까지는 사도들이 거의 모든 일들을 해 왔습니다. 말씀도 선 포하고 또 다른 사람들도 구제하는 일도 하고 너무 많은 일들을 한 것 입니다. 그러니 그들이 어떻게 다 할 수 있었겠어요? 일을 잘 감당하 지 못하는 것입니다. 그러므로 업무를 분담해야 하는 것입니다.

일을 분담해야 하는데, 어떻게 해야 합니까? 자격자들이 선출되도 록 합니다. 사람들로 하여금 적절한 사람들을 뽑도록 한 것입니다. 이 것은 중요한 제도입니다. 신약 교회는 처음부터 이렇게 적절한 사람들을 성도들이 선출했습니다. 신약 교회는 그런 식으로 직원들을 뽑은 것입니다. 장로님의 경우에도 우리가 지난 시간에 이야기할 때 성경이 제시하는 기준에 따라서 잘 살펴보고 자격이 있는 분들을 선출해야 한다고 했습니다. 집사님들 역시 맨 처음에 그렇게 선출했다는 말이지요. 성도들이 선출하도록 합니다.

어떤 사람들을 뽑도록 합니까? "성령과 지혜가 충만한 사람", 그런 사람들을 뽑도록 합니다. 그것이 기준입니다. 주님의 일을 잘 할 수 있는 사람, 성령님과 가까운 사람 – 그런 사람들을 성도들이 선출한다는 말입니다. 그래서 이 사람들로 하여금 "공궤하는 일"을 하도록 합니다. 우리말 성경에 그렇게 되어 있는데, 이는 table service를 번역한 말입니다.

여러분들이 식당에 가면 웨이터(waiter)들이 다 섬겨 주시지 않습니까? "뭘 드시겠느냐?"고 그러고, 포크도 갖다 주고, 나이프도 갖다 주고 다 섬겨 주지 않습니까? 이와 비슷하게 교회 공동체의 교우들이 모여서 함께 예배하고 모든 일을 할 수 있도록 하기 위해서 그 일을 전부 다 마련하고 준비하고 하시는 그 일을 하는 것입니다. 그 일을 하면서 특별히 구제하는 일을 총괄하는 것이 집사님들의 일이었습니다. 우리가 지금까지 살펴 온 바와 같이 처음 예루살렘 교회에 구제하는 일에 있어서 문제가 생긴 것 아닙니까? 그 문제 때문에 이 분들을 선출한 것이지요? 그래서 그 구제를 총괄하는 사람들로서 이 분들을 선출하여 세운 것입니다.

이 일을 위해서 여기 일곱 사람이 세움 받았습니다. 그 중에서 우리가 두 사람은 잘 알고 있습니다. 한 사람은 스데반이라고 하는 사람입니다. 스데반은 나중에 기독교의 최초의 순교자가 됩니다. 또 빌립이라고 하는 사람도 잘 아는데, 이 사람은 전도를 열심히 한 사람입니다. 나머지 사람들은 여기에만 이름이 나오고 다른 곳에서는 별로 나오지 않습니다. 그러나 이 사람들도 아마 최초의 집사님들로서 그 역할을 아주 잘 해 내었을 것이라고 생각합니다. 이 분들이 예루살렘 교회에 있던 집사님들입니다.

흥미로운 사실은 이 집사님들이 전부 남자들이었습니다. 그리고 다른 데도 보면 목사님이나 장로님들이 그러하듯이 집사님들도 대개 남자들만 하도록 그렇게 되어 있는 성향이 있습니다. 왜 그러는 지는 우리 나중에 한번 좀 생각해 보겠습니다.

그런데 집사님의 경우에는 집사님을 여자들이 할 수 있는 근거가 하나 있긴 있어요. 물론 다른 근거도 몇 가지 있을 수 있는데, 이왕 말이 나왔으니 이야기한다면, 로마서 16장에 가보면 '뵈뵈'라고 하는 여인이 나옵니다. "겐그레아 교회의 일꾼으로 있는 뵈뵈를 너희에게 천거하노니" 바울이 그렇게 말하고 있습니다. 그렇게 해 놓고 우리말 성경에 거기에 작은 글씨로 숫자 1자가 있습니다. 그 밑으로 내려가 보면 밑에 "혹 집사" 그렇게 써 있습니다. 여러분이 여기서 헬라어 (Greek) 단어를 하나 기억해 두어야 하는데, 그것은 "디아코노스"(διάκονος)라고 하는 말입니다. 이 "디아코노스"라고 하는 말은 "섬기는 사람"이라는 뜻입니다. 그러므로 일꾼이지요. 교회를 섬기는 사람, 일꾼이라는 말입니다. 그런데 그 말이 특히 누구에게 사용된 말이냐 하면 집사님들께 사용된 말입니다.

우리 교회도 이제 집사님들이 네 분이나 계시지요? 이 집사님들은 임직한 집사님들입니다. 우리가 흔히 안수 집사님이라고 하시는 분들이 그런 분들입니다. 사도행전 6장에서 일곱 사람을 세웠는데 그와 같이 우리 교회에서는 네 사람을 세워서 집사 역할을 하게 한 것이라는 말입니다.

그런데 만일 그 뵈뵈라고 하는 여인이 그냥 교회의 일꾼이라는 의미가 아니라 교회의 집사라고 하는 의미에서 이런 명칭으로 불림을 받았다면 여자들도 안수 집사가 될 수 있는 가능성이 있는 것이지요. 그런데 이점에 대해서는 학자들이 아직까지도 서로 논란하고 있습니다. 성경을 공부하는 사람들끼리 과연 그것을 그렇게 봐야 하느냐, 아니냐에 대해서 아직 논란하고 있어요. 그래서 아직 그것이 확정되지 않는 한(限) 우리는 아직 안 하는 것이 좋겠지요? 저 자신은 집사님에 관한 한 그 성경적 근거가 있으니까 여자 분들도 안수 집사가 되면 좋지 않을까 생각을 하고 있습니다만 아직 한국 교회에서 그것을 아주 확연하게 통과시킨 일이 없습니다. 그러므로 그런 한(限), 우선 한국 교회의 헌법에 규정된 원칙을 따라야지요. 나중에 우리가 성경에 근거해서 그렇게 하기로 하면 나중에는 여자분들 가운데에서도 집사님들이 세워져야 하는 것이지요.

　　그러면 집사님들은 무엇을 위해 세워진 것입니까? 특별히 구제하는 일, 교회 안에서 구제하는 일을 하도록 한 것을 발견할 수 있습니다. 이것은 무엇을 뜻합니까? 흔히 이것을 잘못 이해해서 '집사님들만 구제하는 것인가요?' 그렇게 생각을 하는 사람들이 있어요. 그러나 사실은 그렇지 않지요. 온 교회가 하는 구제를 집사님들이 총괄하는 것입니다. 그 과부들에게 이 초대 교회에서 어떻게 구제했겠습니까? 온 교우들이 헌금을 한 것을 가지고서 그것을 나누는 것이지요. 그 때는 공식적인 예배 시간에 헌상 시간이 있었는지 좀 모호합니다. 그때는 사람들이 다 필요에 따라서 자기들이 마음속에 감동이 되는대로 온 교우들을 위해 사용하기 원해서 어떤 사람은 밭도 팔아서 가져오고 하는 일이 있었습니다. 사람들이 자기 마음에 감동이 되는대로 그렇게 한 것입니다. 그런데 그 중에서도 상당히 많은 부분, 제일 많은 부분은 구제하는데 나가도록 되어 있었습니다. 초대 교회의 연보는 그런 식으로 사용되었습니다.

이것이 우리들에게서도 지켜져야 할 하나의 원칙입니다. 될 수 있는 대로 우리 안에서 사용되기보다는 구제와 바깥으로 더 많이 나가야 합니다. 이런 연보의 사용이 정상적인 것입니다. 그러므로 우리는 최선을 다해서 안으로는 최소한으로 쓰도록 해야 합니다. 교회 공동체 자체의 경비는 될 수 있는 대로 줄이고, 될 수 있는 대로 구제하고 바깥을 위해 쓰는 일이 많아져야 합니다.

이것이 제대로 되려면 어떻게 해야 합니까? 온 교우들의 마음속에 잔잔한 사랑의 감정이 풍성히 있어야만 합니다. 그것이 안 되면 오늘 이야기한 구제가 제대로 되어질리 없지요. 어디서부터 출발해야 할까요? 예를 들어서, 옆에 성도님이 이사하여 우리 교회 공동체에로 새롭게 오셨다고 해 봅시다. 그 성도가 어떻게 온 것입니까? 주님을 사랑하는 마음으로 온 것이지 않습니까? 그러므로 얼마나 반갑고 기쁘고 합니까? 이렇게 잔잔한 사랑의 마음들이 표현되어야 하지요?

그런 것들이 아주 구체적으로 표현되어지면 나중에는 밖의 사람들을 구제할 수 있는 데까지 나아갈 수 있습니다. 그 구제하는 일을 전담하여 잘 감당하시는 분들이 집사님들입니다. 집사님들이 구제의 일을 전담할 때 교회가 아주 의미 있게 일해 나갈 수 있습니다. 교회 안에서 구제해야 하고 교회 바깥에서도 구제해야 합니다. 그러므로 우리 교회에서도 그렇고, 우리 한국 교회 전체에서도 그렇고, 이런 붐 (boom)이 일어나야 할 것입니다.

옛날 한국 교회에서 6월을 절제의 달로 지낸 적이 있다고 합니다. 구제를 하려면 내가 쓰고 남은 것을 가지고 하려면 잘 안 됩니다. 내 생활이 절제가 되어야 그것이 구제할 수 있는 토대가 될 수 있습니다.

그렇게 될 수 있도록 우리가 우리의 생활의 규모를 줄이고 우리의 삶을 주님께 드리고 주님을 위하여 우리 자신을 헌신해야 합니다.

물질이 없는 사람들은 어떻게 해야 합니까? 몸으로도 구제하고 헌신할 수 있습니다. 아주 구체적으로 섬겨 갈 수 있습니다. 예를 들어서, 여러분들 가운데서 지금 병원에 며칠씩 이렇게 있으시는 분들, 그때 가족들이 많으면 좀 덜한데, 가족들이 없다고 한다면 거기 가서 간호한다고 하는 일은 쉬운 일이 아니지요. 여러분들이 그런 일을 당해 보시면 그런 것을 아실 것입니다. 그럴 때 그런 일들을 대신해 주는 일도 하실 수 있을 것입니다. 교우들 가운데서 시간이 나는 대로 자원봉사를 해야 합니다. "아, 우리가 바빠 죽겠는데 그것을 어떻게 합니까?"라고 말할 수 있지만, 그러나 찾아보면 우리가 자원 봉사해서 할 만한 것들이 많이 있습니다. 여건 상 이것이 안 되는 사람들은 여러 가지 문제들을 위해서 기도할 수도 있습니다.

이제 구체적으로 실제 역사 가운데에서 이 집사 직분이 어떻게 활용되어져 왔는가 하는 것에 대해서 생각해 보고 말씀을 마치려고 합니다. 16세기에 종교개혁이 일어났을 때, 종교 개혁적 교회에서는 모든 일을 성경이 말씀하시는 그 기준에 따라서 해보려고 노력했었습니다. 왜 종교개혁이 일어났습니까? 종교개혁 전에는 많은 사람들이 성경의 기준에서 떠나 여러 일을 해 왔습니다. 교회도 성경적으로 하지 않은 것이지요.

예를 들어서, 종교개혁 전의 교회에도 교회 안에 집사라는 직분이 있긴 있었는데 그 집사 직분이 무슨 직분이었느냐 하면 앞으로 신부님 (priest)이 될 사람이 그전에 잠깐 집사(deacon)로 있었던 것입니다. 이것은 준비 과정과 비슷한 것이었습니다. 우리 식으로 따지자면 강도사님과 비슷한 직분이 있었던 것입니다. 이것은 평생 있는 직분이 아니고 그냥 잠시 동안 있는, 그래서 천주교회에서는 이것을 부제(副祭)라고 합니다. 온전한 사제(司祭)가 아니고 부제(副祭)라고 하지요. 부제가 되었다가 일정한 시간이 지나면 사제가 되고 이렇게 합니다.

그러나 성경에서는 그렇지 않은 것입니다. 집사직은 신부가 되기 위해 준비하는 과정이 아니고 평생에 이 일에 은사가 있는 사람들이 이 직분에 임직하여서 봉사하는 것이라는 것을 성경을 통해서 배우게 됩니다. 그래서 '아, 그럼 우리 교회에도 집사라는 직분이 평생 봉직하는 직분으로서 있어야만 되겠다.' 그렇게 생각해서 다시 회복한 직분입니다.

한국 교회에 집사 직분이 있으니까 사람들이 "교회에는 다 집사가 있는가 보다" — 그렇게 생각하지요. 교회를 몇 년 다니면 다 집사 직분을 주는 것이라고 생각하는 일이 많습니다. 그래서 집사가 안 되면 이상해 하고 이것이 참 묘한 문제를 발생시킵니다. 우리는 이런 생각에서 다 떠나야 합니다. 집사 직분은 아주 고귀한 직분으로, 우리가 성경에 따라 가기 위해 힘들여서 회복시킨 직분입니다. 성경의 원리를 실천하기 위해서 말입니다.

종교개혁 시대에 제네바(Geneva)에서 칼빈이 교회를 하나님의 말씀에 따라서 잘 해보자고 하고, 하나하나의 일을 하나님의 말씀으로 다 점검하자고 그랬습니다. 그러자 사람들이 반발이 심했습니다. "쓸데없이 그렇게 하지 말고 우리가 해 오던 대로 그렇게 하자" 하는

죤 칼빈

반발이 일어난 것입니다. 그래서 칼빈이 쫓겨나기도 했습니다. 1538년 4월 23일이 제네바에서 칼빈이 쫓겨나간 날이라고 합니다. 사람들이 싫다고 해서 쫓겨났어요. 나중에 제네바 사

람들이 스스로 해도 해도 안 되니까 칼빈에게 다시 와서 종교 개혁을 계속해 달라고 요청했습니다. 이런 상황에서 칼빈은 갈까 말까 고민을 많이 했어요. 이해할만 하지요? 그런데 나중에 다시 가서 제네바를 낙스(John Knox)의 이른 바 "그리스도인의 완벽한 학교"로 잘 세워 놨습니다.

그 때에 제네바 교회에 두 종류의 집사님들이 있었습니다. 칼빈이 하는 말에 의하면, 한 종류의 집사님들은 제네바의 일종의 빈민 구호 기관을 돌보는 분들이었습니다. 병든 사람, 갈 곳 없는 사람들이 요양도 하면서 거기에서 사는 것입니다. 그 빈민구호소의 운영을 전담 맡아서 하는 그런 분들을 집사라고 하였습니다.

또 한 종류의 집사님들이 있었는데 이 분들은 실질적으로 구제하는 일을 해 내는 분들이었습니다. 특별히 제네바로 당시에 많은 피난민들이 오는 상황이었습니다. 어떤 피난민들이었습니까? 프랑스 같은데서는 당시에 천주교인이 아니면 핍박을 받거든요. 지금 우리가 믿는식으로 예수님을 믿으려고 하면 죽음을 각오해야 했습니다. 그렇게 되면 사람들이 대개 편한대로 예수 믿지요? 아니면 예수 믿는 것 그만두든지 하지요. 그러나 예수님을 믿는 것은 진짜로 믿어야 되지 않겠어요? 내가 어려우면 그만 두고 적당히 하고 이렇게 하면 예수를 믿는것이 아니라는 말입니다. 이런 상황에서는 죽거나 잡혀가지 않으려니까 다른 데로 피난 간 것입니다. 쉽겠습니까? 여러분의 집을 다 놔두고 떠나가는 것이 쉽겠습니까? 당시에 귀족들도 많이 피난 왔는데, 대개는 자기가 가지고 있는 것을 상당히 놔두고 오는 것입니다. 오직 신앙을 위해서 말입니다. 굉장한 열심들이지요?

이런 사람들이 어디로 피난 왔겠습니까? 칼빈이 주도하여 종교개혁을 하고 있는 그 제네바로 많이 왔습니다. 칼빈도 프랑스 사람이었기에 제네바에는 이와 같이 피난 온 외국 사람이 많았습니다. 그러면 피난 온 이 외국 사람을 좀 살 수 있도록 해야 하지 않겠습니까? 음식도 좀 나눠주고, 살 수 있는 장소도 제공하고 그런 일들을 누가 했습니까? 교회 집사님들이 했습니다.

오늘 우리가 집사님들이 어떠한 일에로 부름을 받은 사람들인가 하는 것들을 성경을 통해서, 또 역사의 교훈을 통해서 살펴보았습니다. 그것이 오늘 우리에게도, 우리 교회뿐만 아니라 또 한국교회 전체에도 다시 나타날 수 있었으면 합니다. 종교개혁 당시의 그런 모범이 있어서 그것을 잘 따라가면 정말 우리가 제대로 된 활동을 해 나갈 수 있습니다. 종교개혁 시대에는 개혁된 교회가 있는 곳마다 걸인이 없어졌어요. 교회가 열심히 구제의 일을 하고, 그들이 일할 수 있는 여건을 만들고 했기 때문입니다. 그런 책임 의식까지를 가지면서 우리가 해야 할 일들을 찾아 나가야 합니다. 우리 가운데 집사님들만 열심히 해서는 안 됩니다. 집사님들이 잘 주관을 하시고 우리 모든 성도들이 여기에 마음을 써야 합니다. "내가 이 일을 위해서 한 성도로 있다, 이것만이 아니지만 여러 가지 일을 해야 하지만 그 중에서 아주 중요한 일이 구제하는 일이다"는 의식을 가지고 열심을 내야 합니다. 또한 우리 집사님들은 "우리들은 이 일에로 부름을 받아 세워진 사람이다" 하는 생각을 가지고 열심히 섬기셔야 합니다. 또한 우리 가운데서 집사가 되실 분들은 '주님께서 그런 고귀한 일에로 우리를 부르시는 것이구나'라고 생각해야 됩니다.

안타까운 것은 많은 사람들이 이런 것에 대해서는 "아, 나는 관심 없어요. 주일이면 예배당만 가렵니다" 하는 그런 태도를 가지고 있는 것입니다. 이런 태도를 가지고 있는 한, 우리는 정상적인 그리스도인이 아닙니다. 주님께서 우리에게 어떤 규례를 주셨으면 이것이 무시할

만한 규례가 아니거든요. "나는 도덕적으로 잘 생활했는데요" - 그것 가지고 다 되는 것이 아니라는 말이지요. 주님이 주신 그 모든 말씀을 우리가 존중하고 그 뜻을 우리 가운데서 구현해 내도록 힘써야 할 것입니다. 주께서 교회에 세우신 집사의 직분과 그 의미를 우리가 잘 알고, 그것을 존귀하게 여기며, 그 구제의 일을 잘 감당해 나갈 수 있기 원합니다.

제 16 강

교회의 직원 (3): "목사"

[9]올라가셨다 하였은즉 땅 아랫 곳으로 내리셨던 것이 아니면 무엇이냐 [10]내리셨던 그가 곧 모든 하늘 위에 오르신 자니 이는 만물을 충만케 하려 하심이니라 [11]그가 혹은 사도로, 혹은 선지자로, 혹은 복음 전하는 자로, 혹은 목사와 교사로 주셨으니 [12]이는 성도를 온전케 하며 봉사의 일을 하게 하며 그리스도의 몸을 세우려 하심이라.

우리는 흔히 교회에는 목사님이 계시다고 하고 교회는 다 그런 것이라고 생각을 하고, 교회 공동체의 편리에 따라서 그런 직분을 만들었나 보다 그런 생각을 하기가 쉽습니다. 그러나 만일에 성경 가운데 목사에 대한 언급이 전혀 없고 그런 이야기가 없다면 우리가 목사라는 제도를 만들어서는 안 될 것이고 그런 직분을 유지해서는 안 될 것입니다. 만일에 그렇게 하는 것이 좋고, 일을 하는데 매우 유익이 된다 할지라도 성경 가운데 목사직에 대한 분명한 말씀이 없으면 그런 제도를 만들어서는 안 될 것입니다.

교회 공동체를 이루고 있는 모든 사람들은 한마디로 성경의 사람이라고 할 수 있습니다. 이것은 아주 중요한 원리 가운데 하나입니다. 예수 믿는 사람들은 "성경의 사람들"(the people of the Bible)입니다. 이를 "한 책의 사람들"(the people of the Book)이라고 해도 좋습니다. 그런데 이 말을 오해하면 안 됩니다. 이 "한 책의 사람들"이라는 말은 다른 책은 읽지 않고 오직 한 책만을 읽는 사람이라는 말은 아닙니다. 다른 책을 하나도 안 읽고 성경책만 읽는 사람은 하나님이 원치도 않고 바라시지도 않습니다. 중요한 것은 다른 모든 것도 읽고 생각하는데 어떤 문제에 대한 결론을 내릴 때는 늘 성경이 그 문제에 대해서 무엇이라고 말하느냐에 따라서 우리의 모든 것들을 다 규정해 나가는 것입니다. 그런 사람들을 예수님을 믿는 사람들이라고 합니다. 따라서 교회의 어떤 제도 문제에 대해서도 우리는 그것에 대해서 성경이 어떻게 규정하느냐를 중심으로 생각해 나가야 합니다.

승천하신 주님의 사역

우리는 지난 몇 주에 걸쳐서 장로님들, 집사님들을 세우신 주님의 뜻에 대해서 생각해 보았습니다. 오늘 본문 가운데서는 보다 본래적인 이야기를 하고 있습니다. 주님께서 위에 오르셨다고 합니다. "위에 오르셨다"는 말은 그가 땅에 내리셨던 적이 있었다는 것을 전제하는 말입니다. 예수님께서 이 땅위에 계시던 때, 인간의 몸을 가지시고 이 땅에서 우리와 함께 먹고 마시고 울고 웃고 하시던 그 때, 사람들을 가르치시던 그 때가 있었습니다. 그런데 이 땅에 계셨던 그가 계속해서 이 땅에 계시지 아니하시고 "하늘"로 오르셨습니다. 그 이유는 "온 땅을 충만케 하려 하심이니라"라고 설명하고 있습니다. 그가 하늘에 오르셔서 온 땅을 충만케 한다고 하십니다. 그것이 무슨 뜻일까요? 이 "충만케 한다"고 하는 말은 "온 세상이 창조된 목적을 이룬다" 또는 "온 세상에 대해서 하나님께서 정해진 뜻을 다 이루어 낸다"라는 뜻입니다.

그러므로 하나님께서 이 세상을 창조하셨던 그 본래적인 뜻을 달성하시기 위해서 그가 이 땅에 오셨고 이 땅에서 하늘로 오르시기도 하신 것입니다. 하늘에 오르신 예수님은 그냥 가만히 계시는 것이 아니라, 이 땅을 충만케 하시는 일을 하고 계십니다. 이 땅을 충만케 하시는 그 일을 하실 때, 주님께서 친히 그 일을 하시기도 하시지만 특별히 우리들 가운데서 어떤 사람들을 사용하셔서 그 일을 하시기를 원하셨습니다. 예를 들어서, 오늘 본문에 보면 11절에서부터 어떤 직분자들을 세우셔서 이 세상을 충만케 하시는 일을 하시는 지를 잘 밝혀주고 있습니다.

(1) 비상 직원들을 세우심

이 가운데서 목사와 교사라고 하는 말이 나오기 전에 먼저 사도, 선지자, 복음 전하는 자에 대한 언급이 나옵니다. 이 세 가지는 지금 우리들의 시대에는 없는 직분들을 언급하는 것입니다. 하나님께서는 신약 초기에 우리들 가운데서 어떤 사람들은 사도로 세우셨습니다. 베드로나 바울이나 또는 다른 모든 사도들을 세우셔서 온 세상의 교회가 그들의 가르침에 터하게 하셨습니다. 그러므로 이 사도들의 가르침을 벗어난 교회는 더 이상 교회가 아닙니다. 사도들이 어떻게 가르쳤는가 하는 것은 만대 교회의 표준(canon)이 되는 것입니다. 이와 비슷하게 주님께서는 이제 온 세상에 교회가 시작될 때에 선지자, 또 복음 전하는 자 같은 사람들을 세우셨습니다. 그러므로 이 사람들은 신약 교회를 세우는 특별한 시기에 있던 사람들입니다. 오늘날은 어떤 사람이 "내가 사도이다" 하고 나올 수 있는 사람이 없습니다. 오직 그 시대에 있던 사도들만이 우리들의 사도들입니다. 1세기 때에 이 사람들이 사도였으면 21세기에도 그분들이 우리들의 사도들입니다.

(2) 평상 직원들 = 항존 직원들

그러나 이런 사도, 선지자, 복음 전하는 자들과는 달리 교회가 지속되면서 주님께서 교회 공동체 안에 항상 있게 하신 직책이 있습니다. 그 중에 두 가지는 우리가 이미 살펴보았습니다. 장로라고 하는 직책과 집사라는 직책이 그런 직분입니다. 그것과 함께 교회 공동체 안에 항상 있도록 하신 직책이 하나 더 있는데 그것이 오늘 본문 가운데 나타난 "목사와 교사"라는 직책입니다.

항존직으로서의 목사직의 특성

목사와 교사라고 하는 것은 무엇입니까? 여기서 교사는 주일학교 선생님들을 이야기하고 있는 것입니까? 사실은 그것이 아닙니다. "목사와 교사"라는 이 어귀의 제일 좋은 뜻을 먼저 이야기하고 부차적인 뜻을 말씀드리겠습니다. 제일 좋은 뜻은 무엇이냐 하면 이 목사와 교사라는 말을 "목사, 즉 교사"를 주셨다고 해석하는 것입니다. 그러므로 이 어귀는 목사의 직분이 가르치는 직분이라는 것입니다. 주님께서 당신님의 교회를 이 땅위에 세우시고 교회가 이 땅에서 그 목적을 잘 이루도록 하기 위해 "가르치는 직분"을 우리 가운데 세워 주신 것입니다.

물론 어떤 사람이 교회 공동체에서 가르치는 사람으로 있다는 것은 참 어려운 일입니다. 왜냐하면 우리가 지금까지 여러 차례에 걸쳐서 이야기해 왔듯이 교회 공동체 안에는 여러 종류의 사람들이 다 있게 됩니다. 젊은 사람들만 모인 교회 공동체는 교회의 보편성을 잘 드러내지 못하는 것이라고 말했었습니다. 교회 공동체에는 젊은 사람들, 나이 많은 사람들, 어린 아이들 다 있어야 합니다. 그런 교회 공동체 안에서 주님께서 어떤 사람을 세워서 교회 공동체를 가르치게 하셨습니다.

우리가 학교에 가면 학생들은 다 어리고 선생님은 나이가 많으시니까 "가르친다"는 것이 매우 당연한 것이라고 여겨집니다. 그런데 교회 공동체 안에는 나이가 많은 분들도 계시고 나이가 적은 분들도 있고 한데 어떤 사람을 세워서 가르치도록 한다는 것은 매우 어려운 것입니다. 그러나 그것이 주님의 뜻이면 우리가 그것을 잘 받아들여야 합니다. 목사님은 무엇을 가르치는 것입니까? 목사가 자기의 지혜를 가르친다면 그 공동체는 교회 공동체가 아닙니다. 어떤 분이 "내가 목사니까 여러분은 나에게 배워야 합니다" 하면서 자기 생각을 가르친다면 그것은 사실 교회가 아닌 것입니다.

교회 공동체는 무엇을 하려고 모이는 공동체입니까? 여기서 오늘 교회의 가장 중요한 측면 중의 한 가지를 생각하게 되는데, 그것은 교회 공동체는 "가르침을 받는 공동체"라는 것입니다. 목사와 모든 교인들이 이 공동체 안에 포함되어서 다같이 가르침을 받는 공동체입니다. 누가 가르치십니까? 오직 하나님께서 가르치십니다. 성령님께서 가르치십니다. 주님께서는 이것을 아주 강조해 주셨습니다. 이 공동체는 우리 주님에 의해서 가르침을 받는 공동체입니다. 만일 이 공동체가 주님의 가르침을 받지 아니하면 이 공동체는 주님의 뜻에서 벗어난 공동체가 되는 것입니다. 그러므로 우리들은 언제나 이 면을 중요시합니다. 주님께서 우리를 친히 가르치시는데, 주님께서는 우리들 가운데서 어떤 사람들을 목사로 세우셔서 가르치도록 하신 것입니다. 그것이 주님의 뜻입니다.

주님께서는 왜 그렇게 하셨을까요? 그냥 주님께서 친히 우리를 가르쳐 주시면 좋을 텐데 왜 그렇게 하셨을까요? 그것을 옛날부터 많은 사람들이 궁금하게 여겨왔습니다. 칼빈과 같은 사람은 이 문제에 대해서 가만히 생각하다가 말씀하시기를 "이것은 우리로 하여금 겸손케 하도록 하시기 위한" 것이라고 했었습니다. 아주 좋은 생각입니다.

우리가 하나님께 직접 가르침을 받는다고 하면 사람들이 "나는 하나님 앞에 직접 가르침을 받는 사람이다." – 이렇게 될 것이라는 말이지요. 그러나 중간에 사람을 세워서 가르침을 받게 하시면 우리가 일단은 그 사람이 무엇이라고 말하는지 잘 들어야 합니다. 그런 후에 하나님 앞에서 판단해야 됩니다. 이것이 상당히 중요합니다. 옛날에 사람들로 하여금 쉽게 가르치도록 하시기 위해 목사님의 말씀을 무조건 들으라고 한 적이 있었습니다.

그러나 성경에 보면 그렇게 하지 않습니다. 그렇게 하지 않고 일단 목사님들이 하나님의 말씀을 선포하시면 무슨 말을 하는지를 정확히 들어야 합니다. 그것을 모르면 안 됩니다. 정확히 들은 다음, 성경으로 가셔야 합니다. 성경으로 가셔서 이것이 과연 그런가 하면서 성경을 늘 상고해 보아야 합니다. 그 과정이 필요합니다. 그렇게 해서 "저 말씀이 정말 성경에서 가르치는 말씀이다"라는 것이 분명하면 그것을 하나님의 말씀으로 생각하고 그 말씀을 따라가는 것입니다. 그렇게 했던 대표적인 사람들이 베뢰아 사람들입니다. 베뢰아 사람들은 성경에서 "데살로니가에 있는 사람보다 더 신사적이다"고 했습니다(행 17:11). 이 말은 "마음이 더 열려져 있다"는 말입니다. 마음이 열려져 있어서 바울이 가서 가르치면 그 가르치는 말씀을 잘 들었습니다. 그 다음에는 이것이 과연 그러한가 하여 성경으로 돌아가서 성경을 읽고 과연 성경이 그렇게 말하는가를 확인을 해서 그 말씀이 지시하는 대로 살았다고 했습니다. 그러므로 예수님을 믿는 사람들은 베뢰아 사람들을 아주 존중합니다.

존중하다 보니까 가끔가다 이 "베뢰아"라는 이름을 이용하는 이상한 사람들도 나타납니다. 오늘 한국 교회 가운데도 이 "베뢰아"라는 이름을 이용하는 아주 이상한 집단이 하나 있습니다. 그들은 자신들도 교회라고 합니다. 거기도 목사님도 있고 하는데 결국 살펴보면 이상한 가르침, 성경의 가르침이 아닌 가르침을 가르칩니다. 그래서 성경에 아주 좋은 사람들로 나타난 그 베뢰아 사람들의 이름에 먹칠을 하고 있습니다. 그러므로 여러분이 잘 주의하셔야 합니다. '성경 가운데서 베뢰아 사람들이 아주 좋은 사람들이었으니까 오늘날도 어떤 곳에 베뢰아라고 이름하는 집단이 있으면 그 집단은 좋은 가르침을 가르치겠구나'라고 생각해서는 안 됩니다. 한국 교회에서 지금 "베뢰아"라고 하는 데는 이단적인 데입니다. 왜 이렇게 말합니까? 그들의 가르침은 성경의 전체적인 가르침에서 어긋나기 때문입니다. 이런 예에서 여러분이 아주 잘 알 수 있듯이 목사님들이라 하시는 분들의 가르침을 무조건 따라가서는 안 됩니다. 물론 목사님들이 하시는 말씀을 일단은 자세히 들어야 합니다. 무엇이라고 가르치는지를 잘 들어야 합니다. 그것을 안 듣고 다 졸고 있으면 그 내용을 판단할 수 있는 가능성이 전혀 없습니다. 그러므로 여러분들이 잘 들으셔야 합니다. 잘 들으셔서 그 말씀이 정말 성경이 가르치는 말씀이라는 판단이 서시면 그것이 목사님의 말씀이기 때문에 따라가는 것이 아니라, 그것이 하나님의 말씀이기 때문에 따라가는 것입니다.

그러므로 정상적인 경우에는 어떻게 되어야 합니까? 우리 가운데서 잘 살펴서 하나님의 말씀을 잘 깨닫고 우리들 가운데서 말씀을 잘 가르칠 수 있는 은사가 있다고 생각되시는 분들이 정규적인 신학 교육을 받도록 해야 합니다. 바른 교회에서는 늘 그렇게 해야 합니다. 이런 분들로 하여금 정상적인 신학 교육을 받도록 해서 그분들이 우리와 우리 다음 세대의 교회를 잘 가르칠 수 있는 분들이라는 증거가 나타날 때, 그런 분들을 목사로 세우는[將立하는] 것입니다. 그렇게 했으면 그 다음에는 정상적인 목사로 세워진 이 분들이 힘을 써서 성경 전체의 하나님의 말씀을 교인들에게 잘 가르쳐야 합니다. 교인들이 "이것이 정말 옳은 말씀이다" 하고 따라갈 수 있게끔 잘 가르쳐야 한다는 말입니다.

그러면 그 다음에 교인들은 그 말씀을 잘 배우면서 "주님께서 우리에게 이런 은혜의 말씀을 주시는구나" 하고, 그 말씀을 자기들의 삶 가운데 구현해 나가도록 하시는 것입니다. 왜냐하면 주께서 우리에게 주시는 말씀은 우리에게 은혜를 주시는 방도이기 때문입니다. 그러므로 목사의 직분은 아주 고귀한 직분 중의 하나입니다. 목사라는 직분은 주님께서 주의 백성들에게 은혜를 주시는 중요한 방도인 하나님의 말씀을 선포하는 일을 맡아서 하는 직분이기 때문입니다.

그래서 이 일을 우리가 전통적으로 "말씀을 섬기는 일"이라고 이야기합니다. 그래서 목사님이 "말씀을 섬긴다"고 하고, 목사님을 "말씀의 사역자"라고 합니다. 물론 온 교인들이 다 주님의 사역자들, 주님의 일을 맡아 하는 사람들입니다. 그런데 그 중에서 목사님들은 특별히 하나님의 말씀을 맡아서 봉사하는 분이라는 말입니다. 그러므로 여러분들이 목사님들에게 기대하시고 바라셔야 하는 것은 목사님들께서 하나님의 말씀을 잘 가르쳐 주시는 것입니다. 이것을 여러분이 분명하게 해야 합니다.

목사직의 책무

지금은 우리 가운데 하나님의 뜻을 가르치는 목사님이 계십니다. 그러나 세월이 지나면 언젠가는 다음 세대의 목사님들을 여러분이 찾으셔야 합니다. 그럴 때 우리가 사용하는 기준은 무엇입니까? 가장 기본적으로는 "하나님의 말씀을 잘 가르치시는가" 하는 것입니다. 그것이 목사직의 기본적인 직무이기 때문입니다. 그렇다고 하는 것을 인정한다면 우리가 목사님들에게 기대해야 할 것도 하나님의 말씀을 가르쳐 주시는 일입니다. 성경 전체에 있는 하나님의 뜻, 즉 "하나님의 경륜 전체"(the whole counsel of God)를 우리에게 잘 가르쳐 주시는 것입니다.

여기에 우리 개신 교회의 예배와 로마 가톨릭, 즉 천주교회의 예배의 차이점이 있습니다. 개신교의 예배는 하나님의 말씀을 중심으로 예배하는 것입니다. 하나님께서는 이런 뜻을 가지고 우리들이 어떻게 하나님께 예배해야 하는 지 그 방식을 제정하셨고, 그 예배 순서 가운데 독특한 순서를 하나 만들어 주셨습니다. 예배 순서 중에 다른 순서들은 우리가 다 주님께 드리는 것입니다. 찬송, 기도, 자신을 드리는 헌상을 주님 앞에 드립니다.

그런데 주님께서는 당신님께서 받으시는 예배 중에 당신님의 말씀을 내려주시는 순서를 마련하셨습니다. 참 놀라운 일입니다. 그런데 로마 가톨릭 교회는 세월이 지나다 보니까 이것을 무시하고서 의식(ritual)에만 초점을 맞추고 나갔습니다. 그러다 보니 교인들이 주일날에 아무 때이고 한 번 미사를 보기만 하면 되는 것처럼 했습니다. 말하자면 교인들은 그저 구경하기만 합니다. 그렇게 교우들이 지켜보는 중에서 신부님이 미사를 드립니다. 그러나 그렇게 해서는 우리가 하나님의 백성으로서 가르침을 충분히 받아 나갈 수 없습니다.

그래서 종교개혁이 일어나 새롭게 된 교회인 개신교회에서는 특별히 하나님의 말씀을 선포하는 순서를 강조했습니다. 그렇게 해서 개신교의 예배는 설교를 중심으로 하게끔 되었습니다. 여러분들이 예배당에 나와 예배할 때 대개 설교가 상당 부분을 차지하는 것을 발견할 것입니다. 왜 그러느냐 하면 개신교회인 우리가 이것을 강조하고 나갔기 때문입니다. 그 이유는 우리가 하나님의 백성으로서 하나님의 가르침을 받아서 우리 삶의 모든 영역에서 하나님의 말씀의 가르침에 따라서 살도록 하기 위한 것입니다. 만일 오늘의 개신교인들이 이 면을 등한시해 버리고 우리도 그냥 멋있는 '의식'에 치중하고 나간다면 종교개혁 시대에 그 수많은 사람들이 이렇게 하기 위해서 그 목숨을 잃어가고 피를 흘려 간 역사에 반동(反動)하는 것입니다.

우리는 개혁 교회의 이런 뜻을 잘 살려야 합니다. 그러므로 우리는 하나님의 말씀으로 가르침 받는 것, 말씀을 배워나가는 것을 중시(重視)해야 합니다. 그렇기 때문에 우리는 일주일에도 여러 번 모이는 것입니다. 하나님의 말씀을 가르침 받는 것을 아주 중요하게 여기기 때문에 주일 낮 예배도 있고, 주일 밤 예배, 수요일 밤 기도회 때에도 하나님의 말씀을 가르치고 그 말씀을 강론하고 듣는 데 집중합니다. 왜 그렇게 합니까? 이것은 주님께서 우리에게 세우신 일이기 때문입니다. 그래서 우리가 하나님의 말씀을 가르치고 배우는 데 상당한 시간을 사용하는 것입니다.

목사의 교훈 사역의 내용

목사와 교사로 세우신 이유를 오늘의 본문에서 세 가지로 언급하고 있습니다. 12절을 보십시오. 첫 번째로 "성도를 온전케 한다"고 했습니다. 우리 각자 한 사람 한 사람이 성경의 전체적인 가르침을 잘 받아서 온전한 사람이 되도록 하기 위해서 가르침을 받는 것이라는 말입니다.

성도를 온전케 하는 일은 이 세상의 어떤 지혜로 되어질 수 있는 일이 아닙니다. 그러므로 설교 시간에 그저 세상 이야기를 해서는 안 됩니다. "우리를 향하신 하나님의 뜻"을 잘 가르쳐야 합니다. 물론 그것을 잘 지혜 있게 가르쳐서 사람들이 잘 알아듣도록 해줘야 하겠지만, 궁극적으로 가야 할 목적지는 바로 우리가 온전하게 되도록 하기 위해서 하나님이 우리로 하여금 알게끔 하신 뜻이 무엇인가 잘 가르쳐 주는 것입니다. 이를 위해 제일 좋은 방식은 성경을 잘 풀어서 설명해 주는 것입니다. 그것이 잘 이루어지면 언젠가는 스스로도 성경을 읽으시면서 그 뜻에로 깊이 있게 들어갈 수 있기 때문입니다. 그래서 성경의 가르침을 받았으면 생각하는 바가 점점 하나님의 뜻에 부합하게, 온전하게 바뀌져야 합니다.

두 번째로 "봉사의 일을 하게 하며"라고 이야기합니다. 여기서 목사님들이 가르치는 목적이 무엇인지가 잘 나타나고 있습니다. 가르침의 목적은 결국 성도들로 하여금 봉사의 일을 하게 하는 것입니다. 이것이 사역형으로 되어 있습니다. 온 성도들이 하나님의 가르침을 온전하게 받았으면 그 다음에는 교회의 지체로서의 의식을 가지고 "내가 어떻게 봉사의 일을 할 것인가" 하는 것을 생각하고 그 봉사의 일에로 나아가야 합니다. 여기서 말하는 봉사의 일은 교회 안에서의 일만을 뜻하는 것이 아닙니다. 그리스도인답게 이 세상에 살면서 어떻게 봉사하는 사람으로서 살 것인가 하는 것입니다. 그냥 사회 봉사 정신이 아니고 주님께서 이 일을 해 나가시는 그 목적을 바라보면서 "주님이 지금 온 세상에서 일을 어떻게 해 나가시고 계시는가, 하나님의 나라를 지금 어떻게 진행시키고 나가시는가?" 하고 물으면서, 그것을 알게 된 사람답게 "내가 무엇을 해 나가야 될 것인가, 나에게 맡겨진 하나님의 나라의 일은 어떤 것인가" 하는 것을 잘 생각하고 그것을 수행해 나가는 것이지요.

이것에 대해서 쉽게 이야기하면 다음 두 가지 일에 힘쓰는 것입니다. 하나는 하나님께서 나를 불러서 일을 맡겨 주신 것이 있습니다. 어떤 사람에게는 학교 선생님으로, 주부로, 장사하는 사람으로, 정치하는 사람으로 다 하나님께서 맡겨 주셨습니다. 이 모든 일들이 다 하나님께서 맡겨주신 일이지요. 우리가 신실한 그리스도인이라면 내게 맡겨 주신 그 일을 하나님의 백성답게 수행해 나가야 합니다. 그러면 그 일은 하나님의 일입니다.

우리가 흔히 잘못 생각하는 것들 중 하나는 교회의 일은 하나님의 일이고, 우리가 나가서 하는 일은 육신적이고 세상적인 일이라고 생각하는 것입니다. 그러나 성경은 그렇게 가르친 적이 없습니다. 정상적인 경우라면, 그리스도인인 내가 나가서 하는 모든 일이 다 하나님의 일이어야 합니다. 성도들이 그 일을 제대로 해 나갈 수 있도록 하는 것이 바로 설교 시간에 하는 일입니다.

또 하나의 봉사의 일은 무엇입니까? 그것은 우리가 교회의 지체로서 감당해야 할 사역입니다. 그것이 세 번째 목적과 관련이 되어지는데 이렇게 사람들이 한 사람 한 사람 온전하여지고, 봉사의 일을 하게 되면 그 결과로서 세워지는 일을 12절 마지막에서는 "그리스도의 몸을 세우느니라"라고 이야기하고 있습니다. 우리 그리스도인들을 세우셔서 우리들로 하여금 하나님께서 각자에게 맡겨 준 일을 함으로써 주님의 몸, 즉 교회가 세워져 나가게 하신다는 말입니다.

따라서 우리가 교회 공동체 안에 있으면서 한 사람 한 사람은 교회 교인으로서의 의식을 날마다 더 가져 나가야 합니다. 세월이 지나면 지체 의식도 같이 성장해만 하는 것입니다. 그리고 내가 교회의 지체로써 이 교회가 주님의 몸된 교회답게 되도록 하기 위해 해야 할 일들을 찾을 수 있고, 그것을 수행해 나가야 합니다.

만일에 어떤 목사님이 성도가 바르게 해야 할 일을 열심히 가르치는데 성도들은 전혀 그 일을 안 한다면, 그것은 두 가지 중에 하나입니다. 하나는 그 목사가 가르치기는 잘 가르치는데 사람들이 움직여 나갈 수 있도록 하는 어떤 감동을 못 주든지, 아니면 사람들이 매일 바쁘니까 그런 것을 다 무시하고 나가든지 하는 것입니다.

상당히 많은 경우에 교회 공동체에서 가르치는 것 자체에 문제가 있는 경우가 참 많습니다. 이것은 목사님들의 책임이지요. 주일마다 우리는 설교를 합니다. 그러면 교인들이 가끔 "아, 그렇다, 우리도 그렇게 실천해야 하겠다" 하다가도 예배가 마치고 돌아서 나가면 그것과 나의 삶과는 전혀 관계가 없는 삶을 사는 경우가 많습니다. 주님께서 우리에게 말씀해 주시는 것과 우리의 삶이 관계가 없는 것입니다. 아무리 로마 가톨릭의 문제점을 제거해 버리고 우리가 설교를 중심으로 하는 예배를 만들어 버렸다고 할지라도 그런 일이 늘 계속되면 이것도 다 쓸데없는 짓이란 말입니다.

그래서 저 같은 목사들은 늘 애를 써서 모든 교인들에게 하나님 말씀을 잘 선포하고, 이 말씀을 가지고 어떻게 살아가야 할 것인가 하는 것을 제시할 수 있어야 합니다. 또한 할 수만 있다면 정말 우리 마음속에 그렇게 살아가야겠다고 결단할 수 있도록 하는 감동도 있도록 해야 될 것입니다. 늘 그것이 어렵지요. 그러나 늘 그런 감동을 바란다는 것은 어려우니까 혹시 감동이 없어도 하나님 말씀이 제대로 선언되어지면 우리들로서는 그 말씀을 잘 새겨서 우리의 삶 가운데 실현해 나가도록 노력해야 할 것입니다.

목사님들이 일정 기간 동안 이렇게 하다가 교인들이 전혀 반응이 없으면 소위 방법론을 찾아 나가는 경우가 많습니다. 어떻게 하면 사람들을 이렇게 움직여 나갈 수 있을까 하는 방법론을 찾아 나가는 것입니다. 목사님들이 몇 년 목회하시다가 "선생님 내가 학교에서 가르침 받은 대로 해 봤는데 이거 뭐 전혀 안되는 데요. 교인들이 전부 다 맹숭맹숭하고 안 되는데 어떻게 해야 되겠습니까?" 그렇게 교수님들을 찾아와 상의하고 같이 기도하고 성경의 원리로 다시 돌아갈 기회를 가지면 다행인데, 그렇게 하지 않고 자기들 나름대로 이상한 방법들을 찾아 나가기 시작합니다. 그것이 신학교에서 가르치는 선생님들에게는 늘 어려운 일이지요.

그러므로 우리가 이런 점에서 아주 주의해야 합니다. 우리가 양보할 수 없는 몇 가지가 있습니다. 우리는 성경이 가르치는 원리에 따라서 모든 것을 행하려는 마음을 가져야 합니다. 그것이 비록 어려운 일일지라도 그렇게 하려는 마음을 가져야 합니다.

그렇게 해서 주님께서 이 세상에 교회를 세우시고 교회를 가르치는 교사인 목사를 세우신 그 뜻이 우리 가운데 구현되어야 합니다. 그럴 때에 우리는 주님께서 이런 제도를 세우셔서 우리에게 은혜를 주시는 그 방도 속에서 하나님 말씀을 잘 가르침을 받는 것이라고 말할 수 있습니다.

그러므로 목사님과 강도사님, 전도사님들은 우리에게 하나님 말씀을 가르쳐 주시려고 우리에게 와 계신 것입니다. 그러므로 이 분들을 잘 이용하셔야 됩니다. 어떻게 이용하셔야 됩니까? 하나님의 말씀을 잘 가르침을 받는 일에 이용하셔야 합니다. 그래서 여러분들이 혹시 설교 시간에 잘 듣다가도 모르는 것이 있으면 끝난 다음이나, 또 어떤 때 시간을 내서 전도사님이나 강도사님이나 목사님들께 여쭈어 보셔야 합니다. 그렇게 해야 여러분들이 주님께서 그들을 세우신 뜻이 제대로 성취되도록 하시는 것입니다.

또 여러분 생활 가운데 문제가 있을 때 언제든지 그분들에게 와서 이야기하셔야 합니다. 그런데 대개 우리는 와서 얘기하지 않고, 쑥스러우니까, 그냥 눈치를 보지요. 그러지 마시고 문제가 있다고 생각이 드시면 오셔서 내 생활에 이런 문제가 있는데 어떻게 하나님 백성답게 해결해야 될지, 내 나름대로는 이렇게 생각하는데 하나님의 말씀에 따라서는 혹시 이것이 제대로 된 것인지를 상의할 수도 있고, 또 마땅히 그렇게 해 나가야 합니다.

제대로 된 교회 공동체는 예배를 마친 다음에나 저녁에도 예배마친 다음에 그렇게 이야기 하는 시간들이 많이 있어야 합니다. 그렇게 되어 우리가 목사님들을 통해서도 가르침을 받고, 또는 미리 나오던 성도들을 통해서도 가르침을 받고, 그렇게 해서 주님의 교회가 세워져 나가게 됩니다.

마치는 말

궁극적으로 어떻게 되어야 합니까? 첫째로, 우리 각자 한 사람 한 사람이 기독교적인 전 지식에 충만해서 우리가 온전하게 되어야 합니다. 이 주일에 와서 말씀 듣고, 또 다음 주일에 와서 말씀 듣고 그러한 것을 통해서 온전한 사람이 되어야 합니다. 성경이 말하는 온전한 사람 말입니다.

둘째로는 "봉사의 일을 하게 하며"라고 했지요. 나에게 주어진 봉사의 일을 해야 합니다. 진정 하나님을 위해 일한다면 이는 여러분의 직장에서도 하는 것이고, 가정에서도 하는 것이고, 교회와 관련해서도 봉사의 일을 하는 것입니다.

그리고 마지막으로는 그렇게 함으로써 교회가 세워져 갑니다. 그것이 교회의 성장입니다. 이것 이외의 다른 것이 교회의 성장이 아닙니다. 여기에 나오는 우리 모든 사람들이 그런 의식을 가지고 각자 자신에게 맡겨진 일을 해 나가면서 교인 역할을 제대로 해 나갈 때 우리 교회 공동체가 굳건하게 튼튼하게 서 나가는 것입니다. 그렇지 아니하고 우리들이 열심히 모이지 않거나, 열심히 모인다고 해도 실제 삶이 모임과 연관되지 않는다면 교회는 아무리 사람이 많이 모여도 교회가 성장하는 것이 아닙니다. 그것은 오히려 진정한 교회를 허물어뜨리는 것입니다. 여러분이 혹 교회를 허물 수도 있어요. 그냥 예배만 마치시고 가고, 그러면서도 "내가 할 일 다했다"고 한다면 그것은 교회를 허무는 일일 수 있다는 말입니다. 부디 주께서 우리를 세우셔서 하게 하신 그 뜻에 따라서 우리가 어떻게 해야 할 것인가를 늘 생각하고 그 뜻을 따라서 살아나갈 수 있기 바랍니다.

제 17 강

"하나님의 부르심과 응답"

예레미아 1장 4-10절

⁴여호와의 말씀이 내게 임하니라 이르시되 ⁵내가 너를 복중에 짓기 전에 너를 알았고 네가 태에서 나오기 전에 너를 구별하였고 너를 열방의 선지자로 세웠노라 하시기로 ⁶내가 가로되 슬프도소이다 주 여호와여 보소서 나는 아이라 말할 줄을 알지 못하나이다 ⁷여호와께서 내게 이르시되 너는 아이라 하지 말고 내가 너를 누구에게 보내든지 너는 가며 내가 네게 무엇을 명하든지 너는 말할지니라 ⁸너는 그들을 인하여 두려워 말라 내가 너와 함께 하여 너를 구원하리라 나 여호와의 말이니라 하시고 ⁹여호와께서 그 손을 내밀어 내 입에 대시며 내게 이르시되 보라 내가 내 말을 네 입에 두었노라 ¹⁰보라 내가 오늘날 너를 열방 만국 위에 세우고 너로 뽑으며 파괴하며 파멸하며 넘어뜨리며 건설하며 심게 하였느니라.

몇 주간에 걸쳐서 교회의 직원들에 대해서 생각했습니다. 이 직원들이 교회에 세워지는 것은 사람의 생각으로나 의견으로 되는 것만은 아닙니다. 오늘은 어떻게, 또 어떤 이들을 교회의 직원으로 세워야 하는 것인가를 생각합니다.

가장 기본적인 대답은 주께서 부르셔서 그 사람들을 하나님의 사역자로 세우신다는 것입니다. 옛날 성경이 완성되기 전에는 하나님께서 직접 음성을 발하시어 부르셔서 그의 사역자를 세우는 일이 있었습니다. 구약 본문으로 읽은 예레미야 1:4-10의 경우가 그 대표적인 예의 하나입니다. 또한 모세를 부르시는 모습도 출애굽기를 통해 살펴보았습니다. 이 기본적인 원리는 지금도 변함이 없습니다. 주께서 부르셔서 우리들 가운데 어떤 이들은 사역자로 세우시는 것입니다. 그러나 오늘날 우리에게는 어떻게 부르시는 것일까요?

먼저 우리 안에서 우리로 하여금 하나님의 부르심을 느끼도록 하는 일이 있습니다. 이것을 '내적인 부르심'이라고 합니다.

1. 먼저는 내 마음 속에 이러한 직무를 통해서 하나님과 그의 나라를 섬기고 살겠다고 하는 간절한 열망이 있어야 합니다. 이런 열망이 없이는 주께서 어떤 사람도 사용하지 않습니다. 기본적으로 주님을 믿는 일에는 주께서 강권하시지만 그 다음의 일에는 어떤 기본적인 열망이 있어야만 합니다.

2. 그 뒤에는 그 직무를 감당할 만한 최소한의 은사가 그 사람 안에 있어야 합니다. '최소한의 은사'라는 말에 유의하십시다. 온전한 사람이 부름을 받는다는 말이 아니고 최소한의 은사를 가진 사람들이 그 은사에 따라 주님을 섬기는 것입니다.

그리고는 3. 그런 일에로 나를 인도하시는 주님의 문 열어주심,

환경을 통제하심이 있어야 합니다. 이것은 어려움이 있으면 안 된다는 뜻은 아닙니다. 때로 어려움이 있다면 그것을 극복하고 나아가야 합니다. 오히려 문제는 그것을 극복 과정을 포함해서 과연 주께서 그 길에로 문을 열어 주시는가를 확인하는 계기가 될 수 있습니다.

그러나 이와 같은 것으로서는 주님의 부르심[소명]을 확증하기 어렵습니다. 그래서 주께서는 외적으로 이런 부르심을 확인하도록 하는 절차를 마련하셨습니다. 그것을 외적인 부르심[外召]이라고 합니다. 교회의 성도들이 그런 내적 부르심을 확인해 주는 일입니다. 성도들이 '과연 이런 사람들이 주님의 사역자가 되어야 하겠다'고 확언하며 인정하는 일이 있어야 합니다. 장로나 집사의 경우에는 성도들이 투표하는 것으로 이 일이 드러나게 됩니다. 이러므로 그 과정을 중요시해야 합니다. 그 일을 통해 하나님의 부르심을 확인하기 때문입니다. 그리고 공식적인 임직식을 하는 것으로서 그것이 공적으로 드러나게 됩니다.

단지 앞으로 목사가 될 사람들을 교회에서 인정하는 경우에는 원칙상 그 교회와 노회가 그 분의 신학 교육과 그 기간 동안의 생활, 목사가 되어 임직할 때까지의 모든 과정을 책임지도록 되어 있습니다. 그렇게 하여 한 분을 주님의 사역자로 세우는 것입니다.

그러므로 주님의 일을 하는 모든 사람들은 모두 주님의 부르심에 의해서만 이 일을 감당해야 합니다. 그리고 이렇게 사역자가 세워지는 과정은 모든 성도들의 일, 교회의 일임을 교회인 우리가 자각해야 할 것입니다.

What is the Church?

The Eschatological Community for the Manifestation
of the Kingdom of God and Its People's Kingdom Life-style

제 1 부 교회에 대한 표상적 표현들

제 2 부 교회의 속성들

제 3 부 교회의 표지들

제 4 부 교회의 직원들

제 5 부 교회의 사명과 사명 수행

〈부록〉 예배에 대하여

제 5 부

교회의 사명과
사명 수행 방법

1. 교회의 사명

2. 교회 사명 수행

　(1) 예배하는 공동체

　(2) 섬김과 교제의 공동체

　(3) 선교적 공동체

3. 증거를 상실한 교회

4. 하나님의 일, 교회의 일을 하는 태도

5. 이상적 교회의 모습

제 18 강

"교회의 사명"

디모데전서 3장 14-16절

[14]내가 속히 네게 가기를 바라나 이것을 네게 쓰는 것은 [15]만일 내가 지체하면 너로 하나님의 집에서 어떻게 행하여야 할 것을 알게 하려 함이니 이 집은 살아 계신 하나님의 교회요 진리의 기둥과 터이니라 [16]크도다 경건의 비밀이여, 그렇지 않다 하는 이 없도다 그는 육신으로 나타난바 되시고 영으로 의롭다 하심을 입으시고 천사들에게 보이시고 만국에서 전파되시고 세상에서 믿은바 되시고 영광 가운데서 올리우셨음이니라.

그동안 한 6개월 동안 우리는 성경을 통해서 교회가 무엇인지에 대해서 생각해 왔습니다. 이제 남은 기간 동안 우리들은 이렇게 그리스도의 피로 이 땅 위에 새로운 공동체로 세워진 교회는 과연 어떠한 사명을 가지고 있는지에 대해서 논의할 것입니다. 이것이 아주 중요한 것은 우리가 교회라는 존재로 이 땅 위에 서 있는데 그러한 존재가 과연 어떠한 것을 이루기 위해서 이 땅 위에 있는가 하는 것에 대한 인식과 생각이 없이 우리를 교회답게 하는 일은 있을 수 없기 때문입니다. "교회의 사명이 무엇인가?"에 대해서 우리가 명확한 의식을 가지고 그 사명을 이루기 위해서 노력하지 않는다면 우리가 이 세상에 교회로서 세워진 뜻과는 전혀 다른 모습을 이 땅 위에 드러낼 것이기 때문입니다.

교회의 근본적 사명: 하나님 나라의 증시(證示)

그래서 오늘부터 교회의 사명에 대해서 생각하는데 그 전에 가장 기본적으로 잊지 않아야 할 말이 있습니다. 이 말만은 잘 기억해 놓으시기 바랍니다. 그것은 교회는 이 땅 위에 예수 그리스도께서 우리에게 가져 다 주신 하나님의 나라를 증시(證示)하기 위한 공동체라는 것입니다. 하나님 나라를 증시(證示)한다고 했습니다. "증시한다"는 것은 "나타내 보인다"는 뜻이지요. 하나님 나라, 즉 천국은 (성경에서 가르쳐 준 바를 잘 따라가 보면) 예수님께서 이 땅에 오실 때 우리에게 가져다 주신 것입니다. 하나님 나라라는 영적인 실재(spiritual reality)가 우리에게 임하여 왔다는 이야기이지요. 하나님 나라가 우리에게 임하여 왔다는 그것을 이 땅 위에 찬연하게 비추어 보이면서 하나님 나라를 드러내 보이는 공동체가 바로 이 교회 공동체입니다. 그러므로 하나님의 나라는 교회 공동체를 통해서 확연하게 이 세상에 드러나도록 되어 있다는 말입니다.

　　하나님의 나라와 교회가 어떤 관계를 가지고 있는 것입니까? 천국과 교회가 어떤 관계를 가지고 있는 것입니까? 위에서 우리가 설명한 데서 이 관계가 잘 표현되었습니다. 어떤 사람들은 흔히 "우리가 예수님을 믿으면 나중에 언젠가는 천국에 가게 될 것인데, 그전에 우리가 임시로 정거장처럼 있는 데가 교회입니다."라고 이야기 하는 경우가 있습니다. 그러나 성경에서는 그렇게 이야기하고 있지 않습니다. 오히려 성경은 "예수님의 사역으로 하나님 나라가 이미 여기에 와 있다고 이야기합니다. 물론 그 나라의 극치는 예수님의 재림 때에야 이르게 되지만 말입니다." 그 말이 무슨 뜻인지 아직 잘 모르겠으면 주일마다 함께 성경을 공부를 해 보셔야지요. 성경이 가르쳐 주신 바에 의하면, 예수님께서 하나님 나라를 이 땅위에 확연하게 사람들에게 보이는 기관으로서 교회라는 공동체를 세우셨습니다.

"하나님의 가족"인 교회 공동체

이것을 다른 말로 표현하고 있는 것이 오늘의 본문입니다. 오늘 본문에서 바울은 디모데에게 편지를 쓰면서 내가 너에게 아주 빨리 가기를 원한다고 합니다. 사람들이 멀리 떨어져 있을 때 마음속으로 간절히 원하는 것으로 빨리 가서 보기를 원하는 것이 있지 않습니까? 바울에게도 그런 마음이 있었습니다. 성도들하고 오래 떨어져 있고, 사랑하는 제자 디모데하고 오래 떨어져 있으니까, 가서 친히 보기를 원하는데 그렇지 못할 때 편지를 쓰지 않습니까? 그 편지가 바로 오늘 읽은 디모데전서입니다. 그 중에서 바울은 "내가 직접 가서 보기를 원하지만 만일에 내가 좀 늦어지게 되면 너로 하여금 하나님의 집에서 어떻게 행할 것을 알도록 하기 위함이다."라고 이야기했습니다.

여기 "하나님의 집"이라는 말이 나옵니다. 하나님의 집 – 이것은 무엇일까요? 우리가 살고 있는 집이 있는데 그 집하고 같은 것일까요? 그것을 같은 것이라고 생각하니까 '하나님의 집' 하면 예수 믿는 사람들이 매주일 예배하려고 모이는 예배당이 있는데 '이것이 하나님의 집인가?' 하고 생각하는 사람들이 상당히 많이 있습니다. 그런데 성경에서는 그렇게 이야기하지 않습니다. 한 번 보시지요. 디모데전서 3장 15절에 보시면 "이 집이 하나님의 교회다"라고 말하고 있습니다. 그러므로 그 말은 거꾸로 들으시면 안 됩니다. 우리가 교회라고 하는 것을 여기라고 생각하고서는 '바로 이곳이 하나님의 집이구나' 그렇게 생각하면 안 된다는 말입니다. 우리는 이 건물이 없어도, 즉 우리가 모이는 예배당은 없어도 교회는 있다고 그랬지요? 예를 들어서, 우리가 매주일에 이 장로님 댁에 모여서 예배한다고 해 봅시다. 우리가 예배할 처소가 없어서 그렇다고 하면, 예배당은 없지요? 건물은 없지요? 그러나 성도들이 같이 모이니까 그 성도들이 모이는 그 모임, 또는 이 성도들이 각기 흩어져서 자기 일을 한다 할지라도 그 사람들이 성도로서의 의식을 갖고 살아가는 공동체는 있지요. 그것을 "교회"라고 했습니다. 성경은 그런 의미의 교회 공동체를 "하나님의 집"이라고 이야기합니다.

아주 분명히 하기 위해서 다시 한번 더 말하자면, 우리가 주일이면 모이는 이곳이 하나님의 집이 아닙니다. 여러분이 댁에서 생활하시면서도 하나님의 성도라는 의식을 가지고 교회의 지체로 있으면 여러분들이 "하나님의 집"(the household of God)인 것입니다. 그러므로 여러분이 하나님의 집, 즉 교회와 관련해서 사는 것은 여기 오실 때에만 관련하는 것이 아니고, 여기에 오시는 주일이든지 수요일이든지 아니면 우리 청년들 같으면 토요일 저녁이라든지 그러한 때에만이 아니고, 우리가 가서 일할 때나 집에서 생활할 때에나 우리들은 언제나 "하나님의 집"인 것이고, 따라서 우리들은 언제나 하나님의 집 안에 있는 것입니다.

교회 공동체에 대해서 성경은 "하나님의 집"이라고 합니다. 그러므로 이 집이라고 하는 것을 가족이라고 옮겨 놓으면 이해하기 쉽습니다. 하나님의 가족의 일원으로서 우리가 어떻게 해야 할 것인가 알기를 원하시면 여러분이 디모데전서를 읽어 보시면 됩니다. 그런데 그중에 하나, 오늘 읽은 본문에 그 15절 뒷부분에서 "하나님의 교회요, 진리의 기둥과 터니라" 그런 말을 하고 있어요. 그러므로 교회를 설명하면서 "하나님의 집"이라고 이야기하기도 하고, 또 "진리의 기둥과 터"라는 말도 하고 있습니다.

진리의 기둥과 터인 교회 공동체

"진리의 기둥과 터"라는 말을 잘 이해하기 위해서 우리가 생각해 봐야 할 것이 있습니다. 어떤 동상을 한 번 생각해 보십시오. 저 광화문에 있는 이순신 장군의 동상 같은 것을 생각해 보시기 바랍니다. 사람들이 이 동상을 세우기 위해서 어떻게 합니까? 이 존재가 잘 드러나도록 하기 위해서 먼저 커다란 기둥을 만들어 놓습니다. 그러나 그것은 아직 동상은 아니지요? 이 존재가 잘 드러나도록 하기 위해서, 그 다음에 편편한 어떤 좌대 같은 것을 마련해 놓지 않습니까? 그리고 나서야 그 위에 동상을 세워 놓습니다.

그렇게 보면 교회는 "진리"라는 것을 드러나도록 하기 위해서 있는 "기둥과 터"라는 말입니다. 그렇지 않습니까? 성경에 있는 말씀이니까 우리가 이것을 믿고 따르지 않습니까? 여기서 교회가 무엇을 위해서 이 땅에 있는지가 확연하게 드러납니다. 동상의 경우에는 그 윗부분에 있는 존재가 드러나기 위해서 기둥도 있는 것이고 터가 있듯이, 우리들도 하나님께서 생각하시는 그 진리가 이 땅위에 확연하게 드러나도록 하기 위해 있다는 말입니다. 우리가 진리를 떠받치고 있는 존재들이라는 말이지요. 그것이 교회입니다.

이 말씀을 우리에게 적용해 본다면 우리는 뭐하는 존재들입니까? 우리가 무엇 때문에 이 구체적인 교회로서 모이는 것일까요? 호산교회로 모인다고 할 때에 주일날 또는 수요일 날 저녁에 모이는 것만 생각하지 말고 우리가 호산교회의 교인이라는 의식을 가지고 살아가는 그 존재 자체 – 그것을 생각하시기 바랍니다. 어째서 호산교회의 교인이라는 의식을 늘 가지면서 사는 것일까요? 왜 그렇습니까? 이 말씀에 의하면 우리의 공동체를 통해서 하나님의 진리가 이 세상에 확연히 드러날 수 있도록 하기 위한 것입니다. 이것이 교회의 사명입니다. 우리는 그 외에 다른 사명을 생각할 수 없습니다. 하나님이 생각하시는 진리가 이 땅 가운데 확연하게 드러나는 그 일을 위해서 우리가 기둥 노릇을 하는 것이고 터 노릇을 하는 것입니다.

하나님의 진리가 드러나야 한다고 하는 것은 명확한데, "그렇다면 드러나야 할 진리가 무엇입니까?"라는 질문을 할 수 있습니다. 그 이야기를 하기 전에 한 가지만 더 이야기합시다. 지금 세대는 '사람들'을 아주 중요시하는 세대가 되었습니다. 이렇게 사람을 존중하는 정신을 흔히 "인도주의적"(humanitarian) 정신이라고 합니다. 예를 들어서, 전쟁 같은 것을 하면 사람들이 피해를 입지 않습니까? 요즘도 6.25에 가까우니까 그것에 대한 고발하는 이야기가 많이 나타나지 않습니까? 우리가 사람을 존중하는 생각들을 해야 합니다. 물론 이것은 좋은 생각입니다. 그런데 이 사람을 존중하는 생각이 좋은 생각이기는 한데 이것이 높아지면 나중에는 사람은 아주 고귀한 것이니까 이 세상에 있는 모든 것들이 다 사람을 위해서 존재해야 된다는 식으로 생각이 발전해 가기 쉽습니다. 이 세상에 있는 어떤 것, 예를 들어서 이 노트가 있다면 이 노트도 사람을 위해 있는 것이지 사람이 노트를 위하여 있는 것이 아니지 않습니까? 또한 마이크가 있다면 이 마이크도 사람을 위하여 있는 것입니다. 여러분들이 선포되어지는 하나님의 말씀을 잘 들을 수 있도록, 그래서 제가 힘을 많이 들이지 않고서도 여러분들에게 잘 전할 수 있도록 마이크가 존재한다는 말입니다. 이렇게 마이크도 사람들을 위해서 있는 것이지요?

그래서 인간을 위한다는 것은 좋은 것인데, 나중에는 이런 생각이 깊어지다 보면 심각한 문제를 발생시킬 수도 있습니다. 그것은 지나치게 나아가서 '사람이 하나님이나 하나님이 생각하는 그 어떤 것보다도 더 중요하다'는 생각으로까지 나아갈 수도 있다는 말입니다. 사람이 중요하긴 중요한데 그 생각이 너무 중요하게 되어서 사람이 하나님보다 더 중요하다는 식이 되면 그것은 진리가 아닙니다. 그것은 아주 위험한 생각이 되는 것입니다. 나중에는 이런 생각이 세상에 아주 만연해서 결국 '이 세상에 하나님께서 계시는 것이 우리를 위하여 있는 것이 아닐까? 우리가 이 세상에서 잘 살도록 하기 위해서 하나님이 계신 것이 아닐까?' 그런 생각으로 나아가기 쉽습니다. 하나님은 우리들을 용서해 주시고, 하나님이 우리에게 잘 해주시고 그러기 위해서 존재하시는 것이라고 생각해 가는 것입니다.

옛날에 어떤 연극을 보니까 연극 속에서 하나님을 풍자합니다. 거기서 "하나님은 우리를 용서해 주실 것입니다. 그것이 그의 직업이니까요."라는 대사가 나오는 것을 본적이 있습니다. 이렇게 되면 결국 인간이 중요시 되는 것입니다. 이런 사고방식이 교회 안에도 그대로 들어오기 쉽습니다. '교회라는 것도 무엇을 위해 존재해야 하는가? 결국은 사람들이 이 세상에서 조화롭도록 잘 살게 하기 위해서 교회가 있는 것이 아닐까?' 그런 생각을 하기 쉽습니다. 그것은 이 세상에 있는 사람들이 흔히 갖고 있는 생각입니다. 이 세상에서 마음이 넓다고 하시는 분들이 흔히 하시는 말씀이 "그렇지, 누구든지 종교는 하나 가져야지, 다 사람이 잘 살자고 하는 것인데 누구든지 종교는 하나 가져야 될 것이 아닌가?" 그런 말씀하시는 것을 듣는 일이 있습니다. 마음이 넓다고 하시는 분들이 이렇게 생각하는 것입니다.

그러나 그런 생각이 교회 안에도 있고, 더 나아가 그것이 주도적이 되어 버리면 그것은 교회가 아니지요. 우리 인간이 중심이 되어서 우리가 높아져야 할 존재가 아니고 이 세상 안에 하나님과 그의 진리가 현현되기 위해서 우리가 존재한다는 것을 명심해야 합니다.

그런데 그 말이 벌써 그렇게 돌아가기 시작하면 여러분들이 좀 기분 나빠지기 시작하지 않아요? "아니, 하나님이 우리를 위해서 존재한다고 하는 것은 좀 괜찮은데, 우리가 하나님을 위해서 존재하고 진리를 드러내기 위해서 내가 존재한다니 그것이 과연 그럴까? 그럼 내가 예수 믿는 것, 이것 좀 다시 생각해 봐야 하겠다"- 그렇게 되어 가는 것이 타락한 인간의 공통적인 심정일지도 모릅니다.

그러나 성경은 아주 분명하게 이야기합니다. 하나님이 우리를 위하여 존재하는 것이 아니라 우리가 하나님과 그의 진리를 위해서 존재한다고 말입니다. 우리가 교회로서 이 세상에 존재하는 이유가 무엇입니까? 사람들이 여기에서 좋아지고 여기에서 높임을 받고 하기 위해서 이렇게 모이는 것이 아닙니다. 그렇다면 이렇게 하지 말고 우리가 다 집에 돌아가야 합니다. 다들 집 안에서 편안하게 살아야지요. 그런데 왜 이렇게 모여서 예배도 하고, 성경 공부도 하고 합니까? 바로 하나님의 진리가 이 땅위에 현저하게 증시(證示)되기 위해서 우리가 교회로서 존재합니다. 이것이 우리 마음속에 뼈저리게 있어야만, 그래야만 교회가 교회답게 존재할 수 있습니다. 그것이 없어지게 되어지면 우리들이 사람들의 비위를 맞추고 사람들을 좋게 해 주고 하는 것으로 흘러가 버립니다.

그런데 생각을 해 보십시오. 요즘 시대에 그렇게 하면 사람들이 오겠습니까? 이것이 현실적인 이야기입니다. 그런 식으로 하면 사람들이 안 옵니다. 그러나 그럴지라도 우리는 하나님의 진리가 여기 있을 수 있도록 존재해야 합니다. 이것이 어려운 이야기입니다. "그렇게 해 가지고 사람들이 다 가버리고 몇몇 사람만 남으시면 어떻게 하시려고 그래요?" 하는 도전이 계속 주어집니다. 목사님들이 어려워하는 것입니다. 신학생들이 어려워하는 것입니다. 그러나 그럴지라도, 우리의 목적이 무엇입니까? 이렇게 해 가지고는 목사님이 편하자고 하는 것입니까? 장로님이 편하자고 하는 것입니까? 여기 모여 있는 사람이 편하자고 하는 것입니까? 여러분이 편하시려면 이렇게 교회 공동체로 모이면 안 되지요. 진정한 교회 공동체의 사명을 다 하려면 여러 분이 편하지 않을 것입니다.

그러면 어떻게 해야 합니까? 교회를 통해서 "하나님의 진리가 무엇인가?"를 잘 배우고, 더 나아가서 우리의 공동체를 통해서 이 세상에 하나님의 진리가 환하게 드러나게 해야 한다는 말입니다. 그런 뜻에서 예수님께서는 "너희가 세상의 빛과 소금이다."라고 이야기하신 것입니다. 이 세상에 빛을 비추는 존재들이라고 하는 것입니다.

그러므로 우리는 이제 "내가 이 세상에 어떻게 살아가야 되나? 우리 가족이 이 세상에서 어떻게 살아가나? 그것을 위해서 하나님의 힘을 이용하면 안 되나?" 그 정도의 생각을 해서는 안 됩니다. 물론 맨 처음에 그렇게 해서 예수님을 믿을 수 있어요. 그럴 수 있습니다. 그러나 예수님을 믿어서 하나님을 배우고 보면, 하나님의 뜻을 알고 보면, '아! 그런 것이 아니구나. 이것이 내 문제를 해결하기 위해서 이렇게 모이는 것이 아니구나. 이것이 사람으로서 마땅한 바고, 이렇게 우리가 공동체로 모였을 때 이것을 통해서 하나님의 진리가 드러나야 하는구나.' 하는 것을 인식하게 된 것입니다.

교회가 드러내야 할 진리 (1): 성육신적 진리

그러면 우리가 교회로서 드러내야 할 진리는 어떤 진리입니까? 두 가지 커다란 주제를 생각할 수 있습니다. 하나는 지금 15절에서 "교회는 진리의 기둥과 터니라"라고 말한 다음에 16절에 중요한 말씀을 하나 하고 있는데, 그 내용이 아마 교회가 드러내야 할 진리의 내용의 한 부분일 것입니다. 16절: "크도다 경건의 비밀이여, 그렇지 않다 하는 이 없도다." 이것은 무엇에 대해서 말하는 것입니까? "그는 육신의 나타난바 되시고… 올리우셨음이라." 이것은 누구에 관한 이야기입니까? 바로 우리 주 예수 그리스도에 관한 이야기입니다. 그 분에 관한 진리가 교회 안에서 선포되어야 할 진리입니다. 그 분은 어떤 분입니까? 세상에 육신으로 나타난바 되었습니다. 이 세상에 육신을 입고 오셨다는 말입니다. 육신으로 나타난바 되셨다니까 혹시 그렇게 오해하시는 분이 있어요. "그 사람이 사실은 진짜 사람이 아니었는데 도깨비처럼 그렇게 보여졌는가?" 그렇게 오해하시는 분들이 있어요. 이런 오해를 가현설(docetism)이라고 합니다. 이는 초대 교회의 이단의 하나입니다. 그러나 사실은 그런 것이 아닙니다. 그리스도께서는 진짜로 육신으로 나타난 바 되신 것입니다. 그러므로 참으로 이상한 일이 발생한 것이지요. 그는 하나님이면서 동시에 사람인 분으로 나타나셨다는 말입니다. 그러므로 사람들이 이해가 안 가지요. "하나님이면 하나님이고 사람이면 사람이지, 어떻게 하나님이면서 사람이고 사람이면서 하나님이냐?"라고들 계속해서 질문하지만, 그런 존재가 참으로 이 땅위에 있었다는 말입니다. 우리 주 예수 그리스도가 이 땅에 그런 분으로 계셨다는 말입니다. 그리스도께서는 이 땅에 오셔서 무엇을 하셨습니까? 그가 우리를 위해서 십자가에서 피를 흘려 돌아가시고 자기 자신의 삶 전체를 우리를 위하여 던져 넣어 주시고, 그리고서 다시 살아나신 것이라는 말입니다. 성경이 그렇다고 하니까 그냥 받아들이는 것입니다. 부활하신 주님을 받아들이는 것입니다.

이제 그 분이 어떻게 되셨습니까? 온 세상에 전파되시고, 이것이 아직 다 전파되지 않았잖아요? 바울이 이야기하고 있는 때에 아직 이 한국 땅에는 복음을 들은 사람이 없었어요. 온 세상에 복음을 듣지 못한 사람이 더 많았던 것입니다. 그런데도 "전파되시고"라는 말을 썼어요. 왜 그렇게 했습니까? 이것은 너무나도 분명한 사실이기 때문에 그렇게 말한 것입니다. 성경 가운데는 그렇게 표현하는 몇 가지가 있습니다. 아직까지 이루어지지 않았는데 분명히 온 세상에 전파될 것이 너무나도 분명하기 때문에 "온 세상에 전파되시고, 믿은바 되시고 하늘의 영광의 보좌 우편에 앉으셨느니라." 그렇게 말한 것입니다.

이 기독교의 진리, 영원하신 성자께서 인간성을 취(取)하시고 이 세상에 오셔서 우리를 위해서 이 일을 이루셨다고 하는 그 진리, 예수님께서 이렇게 인간성을 취(取)하신 것을 우리가 옛날의 한자말을 사용해서 "성육신"(成肉身)이라고 표현합니다. 말씀이 육신이 되셨다는 말씀이지요. 그래서 우리 가운데 오셔서 하나님에 관한 모든 것을 드러내 주시고 우리를 구원하는 모든 일들을 해 주셨다는 말입니다. 그 진리가 우리를 통하여서 잘 드러나야 합니다. 이것을 우리 스스로 인식할 때, 우리는 마땅히 하나님 앞에 이렇게 경배해야 하는 존재라는 것도 인식합니다. 우리 주 예수 그리스도께서 그가 우리를 위해서 십자가에 피를 흘려서 구속해 주셨기 때문에 우리로 하여금 이렇게 하나님을 섬기며 경배할 수 있는 존재로 만들어 주시고, 이제 우리 평생을 하나님을 위해서 살 수 있는 그런 능력을 발휘할 수 있는 존재들로 만들어 주셨다는 것 - 그것이 진리입니다. 그것이 우리 가운데서 드러나야 합니다.

그러므로 내 마음속에 "내가 정말 이렇게 하나님 앞에 경배할 수 있는 존재다. 주님께서 정말 나를 이렇게 불러주셔서 하나님을 경배하며 사는 존재로 부르셨다고 하는 것이 얼마나 감사할 일인가?" 하는 것을 깊이 의식하고, 그것을 드러내야 합니다. 늘 마음속에서 "나는 언제나 죄인이지만 예수 그리스도를 바라보면 예수 그리스도께서 우리를 위해서 온전한 의를 이루셨으니까 예수 그리스도 안에서 나는 의로운 사람"이라는 인식, 그것을 드러내면서 살아가야 합니다. 그런 마음을 가지고 살아갈 때에 이 사람들의 존재 가운데에서 기독교의 기본적인 진리가 드러납니다. 그 사람들이 말하는 것을 통해서, 그리고 사는 것을 통해서 이것이 드러난다는 말입니다. 그것이 진리가 이 땅위에 선포되어지는 방식입니다. 그것이 우리들이 이 세상에 존재하는 방식입니다. 이 진리, 이 기독교의 가장 기본적인 진리, 예수님께서 이 땅에 오셔서 이룬 이 진리 – 이것이 우리가 먼저 생각해야 할 진리입니다.

교회가 드러내야 할 진리(2): "모든 진리는 하나님의 진리이다."

그러나 우리가 진리라고 했을 때 이것만을 생각해서는 안 됩니다. 이 때에 우리가 기억해야 할 중요한 명제가 하나 있습니다. 그것은 "모든 진리는 하나님의 진리다"(All truth is God's truth)는 명제입니다. 모든 진리는, 이 세상에 진리라고 하는 것은 다 하나님의 진리입니다. 따라서 우리는 진리를 밝히기 위해서 존재하는 존재들입니다.

예를 들어서, 이 중에서 공부하시는 분들이 있다고 합시다. 또한 음악을 하시는 분이 있다고 하면, 그는 음악적인 진리를 발견하기 위해서 평생 추구해 나갑니다. 무엇하러 그렇게 합니까? 그렇게 해서 돈이 많이 벌어지나요? 돈도 벌어지긴 하지만, 돈이 많이 벌어지는 것이 목적은 아닙니다. 왜 그렇게 합니까? 이 때 그리스도인은 기본적으로 아까 그 명제를 자기에게 적용합니다. 모든 진리는 하나님의 진리라면 그것을 통해서 이 땅위에 하나님의 진리가 조금은 드러난다는 말입니다. 다는 아닐지라도 말입니다.

그러면 진리는, 그렇게 공부하는 사람에 의해서만 드러나는 것입니까? 그렇지 않지요. 참다운 진리는 아주 소박한 삶을 사는 사람들에 의해서도 드러나지 않습니까? 우리가 우리 나름대로의 소박한 삶을 하나님께서 가르쳐 주신 그 원칙에 따라서 살아갈 때 거기서 하나님의 진리가 드러납니다. 어떤 선생님이 아주 신실하게 학생들을 가르칠 때 거기서 "하나님께서 선생님과 학생과의 관계는 이러해야 한다"고 하는 그 진리가 드러난다는 말입니다. 그래서 진리가 이 땅위에 밝혀지는 것입니다. 그리고 이 진리가 드러난다고 하는 것은 결국은 우리가 하나님의 진리의 내용을 잘 깨닫고 있다는 것과 관련됩니다. 이것을 강조하기 때문에 (로마 가톨릭 교회, 즉 천주교가 아닌) 개신교에서는 언제나 모이는 때마다 하나님의 말씀을 잘 가르치는 것을 굉장히 중요한 순서로 만들어 왔습니다. 왜 그렇습니까? 성경에 나타난 이 가르침을 통해서 우리가 하나님의 진리를 배우고 받들어 가는 것이기 때문입니다.

그러면서 또한 '이 하나님의 진리가 어떻게 나의 삶 가운데에 드러날 수 있도록 할 것인가?'를 신경 써야 합니다. 그렇게 해서 우리의 각자 한 사람 한 사람이 자기의 삶의 처소에서 그런 일을 해 냈을 때, 그런 사람들의 공동체가 교회이니까 그 공동체가 정말 진리를 이 땅위에 드러내는 역할을 하는 것이란 말입니다.

이것이 우리 교회의 모습이어야 합니다. 우리 교회가, 우리가 날마다 이렇게 모이기는 하는데 이런 역할을 전혀 못 해내고 있다면 교회로서의 사명은 아직 못하고 있는 것입니다. 그러므로 교회로서는 아주 연약한 교회인 것이지요. 한국 교회 전체가 모두 다 연약한 가운데 있습니다. 그런데 세계 교회는 한국 교회를 바라보고 있습니다. "야, 한국 교회에서는 놀라운 일이 일어나고, 사람들이 열심히 모인다면서요." 이렇게 말하는 사람들이 많습니다. 그러나 한국 교회를 잘 알고 보면 그런 사람들 앞에서 우리 눈은 자꾸 땅으로 향하게 됩니다. 그렇게 눈에 보이는 것하고 실상하고 다르기 때문입니다. 이 세상 사람들이 굉장하다고 하는 만큼 우리가 정말로 힘이 있고 성경에서 말해주는 진리가 우리의 교회를 통해서 이 땅 위에 찬연히 빛나고 있는가를 심각하게 질문해야 합니다. 정말로 예수 그리스도를 통해서 우리에게 가져다주신 하나님의 나라가 교회를 통해서 찬연하게 빛을 비추어야 그 교회가 힘이 있는 교회이고, 그래야만 우리가 그리스도인의 역할을 하는 것입니다. 이것이 될 수 있도록 우리들이 이 선포되어지는 말씀을 우리의 삶 가운데서 구현해낼 수 있도록 해야 합니다.

그렇지 않으면 이렇게 주님 앞에 나와서 예배하는 것이 반쪽만 되는 것입니다. 예배는 언제나 반(半)입니다. 이렇게 예배하는 것이 제대로 되려면 지금 우리가 이야기한 그것이 우리의 삶 가운데에서 구현되어야 합니다. 그렇게 해서 이 세상에서 그 하나님을 아는 빛이 드러났을 때 사람들이 "야, 저 사람들이 사는데 저 사람들이 주일이고 수요일이고 이렇게 모여서 예배하기도 하고, 기도하기도 하고 하는데, 무엇이 있기에 저렇게 교회를 통해서 빛이 나는 것일까?" 하면서 사람들이 교회 공동체 안으로 들어 올 수 있게 됩니다. 그것을 위해서 우리는 존재합니다. 마음속에 이것을 분명히 하시기 바랍니다.

우리는 교회의 사명을 무엇이라고 생각합니까? 수천 년이 흘러도 예수님이 다시 오시기까지 교회의 사명은 이것 하나인데 그것은 **교회 공동체를 통해서 하나님의 나라가 확연하게 드러나는 것**입니다. 그것을 오늘 본문에서는 "진리가 드러나는 것"이라고 했습니다. 하나님의 나라는 진리의 나라이므로 우리의 모습들을 통해서 우리의 공동체를 통해서 하나님의 진리가 확연하게 드러나야 합니다. 이것이 되려면 우리 각자 한 사람 한 사람이 진리의 그 내용을 드러내야 합니다. 하나님의 나라가 예수 그리스도를 통해서 우리에게 와 있다는 것도 진리의 한 가지 내용이거든요. 그것도 분명하게 인식해야 되고, 그래서 생각이 매일 고쳐져야지요. 진리의 지식이 늘어가면서 그렇게 내 의식도 고쳐지고, 내 생각도 고쳐지고 해서 간접적으로 우리를 통해서 이 세상에 빛이 비춰지는 것입니다.

마치면서

오늘 여러분들이 잊어버려서는 안 될 한 가지 사실이 있습니다. "하나님이 우리를 위해서 존재하는 분이시다"고 생각하지 마시기 바랍니다. "교회가 우리를 위해서 존재하는 것이다"라고 그렇게 생각하지 마시기 바랍니다. 우리는 자꾸 그런 방향으로 가기 쉽습니다. 타락한 인간은 그렇게 생각하는 경향이 있습니다. 하나님도 우리를 위해서 존재해야 되고, 교회도 나를 위해서 존재해야 된다고 생각하기 쉽습니다. 그러나 그렇게 하면 이 세상에 참된 교회란 없습니다.

그러면 어떻게 되어야 합니까? 교회, 즉 우리 공동체는 무엇을 위해 존재해야 합니까? 하나님과 그의 진리를 위해서 존재해야 합니다. 그러므로 하나님과 그의 진리를 위해서라면 우리의 모든 것을 다 드릴 수 있게끔 준비되어 있어야 합니다.

그러므로 내가 살기에 편하면 진리도 희생할 수 있고 하나님의 원칙도 희생해 내는 식으로 살아간다면 이 세상에 하나님의 진리는 드러나지 못하는 것입니다. 이 세상 사람들은 그냥 그렇게 살아가고 있습니다. 예수님이 계신지 안 계신지 생각도 하지 않고, 관심도 없고, 하나님이 무엇을 가르쳐 주시는지에 대해서는 관심도 없습니다. 그런데 그런 사상이 교회 안에도 들어와서, 교회 안에 있는 사람들도 똑같이 "하나님이 좋긴 좋은데 먼저 우리가 좀 살아야 되지 않겠습니까"라고 하면서 자신의 유익을 위한 종교를 추구해 간다면 그것이 얼마나 심각한 문제입니까?

우리가 다 비정상적인 것은 사실이지만, 우리가 다 비정상이라고 해서 "이 세상에 그렇게 진리를 위해서만 살아가는 사람이 한 사람도 없는데요." 하면서 우리도 그렇게 해야 되겠습니까? 우리가 다 비정상적이라고 해서 그 비정상적인 것을 진리로 만들어서는 안 됩니다. 사람들이 다수결로만 모든 것을 결정한다면 결국은 그렇게 됩니다. 우리도 할 수 있는 것만 하자. – 그렇게 되면 그것이 무엇이 되겠습니까?

오늘 우리는 이 본문을 통해서 교회라고 하는 것은 진리의 기둥과 터라고 하는 것을 분명히 인식했습니다. 우리 교회를 통해서도 하나님의 진리가 튼튼하게 지지되고 이 세상에 드러날 수 있도록 우리가 모두 성령님에 의지해서 힘을 발휘해야 할 것입니다.

제 19 강

교회의 사명 수행 (1):

"예배하는 공동체"

요한복음 4장 23-26절

²³아버지께 참으로 예배하는 자들은 신령과 진정으로 예배할 때가 오나니 곧 이 때라 아버지께서는 이렇게 자기에게 예배하는 자들을 찾으시느니라 ²⁴하나님은 영이시니 예배하는 자가 신령과 진정으로 예배할지니라 ²⁵여자가 가로되 메시야 곧 그리스도라 하는 이가 오실 줄을 내가 아노니 그가 오시면 모든 것을 우리 에게 고하시리이다 ²⁶예수께서 이르시되 네게 말하는 내가 그로라 하시니라.

우리는 지난주부터 우리를 이렇게 교회로 세우신 교회의 사명이 무엇인가 하는 것을 생각하고 있습니다. 지난주에 그 전체적인 제목을 설정하여 교회의 사명은 크게 말해서 "이 땅 위에 임하여 온 하나님의 나라를 교회가 잘 증시(證示)해 내는" 것이라고 이야기했습니다. 교회의 이 위대한 사명, 즉 하나님의 나라를 이 세상에 펼쳐내고 이 세상에 확연하게 드러내는 일, 이 일을 위해서 우리들이 구체적으로 해야 할 일이 무엇입니까? 이제 우리가 그 중의 하나에 대해서 생각해 보려고 합니다.

교회 공동체의 가장 중요한 일인 예배

오늘 우리가 생각하려는 것은 우리가 주님께 경배하는 일입니다. 이 일은 하나님의 나라를 이 세상에 비추는 일의 하나입니다. 이 일을 생각할 때 가장 먼저 벗어나야 할 것은 우리의 고정관념입니다. 예배를 교회에 속한 일종의 요식 행위로 생각하는 것이 우리가 가지는 고정관념의 하나입니다. 다음 같이 생각하는 것이지요: "교인들은 늘 예배를 한다. 지루해도 그것을 해야만 그 후에 다른 것을 할 수 있다. 그래서 다른 모든 일에 있어서도 예수 믿는 사람들이 어디를 가면 어쩔 수 없이 요식 행위로 예배를 하고 다음에 어떤 순서를 가진다. 마치 어떤 강압적인 사회가 국민의례할 것을 요구하는 것과 비슷하게 예수 믿는 사람들은 의례적으로 그런 것을 한다." 그러므로 예배라고 하는 것을 어쩔 수 없이 우리가 견뎌내야 할 것 정도로 생각하는 것입니다.

그러나 참된 예배는 어떤 것입니까? 우리는 무엇 때문에 이렇게 모이는 것입니까? 엄밀하게 이야기하면 우리는 우리에게 맡겨진 사명을 감당하기 위해 모여 예배하는 것입니다. 그 사명이 하나님의 나라를 증시(證示)하는 것이라고 했습니다. 하나님께서 이 세상을 통치하시고 구체적으로 지금 우리들을 여기서 통치하고 있다는 것을 이 세상 앞에 확연하게 드러내는데 예배가 그것과 무슨 상관이 있을까요?

예배와 관련된 세 존재와 관련한 예배의 의미

첫째는 하나님과 관련해서, 하나님께서 통치하시는 분이시니까 우리의 경배를 받아 마땅하시다는 것을 하나님 앞에 드러내는 것입니다. 그런 의미에서 예배는 가장 중요한 일입니다. 우리가 관련하고 있는 하나님께, 하나님은 마땅히 우리들을 포함해서 모든 피조물들의 경배를 받으시기에 합당하신 분이시라는 것을 표현해 내는 것이기 때문입니다.

둘째로, 예배는 우리와 관련해서도 아주 의미가 있는데, 우리들은 마땅히 하나님께 경배하면서 살아야 하는 존재들이라는 것을 드러내는 것입니다. 우리는 하나님께 우리 영혼의 무릎을 꿇어서 우리 자신을 드려야 하는 존재입니다. 이런 정신과 마음을 표현해 내는 것입니다. 이 예배 행위 가운데서 하나님의 어떠하심과 우리 자신의 어떠함이 분명하게 드러나는 것입니다. 우리는 이것이 잘 드러나게끔 예배에 신경을 써야 합니다.

셋째로, 예배는 하나님과 우리와만 관련되어진 일이 아니라 하나님을 경배하면서 하나님이 이 세상을 직접 통치하시고 계심을 인정하고 서 있는 우리가 있음을 이 세상 앞에 나타내 보여주는 일입니다. 이렇게 예배는 이 세상에 대한 증언의 의미도 가집니다.

그러므로 이 예배 행위는 세 종류의 존재들에 대해서 의미를 가집니다. 첫째는 하나님께 대해서 의미를 가지는 것이고, 둘째는 우리 자신에게 의미가 있어서 내가 어떤 존재인지를 표현해 내는 것입니다. 그리고 세 번째는 하나님과 관련 없는 듯하고 우리들하고도 관련이 없는 듯하고 지금 이 시간에 자기들의 시간을 즐기고 있는 온 세상과 관련해서도 이것은 의미 있는 일입니다. 예배는 온 세상 앞에 하나님의 살아 계심과 그의 통치하심을 선포하는 일입니다. 그런 의미에서 예배는 아주 중요한 것입니다. 이것은 그저 요식 행위 정도가 아닙니다. 그래서 우리의 의식 가운데 만일 그런 개념이 있다면 그것을 빨리 벗어나야 할 것입니다.

이를 아주 분명하게 하기 위해서 한 가지 예를 들어 생각해 보십시다. 여러 분들이 한국 사람이 많이 없는 지역에서 살고 있다고 생각해 보십시오. 한국 사람들이 거의 없고 간혹 가다가 한국 사람을 몇몇 만날 수 있는 사회 가운데 산다고 해 보십시다. 그러면 그런 사회에서는 한국 사람들이 같은 나라 사람을 만나기 위해서 예배당에 나오는 일이 발생하기 쉽습니다. 그러면 한국 사람들이 예배당에 나오는 기본적 목적이 한국 사람들을 만나서 서로 교제하는 것이 되기 쉽습니다. 물론 이 때에도 하나님 앞에 우리의 경배를 드린다고 하는 것을 생각하기는 하는데 그것을 부차적인 것으로 생각하는 것이지요. 그런 일들이 발생할 수 있습니다. 또 예배당에 나와서 생활한지 오래되다 보면 '예배한다고 하는 일이 교회에 나오면 늘 해야 되는 일이니까 그냥 해야 되는 것인가 보다'라고 하면서 그저 습관적으로 예배에 참여하는 경우가 생길 수 있습니다. 그래서 우리는 다시금 교회의 사명을 생각하면서 우리가 무엇을 하려고 이 자리에 모이는 것인가를 생각해 볼 필요가 있습니다. 이것은 중요한 일입니다.

사마리아 여인과 그녀의 질문

오늘 본문에 나오는 한 여인에게도 그녀의 인생에 있어서 아주 중요한 질문은 예배에 관한 것이었습니다. 여기 사마리아인 여인이 하나 등장합니다. 이 여인과 예수님과의 대화가 오늘 읽은 본문인 요한복음 4장 첫 부분부터 계속되고 있습니다. 이 여인은 아마 우리가 생각하건데 그 동네 사람들로부터 별로 귀중히 여김을 받지 못하던 여인 같습니다. 그런데 그런 여인에게 예수님께서 친히 찾아오셨습니다. 그 정황을 좀 더 살펴봅시다. 본문에 보면 주님께서 수가성 우물가에 앉아 계셨습니다. 예수님께서는 사마리아 여인과 우물가에서 있을 법한 이야기를 시작하셨습니다. 무슨 이야기를 하셨습니까? "나에게 물 좀 주십시오." 어떤 사람과 무슨 이야기를 하려면 처음부터 우리가 하고 싶은 이야기를 하는 것이 아니고 그 사람과의 접촉점을 마련해야 하지요. 이 여인하고 예수님의 이야기도 이와 같이 시작됩니다. "물 좀 달라." 그러자 이 여인이 이 사람의 모습을 보니까 유대 사람인데 사마리아 사람인 자기에게 왜 물을 달라고 하는가 하면서 예수님께 물어봅니다. "왜 나에게 물을 달라고 합니까?"

이 정황을 바르게 이해하기 위해서는 우리들이 그 배경을 좀 알 필요가 있습니다. 유대 사람들은 사마리아 사람들을 개만도 못하게 취급했습니다. 왜 그랬습니까? 우리가 단일 민족이기 때문에 피가 섞인 사람들을 혼혈이라고 하면서 별로 좋지 않은 감정을 가지고 대하는 일이 많습니다. 단일민족인 사람들은 늘 그렇게 생각하는 성향이 있습니다. 그와 비슷한 일이 이 사마리아 사람들에게 일어났었습니다. 앗수르 사람들의 식민 정책 때문에 이방인들과 혼혈이 발생했던 것입니다.

그래서 유대 사람들은 사마리아 사람들을 사람 취급도 안 했습니다. 그런데 예수님께서는 사마리아 사람인 이 여인과 대화합니다. 그러므로 이 여인이 이상스럽게 생각해서 묻습니다.

이 때 예수님께서는 그 이야기를 점점 깊은 수준으로 이끌어 가십니다. "네가 만일 너에게 물을 달라고 하는 이가 누군지 알았더라면 네가 나에게 물을 달라고 했을 것이다"라고 말씀하셨어요. 그랬더니 이 여인이 "당신은 여기서 어떻게 물을 길어 주겠습니까? 여기는 우물도 깊고 당신은 우물물을 길을 그릇도 없으므로 나에게 물을 달라 해놓고서는 어떻게 물을 준다고 합니까?"라고 하면서 이 여인이 이상해하면서 묻습니다. 예수님께서 다시 하시는 말씀이 "내가 주는 물을 먹는 자마다 그 속에서 물이 솟아나서 다시는 목마르지 아니하리라"고 하십니다.

예수님이 이상한 이야기를 하시지요? 지금 목말라서 "물 좀 달라"고 하시던 분이 "내가 주는 물을 먹는 사람은 그 속에서 물이 솟아나리라"고 말씀하시는 것입니다. 이 때 예수님께서는 영적인 이야기를 하시려고 하는 것입니다. 그런데 사람들은 그것을 육체적인 것으로 바꾸어 생각합니다. "물" – 그러니까 우리가 마시는 물만 생각하는 것입니다. 그래서 이 여인이 예수님에게 "여기는 우물도 깊고 당신은 우물물을 길을 그릇도 없으니까 나에게 물을 달라 해놓고서는 어떻게 물을 준다고 합니까?"라고 질문하는 것입니다. 예수님께서 하시는 말씀은 결국 "내가 주는 물은 생명의 물, 영생하도록 솟아나는 물"이라는 것입니다. 이 "물"은 결국 예수 믿는 사람들에게 가져다 주실 성령님의 놀라운 능력을 상징하는 것입니다.

그런데 이 여인이 여기서 그것을 곧바로 이해할 길이 없지요. 그러므로 그 말씀을 이해하지 못하고 "당신이 그런 물을 길어 준다고 하니, 그러면 내게 그 물을 주십시오. 그 물을 주시면 다시는 목마르지 아니한다고 했으니까 내가 다시 이 뜨거운 날에 물 길러 나오지 않을 수 있게 그런 물을 주십시오"라고 말하는 것입니다. 이 여인이 아직도 문자적인 수준에서, 그냥 육체적인 수준에서 이해하고 있는 것입니다.

그러자 예수님께서는 이 여인에게 "가서 네 남편을 데리고 오라"고 하십니다. 이 여인은 속으로 '왜 갑자기 내 남편을 데리고 오라 하느냐' 하고 생각하면서 "나는 남편이 없습니다"하고 대답했습니다. 그런데 예수님께서 하시는 말씀이 "네가 남편이 다섯이 있었는데 지금 있는 남편도 네 남편이 아니다"고 하십니다. 이 여인의 상황을 송두리째 드러내어 놓고 이야기하시는 것입니다. 우리는 이 여인이 어떻게 해서 남편이 다섯이 있었는지 정확히 모릅니다.

그러나 자신의 모든 문제를 다 알아내니까 이 여인이 "내가 보니까 당신은 선지자인 것 같습니다. 어떻게 내 사정을 이렇게 잘 압니까?"하면서 예수님과의 이야기가 무르익습니다. 이 상황에서 이 여인이 예수님께 던진 질문이 있습니다. 예수님에 대해서 새로운 이해를 하면서부터 이 여인은 자기 마음속에 깊이 묻어 놓았던 한 가지 질문을 합니다. 그 질문은 예배에 관한 질문입니다. 이 여인은 사마리아인이어서 예루살렘에 가서 제사하지 않았습니다. 그래서 사마리아 사람들이 그리심이라는 산에다 산당을 지어 놓고서 그 산에서 예배를 했습니다. 그러므로 사마리아 사람들은 여기서 제사하는데 유대 사람들이 예루살렘에서 제사하는 것이 진짜라고 그러지요. 그러면 사마리아 사람들은 마음속에 한 가지 질문이 있지 않았겠습니까? "어느 제사가 진짜인가?"

여기서 우리가 주목할만한 것이 있습니다. 하나님을 제대로 섬기지 않는 사람들도, 심지어 하나님에 대한 관심이 별로 없는 사람들도 자기가 어떤 종교를 가지고 있다고 했을 때 그 예배하는 행위를 아주 의미 있게 생각한다는 점입니다. 이것이 가장 깊은 인간의 종교적인 질문입니다. 누군가 말했듯이 "궁극적 관심"일지도 모릅니다. "궁극적인 관심" – 하나님을 안 섬겨도 그런 것이 있단 말입니다. 그래서 이 세상에 예수 안 믿는 사람들도 어떤 예배를 창안해서 할 때에 자기의 정성을 다합니다. 있는 정성, 없는 정성 다해서 합니다. 물론 하나님을 섬기는 우리와 다른 점은 있습니다.

두 가지 의미에서 다른데, 하나는 예배의 대상이 산 존재냐 사실은 없는 존재냐 하는 것이고, 또 하나는 오직 그 예배 행위와 관련된 때와 관련해서만 잘 하면 된다고 생각하느냐 아니냐 하는 점입니다. 다른 데서는 어떻게 하든지 별로 상관이 없습니다. 오직 예배 행위에 관련된 곳에서 잘 하면 됩니다. 그것이 이 세상 사람들의 보통 예배하는 행위의 특징입니다. 그리고 이에 따라서 예배 때에는 정성을 다하지만 그것이 자기의 삶과는 별 관련이 없습니다. 예배 때에 정성을 다하지 않으면 자신이 예배하는 그 대상이 자기에게 화를 내릴 것이니까 그 때는 모든 정성을 다한다는 그런 생각이 우상을 섬기는 사람들의 마음 가운데 있습니다.

물론 여기서 우리는 '믿지 않는 사람들도 이렇게 정성을 다하는데, 참 하나님을 섬긴다는 사람이 거기에 모든 마음을 던지지 아니하고 예배하면서 딴 생각도 하고 그렇게 할 수 있는가?' 하는 생각을 심각하게 해야 합니다. 또한 우리가 시간이 있을 때는 예배를 하는 것이고, 시간이 없을 때는 예배를 안 하는 것이고 그렇게 할 수 없다는 것을 깊이 생각해야만 합니다.

물론 그들의 예배가 옳은 것은 아닙니다. 그들의 예배가 심각하게 잘못된 것은 가장 기본적으로 예배의 대상이 잘못되었다는 것입니다.

또 그들의 문제는 그 예배 행위와 삶을 분리시킨다는데 있습니다. 전통적으로 그런 관습에 젖어 왔던 우리가 예수 믿는 사람이 된 후에도 이와 비슷한 생각에로 빠져 들어가기 쉽습니다. 사는 것과 예배하는 것과는 별개의 문제라고 생각하는 것입니다. 그래서 예배만 다하면 하나님 앞에서 할 것을 다한 것이고 나의 사명을 다 한 것이라고 생각한다고 하면 우리는 우리의 예배의 대상은 옳을는지는 몰라도 실질적으로는 다른 사람들하고 비슷한 문제를 가지고 있는 것입니다.

공예배에 임하는 태도

그러면 우리는 어떻게 예배해야 합니까? 주님께서는 우리에게 매우 중요한 말씀을 해주십니다. 그것이 오늘 본문의 23절의 말씀인데 "아버지께 참으로 예배하는 자들은 신령과 진정으로 예배할 때가 오나니, 곧 이 때라." "이 때라" 하는 때는 메시야가 오신 때, 곧 예수님이 오신 때입니다. 예수님이 오셔서 십자가에서 구속을 이룬 다음에는 예배하는 곳이 어느 곳이든지 상관이 없고 우리가 참되게, 신령과 진정으로 예배할 때입니다. 예수님의 구속 사건이 있고 난 다음인 이제는 예루살렘에서 예배해야만 되는 것이 아닙니다. 즉, 십자가 구속 사건 이후에는 장소에 구애 받지 않습니다. 주님의 구속 사건 이후에는 어느 곳에든지 우리가 하나님을 예배할 수 있습니다. 그러나 그것에 대해서 또 잘못 생각하면 안 됩니다. "아! 그래요 그러면 주일날 구태여 내가 예배당 안 가고 우리 집에서 예배하면 되겠네요." 그렇게 말해서는 안 된다는 말입니다. 하나님 나라가 극치에 도달하기 전까지는 주님께서는 어떻게 하시기 원하셨습니까? 일정한 날을 예배일로 정해 놓으셨습니다. 그것이 우리 주님께서 부활하신 안식 후 첫날에 해당하는 "주일 (主日)"입니다. 주일을 정해 놓으시고 이 날 그 지역에 사는 모든 성도들이 같이 모여서 예배하도록 하셨습니다.

이 예배 행위를 통하여서 하나님께서 어떤 분이신가를 증거하고, 예배하는 자신들이 어떤 존재인가를 드러 내고, 그 사람들을 통하여 다른 사람들 앞에 "이런 사람들이 여기 있다"는 것을 드러내게 하신 것입니다. 하나님을 섬기면서 하나님께서 지금도 이 세상을 통치하고 자기들의 삶을 지배하고 있다고 믿고 그것을 인정하여 자신들을 하나님께 드리는 사람이 있다는 것을 밝혀내는 행위를 하도록 한 것입니다. 그래서 오늘 본문 가운데서는 "하나님은 이렇게 자기에게 예배하는 자들을 찾으시니라"고 하셨습니다. 여기 약속이 있습니다. 우리들이 이렇게 함께 모여 예배할 때 주 앞에 참으로 예배하는 분들을 주님께서 찾으십니다. 여러분들이 진정으로 하나님 앞에 예배하면, 하나님께서 그렇게 예배하는 우리를 발견하십니다. 그래야 우리가 우리의 사명을 다하는 것입니다.

이 사명을 다하기 위해 우리가 예배에 온 마음을 다해야 합니다. 전심(全心)으로 예배해야 합니다. "예배를 보면" 안 되지요. 흔히 이런 말을 쓰지만 그것은 우리가 예배하는 행위를 지켜보는 것입니다. 그러면 예배에서 나는 무엇이 됩니까? 구경꾼이지요? 그러나 예배에 구경꾼이 되어서는 안 됩니다. 늘 말씀 드렸지요? 우리 교회 안에서 구경꾼이 있다면 딱 한 분이신데, 그것이 누구십니까? 우리 하나님이십니다. 하나님께서 우리 예배를 지켜보시면서 우리 예배를 받으시는 것입니다. 사람들은 모두 자신들의 온 힘을 다해 하나님께 예배하는 것입니다. 모든 순서가 그렇습니다. 찬양대가 찬양을 할 때도, 그것을 우리가 들으면 안 됩니다. 우리가 '아! 노래 잘한다' 그러고 있으면 안 되고 찬양대가 하나님 앞에 우리 모두를 대표해서 찬양합니다. 그 때, 모든 사람들이 마음을 같이해서 찬송을 주께 드리는 것입니다.

그런데 예배하는 일이 계속되다 보면 습관적으로 하게 되기 쉽습니다. 이것을 하나님께서 받으신다는 의식이 없이 그냥 하는 경우가 있습니다. 그러다 보면 이제 사람들이 자기들이 좋은 데를 찾아 가는 일도 생깁니다. 일단은 예배당의 분위기가 좋아야 합니다. 그리고 찬양대의 찬양이 우렁차고 멋있어야 됩니다. 자기가 듣기 좋아야 합니다. 그 다음에는 설교 이야기가 부담이 없고 그냥 편안하게 앉아 있다 나오면 좋을 만한 데로 가게 됩니다. 교회 공동체에서 우리에게 주는 부담이 없어야 합니다. 그러나 그렇게 되면 그것은 주님께 예배하는 행위가 아닙니다.

그러므로 같이 예배하지만 진짜 예배하는 것과 아닌 것이 구별됩니다. 여러분 한 번 생각해 보십시오. 이스라엘 민족 전체가 하나님의 인도하심을 따라 출애굽합니다. 남자 어른만 60만 대군이 이집트를 떠나 나옵니다. 또 홍해를 육지처럼 많은 사람이 건너갑니다. 다같이 홍해를 건너가지만 그 사건을 경험하면서 그 사건 속에서 정말 "하나님께서 우리와 함께 계신다"라는 것을 인식하고 하나님 앞에 살아야겠다는 인식을 가지며 가는 사람이 있고, 같은 사건에 동참하지만 결국에는 하나님과 관련이 없는 사람들도 있었습니다. 그러나 하나님께 예배하는 우리들 가운데 그런 사람이 있어서는 안 됩니다. 우리가 다같이 하나님께 예배하러 나왔으니 우리가 다 전심으로 예배해서 그것이 하나님 앞에서 하나님을 인정해 드리는 일이 되어야 하고, 우리 자신도 하나님을 바르게 예배하는 자들로 인정받아야 하고, 그리고 이 세상 앞에 하나님을 그렇게 선포하는 행위가 되어야만 합니다.

공예배를 위한 구체적 지침들

그렇게 되기 위해서 우리가 어떻게 해야 합니까? 사실은 여기까지만 이야기하고 나머지 이야기는 안 해도 여러분들이 자동적으로 척척 제시할 수 있어야 합니다. 그런데 또 이야기를 하지 않으면 구체적으로 적용을 안 하실까봐 이것까지 이야기합니다.

첫째로, 예배에 신경을 써야 합니다. 공예배는 우리 모두가 영혼의 무릎을 꿇어서 하나님께 절하는 것입니다. 따라서 우리 교회 공동체가 같이 예배하기로 한 것이니까 우리 모두가 다 같이 영혼의 무릎을 꿇어 절해야 합니다. 우리가 어떤 식순을 가지고서 누구에게 잔치를 해 주기로 했다면 어떻게 하시지요? 딱 시간에 맞춰서 가서 모두가 같이 시간 맞춰서 절하고, 그렇지 않습니까? 그런 것처럼 하나님 앞에 우리들이 다 같이 공적으로 절하는 것이므로 시간을 딱 맞추어서 예배하기 시작하고 끝내야 합니다. 예를 들어서, 우리가 주일 11시에 예배하기로 했다면 그 예배 시작하기 전부터 우리가 준비를 해야 합니다. 우리 모두가 그렇게 마음을 써야 합니다. 예배하기 전부터 내 마음속에 준비를 해야 합니다. "주님 내가 예배하러 주 앞에 나갑니다. 주님 앞에 참된 예배를 할 수 있도록 우리들의 마음을 준비시켜 주십시오." 그런 기도를 해야 합니다. 모일 때는 언제든지 그렇게 해야 합니다. 주일 아침, 저녁, 그러므로 "이 하루 전체를 다 주님께 드립니다" 하는 것이 분명히 나타나야 합니다. 주일 아침과 저녁에 예배하는 것은 교회 공동체의 오랜 습관에서 나온 것입니다. 그러므로 그것을 우리 형편에 따라서 변경시키지 않는 것이 좋습니다. 이 예배들은 공예배로 드리는 것이니까 원칙상 모든 성도들이 다 참여해야 합니다. 또 우리가 수요 기도회로 모인다고 했을 때도 마찬가지입니다. 이렇게 주 앞에서 함께 예배하고 기도드리는 것입니다. 그런데 이 때 우리가 생각해야 할 것은 내 시간표보다는 이 공적 예배 시간을 중심으로 하여 거기에 맞춰 내 시간표를 짜야 한다는 것입니다.

물론 이것을 너무 율법적으로 이야기하면 사람들이 마음속으로 반발할 수도 있습니다. 주님께서는 구속함을 받은 우리가 자유롭다고 하셨는데 예배 시간 때문에 내 생활이 규제되어서야 되겠는가 하고 반발할 수 있습니다. 그러나 이 때 한 가지 생각해야 될 것이 있습니다. 지난주에 이야기했던 것인데, 사람을 존중하는 것은 좋지요. 우리들의 삶을 인간답게 만들어 주는 것은 아주 중요합니다. 종교적인 것 때문에 내 인간성이 말살되는 것은 좋은 것이 아닙니다. 하나님께서는 그것을 원치 않으셔요. 그러나 나의 인간적인 것, 다른 사람의 인간적인 것, 우리들의 인간성이 구현되는 것이 너무 높아져서 이것이 하나님보다 더 높아지면 안 됩니다. 그런데 때때로 그런 일이 발생하기 쉽습니다. 또 그렇게 될 만한 여건이 한국 교회에 있습니다. 왜냐하면 다들 피곤하니까요. 주일날도 피곤하고 주일날 예배당에 나와도 피곤하니까 그렇게 되기가 쉽습니다. 그래서 사람들을 좀 자유롭게 해주기 위해서는 그것을 좀 풀어줘야 하겠다는 의식이 우리 가운데 있을 수 있습니다.

그러나 한 가지만은 양보되어서는 안 됩니다. 우리들의 자유로운 인간다움, 인간다운 생활 - 그것이 하나님 보다 더 높아져서는 안 됩니다. 하나님이 우리의 인간다운 삶을 만족시켜 주기 위해서 존재하는 존재가 되어서는 안 됩니다.

한국 교회 내에서 우리가 크게 일으켜야 될 캠페인이 있는데 그것은 우리 모두가 하나님께 경배하는 이 공예배를 중요하게 여기는 운동입니다. 지금 한국 교회에서는 공예배에 대한 인식이 너무 낮추어져 있기 때문에 여러 가지 심각한 문제들이 벌어지고 있습니다. 그래서 여러분들이 다른 사람들에게도 이 이야기를 해 주시기 바랍니다. 이것은 우리 교회에서 뿐만 아니라 한국 교회가 전체적으로 힘써야 할 일입니다. 공예배를 중요시해야 됩니다.

그러므로 이 문제가 해결되지 않는 한(限), 우리가 제대로 교회의 사명을 감당한다고 할 수 없습니다. 처음에 언급한 예배의 세 번째 의미 중에서 "온 세상 앞에 여기는 하나님을 경배하는 사람들이 모인다"는 것이 있다고 하지 않았습니까? 이것이 드러나야 합니다. 이것이 제대로 되기 위해서는 우리의 삶이 다른 사람이 보기에도 정말 예배와 관련된 사람으로 나타나야 합니다. 예를 들어서, 늘 자기의 일을 신실히 하는 사람이 어떻게 주일날만 되면 장사하는 것도 다 그만 놔두고 이 사람이 예배하러 간단 말입니다. 그것이 빛을 비추는 것입니다. "아! 여기에 예배하는 공동체가 있구나!"하는 것을 알 수 있습니다. 만일 우리가 제대로 산다면 말입니다. 우리가 주일날 여기서 찬송을 하고 찬송 소리가 밖으로 퍼져 나갈 때 사람들이 저 사람들은 매일 왜 저렇게 찬송을 하는 걸까? 어느 뜻있는 시간에 생각하게 되면 '아! 저들은 적어도 하나님의 통치하심을 생각하면서 그 앞에 경배하고 있는 것이다.'는 것을 생각할 수 있습니다. 그리하여 그것이 밖의 사람들을 불러들이는 소리가 될 수 있습니다. 그런데 우리의 삶이 예배와 관련되어지지 않으면, '저 사람들은 이상하게 살더니 주일날 모여서 뭐하는 거지' 이런 반응이 나오게 됩니다. 다른 종교인들의 예배와 우리들의 예배가 다르기 위해서는 우리의 구체적인 삶과 우리의 예배 행위가 연결이 되어야 합니다. 다른 사람에게도 정말 예수 믿는 사람답게 해 주고, 사랑해 주어야 합니다. 그러므로 기본적으로 삶과 예배가 일치되어야 합니다.

우리는 오늘 예배가 얼마나 중요한 것인가 하는 것을 생각하고 이 공예배가 교회의 사명의 하나라고 하는 것을 생각했습니다. 교회에서는 어떠한 일보다도 예배가 가장 중요한 일입니다. 다른 것은 못해도 예배는 해야 합니다. 간혹 가다가 다른 사람들이 예배하는 것을 도와주기 위해서 우리가 다른 것을 하느라고 정작 우리 자신은 예배를 제대로 하지 못하는 경우가 있습니다. 그렇게 되어서는 안 됩니다. 그렇게 되면 그런 일들을 없애는 한이 있어도 교회 회원들이 모두 같이 예배해야 합니다. 너무 바빠서 교회 중진들이 예배를 못 드리는 경우가 있습니다. 우리 교회에도 그런 일이 발생할 수도 있는데, 예를 들어서 우리 전도사님들께서는 교회 공동체의 이런 저런 일을 다 돌봐야 하지 않습니까? 그러다 보니까 실질적으로 예배를 못 드리시는 경우가 있어요. 제가 전도사 때 경험한 것입니다. 그런 일이 발생하면 안 됩니다. 누구에게든지 그런 일이 발생할 수 있어요. 교회 일에 열심이 없는 분들에게는 그런 일이 좀 덜해요. 그러나 교회 공동체의 일을 열심히 하는 분들에게는 간혹 가다 그런 일이 있을 수가 있습니다. 너무 열심히 하다 보니까 정작 예배해야 할 시간에는 너무 바쁘고 졸려서 '아, 이 시간은 참 내가 쉴 수 있는 시간이다. 이 시간만큼 나에게 좋은 시간은 없다.'고 생각하면서 예배를 못하는 경우가 있을 수도 있습니다. 그러면 안 됩니다. 그러므로 우리들은 모든 면을 잘 생각을 해서 교회가 빛을 내야 하는 시간이니까 우리 모두가 예배를 하도록 해야 합니다.

또 하나, 주일날 드리는 예배와 관련해서 제가 자라난 분위기는 주일에는 모두가 예배를 드리는 분위기였습니다. 그런데 그것이 너무 율법적으로 요구되어서 제가 대학교를 다닐 때 우리 대학부 형제들 사이에서 율법적인 요구로부터 좀 풀어져야 하겠다는 그런 인식이 나타나게 되었습니다. 그런데 그 때에 그리스도인의 자유를 가장 잘 설명해 주신 목사님께서 저에게 다음과 같은 예를 들어주신 것을 듣고 상당히 놀라면서 새로운 각성을 하게 된 일이 있었습니다.

어떤 장로님이 계셨는데, 이 분은 전국 각지를 돌아다니시면서 사업을 하시는 분이었다고 합니다. 그러니 몇 주일 동안 다른 지역에 가 계시는 일이 있지 않겠습니까? 그 당시에 우리 대학부 형제들의 생각은 '교회가 하나이니 그런 경우라면 다른 교회에 가서 예배해도 되지 않겠는가?' 그렇게 생각을 했었어요. 그런데 그렇게 생각하리라고 생각했던 어떤 목사님, 아주 성경을 잘 가르치는 그 목사님께서 "그 장로님은 꼭 주일날이면 자기가 섬기는 교회 공동체에 참여하기 위해 오셨다가 다시 가셨다"고 설명하셨습니다. 교회 회원으로서의 자기 책임을 다하기 위해서 당신이 속해 있는 교회 공동체의 예배에 참석하셨다고 설명하셨습니다. 거기에 대해서 꼭 그렇게 해야 되느냐고 말씀하실 줄 알았더니 목사님이 그렇게 하지 아니하시고 "아! 교회를 그렇게 중요시하고 예배를 중요시 하는 것이 얼마나 좋은 일인지 모르겠습니다"라고 말씀하시더라구요. 그 말씀이 지금 저에게 커다란 영향력을 미치고 있습니다. 그리고 지금도 그것이 유효하고 매우 중요한 말씀이라고 생각합니다. 이런 이야기를 통해서라도 여러분들이 하나님 앞에서 같이 예배하는 것이 얼마나 중요한 것인가 하는 것을 깊이 있게 생각하셨으면 합니다.

그것이 교회의 지체로서의 자신의 책임을 다하는 것입니다. 그렇게 할 때에 우리 교회가 하나님 앞에서 하나님의 교회된 사명을 수행하는 것입니다. "하나님께서 지금 우리를 통치하신다. 하나님께서 우리를 지금 다스리시고 계신다. 그 다스리시는 하나님 앞에 우리가 지금 우리의 모든 것을 다하여서 경배하고 있다"는 것을 드러내는 이 공예배에 우리가 정말 신실하게 참여해야 할 것입니다.

제 20 강

교회의 사명 수행 (2):

"섬김과 교제의 공동체"

마태복음 20장 20-28절

[20]그 때에 세베대의 아들의 어머니가 그 아들들을 데리고 예수께 와서 절하며 무엇을 구하니[21]예수께서 이르시되 무엇을 원하느냐 이르되 나의 이 두 아들을 주의 나라에서 하나는 주의 우편에, 하나는 주의 좌편에 앉게 명하소서[22]예수께서 대답하여 이르시되 너희는 너희가 구하는 것을 알지 못하는도다 내가 마시려는 잔을 너희가 마실 수 있느냐 그들이 말하되 할 수 있나이다[23]이르시되 너희가 과연 내 잔을 마시려니와 내 좌우편에 앉는 것은 내가 주는 것이 아니라 내 아버지께서 누구를 위하여 예비하셨든지 그들이 얻을 것이니라[24]열 제자가 듣고 그 두 형제에 대하여 분히 여기거늘[25]예수께서 제자들을 불러다가 이르시되 이방인의 집권자들이 그들을 임의로 주관하고 그 고관들이 그들에게 권세를 부리는 줄을 너희가 알거니와[26]너희 중에는 그렇지 않아야 하나니 너희 중에 누구든지 크고자 하는 자는 너희를 섬기는 자가 되고[27]너희 중에 누구든지 으뜸이 되고자 하는 자는 너희의 종이 되어야 하리라[28]인자가 온 것은 섬김을 받으려 함이 아니라 도리어 섬기려 하고 자기 목숨을 많은 사람의 대속물로 주려 함이니라

우리는 몇 주 전부터 교회의 사명이 무엇이고 그것을 어떻게 수행해 가야 하는가에 대해서 논의하고 있습니다. 이 논의 중에서 우리는 교회의 사명은 기본적으로 하나님의 나라를 증시(證示)하는 것이라고 했습니다. 이것이 매우 중요한 핵심입니다. 교회는 예수 그리스도 안에서 우리에게 임하여 온 하나님의 나라를 잘 증시해 나가는 하나님 나라의 공동체입니다. 그 첫 번째 방법으로 교회가 공동체로 같이 예배하는 것을 통하여 하나님의 나라를 증시해야 한다고 했습니다. 그러나 예배하는 행위로서만 하나님 나라가 증시되는 것은 아닙니다. 그 외에 어떻게 해서 우리 가운데서 하나님의 나라를 잘 증시(證示)해 낼 수 있을까요?

하나님 나라를 증시하는 방식으로서의 '섬김'

오늘의 본문 가운데 예수님께서 하나님의 나라를 나타내는 매우 중요한 방식을 제시해 주고 있습니다. 그것은 그 하나님의 나라의 원리에 해당되는 것을 우리 가운데서 드러내는 것입니다. 이 공동체가 예수님께서 생각하신 그 공동체 됨을 잘 드러냄으로써 하나님 나라를 드러낼 수 있다는 말입니다. 이 교회 공동체를 지배하는 원리, 그 공동체의 특성이 무엇입니까? 그것은 한마디로 말해서 섬김입니다.

제자들의 수준과 실상

이 사실을 정확하게 이해하기 위해서는 본문의 말씀을 잘 살펴보는 것이 중요합니다. 예수님께서 그의 공생애를 마쳐가실 쯤에 예수님을 따르는 사람들 가운데서 세 사람이 예수님께 왔습니다. 한 여인과 두 남자인데 이 두 남자들은 여인의 아들들이었습니다.

이 두 아들들의 이름이 야고보와 요한이고, 아버지는 세베대라는 분입니다. 그리고 그 여인은 세베대의 아들들의 어머니였습니다. 말이 복잡하지만 옛날 우리나라처럼 여자들을 높이지 않았으므로 늘 누구의 어머니라고 한 것입니다. 이 여인도 예수를 잘 따르던 여인인데, 이 세베대의 아들들의 어머니가 예수님께 와서 예수님께 절을 하였습니다. 우리가 여러 번 이야기했지만 예수님께서 이 땅에 계실 때만 해도 누구에게 경배한다, 예배한다고 할 때는 실제로 무릎을 꿇고 고개를 숙이고 해서 이렇게 절을 하는 것이었습니다. 이것은 예수님께 대해 지고한 존경을 나타내는 표현이었습니다. 그리고 예수님께 무엇인가를 구했습니다. 여기까지 바라보면 이 여인이 아주 제대로 된 신앙을 가지고 있는 듯이 보입니다. 그러나 이 여인의 구하는 것을 가만히 살펴보면 이 여인의 신앙이 어떠한 것인가가 나타납니다.

이 여인이 구한 것은 "주님, 주님의 나라에서 나의 이 두 아들들을 하나는 주님의 오른편에 하나는 왼편에 앉혀 주십시오"라는 간구였습니다. 여기에 이 여인이 하나님의 나라에 대해서 어떻게 생각하고 있는가가 잘 드러나고 있습니다. 하나님의 나라에서 한 사람이 왕의 왼편에 한 사람은 오른편에 하면, 한국 사람에게는 옛날에 우의정, 좌의정 하는 것이 생각나지요? 바로 "이 두 아들들이 하나님의 나라에서 굉장히 높은 지위에 앉게 해 주십시오" 하는 간구입니다. 어머니니까 그렇게 구한 것이 이해할만 하지요? 그러나 여기에 이 여인이 하나님의 나라를 어떻게 생각하고 있는지가 나타나는 것입니다. 그리고 그 나라에서도 '최고가 되는 것이 제일 좋은 것이다' 하는 생각으로 가득

차 있었다는 것을 볼 수 있습니다. 이 여인의 하나님 나라와 예수님의 가르침에 대한 생각이 그 정도라는 것을 우리는 알 수 있습니다.

예수님께서는 이 여인의 생각을 교정해 주기를 원하셨습니다. 이 여인의 생각일 뿐 아니라 (그 어머니와 비슷하게 생각하고 있는) 이 여인의 두 아들들의 생각도 바꿔 주시기를 원하셨습니다. 그래서 그들에게 "나의 마시려는 잔을 너희도 마실 수 있느냐?"고 질문하셨습니다. 이것이 무슨 말입니까? 성경 가운데서 잔 이야기가 나올 때는 예수님이 당하신 고난을 이야기하는 것이 상당히 많이 있습니다. 여러분! 겟세마네 동산에서 예수님께서 기도하신 것을 기억하시지요? 예수께서는 이렇게 기도하셨습니다. "주여 할 수만 있으면 이 잔이 내게서 지나가기를 원하나이다." 그것은 예수님 자신이 받아야 할 고난을 생각하시면서 할 수 있으면 그냥 이것이 내게서 지나갔으면 좋겠다고 기도한 것입니다. 그러나 그것이 예수님의 기도의 끝이 아니었습니다. 그 뒤에 무엇이라고 기도하십니까? "그러나 내 뜻대로 마옵시고 아버지의 뜻대로 하옵소서!"

이와 같이 "잔"이라고 하는 것을 통해서 그가 어떤 고난을 받을 것인가를 시사해 주고 있습니다. 여기서도 마찬가지입니다. "너희가 나의 받을 잔을 함께 마실 수 있느냐?"는 말씀은 결국 "너희가 나와 함께 영광에 있으려고 하느냐? 그러려면 먼저 너희가 나와 같이 고난에 동참을 해야 할 것이다."라고 하시는 것입니다.

그런데 "네가 할 수가 있겠느냐?"라고 질문하실 때 이 아들들이 뭐라고 말합니까? "할 수 있습니다." 여기서 우리들은 이 아들들인 야고보와 요한의 생각도 어머니의 생각과 별반 다르지 않다는 것을 알게 됩니다. '하나님의 나라라고 하는 것은 이 세상적인 질서와 비슷하다. 그러니 우리도 그 나라에서 좀 높이 되고 하는 것이 중요한 것이다.'

그렇게 생각하는 수준 가운데 있는 것이지요. 그러면 하나님의 나라의 일을 해 나갈 때에도 이 세상을 지배하는 동일한 원리들에 근거해서 일을 해 나갈 것입니다.

그런데 문제는 이 여인이나 이 여인의 아들들만 이런 생각을 가지고 있는 것이 아니라, 그때 나머지 제자들의 수준 또한 같아서 그들도 높은 사람, 다른 사람을 지배하는 사람이 되어야 한다는 생각들로 가득 차 있었다는 점에 있습니다. 예수님께서 이 사람들을 데리고 근 3년 동안 교육을 시켰어요. 생각을 고쳐주기 위해 그렇게 애를 썼지만 변하지 않는 것입니다. "생각이 바뀌져야 된다"라고 말한다고 해서 변하는 것이 아닙니다. 심지어 예수님께서 가르치셔도 안 변한 것입니다.

제자들에게 주신 예수님의 교훈: 하나님 나라의 원리

그때 예수님께서는 이 제자들이 잊을래야 잊을 수 없는 한 가지 귀한 교훈을 주십니다. 그리고 그것은 제자들만 잊어버리지 않으면 되는 것이 아니라 우리도 잊어버려서는 안 되는 것입니다. 예수님께서는 이 세상을 지배하는 원리와 예수님께서 가져다 주시는 하나님 나라의 원리를 대조해 주십니다. 본문 25절을 읽어 보십시오. 이에 대해서 잠시 생각해 보겠습니다.

이 세상에서는 어떤 사람이 훌륭한 사람으로 여겨집니까? 지배받는 사람보다 남들을 지배하는 사람이 남들보다 뛰어난 사람이라고 생각합니다. 이것이 이 세상의 질서입니다. 특별히 사람이 자기의 자녀와 관련해서 생각할 때에 그것이 잘 드러납니다. 이 아이가 남들보다 뛰어나고 섬김을 받는 그런 사람이 되기를 원하는 것이 한국의 어머니들의 생각들입니다. 그것을 가지고 와서 하나님께 구합니다. 마치 요한과 야고보의 어머니 같이 구합니다. 많은 교회들에서는 그런 것이 귀한 기도라고 하고 또 그렇게 기도하면 하나님께서 응답해 주신다고 가르치는 사람들이 많이 있습니다.

그런데 예수님께서는 "그런 원리가 지배하는 것은 이 세상이다"고 하십니다. 참으로 이 세상에서는 그런 원리가 지배해 나갑니다. 그러니 기본적으로 있어야 되는 것이 힘입니다. 이 세상을 지배하는 원리가 그렇다는 것입니다. 그것이 어떤 힘이든지, 이 세상에서는 ─ 머리가 똑똑하든지, 돈이든지, 권력이든지 ─ 힘이 있어서 사람들을 움직일 수 있어야 한다는 말입니다. 그것은 예수님도 알고 제자들도 알고 여기에 있는 오늘 우리들도 잘 압니다. 그것이 없으면 이 세상을 움직일 수 없다는 것도 압니다.

그런 상황 가운데서 우리는 어떻게 해 나가야 합니까? 사람들을 움직이려면 그런 것이 있어야 합니다. 그런데 사람들이 그 원리를 그대로 가지고 하나님 나라의 공동체라고 하는 교회로 들어옵니다. 그리하여 교회도 동일한 원리에 따라서 움직입니다. 그러나 만일에 우리도 그렇게 생각한다면 우리들도 아직 세베대의 아들들의 어머니와 동일한 수준에 있는 것입니다. 이 세상을 지배하는 원리를 가지고 교회 공동체, 즉 하나님의 나라의 공동체를 그대로 지배해 나가려고 하는 것이지요. 그러면 일은 잘 진행됩니다. 일이 안 되는 것이 아닙니다. 왜냐하면 그것이 이 세상을 지배하는 원리이기 때문에 사람들은 그것이 있으면 모여들게 되어 있기 때문입니다. 인간적으로, 세속적으로 소위 교회가 되어진다는 말이지요.

우리가 그렇게 해야 됩니까? 이에 대해서 예수님께서는 "너희 중에서는 그렇지 아니하니"라고 말씀하셨습니다. 이로써 예수님께서는 하나님 나라를 지배하는 원리와 이 세상을 지배하는 원리와는 현저한 차이가 있어야 한다는 것을 아주 명백히 하십니다.

그러면 우리 중에서는 어떻게 해야 된다는 말입니까? "너희 중에서는 누구든지 크고자 하는 자는 섬기는 자가 되고, 으뜸이 되고자 하는 자는 종이 되어야 하느니라." 핵심은 무엇입니까? 우리 중에서는 이 세상의 권력, 힘, 재력을 가지고 남들에게 힘을 부리고 권세를 부리는 사람이 있어서는 안 된다는 것입니다. 오히려 남들을 섬기는 사람들이 되어야 한다는 것이 예수님의 말씀의 핵심입니다. 이것이 하나님의 나라를 지배하는 원리입니다.

예수 그리스도와 관련되어 있어서 남들을 섬기며 살려는 마음을 가지고서 살아가는 사람들의 그런 공동체가 교회 공동체입니다. 이런 공동체에서 하나님 나라의 원리가 드러나야 사람들이 "아! 하나님 나라가 바로 저런 나라구나. 하나님 나라는 하나님이 왕이 되는 나라니까 우리 모두가 하나님을 섬기고, 우리들이 서로 섬기는 그런 나라구나!" 하는 것을 알게 되는 것입니다. 이것이 없어지면 이 세상 앞에 하나님의 나라를 증시(證示)하는 것은 거의 없어지게 됩니다. 이것이 중요한 문제입니다.

우리들의 교회가 하나님 나라를 증시(證示)하는 그 사명을 다하기 위해서는 예수님께서 가르치신 이 원리에 충실해야 합니다. 우리가 서로를 섬기는 사람이 되어야 한다는 말이지요. 그 섬긴다는 것은 어디서 나타납니까? 먼저 생각과 심정에서부터 나타납니다. 머리속에서는 그렇게 되는데 가슴속에서 그렇게 안 된다는 것은 위선입니다. 그것은 다른 사람 앞에 보이기 위해서 하는 것입니다. 그런 것이 아니고, 정말 마음속 깊은 곳에서 "남들을 섬기며 살겠다"라는 마음을 가지고 살아가게끔 하는 공동체가 바로 이 교회 공동체입니다. 그런 마음이 있을 때 남들을 향하여 우리의 마음을 열 수 있습니다. 섬기려는 마음이 없으면 남들에게 마음이 안 열립니다. 말이 안 나와요. 그러나 섬기려는 마음이 있을 때 우리가 먼저 가서 이야기를 할 수 있게 됩니다.

우리가 미국에 사는 한국 사람들이라고 생각해 봅시다. 한인들이 교회 공동체로 모인다고 해 봅시다. 그런데 가끔 가다가 미국 사람이 같이 예배하기 위해서 와요. 그러면 예배하러 온 사람이니까 가서 이야기를 해 줘야 되지 않습니까? 그러나 현실은 한국 사람이 미국 교회에 갔을 때보다 미국 사람이 한국 교회에 왔을 때 더 서먹서먹할 것입니다. 다 이유가 있는 것이지만, 그 배후에는 '내가 뭐하러 꿀리며 살어?' 하는 생각이 작용하고 있는 것입니다. 이것이 바로 내 마음 가운데 섬기려고 하는 마음이 없다는 것을 나타내는 것입니다. 그래서 내가 먼저 가서 이야기를 건네지 못하는 것입니다. '공연히 내가 먼저 이야기를 건넸다가 저 사람이 퉁명스럽게 나오면 어떻게 할 것인가?' 하는 생각 때문에 도무지 나아가지 않는 것입니다. 그러나 우리는 바로 그 곳에서부터 출발해야 합니다. 그래야 우리가 우리의 이웃을 섬기는 것입니다.

또 무엇으로 섬깁니까? 우리 손으로 섬깁니다. 이 교회 공동체는 **스스로 알아서 하는 공동체**입니다. 교회 공동체 안에는 스스로 알아서 열심히 하시는 분들이 늘 있습니다. 그것이 눈에 다 띕니다. 그럴 때마다 마음속에서 참 감사하고 저런 분들이 교회 공동체 안에 많았으면 하는 마음이 듭니다. 예를 들어서, 예배당 안에 휴지가 떨어져 있으면 없앤다든지 하는 사소한 일들을 알아서 해 나간다는 말입니다. 그런데 그것을 예배당 안에서만 하면 안 됩니다. 예배당 안에서만 그렇게 한다면 그것은 의미가 없습니다. 그렇게 섬기며 사는 것이 우리의 삶의 원리여야 합니다. 이와 같이 교회의 지체인 우리들은 섬기는 사람으로 사는 것입니다.

이 세상에서는 권력이나 돈이 있는 사람들이 남들을 섬깁니까? 섬김을 받으면서 살아가지요? 그런 분들은 대개 "내 것으로 섬김 받으며 사는데 누가 뭐라고 하느냐?" 하면서 큰소리치면서 삽니다. 그런데 하나님의 나라의 백성들은 그렇게 살아서는 안 된다는 것을 예수님께서 가르치십니다. 우리의 삶 전체로 섬김의 삶을 실천하라는 것입니다.

그것은 내 발걸음으로도 나타납니다. 어디로 가느냐? 섬기려고 나가느냐 하는 것이 굉장히 중요한 것이지요. 이것을 실현해 나가야지만 우리가 세상에 하나님 나라를 증시(證示)하는 것입니다. "아, 그 공동체를 보니 그 공동체 사람들은 서로가 섬기려고 하는구나." 이런 모습을 보면서 이와 같이 사람들이 교회 공동체를 보면서 놀라야 하는 것입니다. 그래서 하나님 나라의 빛 비춰임을 받고, 급기야 자신들도 이 공동체의 일원이 되기를 원해야 합니다. 교회 안에서 다른 모든 일이 다 잘 된다고 해도 이 일이 안 된다면 우리는 교회로서의 사명을 못하는 것입니다. 이것이 심각한 문제입니다.

우리는 간혹 다음 같은 진퇴양난의 상황(dilemma)에 빠집니다. "우리가 이 원리에 충실할 것이냐? 아니면 이 원리는 희생시켜 버리고 일이 좀 되게 할 것이냐?" 그런 딜레마에 빠집니다. 이런 딜레마에 직면해서 우리는 사람 중심보다 일 중심으로 갈 때가 많습니다. 일을 하나도 안 하면 문제가 안 생기는데 무언가 일을 열심히 하려면 문제가 생깁니다. 여기에 장, 단점이 있습니다. 어떤 면에선 일을 열심히 하려고 하는 마음은 좋은 것이지요. 그러다 보니 이 사람의 생각의 모든 것이 일 중심으로 편향되어 버려요. 그런 사람에게는 참으로 중요시되어야 할 사람이 안 보입니다.

우리는 무엇을 위해서 이 세상을 사는 것입니까? 물론 기본적으로 하나님을 위해서 사는 것인데, 하나님께서 우리로 하여금 서로 섬기면서 살도록 하기 위해서 이 공동체를 만들어 주셨습니다. 그러나 우리가 어떤 일을 열심히 해 나가다 보면 나중에는 우리가 정말 중요시해야 될 사람들이 안 보일 수 있습니다. 이렇게 열심히 일하다 사람들에게 상처를 주는 경우가 비일비재(非一非再)합니다. 중, 고등학교 때 학생회 일을 해 보면 그런 일이 잘 드러납니다. 열심히 일하다가 사람들에게 상처만 주는 것입니다. 그렇게 되면 우리에게서는 섬기는 원리가 안 드러나는 것입니다.

그러므로 우리는 무엇을 중심으로 생각해야 합니까? 일을 중심으로 하지 마십시오. 이것은 사람들을 해치는 치명적인 독소입니다. 대개 열심히 일하는 사람들은 언제나 일을 중요한 것으로 여깁니다. 그러나 교회 공동체가 참으로 잘 되려면 우리 주변에 있는 사람들에게 내 마음을 열고 내 손과 발을 내어 주는 것 – 그것이 중요합니다. 우리에게서 이 공동체의 모습이 잘 드러나야 합니다.

마지막 당부

이 말씀을 하면서 우리가 빼지 말고 해야 할 말씀이 있습니다. 맨 처음에 예수님에게서 이 말씀을 들었을 때 제자들은 아마도 예수님의 가르침에 많이 놀랐을 것입니다. 주님의 말씀이 큰 충격으로 다가 왔을 것입니다. 그 제자들이 얼마나 창피했겠습니까? 세베대의 두 아들과 그 어머니뿐만 아니라 이 사람들이 높아지기를 원했을 때 분을 내면서 자신들도 높아지기 원한다는 것을 드러냈던 나머지 열 제자도 얼마나 창피했겠습니까? "우리가 삼년 주님을 따라 다녔는데, 우리가 겨우 이런가?" 그런 자책감도 들었을 것입니다. 그래서 맨 처음에는 "아! 그 래서는 안 되고, 참으로 주님과 다른 사람들을 섬기는 삶을 살아야만 하겠다."고 다짐했을 것입니다. 예수님의 이 가르침이 그들에게는 삶 전체를 바꾸는 참으로 커다란 교훈이 되었을 것입니다.

처음에 이 이야기를 읽거나 들었을 때는 "아! 그렇구나" 하면서 우리들도 제자들과 동일한 충격을 받게 됩니다. "그렇게 살아가야 되 는구나. 그것이 우리의 삶의 원리가 되어야 하는구나." 하면서 이 세 상에 그렇게 살아가는 사람이 별로 없는데 적어도 예수님을 믿는다는 우리들은 그렇게 살아가야만 하겠다고 다짐할 것입니다. 이것이 이 세 상 앞에 하나님 나라를 증시(證示)하는 방식입니다. 이 사람들이야말로 이 세상의 물을 거슬러 올라가는 사람들로 살아가는 것입니다. 그 사 람들이 이 세상에 빛을 발하는 것입니다.

그런데 세월이 지나다 보면 사람들이 좀 이상한 생각을 하면서 바 뀌어 갈 수 있습니다. 세월이 흐르다 보면 이것이 성경에 기록되어 있 으니까 여러 번 읽다보니 생각이 바뀌어 갑니다. 또한 사람들이 성경 을 단순히 문자적으로만 읽기 시작합니다.

예수님의 말씀에 "너희 중에서는 그렇지 아니하니, 너희 중에 누 구든지 크고자 하는 자는 너희를 섬기는 자가 되고 너희 중에 으뜸이 되고자 하는 자는 너희 종이 되어야 하리라."는 그 이야기를 듣고서는 "아! 그렇구나. 내가 정말 크고자 하는데, 크고자 하면 어떻게 해야 하는가? 크고자 하는 자는 너희를 섬기는 자가 된다고 말하셨으니까, 내가 종이 되어 버리면 나중에는 커질 수 있지 않을까?"라고 생각하는 일이 발생하는 것입니다. 예수님의 말씀을 거꾸로 이용해 먹는 사람이 생긴다는 말입니다. 예수님께서 애써 고치고 없애 버리려고 하는 우리 마음의 못된 성향이 그대로 잔존하는 것입니다. 그래서 이 세상 가운데서 새로운 질서, 새로운 원리를 만들어 내려고 하는 그 마음은 아예 없어지는 것입니다.

오늘 이 시간에 이 원리를 마음속에 심으시기 바랍니다. 이 공동체는 하나님 나라가 지배하는 그런 곳이어야 합니다. 하나님 나라의 원리가 세워져야 합니다. 그리고 하나님 나라의 원리에 따라서 모든 것들이 이루어져야 합니다. 그렇지 아니하고 이 세상적인 질서가 들어와서 판을 치게 되면 우리는 하나님 나라의 질서를 세워 볼 수 없고 "여기도 이 세상과 똑 같네요" 이런 말들이 나타나게 됩니다. 물론 현실적으로 볼 때 그런 요소를 아예 없애 버릴 수는 없어요. 왜냐하면 언제나 우리가 이 세상이 있는 한(限), 우리들은 완전한 공동체가 되지 않으니까요. 그러나 사람들이 그런 오해나 실망을 하지 아니하도록 우리는 최선을 다해가야 합니다.

대개 처음 믿는 사람들이 이런 실망의 과정을 겪어 나가는 일이 많습니다. 그런 일이 있을 때에 그것을 잘 겪으셔야 합니다. 맨 처음 예수님을 처음 믿으면 교회 공동체가 별천지 같다고 생각한단 말입니다. 그래서 "좋다, 좋다" 하다가 세월이 지나고 보니까 "어, 여기도 이상하게 사람 냄새가 난다"고 나이 드신 분들이 말합니다. 이런 일 앞에서 어떤 사람들은 신앙을 아예 포기해 버립니다. 우리들은 그래서는 안 됩니다. 그 때에 우리의 마음을 하나님께로 향하고, 문제가 있으면 그 문제를 성령님께서 가르쳐 주는 대로 고치려고 하고 계속 그렇게 해 나가야 합니다. 그래서 혹시 여러분이 공동체 안에 들어와서 하나님의 나라의 원리를 배워 나가다가 별로 그렇지 않은 모습을 바라보았을 때 "내가 먼저 일을 하겠다" 그런 마음을 가져야 합니다.

또 우리들 가운데서 다음 같은 문제도 발생할 수 있습니다. 어떤 사람이 이것을 예수님에게 배우고서 "나는 그렇게 살아 보겠습니다.

그런 공동체여야 하고, 그렇게서 하나님 나라를 증시(證示)해야 되니까 그렇게 하겠습니다"하고 나오거든요. 그러다 보면 매일 일하는 사람은 자신뿐임을 발견하게 됩니다. 그러면 "왜 매일 나만 이래야 되나?" 그런 생각을 하게 될 수도 있어요. 그렇지 않게 하려면 주변에 있는 사람들이 모두 다같이 열심히 해야 합니다. 그렇게 해야 공동체의 원리를 실현하는 것이고, 하나님 나라를 드러내는 것이지요. 그리고 혹시 '왜 나만 이렇게 하나?' 그런 생각이 들거든 그 때에는 우리가 더욱 더 **주님 앞에서** 일을 해 나가야 합니다. 우리의 마음 가운데 이런 심리적인 문제들은 언제나 생기게끔 되어 있습니다. 왜냐하면 사람들은 매우 미묘한 존재들이기 때문입니다.

교회 공동체는 누가 이렇게 하자고 해서 되는 데가 아니니까 우리 모두가 그런 마음을 가지고 같이 일을 해 나가야 합니다. 이 원리가 교회의 모든 분야를 지배해야 합니다. 다른 원리가 우리 공동체를 지배해서는 안 됩니다. 이 말씀을 중요시해야 합니다. "너희 중에서는 그렇지 아니하니, 너희 중에서는 모두가 섬기는 사람이 되어야 한다"고 하는 이 원리가 우리 가운데서 잘 드러나야 합니다. 우리는 이 원리에 충실하여서 우리의 삶 전체를 주 앞에 드리고, 다른 사람을 향하여서 우리의 손과 발을 줄 수 있어야 합니다.

제 21 강

교회의 사명 수행 (3):

"선교적 공동체"

사도행전 7장 59-8장 8절

⁵⁹저희가 돌로 스데반을 치니 스데반이 부르짖어 가로되 주 예수여 내 영혼을 받으시옵소서 하고 ⁶⁰무릎을 꿇고 크게 불러 가로되 주여 이 죄를 저들에게 돌리지 마옵소서 이 말을 하고 자니라.

¹사울이 그의 죽임 당함을 마땅히 여기더라 그 날에 예루살렘에 있는 교회에 큰 핍박이 나서 사도 외에는 다 유대와 사마리아 모든 땅으로 흩어지니라 ²경건한 사람들이 스데반을 장사하고 위하여 크게 울더라 ³사울이 교회를 잔멸할새 각집에 들어가 남녀를 끌어다가 옥에 넘기니라 ⁴그 흩어진 사람들이 두루 다니며 복음의 말씀을 전할새 ⁵빌립이 사마리아 성에 내려가 그리스도를 백성에게 전파하니 ⁶무리가 빌립의 말도 듣고 행하는 표적도 보고 일심으로 그의 말하는 것을 좇더라 ⁷많은 사람에게 붙었던 더러운 귀신들이 크게 소리를 지르며 나가고 또 많은 중풍병자와 앉은뱅이가 나으니 ⁸그 성에 큰 기쁨이 있더라.

우리는 몇 주간 동안 교회의 사명이 무엇인지에 대해 계속 생각해 보고 있습니다. 교회는 "예배하는 공동체"라고 하였고, 또 교회는 "섬김과 교제의 공동체"라고 했습니다. 오늘도 이어서 교회 공동체는 과연 또 다른 어떤 사명을 가지고 있는가에 대해서 생각해 보도록 하겠습니다.

선교적 공동체인 교회

오늘 말씀드리려고 하는 것을 한마디로 말하면 "선교적 공동체"라고 말할 수 있을 것입니다. 교회는 자기들만 모여서 예배하고 자기들만 모여서 하나님을 섬기고 하는 것에 목적이 있을 것이 아니고, 자기들 뿐만 아니라 온 세상에 있는 많은 사람들이 마땅히 하나님 앞에 나와서 같이 하나님을 경배하고, 섬기고, 교제할 수 있도록 하는 사명을 가지고 있습니다. 따라서 만일 우리 마음 가운데 '나만 예수님을 잘 믿으면 되지'하는 마음을 가지고 사는 것은 사실상 하나님께서 우리를 부르신 그 목적을 등한시하고, 나를 중심으로 하여서 무엇인가 이루어 보려고 하는 사람이 되는 것입니다. 따라서 우리는 교회가 이와 같이 하나님과 사람들을 섬기는 공동체라고 하는데서, 더 나가서 이제 "선교적 공동체"(missional community)라는 의식도 가져야만 합니다.

(1) 선교적 공동체의 의미

이 "선교적 공동체"라는 말은 무슨 뜻입니까? 이 말을 할 때 우리는 해외 선교만을 생각해서는 안 됩니다. 물론 해외 선교도 그것의 중요한 한 부분입니다만 선교라고 했을 때 그 말은 기본적으로 "보냄을 받는다"는 말에서 왔다는 것을 생각하셔야 합니다. 여러분이 〈미션〉(Mission)이라고 하는 영화를 보면 포루투갈 선교사들이 남미 쪽에 가서 선교하는 장면이 나오지요? 그 "미션(mission)"이라는 말은 라틴어 '미시오'(*missio*)에서 나왔는데 이 '미시오'(*missio*)라는 말은 (사명을 주어) '보낸다'는 뜻입니다. 하나님께서 보내시는 것입니다.

여기 있는 모든 사람들은 다 하나님께서 이 세상에 사명을 주어 보냄 받은 사람들, 파송 받은 사람들입니다. 우리가 교회라면 우리에게는 우리는 하나님에 의해서 이 세상에 보냄을 받은 존재들이라는 의식이 있어야 합니다. 교회는 하나님에 의해서 보냄을 받아서 무엇인가를 하기 위해서 여기에 있는 것입니다. 이것이 "선교적"(missional)이라는 말의 의미입니다. 바로 이런 의식에 충만해서 일을 하려고 할 때 우리는 비로소 "선교적 공동체"로서의 사명을 생각하고, 이루어 가기 시작하는 것입니다.

(2) 선교의 목적

그런데 하나님께서는 우리를 이 세상에 보내셔서 무엇을 하려고 하셨습니까? 아주 쉽게 말하자면, 이 세상의 많은 사람들이 우리처럼 하나님께 예를 갖추어 절하고[禮拜하고] 서로 섬기며 살 수 있도록 하기 위해서 우리를 이 세상에 보내신 것입니다. 사람들은 그것을 모르기 때문에 하나님을 섬기지 않고 살아갈 때 그 사람들이 우리와 같이 하나님께 나아 갈 수 있도록, 우리와 같이 하나님을 섬길 수 있도록 우리를 보내셔서 이 작업을 하시는 것입니다. 또 우리 주변에 있는 사람에게만 그런 일을 하는 것이 아니라 먼 곳에 있는 사람들에게까지 그 작업을 하도록 하나님께서는 우리에게 이 사명을 주신 것입니다. 우리에게 선교적 사명(mission)을 주신 것입니다.

그런데 만일에 우리가 이 선교적 과제를 등한시하면 어떻게 될까요? 이제 신약 교회가 이 땅위에 처음 세워졌을 때를 바라보면서 선교적 공동체가 아닌 공동체를 하나님께서 어떻게 처리하셨는지를 보면서, 우리 교회 공동체에 대한 하나님의 분명한 의도를 찾아보고자 합니다.

예루살렘 교회의 정황

하나님께서 은혜를 주셔서 이 땅 위에 신약 교회를 세우셨습니다. 처음 예수님을 믿는 사람들의 공동체가 예루살렘에 있었습니다. 예수님을 따라 다니던 사람들이 예수님께서 하늘로 올라가신[昇天] 이후에 주님께서 약속하신 것을 기다리고 있다가 성령님께서 그 안에 강림하심으로 말미암아 신약 교회가 이 땅에 세워진 것입니다. 그러므로 이 세상에 신약 교회가 세워졌고, 자신이 교회의 일원이라는 사실이 너무 좋고 거기서 똘똘 뭉쳐 있는 것이 너무 좋았습니다. 그들은 주님의 커다란 은혜 가운데서 성장해 나갔습니다.

물론 거기에 문제가 없었던 것은 아닙니다. 우리가 늘 이야기했듯이 교회가 제대로 되어 가려고 하면 언제나 문제들이 있기 마련입니다. 그러므로 교회 공동체 안에 문제가 있는 것을 당연하게 여겨야 합니다. "아! 큰일났다." 이렇게 할 필요가 없고 "아 그런 것이 있구나. 그러나 하나님께서 은혜를 주셔서 그것을 잘 극복하게 해주실 것이다"고 하면서 나아가야만 합니다. 그런 과정을 거쳐서 교회가 진전해 나가는 것입니다.

처음 예루살렘 교회의 이 사람들의 마음에는 자신들이 여기 예루살렘에 같이 모여 있는 것이 너무 좋거든요. 그래서 같이 모여 있는 것, 이 예루살렘에 있는 것만을 중심으로 생각했습니다. 여기 이렇게 모여 있는 이것이 제일 중요한 것이라고 생각한 것입니다.

그러나 하나님의 의도는 어떤 것이었습니까? 우리가 사도행전 1장에 있는 말씀을 잘 읽어보면, 사람들이 예루살렘에 모여 있는 것만을 하나님께서 의도하신 것이 아니라, "너희가 성령이 임하시면 권능을 입어서 예루살렘과 온 유대와 사마리아와 땅 끝까지 이르러 내 증인이 되리라"(행 1:8) 그렇게 말씀하신 것을 기억하시지요? 사람들이 여기 모여서 자기들끼리 모여 있는 것으로 만족하지 아니하고, 점점 넓은 지역으로 나가서 주님의 일을 하는 것이 이 사람들에게 주어진 사명이었습니다. 바로 그런 일을 위해서 이 사람들은 부르심을 받았고 한 공동체로 모여 있었던 것입니다. 그런데 이 사람들이 하나님의 그 뜻을 등한시하고 자기들끼리 모여 있는 것만을 중요하게 여기면, 그들은 하나님께서 주신 사명을 다하는 것이 아닙니다.

물론 어떤 의미에서 그 사람들은 오늘날 대부분의 교회들보다는 더 뛰어난 사람들입니다. 그들은 적어도 함께 모이는 것에는 열심히 했던 사람들이었습니다.

자기들이 알아서 하나님의 뜻을 깨닫고서 더 나아가지 않을 때에 하나님께서는 어떻게 하셨습니까? 이 사람들에게 매우 어려운 일을 던져 주셨습니다. 어느 정도 어려운 일이었습니까? 신약 교회에서 최초의 순교자가 나타날 정도로 어려운 일이었습니다. 여기 스데반이라는 순교자가 나타난 것을 봅시다.

오늘의 본문 사도행전 7장 15절에 "저희가 돌로 스데반을 치니."

라는 말을 볼 수 있지요? 유대 사람들은 구약 율법에 따라서 하나님의 뜻에 거역하는 사람들은 돌로 쳐 죽었습니다. 그런데 스데반이 복음을 전하니까 복음을 전한다는 것 때문에, 예수 그리스도에 대해서 가르친다는 것 때문에 돌로 쳐 죽였습니다. 예수님께서 친히 성전이 되셔서 구속을 이루셨다는 복음을 가르치는 것이 율법을 어기는 것이 된다고 당시 유대인들은 생각했던 것입니다.

이 장면을 가만히 살펴보십시오. 스데반이 부르짖어 가로되 "주 예수여 내 영혼을 받으시옵소서."라고 하지 않습니까? "내 영혼을 받으시옵소서" – 어디서 많이 들어 본 이야기이지요? 예수님께서 십자가에서 돌아가실 때 "내 영혼을 아버지께 부탁하나이다"라고 하지 않으셨습니까? 그 둘 사이에 유사성이 있습니다. 또 무릎을 꿇고 크게 불러 가로되 "주여 이 죄를 저들에게 돌리지 마소서." 이 말도 어디에서 많이 들어 본 이야기이지요? 예수님께서 십자가에 달려서 돌아가실 때 "이 죄를 저들에게 돌리지 마옵소서. 저들이 하는 것을 알지 못함이니이다."라고 하지 않으셨습니까? 사실 누가는 예수님께서 죽으신 모습과 스데반이 순교하는 모습을 의도적으로 이렇게 병행적으로 그려 놓고 있는 것 같습니다.

그리고는 "이 말을 하고 자니라"라고 이야기하지요? 이 "자니라"라고 하는 말은 예수님을 믿는 사람들에게는 죽음이 끝이 아님을 강력하게 시사해 주는 말입니다. 예수 믿는 사람들은 "주 안에서 자는 것이다." 그런 표현이지요. 물론 이 사람은 물리적으로는 그저 자는 것이 아니라, 죽습니다. 죽는 것을 "자니라"라고 표현한 것입니다. 그의 영혼이 잔다는 뜻이 아닙니다. 그리고서 끝난 것입니까? 스데반이 죽고 끝난 것입니까?

그렇지 않습니다. 상황이 어떻게 되었습니까? 본문 8장 1절을 보십시오. 이 말씀에 의하면, 당시의 교회 공동체가 전부 다 흩어져야 할 만큼 커다란 핍박이 일어났습니다. 어느 정도 심각한 핍박인지를 한번 살펴보시지요. 3절을 보십시오. "사울이 교회를 잔멸할세." 어느 정도입니까? "잔멸했다"고 합니다. 소탕작전을 벌인 것입니다. "각 집에 들어가서 끌어다가 옥에 넘기니라."

예수님을 믿는다는 것은 좋은 것인데 여기에는 늘 어려움이 따릅니다. 심지어 이런 일까지 따를 수 있습니다. 여러분, 여러분은 이런 상황에서도 예수님을 끝까지 믿을 것입니까? 우리들에게는 적어도 일제 때와 6.25 때 예수님을 믿다가 실제적으로 이런 어려움을 경험한 분들의 이야기를 들을 수 있는 경우가 많았습니다. 예를 들어서, 인민 군들이 쓰던 따발총을 가져다 놓고, "자 예수를 믿겠는가, 안 믿겠는가?" 하는 상황이 일어난다면 어떻게 될 것입니까? 만일에 그들이 "계속해서 믿는다고 하면 죽여 버릴 것이고, 안 믿는다고 하면 살릴 것이다."라고 소리치는 그런 상황 가운데서 우리는 예수님을 끝까지 믿는다고 할 것입니까? 여기서 우리가 예수님을 진짜로 믿는가, 아닌가 하는 것이 명백히 드러나게 됩니다. 그런 마음을 가지고 "이 세상에 어떤 일보다도 예수님을 믿으며 산다고 하는 것이 중요한 일이니까, 나는 끝까지 모든 손해와 심지어 죽음까지를 각오하고 주님을 믿겠다"는 마음을 가지고 살아야지요. 무슨 일이 있어도 "나는 끝까지 믿는다"는 것이 우리가 마땅히 가져야 할 태도입니다.

그러나 간혹 사람들의 마음이라고 하는 것은 전혀 그렇지 않은 경우가 있지요. 재미(在美) 작가로 1967년에 노벨 문학상 후보에까지 올랐던 김은국(Richard E. Kim, 1932-2009)씨가 쓴 〈순교자〉(The Martyred)라는 소설에서 언급한 것과 비슷한 상황이 어떤 교회에서 발생했다고 해 봅시다.[1]

인민군들이 평양 지역의 목사 14
명을 다 끌고 어떤 일정한 장소로 갑
니다. 그리고서 "계속해서 예수를 믿
는다고 하면 죽이고, 안 믿는다고 하
면 살려 준다"는 그런 상황이었습니
다. 14명의 목사님들이 잡혀갔었는데
일은 끝나고 맨 나중에 마을에로 목
사님 두 분만 걸어 내려오십니다.

김은국 작가

그러면 많은 사람들이 생각하기에 나머지 목사님들은 다 믿는다고
했고, 그 목사님들만 "나는 안 믿겠습니다" 그리고 내려온 것 같지 않
습니까? 그래서 나머지 12명은 순교자들로 지칭되고, 그들을 위한 합
동 추모 예배도 열리고 합니다. 그러나 한 목사님은 미쳐서 그가 무슨
말을 하는지 알 수 없고, 신 목사님은 아무 말씀도 안 하십니다. 그러
므로 사람들이 생각할 때는 '분명히 그렇게 된 것이다'라고 생각하겠
지요?

그러나 그 소설이 설정한 실제 상황은 그 분들만 예수님을 끝까지
"믿겠습니다" 하고, 나머지는 다 "안 믿겠습니다" 했더니, "지조(志操)
가 있어야지" 하면서 거꾸로 예수를 안 믿는다고 한 사람들은 다 죽여
버리고, 예수 믿는다고 하는 사람은 살려 놨다는 것입니다. 실제로 있
을 법한 상황이지 않습니까?

(물론 이 소설에서 김 은국 씨가 말하려는 것은 또 다른 주제입니

---

1 Cf. 김은국, *The Martyred* (1964), 『순교자』 (서울: 을유출판사, 1990). 물론 "신은
자기 사람들이 당하는 고통을 알까요?"라고 살아남은 두 목사님 가운데 하나요 이 소설 속에
서 자주 유다로 지칭되는 신 목사님이 질문하는 이 소설이 궁극적으로 말하려고 하는 것은 무
엇이냐 하는 문제는 또 다른 문제입니다.

다.) 그러나 이런 이야기 앞에서 우리가 마음속에 생각해야 될 것은 "이런 상황 가운데서도 나는 예수님과 관련해서 사는 것은 포기하지 않겠다"는 마음의 자세를 가져야 한다는 것입니다. 그것이 없으면 우리는 진짜 예수님을 믿는 것이 아닐 것입니다.

정말 하나님께서 우리에게 커다란 선물을 갖다 주셨기 때문에 이 세상에 어떠한 일이 있어도 나는 예수님을 믿으며 살지 아니할 수 없어야 합니다. 그런 심령으로 살아나가야 합니다. 초토화된다고 해도, 각 집에 들어가 다 끌어낸다고 해도 "나는 끝까지 예수님만을 믿으면서 살겠노라"고 하는 사람이 되어야 합니다.

이런 사람은 그 자리에서 순교를 당할 수도 있고, 핍박이 일어났을 때 피하여 갈 수도 있습니다. 여기 우리는 하나님의 놀라우신 손길, 섭리를 발견하게 됩니다. 결국 어떤 결과가 나타나게 되었습니까? 철저하게 예수 믿는 사람들은 피하여 가서도 어떻게 하겠습니까? 가만히 있겠습니까? "아! 이제부터 나만 예수님 믿고 살겠습니다. 다른 이들에게는 이 이야기를 하지 않겠습니다"라고 하겠습니까? 그렇지 않지요? 본문에서는 어떻게 말합니까? "가서 각 성에게 예수님을 전하고 전할세." 진정으로 믿는 사람들이 흩어지면, 가서 복음을 전합니다. 그것이 우리의 존재입니다. 하나님에 의해서 복음을 전할 사명을 받았기 때문에 우리는 흩어지면 복음을 전합니다. "흩어지면 전도하고" – 그것이 우리의 가장 기본적인 자세여야 합니다. 하나님께서는 기본적으로 이 사람들이 흩어져서 복음 전하는 것을 의도하신 것입니다.

(물론 역사는 만일을 허용하지 않고, 따라서 이렇게 말하는 것이 무의미하지만) 만일에 이 사람들이 하나님의 뜻을 알고서 그렇게 나아갔었더라면 이 사람들에게 이런 핍박이 안 왔을는지도 모릅니다. 확언할 수는 없지만 말입니다. 그러나 나아가서 복음 전하는 것이 하나님의

뜻이었기 때문에 사람들이 복음 전하지 않으려고 할 때는 하나님께서 억지로라도 당신님의 뜻을 이루도록 하고야마는 상황을 여기서 보게 됩니다. 핍박이 일어나서 사람들이 온 세상에 흩어져서, 결국 온 세상에 복음을 전하는 상황을 우리는 여기서 보게 됩니다. 그래서 사마리아에서도 하나님의 복음이 전파되었습니다.

사마리아에 복음이 전파되었다는 사실을 통해서 우리는 무엇을 알 수 있습니까? "예루살렘과, 온 유대와 사마리아와"라고 하셨던 예수님의 그 말씀(행 1:8), 그 하나님의 말씀이 이루어져 가는 것을 보게 됩니다. 사도행전에 기록된 이런 사건의 진행을 보면서 우리는 하나님의 명백한 뜻을 알 수 있습니다.

우리의 선교적 사명

우리 주 예수 그리스도께서 이 세상에 다시 오실 때까지, 하나님께서는 우리가 "흩어져 존재하는 자들"로 있기를 원하십니다. 우리가 하나님의 이런 뜻을 잘 깨닫고 장성한 자답게 "아 그렇습니다, 이것이 주님의 뜻입니다" – 그렇게 해 나가면 우리는 하나님의 뜻을 잘 이루는 것이 되지만, 만일 우리가 그렇게 안 해 나가면 어떻게 되겠습니까? 이 본문이 보여 주고 있는 것과 같이 하나님께서 억지로라도 흩으셔서 주님의 일을 하게 하실 지도 모릅니다. 물론 하나님께서 언제나 그런 식으로 우리들을 흩으시는 것은 아닙니다. 그러나 우리는 여기서 우리들은 온 세상에 흩어져서 복음을 전해야만 한다는 명백한 하나님의 뜻을 알아야 합니다.

성경 가운데서 명백하게 나온 것에 대해서는 우리가 성경에 있는 그대로 믿어야 합니다. 그러므로 성경의 이 명백한 교훈에 따라서 "이것이 분명히 하나님의 뜻이다. 그러므로 사람이 흩어져서 복음을 선포해야 되고 선교적 사명을 감당해야 된다"고 해야 합니다.

이것은 분명한 것이지만, 그냥 역사 가운데서 나타난 이야기를 가지고서 그와 똑 같이 우리에게 적용하는 것에는 무리가 따르기 마련입니다. 그러나 우리가 지나치게 나아간다는 것을 감안하고라도 한 번 생각해 봄직한 이야기가 있습니다. 하나님께서는 우린 대한민국 전체에 복음을 선포하기 위해서 어떤 방법을 사용하셨는가를 생각해 보십시다. 물론 다음에 말하는 것은 단언할 수 있는 성질의 이야기는 아닙니다.

우리나라에 맨 처음에 복음이 들어왔을 때 평양이 그 중심부였습니다. 흔히 하는 말로 평양을 "한국의 예루살렘" 그렇게 이야기하기도 했었습니다. 물론 이것은 별로 좋은 표현은 아닙니다. 우리는 하나님의 의도에 없는 것을 우리 마음대로 창안해 내서는 안 됩니다. 그러나 당시 사람들이 그만큼 철저하게 예수님을 믿으려고 했고 거기에 신학교가 있었고, 평양이 모든 것의 중심지였습니다. 그래서 비유적으로 한국의 예루살렘 운운하는 말들이 사용되기 시작한 것입니다.

어떤 분들은 가만히 우리 역사를 보면서 우리가 겪어온 아주 어려운 역사, 소위 6.25라는 역사를 보면서 다음 같이 생각하기도 했습니다. 6.25 때문에 이북에서 예수님을 열심히 믿던 사람들의 상당수가 밑으로 내려와서 신앙생활을 하고 전도하고 했습니다. 그런 역사에서도 우리가 사도행전 앞부분에서 생각한 것과 비슷한 것을 찾아보려는 나이 많으신 분들의 생각들이 있습니다. 이런 생각은 그럴 수도 있고 아닐 수도 있는 생각이요 짐작일 따름입니다. 성경에 명확히 나타난 것 외에는 어떤 것을 절대화해서 이야기하는 것은 항상 위험합니다.

그러나 우리가 흩어져서 주님의 뜻을 이루는 것, 주님의 뜻을 선포하는 것, 그것이 우리의 사명이라고 하는 것 - 그것만은 아주 분명합니다. 또 만일에 우리가 분명한 의식을 가지고 선교의 사명을 다하지 않으면 하나님께서는 억지로라도, 핍박을 일으켜서라도 흩으셔서 주님의 일을 하게 하십니다. 우리에게도 그렇게 하실는지 모릅니다.

이런 상황을 바라보면서 우리는 "우리가 이 일을 위해서 보냄을 받은 존재들로서, 보냄 받은 공동체로서 여기 서 있다"는 의식을 가져야 합니다. 이와 연관해서 일단 두 가지를 생각해야 합니다. 첫째로, 우리 주변에 있는 이웃들에게, 또한 아직 안 믿는 친척들에게 복음의 말씀을 선포하고 그들에게 함께 하나님을 섬기면서 살자고, 함께 사람다운 생활 방식을 나누자고 초청하기를 게을리 하지 말아야 합니다. 그것이 우리의 사명이기 때문입니다. 그러나 우리의 일이 거기에만 한정되어서는 안 됩니다. 하나님께서는 땅 끝까지 주의 복음이 선포되기를 원하셨기 때문에 우리는 그 일을 이루기 위하여 최선을 다해야 합니다. 우리들 가운데서 누군가가 땅 끝까지 나아갈 수도 있고, 또 아니면 우리가 그런 일에 대하여 열심히 기도할 수 있겠고, 그런 일을 하시는 분들을 도울 수 있는 방안들을 찾아야 할 것입니다. 그것이 선교적 공동체로서 우리가 할 일들입니다.

예수님을 믿으면 이 본문의 상황 가운데서는 어떻게 됩니까? 예수님을 믿으니까 핍박이 지속되는 이 본문의 상황 가운데서는 자기들이 살던 지역에서 도망할 수밖에 없었습니다. 그러면 "예수님을 믿다가 도망가야만 했는데 왜 그 어려운 길로 나를 끌어들이려고 하느냐?" 이 세상 사람들이 볼 때는 그렇게 질문하겠지요? 그러나 그렇게 어려운 길이라 할지라도 이것만이 참으로 사는 길이기 때문에 사람들을 이 길에로 이끌어 들이지 않으면 안 되겠다는 의식을 가지면서 우리는 복음 전하기를 계속하는 것입니다. 우리나라 사람들에게도 넓게 복음을 전

해야 할 것이고, 온 세상에 한국의 많은 선교사들이 나가서 이 작업을
해야 할 것입니다.

해외 선교와 관련한 우리의 두 가지 사명

그런데 특별히 이 해외 선교 사역에 대해서 생각하실 때 여러분들이
반드시 염두에 두셔야 할 것이 두 가지 있습니다. 첫째로, 선교사님들
이 나아가서 여러 가지 선교 활동을 하는 것은 좋습니다. 이런 일들은
더 많아져야 합니다. 우리가 한국 교회 안의 선교에 대한 일종의 붐
(boom)이 일어나고 있는 것은 좋습니다. 아직까지도 사실상 실질적으
로 선교를 감당하고 있는 교회는 500교회 미만이라고 합니다. 그러므
로 한국 교회가 선교의 열풍이 불고 있는 것 같아도 실질적으로 선교
적인 일을 많이 감당하고 있는 경우는 그리 많지 않다는 현실, 그 앞
에서 우리가 어떻게 해야 할 것입니까? 이 일을 더 잘 감당하려는 마
음을 가져야 할 것입니다.

　　그러나 또 하나 선교사님들이 헝가리나 일본이나 케냐, 탄자니아,
인도네시아, 말레이지아, 필리핀 등 세계 각국에 나아가서 사역을 하
실 때 그 분들을 제일 잘 도울 수 있는 방법은 무엇입니까? 가장 커다
란 일의 하나는 **한국의 교회가 제대로 된 교회로 굳건히 서는 일입니
다.** 한국의 교회가 아주 이상한 교회가 되면, 사실 선교사님들이 가서
일을 제대로 할 수 없습니다. 선교사님들이 가서 말을 할 것이 없게
되는 것이지요. 한국에 교회가 많다고는 하는데 다 이상한 교회라면
선교사님들이 가서 어떻게 선교를 제대로 할 수 있습니까? 선교사님들
이 그 일을 제대로 할 수 있게 해 주는 중요한 일은 우리 교회가 **신약**

성경이 말하는 교회답게 되는 것입니다. 그것은, 지난주에도 말씀드렸듯이, 세상적인 안목에서 그냥 좋게끔 만들어 내는 것, 이 세상에서 좋다고 하는 것을 그대로 교회 안에 들여와서 그대로 나타나는 그것이 아닙니다. 그런 것이 교회가 제대로 되는 것이 아닙니다. 오직 우리들의 교회가 정말 신약 성경이 말하는 교회다운 교회로 나타날 때 선교사님들이 가서 할 말이 있고, 선포할 것이 있게 되는 것입니다.

그러므로 선교사님들의 일을 방해하느냐, 도와드리느냐 하는 것이 우리들의 손에 달려 있습니다. 우리가 교회를 거룩한 교회답게 잘 드러내고 있을 때, 우리가 교회의 지체답게 사명을 감당하면서 우리가 지금 거의 6개월 이상 생각하고 있는 교회의 그 참다운 모습들을 잘 드러내야만 우리는 선교사님들의 일을 돕는 것입니다. 물론 그것만 하고 선교사님들을 위해서 기도도 안 하고, 물질적으로 후원도 안 하고 하면 안 되겠지요. 동시에 이것이 이루어져야 하겠지요. 그러나 우리가 우리의 교회를 제대로 세워 나가지 못할 때 그것은 우리 주변에서도 사람들을 교회로 인도해 오는 길을 막는 길일뿐더러 선교사님들의 일도 막는 것이 됩니다.

이 시간 우리는 교회가 선교적 공동체라고 하는 것을 생각했습니다. 우리 모두가 보냄을 받은 사람들로서 이 땅에 있습니다. 우리 모두가 선교사라는 말입니다. 그러므로 우리가 살고 있는 그 현장, 내 직장, 내 가정 속에서 하나님의 보냄을 받는 사람들로서 해야만 하는 일을 하여야 할 것입니다.

제 22 강

"증거를 상실한 교회"

창세기 19장 1-11절

¹날이 저물 때에 그 두 천사가 소돔에 이르니 마침 롯이 소돔 성문에 앉았다가 그들을 보고 일어나 영접하고 땅에 엎드리어 절하여 ²가로되 내 주여 돌이켜 종의 집으로 들어와 발을 씻고 주무시고 일찌기 일어나 갈 길을 가소서 그들이 가로되 아니라 우리가 거리에서 경야하리라 ³롯이 간청하매 그제야 돌이켜서 그 집으로 들어 오는지라 롯이 그들을 위하여 식탁을 베풀고 무교병을 구우니 그들이 먹으니라 ⁴그들의 눕기 전에 그 성 사람 곧 소돔 백성들이 무론노소하고 사방에서 다 모여 그 집을 에워싸고 ⁵롯을 부르고 그에게 이르되 이 저녁에 네게 온 사람이 어디 있느냐 이끌어내라 우리가 그들을 상관하리라 ⁶롯이 문밖의 무리에게로 나가서 뒤로 문을 닫고 ⁷이르되 청하노니 내 형제들아 이런 악을 행치 말라 ⁸내게 남자를 가까이 아니한 두 딸이 있노라 청컨대 내가 그들을 너희에게로 이끌어내리니 너희 눈에 좋은 대로 그들에게 행하고 이 사람들은 내 집에 들어왔은즉 이 사람들에게는 아무 짓도 하지말라 ⁹그들이 가로되 너는 물러나라 또 가로되 이 놈이 들어와서 우거하면서 우리의 법관이 되려 하는도다 이제 우리가 그들보다 너를 더 해하리라 하고 롯을 밀치며 가까이 나아와서 그 문을 깨치려 하는지라 ¹⁰그 사람들이 손을 내밀어 롯을 집으로 끌어 들이고 문을 닫으며 ¹¹문밖의 무리로 무론 대소하고 그 눈을 어둡게 하니 그들이 문을 찾느라고 곤비하였더라.

우리들은 지금 교회의 사명을 생각하는 중에 있습니다. 성경에는 적극적으로 어떤 것이 교회의 사명이라고 말하고 있는 곳도 있지만, 역사상에 있던 교회가 그 사명을 다하지 못하고 있던 모습을 그대로 제시함으로써 과거의 하나님 나라 백성이 어떤 자취를 남겼는가를 보여주어서, 우리들로 하여금 과연 어떻게 해야 하는가를 가르쳐 주기도 합니다.

오늘은 그 대표적인 예의 하나로 롯의 가정, 그 교회가 어떠한 교회로서 서 있는지를 살펴보도록 하겠습니다. 이 일을 위해 우리는 먼저 구약에서는 신약에서와는 달리 때로는 한 민족이 교회의 형태로 있기도 하였고, 또 때로는 한 가족이 교회로 있기도 하였음을 기억해야 합니다. 본문에 나타나는 정황 가운데에서는 롯의 가족이 하나님 나라 백성으로, 곧 교회로 있었다고 할 수 있었습니다. 소돔과 고모라에 가서 사는 롯의 가족, 롯의 교회는 그 사회 속에서 하나님 나라의 백성들이 어떤 태도를 가지고 살아가야 하며, 어떤 사명을 감당해야 하는지를 잘 나타내야만 했습니다. 그 사회 속에 하나님을 아는 빛을 비추며 살아야 했다는 말입니다.

물론 개인적, 도덕적인 면에서 롯과 그 가족은 어느 정도는 그 사회에 사는 사람들 보다 좀 더 나은 사람임에 틀림이 없음을 나타내 보입니다. 예를 들어서, 나그네들이 소돔과 고모라에 왔을 때 이 가정만이 이들을 자기 집에 머물게 하는 가정으로 나타납니다.

그러나 그 사회의 비류들이 와서 손님들을 내어 놓으라고 하는 그 요구, 그 비류들의 활동에 대해서는 제대로된 대처를 하지 못하고 있음을 보여 줍니다.

이렇게 먼 사람들에 대해서야 어쩔 수 없지 않느냐고 할 수 있지만 롯과 그 교회의 영향력이 없음을 보여주는 또 하나의 사건이 있습니다. 하나님의 소돔과 고모라를 멸망시키실 것이라는 그 사실 앞에서 롯은 사람을 보내어 그 사위들에게 말을 전합니다. 이 때 그 사위들의 반응은 어떠했습니까? "농담으로 여겼더라"고 말하고 있습니다. 하나님의 뜻을 전하는데 롯의 가정과 가장 가까운 이들이 농담으로 여겼다고 합니다. 여기에 롯의 가정과 교회의 영향력이 과연 어떠한 것이었는가가 나타납니다.

또한 소돔과 고모라에 내린 재앙을 피하여 산으로 도망가 살면서 롯의 딸들이 그 아버지에 대해서 저지른 범죄도, 그들이 얼마나 소돔과 고모라의 삶에 동화되었는지를 잘 나타내 보여줍니다.

이런 모습을 보면서 우리는 롯과 그 교회가 사명을 다하지 못했다는 것을 잘 알게 됩니다. 우리도 그런 모습에 빠지지 아니하도록 경계하면서 우리들의 교회로서의 사명을 다해 나아가도록 해야 합니다. 우리가 교회로서 이 사회에 영향력을 발휘하지 못하면 결국, 롯의 가정과 같이, 우리가 사회의 영향을 받고 말 것입니다. 이것이 바로 "증거를 상실한 교회"의 모습입니다. 부디 우리는 이런 실패한 교회가 되지 않도록 해야 할 것입니다.

제 23 강

"하나님의 일을 하는 태도"

사사기 7장 1절

[1]여룹바알이라 하는 기드온과 그를 좇은 모든 백성이 일찌기 일어 나서 하롯샘 곁에 진 쳤고 미디안의 진은 그들의 북편이요 모레산 앞 골짜기에 있었더라.

구약 성경에는 여러 가지 이야기들이 많이 있습니다. 이 이야기들이 그저 우리가 그 이야기를 듣고 즐기라고 주어져 있는 것이 아닙니다. 그이야기들이 말하는 사건들은 하나님께서 독특하게 일으키신 사건이었고, 또 그것을 성경에 기록하셨을 때는 우리에게 주님께서 전달하시려는 어떤 의미가 있는 것입니다. 그렇다면 우리가 오늘 읽은 이 기드온의 사건을 통하여서 오늘 우리들에게 주님께서 어떤 말씀을 해주시려고 하시는지 생각해 보지 않을 수 없습니다. 먼저 이 사건의 의미를 알아야 되겠기에 상황이 어떻게 되었는지를 살펴보아야 하고, 그것이 오늘날 교회에는 어떤 의미를 던져 주는지를 생각해 보도록 하겠습니다.

사사 시대의 특징

여러분이 잘 알다시피, 이 사사시대에는 이스라엘 백성들이 가나안 땅에 들어가서 살던 초기입니다. 하나님의 약속에 성취되어 젖과 꿀이 흐르는 땅인 가나안 땅에 들어가서 이스라엘 백성들이 하나님께 순종하고 하나님을 잘 섬겨 나가고 있었을 때는 문제가 없었습니다. 그런데 하나님 말씀을 순종하지 아니하고 자기들 나름대로 행하여 나갈 때, 성경의 표현대로 말하면 "자기들의 소견에 좋은 대로 행해" 나갈 때는 누가 지도하는 사람이 없으니까 각자 자신들이 생각하는 것이 옳다고 하면서 나갔습니다. 그렇게 해 나갈 때 하나님의 가르침에서 멀리 떨어져 나가는 현상들이 나타나게 됩니다.

그럴 때마다 하나님께서는 이 백성을 사랑하시기 때문에 그것을 깨닫게끔 하기 위해서 다른 민족의 손에 붙이신 적이 있었습니다. "손에 붙인다"는 말은 다른 민족에게 맡겨 둔다는 말입니다. 그래서 다른 민족이 와서 침략을 한다든지 점령을 해서 마치 우리가 일제 36년간을 어렵게 살았듯이 그런 기간을 살아가는 것입니다.

기드온과 그의 시대

지금 이 기드온이 나타나게 되었을 때도 이스라엘 백성들이 하나님 뜻에 순종하지 않기 때문에 미디안이라는 외적이 침입해 들어와서 이스라엘 백성들을 아주 못살게 굴던 시대였습니다. 사사기 6장을 보면 우리가 그 상황을 알 수 있는데, 미디안 군인들이 이스라엘에 쳐들어왔습니다. 일단 외적이 침입해 온다든지 어려운 일이 생기게 되면 이스라엘 백성들은 하나님께 부르짖습니다. "하나님 우리를 구원해 주십시오"라고 기도하는 것입니다. 우리는 그것을 통해서 기도하는 사람들의 마음을 알 수 있습니다.

그러면 하나님이 이 백성을 구원해 주시기 위해서 한 구원자를 일으켜 주십니다. 그때 그 사람들을 "재판장"(ᗺᗺᗺ)이라고 했습니다. 그 "재판장"이라고 하는 이름을 옛날에 우리나라에서 한자로 번역할 때 "사사"(士師)라는 말을 썼습니다. 사사라는 말은 재판을 해 주는 사람을 일컫는 말입니다. 일종의 통치하는 사람이지요. 이 백성이 어려운 때를 만났을 때 그 문제를 극복해 나가도록 하나님께서 어떤 사람들을 세우신 것입니다.

이 당시에는 기드온이라는 사람을 주님께서 세워 주셨습니다. 기드온을 세워서 미디안에 대항하여서 이스라엘 민족을 구원해 내는 일을 맡겨 주신 것입니다. 기드온이 이 엄청난 일을 맡고서 기분이 어땠을까를 한번 생각해 보십시오. 그러므로 우리 식으로 해 보면 일종의 민족 독립운동을 일으키신 것입니다. 쉬운 일이 아니지요. 이 사람이 하나님의 명령을 받고 이스라엘 민족을 모아서 이제 미디안을 치는 일을 해야 합니다.

그랬을 때 우리들은 어떻게 할까요? 될 수 있는 대로 많은 사람들을 모아서 이 일을 해야 성공하지 않겠습니까? 지금 미디안이 얼마나 많이 와 있는지 우리가 오늘 읽은 본문 가운데 12절을 보면 그 상황을 알 수 있습니다. "미디안 사람과 아말렉 사람과 동방의 모든 사람이" – 따라서 여기 침입해 온 군대는 단순히 미디안 군대만이 아니라 미디안과 아말렉이 혼합되어 있는 것입니다. 물론 미디안이 주류이지만, 또 다른 동방의 모든 군대들이 같이 있었다는 것을 알 수 있습니다. 그 때 그 사람들이 얼마나 많으냐 하면 "골짜기에 진을 치고 있는데 메뚜기의 중다함과 같고 그 메뚜기가 많이 몰려 올 때 그 수와 같았더라." 메뚜기가 몰려오면 얼마나 무서운지 이전에 우리가 생각하지 않았습니까? 요즈음 우리들은 수요일에 출애굽기에 나오는 재앙들을 공부하고 있는데 그 메뚜기 재앙이라는 것이 있지요? 남아 있는 것을 다 갉아먹는 메뚜기의 그 무리 – 우박에 의해서 모든 것이 다 없어지고 난 다음에 남아 있는 모든 것을 갉아먹는 그 무리 – 그 메뚜기에 많은 것, "그 중다(衆多)함"이 그렇게 나와 있습니다. 또 "그 약대의 무수(無數)함" – 그 약대라고 하는 것은 낙타를 이야기하지요? 약대가 얼마나 많은지 "해변에 모래알이 많음과 같았더라." 이렇게 많은 군대가 이 민족을 해하려고 와 있습니다.

그러니 우리들의 생각 같아서는 될 수 있는 대로 많은 사람들이 일어나 이 사람들하고 전쟁을 해야 승산이 있지 않겠습니까?

군대의 수를 줄이시는 하나님

그런데 하나님께서는 이상한 이야기를 하십니다. 미디안 군대를 쳐부수기 위해서 깃발을 높이 들고 나팔을 불었을 때에 몰려온 사람들이 3만 2천명이었습니다. 미디안의 수많은 군대에 비해서는 별로 안 되는 수이지만, 그래도 이 정도라도 있어야 전쟁을 해볼 수 있겠다고 생각되지 않습니까?

그런데 하나님께서는 어떻게 하십니까? "숫자가 너무 많다." 이렇게 이야기하십니다. 여기서 우리 생각과 하나님 생각이 상당히 다른 것을 발견할 수 있습니다. 우리는 그것도 부족하다고 생각하는데, 하나님께서는 그것이 너무 많다고 생각하십니다. "하나님 왜 그러십니까. 우리를 망하게 하려고 작정하셨습니까?" 이런 질문이 나오려고 할 정도인데, 하나님은 많다고 하십니다.

그래서 선언하기를 "두려워 떠는 자는 다 물러가라"고 하십니다. 이스라엘 민족이 어려운 가운데 처했으니까 다 몰려나오기는 했지만 혹시 남들 나오니까 나도 좀 나와야지 그렇게 몰려온 사람도 있지 않겠습니까? 두려워하면서도 그냥 나온 사람이 있지 않겠습니까? 그런 사람들은 다 돌려보내라고 하십니다. 기드온이 그 이야기를 하면서 마음에 다소 떨렸을지도 모르지요. 그러나 하나님께서 그렇게 말씀하라고 하시니까 말을 합니다. "자, 이 가운데서 두려워 떠는 사람, 무서워하는 사람, 이 전쟁이 어떻게 될까 하는 사람은 다 물러가라!" 그러자 삼만 이 천명 나온 가운데서 이만 이 천명은 다 물러갔습니다. 그러니 기드온의 마음이 어떻겠습니까? '남은 일만 명 군대 가지고 뭘 어떻게 하라고 하는 것인가?' 그런 생각을 할 수도 있었겠지요?

기드온은 '이것은 너무 작다' 이렇게 생각하고 있었을 터인데, '3만 이천 명이라도 다 주시지 왜 2만 2천명을 물러가게 하셨을까? 왜 이러시는 것일까?' 이렇게 생각할 터인데도 하나님께서는 일종에 시험을 하게 하십니다. 남은 군사들을 물가로 가게 하십니다. 사람들 가운데서 물을 먹는 모습을 보고서 어떤 사람들만을 선택을 하라고 하십니다.

물을 어떻게 먹어야 합니까? 어떤 사람들은 물가에서 무릎을 꿇고 얼굴을 대고 먹었습니다. 또 한 종류의 사람들은 한쪽 무릎을 꿇고 손으로 물을 받아서 먹었습니다. 하나님께서는 손으로 움켜서 물을 먹는 사람들만 찾아서 남기라고 하십니다. 하나님께서는 왜 이런 종류의 사람들만 택하라고 하셨는지 정확히 모릅니다. 다만 우리가 한 가지 가정을 해 볼 수는 있습니다. 그러나 성경을 해석하면서 가정한 것은 절대적인 것은 아닙니다.

지금 이 상황이 어떤 상황입니까? 전쟁을 하기 위해서 나온 상황입니다. 하나님께서는 이 사람들이 어떤 상황 가운데 나왔는지를 생각하는지를 알아보려고 하셨을 수 있는 것입니다. 그 뜨거운 날에 물가로 데리고 나오니까 주위도 살펴보지도 않고 물을 먹는 사람이 있었지요. 그러나 전쟁 상황이라는 것을 생각하면서 아무리 어렵지만 주변을 살피면서 물을 떠서 먹는 사람들은 마음의 준비가 되어 있는 사람들일 수도 있습니다. 이런 사람들만 하나님께서는 찾으라고 하신 것입니다. 물론 이런 해석이 정확한 것인지 우리는 확실하게 말할 수는 없습니다.

그와 같이 해서 남겨진 사람이 3백 명뿐이었습니다. 기드온은 '이제 큰 일났다'고 생각할 수 있습니다. 해변의 모래처럼 많은 적군들을 생각할 때 '이 3백 명 사람 데리고 어떻게 싸우라고 그러시는가?' 기드온이 그런 생각을 하고, 마음이 떨렸을지도 모릅니다.

그런데 그 밤에 하나님께서는 기드온에게 "삼백 명을 데리고 오늘

밤에 그 미디안에 진을 치라"고 명령하십니다. 기드온의 "이 적은 수의 군사들을 가지고 어떻게 하나?" 하는 답답한 마음을 모르시는 하나님이 아니시지요? 그래서 네가 마음속에 확신이 없거든 "오늘 치기 전에 그 진에 한번 내려가 봐라." 이렇게 이야기하십니다.

그래서 기드온이 몰래 미디안 진에 가보니, 미디안 군사들이 무슨 꿈 이야기를 하고 있었습니다. 어떤 사람이 꿈을 꾸었는데 이스라엘 진에서 보리 떡덩이 하나가 퉁퉁퉁 굴러오더니 진에 들어와 이것을 쓰러뜨렸는데, 이것이 도대체 무슨 뜻인가 모르겠다는 것입니다. "왜 저기서 떡덩이가 굴러 오고 그것이 쓰러지는 것일까?" 그랬더니 그 옆에 있는 친구가 하는 말이 "이스라엘 사람 가운데서 요아스의 아들 기드온의 칼날이라. 하나님께서 미디안과 그 모든 군대들을 그의 손에 붙이셨느니라." 그러므로 그의 손에 자신들이 멸망하게끔 하셨다고 해몽을 해 주는 것입니다.

여기서 우리는 재미있는 현상을 발견하게 됩니다. 그것은 분명히 하나님께서 주신 꿈이고 하나님께서 주신 해몽의 하나입니다. **과거에 성경이 완결되기 이전에는** 그런 식으로 하나님이 꿈을 주시고 또한 꿈에 대한 해석도 주시는 경우가 있었습니다. 이스라엘 백성에게만 그런 식의 계시가 있었던 것이 아니고, 이스라엘 백성이 아닌 사람에게도 하나님께서 이런 식으로 하나님의 뜻을 알려주신 경우들이 있었습니다. 그것은 언제 있었던 일입니까? 하나님께서 **성경 계시를 완결하기 전에** 그랬다는 것이지요. 그러니 이 사람들도 꿈꾸고 하나님의 뜻을 알았다고 했으니까 "우리도 꿈을 꾸고 하나님의 뜻을 알자"고 해서는 안 됩니다. 성경 계시가 완결된 이 정황에서 **우리는 오직 하나님의 말씀에만**(*Sola scriptura!*) **근거해서 우리의 삶을 살아 나가야 합니다.** "오늘밤에 나에게 꿈을 꾸게 해 주셔서 내가 이 사업을 해야 될 것인가 아닌가를 알려주십시오."— 이런 식으로 하지 말라고 여러 번 말씀 드렸습니다. 성경 계시가 완결된 후에는 이제 하나님께서 그렇게 계시 하는 것이 아니라고 여러 번 말씀드렸습니다.

다시 기드온 이야기로 돌아가서, 미디안 사람들이 꿈꾼 것과 그것 에 대해 이야기하는 말을 들으면서 기드온이 얼마나 힘이 솟아났겠습 니까? 이방 사람들이 하나님이 주신 꿈을 이야기하고 그 꿈을 해석하 는데 이스라엘이 승리하리라고 말하는 것입니다. 비록 자기에게 있는 군대의 숫자는 300명밖에 안 되고, 또 이 사람들은 횃불하고 항아리 를 가지고 나가는데, 횃불에다 항아리를 덮어 씌워 가지고 나가고, 또 나팔을 가지고 나갑니다. '전쟁에 나가는 사람들이 칼은 안 가지고 나 가고, 왜 이런 것을 가지고 나가는가?' 이렇게 생각할 수도 있겠지요.

기드온은 삼백 명의 군대를 세 떼로 나눕니다. 그리고는 그들로 하여금 일정한 시간에 항아리를 깨고 나팔을 불도록 합니다. 참 이상 한 전쟁이지요? 나팔을 불고 항아리를 깨고 하면 갑자기 환한 불빛이 나오지 않겠습니까? 그리고 큰소리로 외치기를 "여호와를 위하라! 기 드온을 위하라!" 그러면서 나간단 말입니다. 그러자 상황은 어떻게 되 었습니까? 잠자고 있던 미디안의 군대들이 서로 어려움을 당합니다. 도망하기에 바쁜 것이지요. 그래서 이 전쟁에 이스라엘이 승리를 거듭 니다. 23절에서 읽었듯이 이스라엘의 경계 밖까지 쫓아가서 추격하는 일로 이 사건이 마쳐집니다.

기드온 사건의 의미

이 사건의 의미는 무엇일까요? 이 이야기는 기드온의 지략(智略)을 이야기해 주는 것입니까? 기드온이 멋진 작전을 구사해서 작은 수(數)로도 이렇게 멋진 승리를 이루었다는 것을 말하고 있는 것입니까? 그것이 아닙니다. 여기 한 가지 중요한 것이 있습니다. 인간적으로 생각할 때에 도무지 승산이 없는 이 일이 이루어진 이유는 무엇입니까? 그 일이 누구 때문에 이루어졌습니까? 하나님께서는 처음부터 이스라엘이 삼만 이천 명의 군사 가지고 싸우러 나가지 않도록 했습니다. 하나님께서 왜 그리하셨는지를 생각해 보아야 합니다. 2절을 한번 같이 보십시오.

만일 삼만 이천 명의 군대를 가지고 전쟁에 나가서 싸움을 실제로 해서 이겼다면 사람들이 어떻게 생각하기 쉽겠습니까? "우리의 손이 이 일을 이루었다. 우리가 힘이 많고 전쟁을 할 수 있는 능력이 많고 우리가 최선을 다했기 때문에 우리의 힘으로 이 민족의 독립을 쟁취했느니라! 물론 하나님이 도우셨지만, 결국 우리의 손으로 이 일을 이루었노라!" 그렇게 생각하고 말할까 봐 하나님께서는 처음부터 이 군대를 만 명으로 줄이시고, 그 후에는 또 삼백 명으로 줄이시고서야 그 작은 무리를 데리고 나가도록 했던 것입니다.

기드온 사건과 우리들의 신약 교회

이 이야기가 오늘 우리에게 무슨 의미가 있습니까? 주께서는 이 사건을 기록하게 하심으로써 우리에게 과연 무엇을 가르쳐 주시려 하는 것일까요? 우리는 이스라엘 민족의 역사를 다른 민족의 역사와 비슷하게 보아서는 안 됩니다. 물론 이것은 이스라엘이라는 한 민족의 역사이기도 하지만, 이스라엘 민족은 **구약의 하나님의 백성**입니다. 그리고 그들이 **구약의 교회**입니다. 이 백성들이 어떻게 전진해 나갔는가, 구약의 교회가 어떻게 전진해 나갔는가 하는 것을 우리는 이 민족을 통해 살펴볼 수 있습니다.

여기 구약 교회가 미디안과의 물리적인 전쟁을 해야 되는 상황 가운데 있게 되었습니다. 이 교회가 서 있어야지 이 땅에 하나님의 뜻이 드러나게 되고, 이 땅에 하나님을 아는 것이 사람들에게 나타나게 됩니다. 이 백성이 하나님을 의지하지 않고 나갈 때 그 교회가 약해지는 것입니다. 그것을 우리가 이 사건에서 보게 됩니다. 하나님께서 교회를 어려움 속에 넣어서라도 그 교회를 튼튼하게 만들기를 원하시는 것입니다.

우리는 이 사건을 통해서 오늘 여기에 있는 신약 교회로서 우리가 어떻게 주님의 일을 해 나가야 하는지를 배우게 됩니다. 우리 자신들에게 의존하지 않고 철저히 하나님의 힘만을 의지해 나갈 때 우리들은 진정 하나님의 교회로 서 가는 것입니다. 우리가 이 세상의 다른 것을 도무지 의지하지 않고, 우리들의 힘도 의지하지 않고, 철저히 하나님만을 의지해 나갈 수 있기를 원합니다.

제 24 강
"이상적 교회의 모습"

에베소서 4장 13-16절

[13]우리가 다 하나님의 아들을 믿는 것과 아는 일에 하나가 되어 온전한 사람을 이루어 그리스도의 장성한 분량이 충만한 데까지 이르리니 [14]이는 우리가 이제부터 어린 아이가 되지 아니하여 사람의 궤술과 간사한 유혹에 빠져 모든 교훈의 풍조에 밀려 요동치 않게 하려 함이라 [15]오직 사랑 안에서 참된 것을 하여 범사에 그에게까지 자랄지라 그는 머리니 곧 그리스도라 [16]그에게서 온 몸이 각 마디를 통하여 도움을 입음으로 연락하고 상합하여 각 지체의 분량대로 역사하여 그 몸을 자라게 하며 사랑 안에서 스스로 세우느니라.

우리는 지난 7개월 동안에 교회가 무엇인지를 성경을 통해서 고찰하고 있습니다. 이제 그것을 일단락지어야 될 때가 왔다고 생각해서 오늘은 우리가 이제까지 이야기했던 것을 전체적으로 정리해 보는 시간을 갖도록 하겠습니다. 여태까지 이야기한 것들은 하나님의 계시 가운데서 교회가 무엇인지 교회의 이상(理想)을 제시해 주는 것입니다. "교회는 이러이러한 것이다. 우리가 그렇게 되어야 된다."는 것을 말해 주는 것이지요. 그러나 이 모든 것들이 우리에게는 '어! 그것은 꿈속에 있는 이야기인데요.' 이렇게 취급되기 쉽습니다. "인간의 삶의 여러 가지 일들이 다 그렇듯이 이상과 현실 사이에 늘 거리가 있기 마련인데 교회라고 하는 것도 현실하고는 거리가 있는 이상일 뿐이다"고 생각하기 쉽습니다. 하나님께서 하나의 새로운 질서를 우리에게 제시해 주실 때 이상으로 우리에게 제시해 주는 것이라고 치부하는 것이지요. 그렇게 되면 나중에 교회라고 하는 것이 '유토피아'(*Utopia*)가 됩니다. 유토피아(*Utopia*) – 이 세상에 그런 장소(*topos*)가 없는(u) 것이 되는 것입니다.

그러나 성경 가운데서 우리에게 제시해 주는 것은 그렇게 사람들로 하여금 백일몽을 꾸는 꿈속에 있는 환상과 같은 것이 아닙니다. 비록 우리 현실과는 다르다고 할지라도 성경이 말하는 교회의 모습은 **우리가 마땅히 그것을 우리 가운데서 구현해 내야만 하는 현실입니다.** 물론 이것이 매우 어려운 작업이긴 하지요. '도무지 그럴 수 없는 것 같은 것을 우리에게 제시하면서 그것을 이루라고 하다니 말이 되는가?' 하는 마음을 가지기 쉽습니다.

이상적 교회: 성숙해 가는 교회

그래서 교회에 대한 우리의 논의를 전반적으로 정리하면서 "그러면 가장 이상적인 교회의 모습은 과연 어떤 모습인가?"에 대해서 생각해 보겠습니다. 바울은 오늘의 본문인 에베소서 4장 13절-16절을 통해서 이상적인 교회는 "항상 성숙해 가는 교회"라고 이야기해 주고 있습니다. 교회는 언제든지 성숙해 가지 않으면 교회로서의 제대로 된 이상성을 상실해 버립니다.

그런 교회들이 옛날에 있었습니다. 교회가 어느 정도 진전해 나가다가 교회가 영광스런 교회가 되어야 되겠다고 했더니 그 교회는 부패와 어려움 가운데 빠져 들어가는 것을 우리는 많이 보아 왔습니다. 이 역사 가운데 있는 교회 공동체가 스스로 영광스러운 교회, 완성된 교회라고 하는 그 순간 언제든지 곤두박질치고 맙니다. 그러므로 우리는 언제나 계속해서 성숙해 가는 교회라고 생각하고, 진정으로 그렇게 되어야만 합니다. 언제까지 그렇게 해야 합니까? 우리 주 예수 그리스도께서 오셔서 하나님 나라를 극치에 이르게 하기까지 우리는 계속해서 성숙해 가는 것입니다. 그러면 성숙해 가는 교회들은 어떠한 특징들을 가지고 있는 것입니까? 오늘은 이 점들을 생각해 보기로 하겠습니다.

성숙해 가는 교회의 특성들

오늘의 본문 가운데서 우리는 성숙해 가는 교회의 몇 가지 특징을 찾아 볼 수 있습니다. 오늘의 본문 중 에베소서 4장 13절은 "우리가 다 하나님의 아들을 믿는 것과 아는 일에 하나가 되어 온전한 사람을 이루어 그리스도의 장성한 분량의 충만한 데까지 이르리니"라고 이야기

하고 있습니다. "그리스도의 장성한 분량이 충만한 데까지." 이것은
마치 그림을 그려주고 있는데 예수 그리스도께서 키가 어느 정도인데
그 곳까지 우리가 자라나야 된다는 그림을 그려주고 있습니다. 물론
우리는 예수님의 키가 얼마나 되는지도 모르지요. 그러므로 이것은 일
종의 비유입니다. 예수님의 그 온전하심처럼 우리도 그렇게 되어야 한
다는 말입니다.

　　여기서 "우리"라고 하는 것은 우리 각자를 이야기하는 것 보다 우
리가 다 하나가 되어 한 사람을 이룬 그것을 말하는 것입니다. 우리가
교회에 관한 이야기를 시작하면서 했던 그 한 사람 이야기는 우리 각
자 한 사람, 한 사람에 대한 이야기가 아니고 우리가 다 합해서 이루
는 그 한 사람, 즉 교회 공동체를 지칭할 때 그 "한 사람"이라고 말하
는 그 한 사람인 교회를 말하는 것입니다. 그것도 우리들의 교회만이
아니고 온 세상에 널려 있는 참된 교회, 예수 그리스도의 참 신자들을
다 합쳐놓은 그 교회, 그 교회가 "한 사람"이라는 이야기이지요. 그런
데 그 한 사람인 교회는 어떻게 되어야 합니까?

(1) 믿는 것과 아는 일에서 하나가 되어 가는 교회

첫 번째 특징이 이 13절에 나타나는데 "그리스도를 믿는 것과 아는 일
에 하나가 되어서 자라나는 것이다" – 그렇게 이야기합니다. 우리 각
자가 예수님을 믿는데 다 다르게 믿는다면 그것은 성숙해 가는 교회가
아닙니다. 이 세상에 완전히 성숙한 교회는 없으니까, 성숙해 가는 교
회는 우리의 믿는 것과 아는 일이 다 하나가 되어야 합니다. 교회 공
동체는 여러 사람들이 모여 구성되는 공동체인데 그 가운데서 이 사람

은 이렇게 믿고 저 사람은 저렇게 믿고 예수 그리스도에 대해서 아는 것이 이 사람은 이렇게 알고 저 사람은 저렇게 알고 하면 큰 혼란이 일어나고 교회라고 하는 특성을 찾을 길이 없어집니다. 그래서 우리는 믿는 것과 아는 일에 있어서 하나가 되어야 합니다. 무엇을 아는 것입니까? 하나님의 아들을 아는 일입니다. 왜 그것이 특별하게 나타났습니까? 기독교는 이 땅에 예수라고 하는 인물로 온 *그분*을 그리스도로, 하나님의 아들로 받아들이는 것으로부터 시작됩니다. 그것을 받아들이는 사람이 "예수 믿는 사람"이거든요. 그러므로 이 점에 있어서 우리가 하나인가 하는 것은 굉장히 중요한 시금석입니다.

우리가 얼마나 성숙해 있는가 알아보기 위해서 그리스도에 대한 우리의 생각들을 다 모아보는 것이 좋습니다. 우리가 예수 그리스도에 대해서 점점 많이 알아가고 있는가를 생각해야 합니다. 그런데 알아가고 있는 것이 서로 같은가, 아니면 서로 서로 다른 꿈을 꾸고 있다는 것인가 하는 것도 살펴야 합니다. 만일 그렇게 된다면 그것은 성숙하는 교회, 성장하는 교회가 아닐 것입니다. 우리 각자가 믿고 있는 하나님이 같은 하나님이여야 하고, 그것에 대한 우리의 생각이 같은 생각으로 굳어져 가야 합니다. 그러기 위해서는 우리에게 어떤 기준이 있어야 합니다. 그것이 없으면 어느 것이 진짜인지 알 수 없지 않겠습니까? 우리에게는 성경 가운데서 우리에게 제시해 주신 그 기준 그것만이 유일한 기준입니다(*Sola Scriptura!*). 그것에 따라서 우리가 하나님을 알아가고 예수 그리스도를 알아가고, 그러한 지식이 함께 모이고 그러한 하나님을 같이 믿어나갈 때 우리가 성숙하는 교회의 모습을 가집니다. 그러므로 우리는 부지런히 교회와 관련하여서 성경이 가르치고 있는 하나님과 예수 그리스도에 관한 이야기가 무슨 일인지를 알아나가야 합니다.

그것이 주께서 우리를 모아주시는 중요한 이유 중의 하나입니다. 그것이 다는 아니지만 주를 더 알고 믿는 것이 우리가 이렇게 모이는 굉장히 중요한 이유 중의 하나여야 합니다. 왜 그렇습니까? 그것이 교회가 성숙하는 요건인 까닭입니다. 그것이 이 땅위에서 우리가 존재하는 이유인 까닭에 우리가 많은 시간을 내어서 하나님이 어떤 분이신가, 예수 그리스도가 어떤 분이신가 하는 것을 알아 가려고 합니다. 이렇게 우리의 신앙이 하나가 되는 일에 힘을 써나가야 합니다.

물론 세월이 지나다 보면 우리의 신앙의 패턴들이 서로 다를 수 있습니다. 그것의 다양성은 있을 수는 있습니다. 어떤 사람은 이런 면에 강하고, 다른 사람은 감정적인 면에, 행동하는 면에 강하고, 뭐 그런 다양성은 있을 수 있습니다. 그런다고 할지라도, 그 다양성에 불구하고 믿는 것과 아는 일에서 만큼은 하나가 되어야 합니다. 그렇지 않으면 커다란 문제가 발생할 것입니다. 성숙하는 교회는 믿는 것과 아는 일에 있어서 하나인 교회입니다.

(2) 요동하지 않는 교회 공동체

성숙하는 교회 공동체의 또 다른 특성은 무엇입니까? 교회 공동체는 하나가 되어서 하나님을 바로 알고 예수 그리스도를 알게 되면 또 다른 특성을 나타내게 되는데, 그것을 14절에서 이야기합니다: "이는 우리가 이제부터 어린 아기가 되지 아니하고 사람의 궤술과 간사한 유혹에 빠져 모든 교훈의 풍조에 밀려 요동치 않게 하려 함이니라." 성숙한 교회는 사람들이 내는 사상, 궤술, 소위 시대의 풍조, 시대의 정신에 따라서 이리 갔다 저리 갔다 하지 않는 교회입니다. 그러므로 결론부터 말하자면 요지부동하고 굳건하게 서 있는 교회입니다. 그러면서 황소걸음처럼 느릴지라도 하나님께서 제시해 주신 목표를 향해서 한 걸음 한 걸음씩 나가는 교회가 성숙하는 교회요, 성장하는 교회입니다. 그렇지 아니하고 이런 문제 저런 문제로 요동하게 되면 성숙할 수 없습니다.

어떻게 하면 이렇게 요동하지 않을 수 있습니까? 어린 아이가 안 되면 된다고 합니다. 어린 아기의 특징은 무엇입니까? 이 분이 이런 말을 하면 이것이 옳은가 보다 하고, 저 분이 저 이야기를 하면 저것이 옳은가 보다 한다는 것이지요. 그러나 앞에서 이야기했던 하나님을 믿는 것과 아는 일, 예수 그리스도를 믿는 것과 아는 일이 하나가 되어져서 무엇을 판별할 수 있으면, 이 세상에 이런 사상이 몰려올 때 그런 것에 넘어가지 않습니다.

이런 면에 있어서는 예수 믿는 사람들은 아주 철저한 면이 있어야 합니다. 물론 사람과 사람 사이 있어서는 예수 믿는 사람들이 아주 부드러운 사람이여야 하지요. 모든 사람을 받아 들여야 합니다. 그러나 하나님과 관련된 일에 있어서는 그렇게 부드러운 것이 다가 아닙니다. 그것이 아주 이상합니다. 예를 들어서, 어떤 사람이 하나님의 백성인 이스라엘 사람들을 모독하는 소리를 하니까 "아니 어떻게 하나님의 백성을 이렇게 모독할 수 있는가?" 하면서 분을 냈던 사람이 있었는데 그 사람이 다윗이라는 소년이었습니다. 골리앗이라는 블레셋의 한 장군이 이스라엘 백성들을 모독합니다. 또한 그들의 하나님을 모독합니다. 이스라엘의 여호와 하나님을 모독한다는 말입니다. 다윗은 평소에는 마음이 부드러운 사람인데 그 말을 듣고서 견딜 수 없었던 것입니다. "이스라엘 사람들이 어떤 사람들인데 이 사람들을 모독하는 것인가?" 하면서 그 면에 있어서는 견딜 수가 없어서 나가서 싸우는 모습을 우리는 구약 말씀을 통해서 보게 됩니다. 그러므로 하나님의 백성들은 그런 면에 있어서는 아주 철저한 면이 있어야 됩니다. 다른 사람이 이 무슨 이야기를 할 때 우리는 그 이야기에 대해서 너무 반감을 가지고 이야기한다든가, 그러지 않지요. 그러나 하나님과 관련된 이야기, 이 세상의 삶들을 요동시키는 이야기에 대해서는 철저한 면이 있어야 합니다.

예를 들어서, 최근에 한국 사회 속에서도 이상한 이야기가 회자(膾炙)된 일이 있었습니다. 예수님이라고 하는 분이 동양 사람이고, 그에게서 특별히 동양적인 냄새가 많이 나는 것이 무엇 때문인가를 생각하다가 어떤 사람들이 주장하기를 "예수님이 저 석가모니가 이전에 살았던 인도에 가서 배우셨다"고 이야기한 적이 있습니다. 성경에 보면 예수님이 12살 이야기가 나오고 그 다음에는 예수님이 성장한 다음의 이야기가 나오지 그 사이의 이야기는 없지 않습니까? 그래서 그 사람들은 예수님께서 그 기간 동안에 인도에 가서 불교 사상을 배워 가지고 그것을 가지고 자신의 독특한 가르침을 펴셨다는 이야기가 한국 사회에도 많이 퍼졌어요.[1] 그런 내용을 주장하는 책들이 번역되기도 했습니다.[2] 그런 것에 대해서 우리들이 "아! 그것도 그럴듯해"라고 하면서 그와 비슷하게 생각해 나간다면 우리들이 줏대 없는 것입니다. 그러므로 다른 모든 것에 대해서는 사람들에게 부드럽게 대해 주어야 하

---

1 이런 오해를 유도하는 다음 같은 책들을 보십시오. 민희식, 『예수와 붓다』(블루리본, 2007); 민희식, 『법화경과 신약 성서』(블루리본, 2007). 근자에 소설의 형식을 빌어 이런 말을 하는 사람들로 다음을 보십시오: 송기원, 『인도로 간 예수』(서울: 창작과 비평사, 1995); 목영일, 『예수의 마지막 오딧세이』(블루리본, 2009).

2 특히 1987년에 집중해서 이런 책이 우리나라에서 출판되었습니다. Elizabeth Clare, *The Lost Years of Jesus: Documentary Evidence of Jesus' 17-Year Journey to the East*, 『예수의 잃어버린 세월』, 황보석 역 (동국 출판사, 1987); Holger Kersten, *Jesus Lived in India*, 『인도에서의 예수의 생애』, 장성규 역 (서울: 고려원, 1987); Elizabeth Clare, 『불제자였던 예수』, 김용환 역 (서울: 나무, 1987).

지만 우리에게 있어서 아주 중요한 사상, 즉 하나님에 대해서 또 예수 그리스도에 대해서 어떻게 믿는가 하는 면에 대해서는 한 치의 양보도 없이 아주 철두철미해야 합니다.

이와 연관된 아주 심각한 문제가 하나 있는데, 그것은 계시를 어떻게 믿는가 하는 문제입니다. 요즈음에 사람들 사이에서 유행하는 이론은 말씀을 그렇게 철두철미하게 믿지 말고 그냥 '우리를 위해서 좋은 이야기'로 믿으면 좋지 않겠는가 하는 것입니다. 성경이 뭐 나쁜 책은 아니니까 교회 안에서 그렇게 가르치면 되지 않겠는가 하는 것이지요. 그런데 교회에서 그런 식으로 하나님의 말씀을 대우하다가는 결국에는 교회 안에서 성경을 통해서 말씀하시는 하나님을 침묵을 지키고 맙니다. 결국에는 우리에게서도 하나님의 말씀이 사라지고 말 것입니다. 그래서 그 면에 있어서 철두철미하게 원칙을 주장해야만 합니다. 또한 우리의 신앙을 철두철미하게 말씀에 근거시켜야만 합니다. 그렇지 않으면 우리가 언제 사람들이 만들어 낸 이런 저런 풍조에 밀려 요동하게 될지도 모르는 것입니다.

하나님 말씀에 아주 철두철미하게 근거한다고 하는 것은 쉬운 문제가 아닙니다. 우리가 신경을 많이 써야 되고, 말씀이 우리에게 가르치는 것을 배워 가려고 해야 합니다. 오늘 날은 그렇게 가는 사람들은 드물고 그저 "신앙이라고 하는 것이 내게 있어서는 이런저런 문제를 좀 해결해 주는 것이면 좋겠다"는 식으로 생각하는 사람들이 많아지고 있습니다. 따라서 사람들은 그런 방식으로 신앙을 제시하는 곳으로 많이 몰려가기 쉽습니다. 60년대, 70년대 우리나라뿐만 아니라 세계 전체적으로 많은 사람들이 그 마음을 쏟았던 하나의 사조가 있습니다. 그것이 소위 "풍요의 복음"(gospel of prosperity)이라는 것입니다. 예수 믿으면 뭐든지 잘 된다는 것입니다. 그리고 잘 된다는 기준이 세속

적입니다. 돈도 많이 벌리고, 병도 다 낫고, 예수 믿으면 뭐든지 잘된다는 말입니다. 일면에서는 진리가 있지요. 예수 믿으면 안 되는 일이 없지요. 왜냐하면 하나님을 섬기는 것이니까?

그러나 그 면만 강조하다 보니까 사람들이 예수 믿는 길은 십자가를 지고 예수님의 뒤를 따라간다는 것, 고난을 향해서 나간다고 하는 것을 자꾸만 쉽게 잊어버립니다. 우리들이 그런 이야기를 자꾸 듣다 보면 우리 심성에 잘 닿는 것은 다 예수 믿고 복 받는다는 곳으로 나가기가 쉽습니다. 신앙이라고 하는 것도 교회라고 하는 것도 그런 식으로 바꾸어 버릴 가능성이 있습니다.

그러므로 우리를 그대로 버려두면 우린 결국 그런 것을 기독교회라고 해 나가기 쉽습니다. 우리 주변에 그러한 현상들이 아주 많이 있습니다. 그렇기 때문에 우리는 여기서 철두철미하게 지켜야 할 것이 무엇인가를 분명히 드러내야 합니다. 비록 그것이 내 구미에 안 맞아도 말씀이 말하는 대로 우리가 지키고 나가야 합니다. 그렇지 않고 사람의 구미에 맞추다가는 우리 자체가 얼마나 변하기가 쉬운 사람들입니까? 우리가 잘 알고 있듯이 우리 구미에 맞춰나가다가는 망하고 맙니다. 그러므로 우리의 구미에 맞추면 안 됩니다. 오직 말씀이 우리에게 제시해 주시는 그 굳건한 터 위에 서서 나가야지만, 말씀이 믿으라고 하는 것만 믿고 믿지 말라고 하는 것은 안 믿고, 그 근거에 따라 나가야 우리가 굳건하게 흔들림이 없이 나갈 수 있습니다. 그것이 성숙하는 교회이고 성장하는 교회입니다. 그래서 이것을 분명해야 우리가 안 흔들릴 수 있습니다. 그것을 위해 노력해야 합니다.

(3) 사랑 안에서 참된 것을 하는 교회 공동체

세 번째는 "사랑 안에서 참된 것을 하라"고 합니다. 하나님이 규정해 주신 의미에서 참된 것을 행해 나가는 것입니다. 교회가 하는 일은 바로 그것입니다. 하나님이 원하시는 참된 일을 행해 나가는 것입니다. 그러므로 그것을 부지런히 찾아나가야 합니다. 아까 두 가지는 우리 스스로와 관련된 어떤 것이었습니다. 우리가 어떤 존재가 되어야 할 것인가에 대한 것이었습니다. 그런데 세 번째부터는 우리가 바깥을 향해서 참된 것을 행해 나가는 것입니다. 그리고 이 때 그 동기가 사랑이 되어야 합니다. 참된 것을 하긴 하는데 사랑이라는 동기에서 하지 않는 일이 있을 수 있습니다. "교회라고 하는 것이 이러이러한 곳이다. 교회는 참된 일을 하는 곳이다. 그러므로 우리는 이런 일을 한다"고 하면서 어떤 일을 하는 수가 있습니다. 그러나 그것은 사실상 하나님께서 받음직한 것이 못된다는 말입니다.

그러므로 우리들은 우리 보기에 선한 일이 아니고, 하나님이 보시기에 선한 일을 해 나가야 합니다. 그것이 참된 일을 하는 것입니다. 우리 모든 지체들이 신경을 써서 찾아내야 합니다. "우리가 해야 할 참된 일이 무엇일까? 내가 추구해 나가야 할 참된 일이 무엇인가? 교회 전체로써 해 나가야 할 참된 일이 무엇인가?" 참된 일을 찾아서 해 나가야 되는데 그것이 선교일 수도 있고, 구제일 수도 있고, 전도일 수도 있고, 이런 것들 그런데 중요한 것은 그것을 하는 동기가 사랑이라는 동기여야 합니다. 사랑이 넘쳐나서 되어지는 일이 교회의 일이어야 합니다. 그래야 그것이 성숙하는 교회입니다.

우리 개개인에게도 마찬가지입니다. 내가 하나님의 백성으로 이 땅에 살아간다, 교회의 일원으로 살아갈 때에 하나님의 사랑이 내 속에 느껴져서 그 사랑이 끓어올라서 내가 선한 일을 하는 것입니다. 그것이 끓어오르게끔 되어야 한다는 말입니다. 그러려면 어떻게 해야 합니까? 예수님의 사랑을 자꾸 생각해 보십시오. 하나님의 사랑을 자꾸 생각해 보십시오. 하루에 한 번이라도 그것을 생각해 보십시오. 하도 안하니까 하루에 한번만이라도 생각해 보시라고 하는 것입니다. 하나님이 나를 얼마나 사랑하시는가를 생각해 보십시오.

　　그냥 내 현실을 놓고 보면 별로 사랑하는 것 같지 않거든요. 그러나 말씀을 통해서 하나님께서 나를 어떤 존재로 만들어 주시고 어떻게 하게 하셨는지를 제대로 생각하시려면 하루에 한 번이라도 성경을 보셔야 되겠지요? 기도를 하셔야 하겠지요? 하루에 한 번이라도 이렇게 해 나가면 하나님의 사랑이 내 속에 느껴진단 말입니다. 그 사랑 때문에 하나님 앞에서 무엇인가 해야 할 일을 찾아서 그 일을 향해 나가는 것입니다. 그런데 그렇게 혼자 해 나가려면 아주 힘들지 않습니까?

(4) 서로 돕는 교회 공동체

그래서 성숙하는 교회의 특징의 네 번째 특징은 본문 16절에 "그에게서 온 몸이 각 마디를 통하여 도움을 입음으로 연락하고 상합하여(서로 연결이 되어져서) 각 지체의 분량대로 역사하며 그 몸을 자라게 하며 사랑 안에서 스스로 세우느니라" – 그렇게 이야기하고 있습니다. 그러므로 그리스도 안에서 우리의 각 지체가 서로 도와주는 것입니다. 교회 안에서는 도움을 필요로 하지 않을 만큼 강한 사람이 하나도 없어요. 또 나는 매일 남의 도움만을 받아야 할 만큼 연약한 사람도 한 사람도 없습니다. 우리는 모두 다 도움을 주고받아야 되는 존재들입니다. 나는 강하기 때문에 주기만 해야 된다. 나는 받을 필요는 하나도 없다. 그런 사람은 하나도 없다는 말입니다. 나는 너무 연약해서 줄 것이 하나도 없습니다. 그런 것도 없습니다. 우리는 서로가 도움을 주고받게끔 되어 있습니다. 교회 공동체는 절대로 혼자 서 있지 않습니다.

하나님께서 그렇게 의도하신 것입니다. 서로 도와주게끔 하기 위해서 교회가 존재하게 하신 것입니다. 사람의 연약성을 잘 아시기 때문에 하나님께서 훌륭한 제도를 만들어 내신 것입니다. 제가 늘 강조하지만, 우리는 혼자 세워 놓으면 신앙생활을 잘 안 해 나갑니다. 그것을 잘 아시니까 서로가 연결이 되어져서 이 일을 하게끔 하나님께서 하신 것입니다. 그것을 위해서 신경을 써야 합니다. 이 현대 사회의 특징 중의 하나가 다 개인화 하는 것입니다. 전부 다 아파트에 들어가 있어요. 옆집 사람과 인사도 안 하고 대개 그렇게 살아가기 쉽잖아요. 그렇게 되어 나가는 사회 가운데서 그것을 거슬러 나가게끔 하나님께서 교회 공동체라는 새로운 사회를 만들어 주신 것입니다.

그러면, 늘 강조한 것이지만, 우리의 마음을 자꾸 열어야 합니다. 누가 와서 내 마음을 열어주기를 기다리고 있으면 안 됩니다. 그것은 이상한 일입니다. 사실 하나님께서 우리의 마음을 열어 주셨거든요. 우리가 다른 사람에 대해서 우리의 마음을 자주 안 여는 이유는, 심각하게 생각해 보면, 하나님께 대해서 내 마음을 안 열었기 때문입니다. 가만 따지고 들어가서 생각해 보면 그렇습니다. 하나님께 대해서 내 마음을 다 열었으면, 나와 같이 나를 사랑하는 것만큼 그를 사랑하시는 내 이웃의 형제에게 내 마음을 못 열 이유가 없습니다. 그런데도 많은 사람이 그것을 어려워합니다. 그래서 우리는 늘 기다리고만 있습니다. 기다리지 마시고 내가 먼저 가서 서로 도움을 주어야 합니다. 그것을 위해서 우리가 노력을 해 나가야 합니다. 그것이 성숙하는 교회입니다. 그렇게 함을 통하여서 우리가 이 몸을 스스로 세운다고 했습니다. 이 때 그 몸이 "그리스도의 몸"인 교회입니다.

마지막 당부

오늘 우리가 성숙하는 교회의 네 가지 특징을 이야기했습니다.

첫째로, 그리스도를 아는 일과 믿는 일에서 하나가 되는 것이 성숙하는 교회입니다.

둘째로, 그래서 요동이 없는 것입니다. 중요한 문제에 대해서는 움직이지 않으면서 하나님이 정해주신 목표를 향해서 굳건히 전진해 나가는 것입니다.

셋째로, 하나님이 원하시는 선한 일, 착한 일, 옳은 일을 해 나가는 것입니다. 사랑의 동기가 되어서 그런 일을 해 나가는 것입니다.

넷째로, 우리 모두가 서로 도움을 주고 연락하고 하나가 되어지는 그 과정을 통해서 하는 것입니다. 이것이 성경이 제시하고 있는 교회의 이상적인 모습입니다.

그 이야기를 듣고 나서도 '그것은 우리의 현실하고는 너무나도 거리가 멀다'고 생각할 수도 있습니다. 그랬을 때 우리가 성경을 바꿀 수는 없지 않습니까? 그 현실에 안 되는 것을 되게끔 만들어 가야 합니다. 우리가 우리를 고쳐야지 하나님이 고쳐지기를 바라면 그것은 하나님을 이상한 분으로 만드는 것입니다. '하나님! 나는 하나님이 이러이러한 존재가 되기를 바랍니다.'라고 하면서 사람이 자기 형상대로 하나님을 만드는 것입니다. 이 세상에 있는 모든 사람들이 그렇게 합니다. 하나님을 떠난 모든 사람들이 그렇게 합니다. 그렇게 하지 않도록 하기 위해서 하나님께서는 자기의 형상대로 만들어진 사람들이 제대로 기능하기를 원하십니다. 그것이 오늘 우리에게 주어진 사명입니다.

어떤 의미에서 제가 이 설교를 하면서 아주 쉬운 방식으로 저는 이렇게 생각을 했습니다. 내가 교인이었을 때 내가 속하고 싶은 교회, 그런 교회의 모습을 만들면 되리라고 생각해요. 성경의 원칙에 근거해서 내가 교인이었을 때 내가 속하고 싶은 교회, 그래서 주변에 있는 교회들의 모습을 제가 대학교 때부터 쭉 살펴봅니다. 어떤 교회가 정말 그런 교회일 것인가? 제대로 된 교회들을 찾아다녀 보고 그런 교회의 모습들을 제시해보곤 합니다. 그런데 이것이 우리에게 굉장히 중요한 시기일 수 있습니다. 우리가 그런 교회를 형성해서 제시하는가, 아니면 여러분이 참 교회가 아닌가 하는 것을 결정하는 시기입니다. 예수를 믿는다고 나오는 사람들이 자칫 잘못하면 그냥 보통, 어떤 의미에서는 조금 왜곡되어진 교회의 모습 속에 만족하면서 살아갈 것입니다.

그래서 우리가 신경을 많이 써서 우리가 부담감을 강하게 느끼면서 주님께서 제시하는 그 이상적인 교회의 모습을 우리 가운데서 이루어 놓기 위해서 힘써야 합니다. 이것이 단순히 이상으로서만 남아서는 안 됩니다. 그저 이상으로서만 남을 것 같으면 지난 7개월 동안 우리가 과연 무엇을 한 것입니까? 그렇지 않고 우리 가운데서 이것이 살아 움직이는 교회의 모습으로 작용해야만 합니다. 그리고 우리는 그것을 이루기 위해서 우리가 하나님을 의존해서 힘써 나가야 할 것입니다.

What is the Church?

The Eschatological Community for the Manifestation
of the Kingdom of God and Its People's Kingdom Life-style

제 1 부 교회에 대한 표상적 표현들

제 2 부 교회의 속성들

제 3 부 교회의 표지들

제 4 부 교회의 직원들

제 5 부 교회의 사명과 사명 수행

〈부록〉 예배에 대하여

〈부록〉

예배에 대하여

예배의 요소(1) : 말씀의 선포와 듣는 자

예배의 요소(2) : 주악, 성시낭독, 기도, 신앙고백

예배의 요소(3) : 교제

예배의 요소(4) : 일상생활

예배의 요소 (1):
"말씀의 선포와 듣는 자"

예배는 우리가 하나님께 영광을 돌려 드리는 것인데, 은혜로우신 하나님께서는 그 순서 중에도 우리에게 그의 말씀을 내려주시고 이를 통해 은혜를 주시는 순서를 마련해 주셨습니다. 더구나 이 순서가 얼마나 크고 중요한 순서인지 때때로 우리는 이 말씀의 선포와 예배를 거의 동일시하기도 합니다. 그렇다면 과연 그런 동일시를 하는 사람답게 주의 말씀의 선포가 우리 예배 가운데 의미심장하게 있도록 해야 합니다.

따라서 말씀을 전하는 자나 듣는 자들이 함께 이 순서 중에서 하나님의 말씀 듣기를 힘써야 합니다. 이는 우리가 직접 하나님의 말씀을 듣는 순서이므로 우리가 애를 써서 우리를 향한 하나님의 경륜이 어떤 것인지 들으려고 해야 하는 것입니다. 우리들 가운데서 이 말씀을 선포하는 사역을 담당하는 이도 다른 것에 신경을 쓰지 말고 오직 하나님의 말씀과 그의 경륜이 제대로 선포되도록 최선을 다해야 할 것입니다. 이 사역을 제대로 감당함으로써 우리는 우리 스스로 서 있는 존재나 공동체가 아니라 하나님의 말씀을 배워 그것에 의해 우리의 삶을 이루어나가는 의존적 존재요 공동체라는 것을 증시해 내는 것입니다.

이 설교 시간에는 주로 두 가지 일이 일어납니다. 그 하나는 복음의 소식이 우리 가운데 울려 퍼지는 일입니다. 때로는 이 공동체를 통해서 처음으로 복음을 듣기도 하나 우리는 늘 잊기 쉬운 존재들이라서 그 복음이 의미하는 바를 잊고 스스로 무엇인가를 해보려고 하기 쉽기 때문에 많은 이들이 이를 다시 듣고 또 들어서 복음에 비추어 자신들의 삶을 검토해 가는 작업을 해야 합니다. 이것이 매주일 말씀이 우리에게 선포되어야 하는 이유입니다. 이 일을 제대로 하면 자기 의(自己義)에 사로잡히는 일이 없어집니다.

그와 함께 우리의 말씀 선포와 듣는 행위 가운데서 일어나야 하는 일은 복음의 풍성한 체계와 '하나님 나라'라는 호방한 사상이 우리에게 형성되는 일입니다. 이는 비교적 형성적(形成的)인 일이고, 이것이 제대로 되어갈 때 우리의 성숙이 이루어진다고 할 수 있습니다. 말씀 선포를 통해서 우리가 자라가고, 그 영양분을 얻고 힘을 얻게 되어 드디어는 주님의 백성답게 일을 할 수 있게 됩니다. 이것이 어려운 일이긴 하지만 여기서부터 시작해서 차차 성숙해 가는 일에 힘쓰는 것이야말로 신앙생활에서 아주 중요한 일이 아닐 수 없습니다. 이 일을 잘할 때 이단(異端)에 몰려간다든지, 불건전한 신앙생활에 휩쓸리지 않을 수 있습니다. 그러므로 늘 말씀을 들을 때 무엇을 새롭게 배워서 그것을 어떻게 나의 사상의 일부로 할 것인가 하는 일에 신경을 써야 합니다.

이런 태도를 가진 사람은 늘 성경에 근거해서 선포되는 말씀을 (1) 성경에 비추어 보고, (2) 그것을 자신의 삶 가운데 적용하는 마음을 갖습니다. 이렇게 말씀을 받는 자가 "착하고 좋은 마음"으로 말씀을 받아서 결실하는 것이고 주께서 이런 일에 큰 은혜를 베풀어 주십니다. 여기서 우리가 주의 백성이요 그의 몸된 지체라는 의미가 확연히 드러나게 됩니다. 부디 우리의 말씀 선포와 들음에 이런 자세가 명확히 있어서 주께서 우리의 예배 가운데서 참으로 우리를 만나 주시는 경험을 할 수 있기 원합니다.

그러면 우리가 설교 때에 어떻게 할까요? 마음을 열어서 그 말씀을 하나님의 말씀으로 받는 개방성을 가져야 합니다. 그것은 다음과 같이 하는 데서 드러납니다.

1) 우리의 자기 의(自己義)를 깨는 일을 한다.

2) 무엇인가 새로운 사상과 지식을 얻어 사유 방식과 세계관의 변화 구성을 시도한다.

3) 최소한 한가지씩이라도 삶에 운데서 구체적으로 적용해 간다.

예배의 요소 (2):
"주악, 성시낭독, 기도, 신앙고백"

우리의 영혼이 하나님 앞에 꿇어 엎드려 절하는 예배는 우리 마음대로
드리는 것이 아닙니다. 예배는 하나님의 말씀이 명시해 주신 바에 따
라서 드려야 합니다. 특히 모든 성도가 같이 모여 드리는 공예배에서
는 이런 점에 주의해서 하나님께서 받으시기에 합당한 방식으로 예배
하도록 해야 합니다. 이렇게 우리의 공예배를 바로 잡아가는 일이 우
리를 교회로 세우신 주님의 뜻을 이루는 일의 한 부분이 됩니다.

공예배로 모일 때는 개개인이 예배하는 것이 아니므로 일정한 시
간과 장소를 정해서 모이게 됩니다. 유대인들의 안식일인 토요일이 지
난 다음 날인 주일에 예배하는 것은 우리 주님의 부활을 기념하고 찬
양하며, 그 빛에서 살던 그리스도인들에게는 당연한 것으로 여겨서 늘
이 날 같이 모여 기도하고 예배하고 찬송하며 모임을 가졌습니다(행
20:7, 고전 16:2, 계 1:10). 차츰 아침 11시에 예배드리는 것이 일반화
되었고, 우리도 이 일을 선하게 여겨서 11시에 시간을 정하고 예배를

드리는 것이므로 이 공동체에 속한 모든 분들이 다 같이 이 시간 전에 정한 장소에 모여서 정시에 예배를 드리도록 해야 합니다. (엄위하신 하나님 앞에서 예배하는 것임을 생각한다면 그리하는 것이 당연하지 않겠습니까?)

예배는 대개 주악으로 시작하는데, 이는 모든 악기를 동원하여 하나님을 찬양하라는 말씀에 비추어서 그 악기를 연주하시는 분이 우리를 **대표해서** 하나님께 찬송을 드리고 기도를 드리는 것입니다. 따라서 모든 회중이 그 주악을 같이 드리는 심정으로 그 음악과 내용을 묵상하는 것이 옳습니다. 이는 예배를 시작한다는 신호이거나 우리의 기도를 돕는 것이 아니라, 그 자체로 하나님께 드리는 찬송이고 기도인 것입니다.

주악이 있은 후에 우리는 시편의 말씀을 낭독하고, 예배를 위한 기도를 하고, 주께서 가르치신 기도를 같이 드립니다. 이때는 그 곡조나 가사가 하나님을 찬양하고 높이는 것을 목적으로 한 곡들을 사용합니다. 그 작곡자나 작사자가 하나님을 높이려 하고, 그를 찬양하려는 마음을 가지고 작곡, 작사를 했어야 하고, 온 회중도 그러한 심정에서 주를 찬양해야 합니다. 이때에 우리의 감정이나 종교적 심리에 도취되는데 마음을 써서는 안 되고 오직 하나님을 찬양하고 높이는데 마음을 써야 합니다. 이 일을 제대로 하기 위해서는 선곡도 잘 해야 하지만, 그 찬송을 미리 잘 배워서 그 음악과 정신에 맞도록 찬양하려는 마음을 가져야 합니다.

예배 중에 드리는 기도는 소위 목회기도(pastoral prayer)라고 합니다. 이는 개인의 사정을 위주로 하지 않고, 주님의 교회가 교회로서 전진해 나가는데 필요한 바를 주께 아뢰고, 주께서 은혜를 주셔서 제대로 사명을 깨닫고 행진하게 해 주시기를 원하는 기도를 드리는 교회의 기도입니다(개인을 위한 기도는 따로 기도회 시간을 정해서 할 수 있을 것입니다).

또 신앙 고백은 우리가 대개 '사도신경'을 사용해서 우리들이 믿는 바를 예배 중에 공적으로 표현하고 선포하는 일입니다. 그러므로 신앙 고백을 주문 외는 식으로 해서는 안 됩니다. 그 정신과 뜻을 잘 새겨서 우리는 이런 것을 믿고 고백하는 이로서 이 세상을 살아간다는 것을 확연히 인식하고 또 입으로 고백하는 것이 중요합니다.

찬양대의 찬양은 우리 모두를 대표해서 찬양대가 좀 더 음악적으로 주님을 찬양하는 일입니다. 그러므로 이것도 위에서 말한 찬양과 같은 성격에서 준비되고, 찬양되며, 모든 성도는 이 찬양에 같이 참여해야 합니다. 찬양대도 같은 정신에서 잘 준비해야 하지만, 모든 성도들도 우리가 찬양을 듣거나, 감상하는 것이 아님에 유의해서 우리도 심정으로는 그 찬양에 같이 참여함으로 하나님께 참된 찬양을 드리도록 해야 합니다.

오늘은 예배의 요소 중에 주악, 성시 낭독, 찬송, 신앙 고백, 기도와 찬양대의 찬양을 중심으로 예배를 드리는 원리들을 생각해 보았습니다. 이렇게 작은 부분들도 그것을 왜 그렇게 하는 것인가에 유의하며 잘 배워서 주께서 참으로 우리의 경배를 받으실 수 있도록 우리가 힘써야 할 것입니다. 교회가 하는 일 중에서 가장 중요한 일이 주님께 예배하는 일이라고 하였습니다. 그러므로 이를 바로 잡아 나가는 일부터 힘써야 합니다. 이런 일들에 유의해서 참된 예배를 주께 드릴 수 있도록 하십시다.

예배의 요소 (3):

"교제"

마태복음 5:23-26

[23]그러므로 예물을 제단에 드리다가 거기서 네 형제에게 원망 들을만한 일이 있는 줄 생각나거든 [24]예물을 제단 앞에 두고 먼저 가서 형제와 화목하고 그 후에 와서 예물을 드리라 [25]너를 송사하는 자와 함께 길에 있을 때에 급히 사화하라 그 송사하는 자가 너를 재판관에게 내어주고 재판관이 관예에게 내어주어 옥에 가둘까 염려하라 [26]진실로 네게 이르노니 네가 호리라도 남김이 없이 다 갚기 전에는 결단코 거기서 나오지 못하리라

오늘의 본문에 있는 예수님의 말씀은 성도와 성도가 서로를 알고 서로에게 대하여 바른 관계를 맺는다는 것이 얼마나 중요한 지를 단적으로 나타내 주는 말씀입니다. 하나님께 예물을 드린다는 중요한 일도 성도와 성도가 바른 관계를 갖지 않으면 있을 수 없고 드릴 수 없는 것이니 중단하고 가서 관계를 바로 하라고 하시는 이 말씀은 우리가 교제하는 것, 사귀는 것이 중요한 것임을 선언하는 것입니다. 그 이유는 하나님께 예배드림이 홀로 드리는 것이 아니고 그 지역에 사는 성도들이 모여서 같이 드리는 것이기 때문이고, 그 예배는 우리의 관계성을 가지고 드리는 것이기 때문입니다. 그러므로 우리는 서로 사귀어 가는 일에 많은 신경을 써야 합니다.

첫째로, 우리가 서로 알지 못하고서는 사귈 수 없습니다. 원리적으로는 그리스도 안에서 모두 하나가 된 우리들이지만 그것이 우리의 구체적인 관계 가운데서 드러나지 않으면 아무런 의미가 없습니다. 그러므로 우리가 서로 서로를 구체적으로 아는 일에 힘써야 합니다. 얼굴과 이름을 아는 것도 중요합니다. 그 보다 더 중요한 것은 각자가 처한 모든 형편에 대해서 잘 아는 것입니다. 알기 위해서는 사랑하는 마음을 가지고서 친절하게 묻는 일이 필요합니다. 또한 누군가가 내게 질문을 할 때 그것에 대하여 같은 사랑을 가지고서 마음을 열고 이야기하려고 해야 합니다. 하나님께서는 우리를 홀로 살도록 만들지 않으시고 서로가 서로와 더불어 살도록 "관계적 존재"로 만드셨기 때문입니다.

둘째로, 우리는 왜 서로에게 대하여 알려고 합니까? 그것은 우리가 같이 그리스도의 사랑을 공유한 성도들이기 때문입니다. 우리의 사귐은 우리끼리만의 사귐이 아니고 우리 안에 계시는 성령과의 사귐이기도 합니다(요일 1:3). 따라서 우리의 교제에는 그리스도가 그 중심을 차지하신다는 의미에서 독특한 성격이 드러납니다. 이 세상에서 마음에 맞는 친구들과의 교제나 그 어떤 모임들과는 다르게 하는 것은 우리 안에 있는 그리스도적 성격 때문입니다. 따라서 이 교제를 통해서는 날마다 우리가 그리스도를 더 사랑하고 하나님을 더 사랑하게 되어야 합니다. 참된 사랑은 바로 그런 성격을 가졌습니다. 그렇게 되면 부차적으로 교제를 나누는 사람들도 좀 더 나은 사람이 되는 일이 생겨집니다. 하나님의 사랑이 우리들 안에서 그런 일을 만들어 내는 것입니다. 그러므로 우리의 교제를 통해서 너와 내가 영적으로 성숙하고 더욱 더 그리스도적인 성품을 가진 사람으로 나타나야 합니다.

그러면 구체적으로 어떻게 해야 할까요?

1. 내가 먼저 이 교제를 위해 팔을 내밀고 웃는 얼굴을 내 보여야 하겠다고 생각하십시오. 그러면 누군가 나에게 알기 위해 왔을 때 경계하지 않고 개방성을 가지고 대할 수 있습니다.

2. 그 날 들은 말씀이나 그 주간에 읽은 말씀에 대한 당신 자신의 견해를 말하고 그에 대한 상대방의 의견을 물으십시오. 그리고 위하여 기도해야 할 목표를 함께 설정하십시오.

3. 함께 기도하시고 그 주간 동안 그 교제하신 분들을 위해서 사랑하는 마음을 품어보십시오. 그리고 그들을 위해 줄 수 있는 일이 무엇이 있는 가를 생각해 보십시오.

이런 식으로 우리가 참되게 진실하게 만나고 사귀어 가되 그 교제의 범위가 넓어지면 그곳에 하나님의 나라의 증시가 있게 되고, 교회의 참된 모습이 드러나게 됩니다.

예배의 요소(4):
"일상 생활"

이사야 1:10-17

[10]너희 소돔의 관원들아 여호와의 말씀을 들을지어다 너희 고모라의 백성아 우리 하나님의 법에 귀를 기울일지어다 [11]여호와께서 말씀하시되 너희의 무수한 제물이 내게 무엇이 유익하뇨 나는 수양의 번제와 살진 짐승의 기름에 배불렀고 나는 수송아지나 어린 양이나 수염소의 피를 기뻐하지 아니하노라 [12]너희가 내 앞에 보이러 오니 그것을 누가 너희에게 요구하였느뇨 내 마당만 밟을 뿐이니라 [13]헛된 제물을 다시 가져 오지 말라 분향은 나의 가증히 여기는 바요 월삭과 안식일과 대회로 모이는 것도 그러하니 성회와 아울러 악을 행하는 것을 내가 견디지 못하겠노라 [14]내 마음이 너희의 월삭과 정한 절기를 싫어하나니 그것이 내게 무거운 짐이라 내가 지기에 곤비하였느니라 [15]너희가 손을 펼 때에 내가 눈을 가리우고 너희가 많이 기도할지라도 내가 듣지 아니하리니 이는 너희의 손에 피가 가득함이니라 [16]너희는 스스로 씻으며 스스로 깨끗케 하여 내 목전에서 너희 악업을 버리며 악행을 그치고 [17]선행을 배우며 공의를 구하며 학대 받는 자를 도와주며 고아를 위하여 신원하며 과부를 위하여 변호하라 하셨느니라.

예배에 대해서 기본적인 것을 정리하고 그에 따라서 힘써 나가려고 할 때에 우리가 또 하나 주의해야 할 것이 있습니다. 그것은 우리의 예배가 우리의 생활과 어떠한 관계를 가지고 있는가 하는 것입니다. 만일 예배가 생활과 관련이 없다면 어떻게 될까요? 그런 상황에 대하여 말하고 있는 것이 오늘의 본문입니다.

오늘의 본문은 이스라엘에 대하여 "소돔의 관원들아, 고모라의 백성들아"라고 말하고 있습니다. 그렇게 말하는 이유는 이스라엘이 실상은 소돔과 고모라와 같은 모습을 드러내고 있기 때문입니다. 하나님의 말씀을 따라 사는 삶의 모습이 드러나지 못하면 결국 이스라엘도 제대로 평가를 받지 못하는 것입니다. 그들의 제의(祭儀) – 즉, 예배를 하나님이 기뻐하지 않으신다고 했습니다. 그들의 제물은 "헛된 제물"이라고 평가되었습니다. 그들이 정한 절기에 제대로 하나님께 예배를 드린다고 해도 그것이 하나님 앞에서 받음직한 것이 못된다고 말하고 있는 것입니다.

어떻게 할 때에 그리된다는 것입니까? 본문 15절 마지막에 "이는 너희 손에 피가 가득함이니라"라고 말하여서, 바로 이스라엘이 제대로 된 삶의 모습을 보이지 못하는 것이 그 이유라고 말하고 있습니다. 이는 그들이 살인했다는 말이 아니고, 그들의 삶이 악행의 삶이고 공의를 구하지 않는 삶이며, 하나님께서 이루시기를 원하시는 인간의 모습, 그런 사람들로 구성된 사회의 모습을 드러내지 못했다는 것입니다. 그러므로 결국 그들이 하나님께 드리는 제의 – 예배도 받음직 하지 않다고 말씀하시는 것입니다.

이것은 오늘 한국 교회에도 아주 중요한 말씀이 아닐 수 없습니다. 우리네 한국 교회도 예배와 생활, 신앙과 직업 등을 구분시켜 놓는 이상스러운 모습으로 보여주고 있기 때문입니다. 이런 상황 가운데 있는 우리는 이 말씀이 주는 도전과 메시지를 잘 받지 않으면 안 됩니다. 이 말씀대로 살려는 노력이 없이 그저 예배만 힘쓰고, 기도만 많이 하면 유익이 있느냐 하면, 하나님은 말씀하시기를 "너희가 많이 기도할지라도 내가 듣지 아니하리라"(15절)고 평가하십니다. 우리가 그런 평가를 받으면 어떻게 하시겠습니까? 그러므로 우리는 이제부터 더욱 힘써서 우리의 신앙과 생활이 분리되지 않도록, 믿음과 삶이 일치되도록 해서 하나님께 바르게 예배한 자로서 우리는 우리의 심정 깊은 곳에서나, 다른 사람과의 관계에서나, 자연에 대한 관계에서나 바르고 아름다운 모습이 드러나도록 힘써야 할 것입니다. 주께서 이런 우리의 노력을 허락하시고, 그 힘씀을 지켜주시기를 원합니다.

개정판에 붙이는 말

『교회론 강설』이 처음 출간된 것이 1996년이니 벌써 15년 가까이 되어 가고 있습니다. 성경이 가르치는 교회의 모습을 찬찬히 설교한 내용인 이 책은 주로 신학대학원의 교회론 강의 시간에 우리 학생들이 부교재로 읽었습니다. 교회론 강의에 도움을 얻고, 또한 교회론 강의에서 배운 것을 교회에서 실제로 활용하는 방법을 얻도록 하는 목적에서 그리하였습니다. 수업과 관련해서 이 책을 읽고 이 책이 함의하고 있는 성경적이며 개혁파적인 교회를 이 땅 가운데 구현해 내기 위해 사방에서 애쓰고 있는, 이전에 열심히 공부하던 신학생들이었던 귀한 목사님들께 깊이 감사드립니다. 더구나 수업과 전혀 관련이 없는데도 이 책을 읽고서 이런 교회의 실현을 위해 애쓰시는 귀한 목회자들과 성도들에게 머리 숙여 감사드립니다.

그 동안 이 책이 상당 기간 절판된 상태로 있는 것에 대해서 안타까워하면서 이 책이 간명하게 정리해 주고 있는 내용이 우리네 한국교회에 전달되고, 적용되기를 원하시던 목사님들의 목소리를 기억하면서 표현 등을 가다듬어 세상에 다시 내어 놓습니다. 이 책은 교회론에 대한 저자의 좀 더 구체적인 책인『성령의 위로와 교회: 하이델베르크 요리 문답 강해 2』, 개정 3판 (서울: 이레서원, 2009)와『한국 교회의 나아 갈 길』(서울: SFC, 2007, 개정판, CCP, 2018), 그리고『21세기 개혁신학의 방향』(서울: SFC, 2005, 개정판, CCP, 2018) 등과 같이 읽어주셨으면 합니다.

이 책의 새로운 판의 출간을 위해 편집을 감당해 주신 윤효배 목사님과 표지 디자인을 잘 감당해 주셔서 책을 더 읽고 싶게 만들어 주시는 놀라운 재능을 가지신 윤 목사님의 사모님께 깊은 감사를 드립니다. 또한 여러 가지 행정적인 일을 도맡아 감당해 주시는 이종윤 목사님께도 깊이 감사드립니다. 그리고 이 모든 일을 가능하게 하시는 김성봉 교수님께 깊이 감사드립니다. 개혁신학적인 관심을 가지고 개혁파적 목회를 위해 늘 함께 고민하시고 모든 후배 목사님들이 진정 이 땅 가운데서 개혁파적 목회를 하기를 간절히 원하시는 김 목사님께 감사드립니다.

이 책의 새로운 판을 준비하던 중인 2010년 5월 9일 (주일) 저녁에 우리들의 귀한 은사님이셨던 최낙재 목사님께서 하늘의 부르심을 받으셨다는 소식을 들었습니다. 좀 더 건강하셔서 개혁신학적 목회의 모범을 잘 드러내어 주시기를 원하고들 있었는데 귀한 목사님의 존재 처소가 이 지상에서 하나님께서 계신 '하늘'로 바뀌었다는 소식은 우리들의 마음을 답답하고 안타깝게 만드는 소식이었습니다. 최 목사님께서 합신에서의 가르침을 포기하면서까지 세워가기를 원하시고 힘써서 목회하셨던 강변교회 교우들에게 무어라 말할 수 없는 안타까움을 전하면서, 주께서 주시는 위로가 있기를 원합니다.

사실 이 책에 언급된 많은 내용들은 알게 모르게 김홍전 박사님이나 최 목사님에게서 배운 내용들이 귀한 분들의 가르침에 미치지 못하는 매우 천박한 형태로 나타나 있음을 많은 분들은 알아채셨을 것입니다. 그래서 저의 마음에도 큰 슬픔이 있습니다.

박윤선 목사님이나 김 박사님, 그리고 최낙재 목사님 같이 올곧고 성경의 가르침에 철저히 서 계시며 강설하실 때마다 큰 가르침을 강하게 주시는 이 기둥 같으신 한국 교회의 선생님들(*doctores ecclesiae*)께서 살아 계실 때도 개혁신학적 가르침에 부합한 교회를 향해 나아가는 일로부터 한국 교회가 날로 일탈(逸脫)하는 일이 많았는데, 이 귀한 어르신들께서 다 이 세상을 떠나 '하늘'에 계신 이 상황에서 우리는 과연 무엇을 어떻게 해야 할 것인지… 그저 망연자실(茫然自失)할 뿐입니다. 이 귀하신 선생님들은 지금 그들의 수고가 그 뒤를 따르며 "하늘"에 계신 하나님 품에서 지극(至極)한 기쁨 가운데 안식을 누리고 계시지만, 이제 우리들은 어떻게 해야 하는지요?

우리가 할 수 있는 유일한 일은 이 분들께서 평소에 그렇게도 강조하셨던 성경과 개혁 신학의 가르침에 참으로 충실하는 일일 것입니다. 그리하여 이 귀한 선생님들께서 우리에게 강조하여 주신 성경적 교회를 위해 살아가야 할 것입니다. 성경이 말하는 그 교회를 이루기 위해 섬기는 우리들의 사역이 하나님 보시기에 의미 있는 것으로 드러나기를 원합니다. 우리 모두가 참으로 오직 성경에만 근거해서 성령님의 인도하심을 따라 우리들의 교회를 개혁파 교회답게 섬겨갈 수 있다면 이 귀한 어르신들께서도 우리 주님과 함께 참으로 기뻐하실 것입니다.

오랜 전 서문에 썼던 것과 같이 예수 그리스도의 사역으로 이 땅 가운데 이미 임하여 온 하나님 나라를 이 땅 가운데서 가장 강력하게 증시(證示)해 내가는 종말론적인 하나님 나라의 공동체인 교회가 (우리 주 예수께서 다시 오셔서 하나님 나라를 극치에 이르게 하실 때까지) 이 땅 가운데서 곳곳에서 하나님 나라의 빛을 비추며 드러내며 나타내는 일에 주께서 이 책도 사용하여 주시기를 앙망(仰望)합니다.

2010년 5월
합동신학대학원대학교 연구실에서

저자 소개

지은이는 개혁신학을 전문적으로 연구하는 이로서 현재 합동신학대학원대학교 조직신학 교수로 있다. 총신대학교 기독교 교육과를 졸업(B. A.)하고, 서울대학교 대학원에서 윤리학과 가치 교육에 관한 논문으로 석사 학위를 취득하고, 합동신학원을 졸업하였으며, 영국 The University of St. Andrews 신학부에서 연구(research)에 의한 신학 석사(M. Phil., 1985) 학위와 신학 박사(Ph. D., 1990)를 취득하였고, 미국 Yale University Divinity School에서 연구원(Research Fellow)으로 있다가(1990–1992) 귀국하여, 웨스트민스터신학원(1992–1999)과 국제신학대학원대학교(1999–2009)에서 조직신학 교수, 부총장 등을 역임한 후 지금은 합동신학대학원대학교의 조직신학 교수로 있다.

그 동안 한국장로교신학회, 한국개혁신학회 회장을 역임하였으며, 2020년 봄부터는 한국 복음주의신학회 회장으로 섬기고 있다.

그 동안 다음 같은 책을 내었다.

『현대 영국 신학자들과의 대담』 (대담 및 편집). 서울: 엠마오, 1992.

『개혁신학에의 한 탐구』. 서울: 웨스트민스터 출판부, 1995, 재판, 2004.

『교회론 강설: 교회란 무엇인가?』. 서울: 여수룬, 1996, 2판, 2002. 개정. 서울: 나눔과 섬김, 2010. 4쇄, 2016. 재개정판. 서울: 말씀과 언약, 2020.

『하이델베르크 요리문답 강해 1: 진정한 기독교적 위로』. 서울: 여수룬, 1998, 2002. 개정판. 서울: 나눔과 섬김, 2011. 2쇄, 2013. 3쇄, 2015.

『하이델베르크 요리문답 강해 2: 성령의 위로와 교회』. 서울: 이레서원, 2001, 2003, 2009, 2013, 2015.

『인간 복제: 그 위험한 도전』. 서울: 예영, 2003, 개정판, 2006.

『기독교 세계관이란 무엇인가』. 서울: SFC, 2003, 개정판 5쇄, 2009. 재개정, 2014, 2016.

『기독교 세계관으로 바라보는 21세기 한국 사회와 교회』. 서울: SFC, 2005; 2쇄, 2008; 5쇄, 2016. 개정판. 서울: CCP, 2018.

『사도신경』. 서울: SFC, 2005, 개정판, 2009. 재개정판, 2013, 2015.

Kierkegaard on Becoming and Being a Christian. Zoetermeer: Meinema, 2006.

『21세기 개혁신학의 동향』. 서울: SFC, 2005, 2쇄, 2008. 개정판. 서울: CCP, 2018.

『한국 교회가 나아갈 길』. 서울: SFC, 2007, 2011. 개정판. 서울: CCP, 2018.

『코넬리우스 반틸』. 서울: 도서출판 살림, 2007, 2012.

『전환기의 개혁신학』. 서울: 이레서원, 2008, 2쇄, 3쇄, 2016.

『광장의 신학』. 수원: 합신대학원출판부, 2010, 2쇄.

『우리 사회 속의 기독교』. 서울: 도서출판 나눔과 섬김, 2010, 2쇄.

『개혁신학 탐구』. 서울: 하나, 1999, 2001. 개정. 수원: 합신대학원 출판부, 2012.

『톰 라이트에 대한 개혁신학적 반응』. 수원: 합신대학원 출판부, 2013. 2쇄.

『거짓과 분별』. 서울: 예책, 2014.

『우리 이웃의 신학들』. 서울: 도서출판 나눔과 섬김, 2014. 2쇄, 2015.

『위로 받은 성도의 삶』. 서울: 나눔과 섬김, 2015. 개정판, 서울: 말씀과 언약, 2020.

『묵상과 기도, 생각과 실천』. 서울: 도서출판 나눔과 섬김, 2016.

『성경신학과 조직신학』. 서울: SFC, 2018.

저자 번역선

Bavinck, Herman. *The Doctrine of God.* 『개혁주의 신론』 서울: 기독
교문서선교회, 1988, 2001.

Berkouwer, G. C. *Church.* 나용화와 공역. 『개혁주의 신론』 서울: 기독
교문서선교회, 2006.

Bockmuehl, K. *Evangelical Social Ethics.* 『복음주의 사회 윤리』 서울:
엠마오, 1988.

Bloesch, Donald. *Ground of Certainty.* 『신학 서론』 서울: 엠마오,
1986.

Clark, James Kelly. *Return to Reason.* 『이성에로의 복귀』 서울: 여수
룬, 1998.

Harper, Norman E. *Making Disciples.* 『현대 기독교 교육』 서울: 엠마
오, 1984. 개정역. 서울: 토라, 2005.

Holmes, Arthur. *The Contours of a World View.* 『기독교 세계관』 서
울: 엠마오, 1985. 서울: 솔로몬, 2016.

Helm, Paul. *The Providence of God.* 『하나님의 섭리』 서울: IVP,
2004.

Hesselink, I. John. *Calvin's First Catechism: A Commentary.* 조호영
과 공역. 『칼빈의 제 1차 신앙교육서: 그 본문과 신학적
해설』. 서울: CLC, 2009.

Hick, John, Clark Pinnock, Alister E. McGrath et al., 『다원주의 논
쟁』 서울: CLC, 2001.

Klooster, Fred H. *A Mighty Comfort.* 『하이델베르크 요리문답에 나타
난 기독교 신앙』 서울: 엠마오, 1993. 개정역. 『하나님
의 강력한 위로』. 서울: 토라, 2004. 개정판. 나눔과 섬
김, 2015. 재개정역. 서울: 도서출판 개혁, 2020.

Ladd, G. E. *Last Things*. 『마지막에 될 일들』 서울: 엠마오, 1983. 개
　　　정역. 『개혁주의 종말론 강의』 서울: 이레서원, 2000.

Lee, F. Nigel. *The Origin and Destiny of Man*. 『성경에서 본 인간』
　　　서울: 엠마오, 1984. 개정역. 서울: 토라, 2006.

Melanchton, Philip. *Loci Communes, 1555*. 『신학 총론』 서울: 크리스
　　　천 다이제스트사, 2000.

Morris, Leon. *Cross in the New Testament*. 『신약의 십자가』 서울:
　　　CLC, 1987.

_____. *Cross of Christ*. 조호영과의 공역. 『그리스도의 십자가』
　　　서울: 바이블리더스, 2007.

Noll, Mark and Wells, David, eds. *Christian Faith and Practice in
　　　the Modern World* 『포스트모던 세계의 기독교 신학과
　　　신앙』 서울: 엠마오, 1994.

Packer, J. I. *Freedom, Authority and Scripture*. 『자유, 성경, 권
　　　위』 서울: 엠마오, 1983.

Reymond, Robert L. *The Justification of Knowledge*. 『개혁주의 변증
　　　학』 서울: CLC, 1989.

Selderhuis, Herman. 『우리는 항상 죽음을 향해 가고 있다』. 수원: 합신대
　　　학원 출판부, 2019.

Stibbs, A. M. and Packer, J. I. *The Spirit Within You*. 『그리스도인
　　　안에 계신 성령』 서울: 웨스트민스터 출판부, 1996.

Van Til, Cornelius. *The Reformed Pastor and Modern Thought*. 『현
　　　대사상과 개혁신앙』 서울: 엠마오, 1984. 개정역. 서울:
　　　SFC, 2009.

_____. *An Introduction of Systematic Theology*. 『개혁
　　　주의 신학 서론』 서울: CLC, 1995. 강웅산과의 개정역.
　　　서울: 크리스챤, 2009.

Vos, Geerhardus. *Biblical Theology*. 『성경신학』 서울: CLC, 1985; 개
　　　정판, 2000.

_____. *Self-Disclosure of Jesus*. 『예수의 자기 계시』
　　　서울: 엠마오, 1987. 개정역. 서울: 그 나라, 2014.

_____. *Pauline Eschatology*. 오광만 교수와 공역. 『바울의 종말론』 서울: 엠마오, 1989.

Weber, Robert. *Secular Saint*. 『기독교 문화관』 서울: 엠마오, 1985. 개정역. 토라, 2008.

Wells, David. *The Person of Christ*. 『기독론: 그리스도는 누구신가?』 서울: 엠마오, 1994. 개정역. 서울: 토라, 2008. 개정판. 서울: 부흥과 개혁사, 2015.

Yandel, Keith E. *Christianity and Philosophy*. 『기독교와 철학』 서울: 엠마오, 1985. 개정역. 서울: 이컴비즈니스, 2007.